ERP
재고관리 시스템

머리말

MIS(Management Information Systems)라는 용어가 처음 소개되었을 때가 1960년대이다. 그런데 이 당시에 MIS라고 불려졌던 정보시스템은 얼마 가지 못하여 정보시스템 분야 전문가들로부터 "MIS는 신기루에 불과하다", "MIS는 엉터리다"라는 혹평까지 들으며 실패로 끝나게 된다. 이 당시의 정보기술로서 아니 지금도 실현하기가 어렵다고 하는 기업 내의 모든 기능부서 업무를 하나의 단일 통합정보시스템에 의해서 모두 지원 처리하고자 목표로 했기 때문이다.

MIS 분야 학자에 의해서 이러한 초기 MIS의 실패가 실현 불가능한 목표설정의 잘못 그리고 접근 방법에 문제가 있었음을 인정하고 실현 가능한 현실적인 대안으로 모든 부서의 전체 의사결정이 아니라 개별 개인의 의사결정을 그것도 인간이 만족할만한 해에 도달하는데 도움만 줘도 정보시스템으로서 충분한 가치가 있다는 새로운 가정에 입각해서 MIS를 다시 부활시켰다. 그것이 MIS 분야에서 1970년대와 1980년대를 거쳐 MIS의 주도적인 형태로 자리 잡았던 의사결정지원시스템 즉 DSS(Decision Support Systems)이다.

역사는 순환한다고 하였던가? 1990년대에 접어들면서 정보시스템의 형태도 초기 MIS가 목표로 지향하였으나 실패했던 단일 통합정보시스템인 ERP(Enterprise Resource Planning)가 정보시스템의 대표적인 형태로 등장하게 된다. 그런데 이 ERP는 최근 급속히 발전한 정보시스템 및 통신 분야 기술을 바탕으로 실현가능성을 띄고 있다는데 초기 MIS와 큰 차이가 있다.

정보화 시대에 가장 획기적이며 가장 큰 혁명적인 변화를 가져온 정보기술이 인터넷이라고 볼 수 있다. 이 인터넷의 등장에 의해서 정보화 시대는 e-비즈니스 시대로 변모하게 된다. '인터넷이 우리 생활의 모든 것을 바꾼다. 라고도 한다. 특히 비즈니스 수행방식이 인터넷을 활용하여 크게 달라졌으며 새로운 비즈니스 모델들이 속속 등장하고 있다. 이러한 e-비즈니스 환경은 한마디로 더욱 치열한 경쟁 환경이라고 볼 수 있을 것이다.

이러한 치열한 경쟁 환경에서 경쟁기업보다 우위의 경쟁력을 확보하기 위해서는 우선 기업 내부의 모든 현황에 대하여 모든 구성원이 함께 인지하고 있고 외부 고객의 문의가 있을 때 즉각적으로 어느 구성원이든 답변을 해줄 수 있어야 한다. 이러한 내부 현황의 동시적 파악은 ERP와 같은 단일 통합정보시스템에 의해서만 가능하다. 이러한 것이 "ERP가 왜

세계 모든 나라의, 특히 다국적 기업, 대기업에 의해서 앞 다투어 구축되지 않으면 안되었던가?" 라는 의문에 대한 답이다.

인터넷 시대에 기업매출에서 전자상거래 혹은 e-비즈니스 부분이 차지하는 비중은 점점 더 커져가고 있다. 이러한 e-비즈니스 모델들이 고객들에게 불편함을 주지 않고 보다 빠르고 정확한 서비스를 만족스럽게 제공하기 위해서는 그것을 뒷받침하는 백-오피스(Back Office) 기능이 더욱 잘 운영되어야 한다. 대기업과 중소기업을 막론하고 기업 업무의 이 백-오피스 기능을 담당하는 시스템이 바로 ERP 시스템인 것이다. 이러한 이유로 ERP 시스템이 국내에서도 보급된 지 오래 되었지만 여전히 ERP 시스템은 기업경영을 위해서 가장 기본적인 선결인프라(most critical basic infrastructure)로서 기업경영의 가장 필수적이고 중요한 요소로서 자리매김하고 있는 것이다.

ERP 시스템은 한마디로 기업의 "단일 통합 정보시스템"이다. 다국적 대기업 ERP 시스템은 하나의 시스템이 세계 각국에서 운영되고 있는 세계 각국의 모든 경영프로세스를 처리하고 있다. 이러한 이유로 ERP는 인류의 과거로부터의 모든 경영기법 혹은 경영지식이 집대성 되어있는 경영대백과사전이라고도 일컫는 것이다.

ERP 시스템은 보통 여러 모듈로 구성되어 있는 패키지 제품 형태를 띠고 있다. 여러 모듈 중에서 본 교재는 제조 기업에서 가장 기본적인 기능인 자재관리 모듈(Material Management Module)을 중심으로 재고관리를 위한 ERP 시스템이 어떻게 구축되고 사용되어 지는 가를 가장 쉽게 이해할 수 있도록 실습 위주로 내용을 구성하였다.

본 교재를 작성하는 과정에서 물심양면으로 많은 도움을 주신 모든 분들께 심심한 감사의 마음을 표한다. 특히 요즘과 같이 출판계 사정이 어려운 데도 선뜻 출간을 맡아주신 충북대학교 출판부에 감사드리며 자료 수집과 원고정리에 많은 수고를 해준 정지혁을 비롯한 충북대학교 기업정보화지원센터 연구원들에게 감사드린다.

2014년 7월
충북대학교 경영대학 경영정보학과
金 榮 烈

목차

머리말 ▶003

Part I. ERP 전략

제1장 ERP 개요

1. ERP의 정의 ▶013
2. ERP의 발전과정 ▶014
3. ERP 시스템의 특성 ▶016
    3.1. 정보시스템으로서의 ERP 특성 ▶016
    3.2. ERP 패키지 도입에 기인한 ERP 특성 ▶017
    3.3. 글로벌 환경을 지원하는 ERP 특성 ▶018
4. e-비즈니스와 ERP ▶019
    4.1. e-비즈니스의 의미 ▶019
    4.2. e-비즈니스와 ERP ▶020
    4.3. e-비즈니스와 ERP 성공전략 ▶021
5. ERP 시스템의 필요성과 도입효과 ▶023
6. ERP 시스템 도입을 위한 변화관리 ▶027

제2장 ERP 구조와 작동원리

1. ERP 시스템의 기본구조 ▶035
2. ERP 시스템의 구성요소 ▶037
3. ERP 시스템의 구조 및 기본모듈 ▶041
    3.1. ERP 시스템의 구조 ▶041
    3.2. ERP 패키지의 기본모듈 ▶042
4. ERP 시스템 주변장치 ▶045
5. ERP 시스템과 관련시스템과의 상호작용 ▶046
6. ERP 시스템 구축비용 ▶047

제3장 ERP 구축 프로젝트 관리

1. 프로젝트 수행 시 해결해야 할 과제들 ▶055

2. ERP 프로젝트 구현 단계 ▶056

2.1. 1 단계 : 프로젝트 준비 ▶057

2.2. 2 단계 : 비즈니스 요구사항 분석 및 비즈니스 프로세스 문서화 ▶063

2.3. 3 단계 : 시스템 구현 ▶067

2.4. 4 단계 : 시스템 테스트 및 검증 ▶068

2.5. 5 단계 : 최종 준비 ▶074

2.6. 6 단계 : 운영 개시 ▶074

제4장 ERP 시장현황

1. ERP 시장분류 ▶081

2. ERP 공급업체 현황 ▶082

3. 산업별 전문 ERP ▶083

4. 미래 ERP 시장동향 ▶085

5. 해외 ERP 시장동향 ▶086

6. 국내 ERP 시장동향 ▶088

7. 확장 ERP(Extended ERP)로의 개발동향 ▶091

Part II. 재고관리

제1장 재고관리를 위한 조직구조 기본세팅

1. 재고관리를 위한 조직구조(Organization Structure in MM)의 예 ▸101
2. 회사코드(Company Code) 생성 ▸101
3. 공장(Plant) 생성 ▸111
4. 회사코드에 플랜트 지정 ▸115
5. 코스트 센터(Create Cost Center) 생성 ▸117
6. 저장위치(Storage Location) 생성 ▸119
7. 구매 조직 ▸121
8. 구매 그룹 ▸127
9. 자재그룹 생성 ▸129
10. MRP 관리자 생성(Create MRP Controller) ▸131

제2장 입고

1. 입고 ▸141
2. 입고와 관련된 IMG 세팅 ▸157
3. 창고보관 유효기간 (Shelf Life Expiration Date) ▸169
4. 단위 (Units of Entry) ▸173

제3장 예약과 출고

1. 예약 (Reservation) ▸179
2. 동적 가용성 점검 (Dynamic Availability Check) ▸186
3. 누락부품 정보 (Information About Missing Parts) ▸194
4. 예약관리 (Reservation Management) ▸197
5. 피킹 리스트 (Creating a Picking List) ▸202
6. 자재출고 (Goods Issues) ▸209
7. 재고결정 (Stock Determination) ▸211

8. MIGO 커스터마이징 설정 (Customizing Setting for MIGO) ▸213
9. 마이너스 재고 (Negative Stocks) ▸218
10. 재고 이전 / 이전 전기(Stock Transfer / Transfer Posting) ▸224
11. 재고 이전 (Stock Transfer) ▸225
12. 재고 유형 : 이전 전기 (Stock Type : Transfer Posting) ▸240

제4장 특별자재관리
1. 분할평가 (Split Valuation) ▸247
2. 공급업체반환용포장재 (Returnable Transport Packaging) ▸258
3. 위탁 (Consignment) ▸263

제5장 재고실사
1. 재고실사 (Physical Inventory) ▸283
2. 주기실사 (Cycle Counting) ▸303

제6장 재고관리 커스터마이징
1. MM의 조직구조 ▸311
2. 재고관리 ▸328
3. 자재관리의 마스터 데이터 ▸361

부록 - 핵심용어 ▸376

저자소개 ▸387

PART Ⅰ ▷

ERP 전략

제1장 ▷ ERP 개요

제2장 ▷ ERP 구조와 작동원리

제3장 ▷ ERP 구축 프로젝트 관리

제4장 ▷ ERP 시장현황

제1장 ▷ ERP 개요

1. ERP의 정의

ERP 소프트웨어란 하나의 데이터베이스를 사용하여 기업의 여러 모듈을 통합하고, 조직의 모든 기능들을 아우르는 통합된 다차원 시스템으로 정의된다. 새로운 정보가 어떤 프로세스에서 입력되면, 그 정보는 즉시 다른 프로세스들에서도 사용이 가능하다도록 관리하는 것이다.

ERP는 생산관리 뿐만 아니라 구매, 재고관리, 재무, 회계, 판매관리 등 전사적인 기간업무 프로세스의 관리를 포괄하는 개념으로 미국 생산재고 통제협회(APICS : American Production & Inventory Control Society)에서는 ERP를'기업전반을 파악하고 계획하기 위한 회계기반의 정보시스템'이라 정의하고 있다. ERP의 개념을 처음 도입한 가트너그룹에서는 '기업 내의 업무기능들이 균형 있게 발휘될 수 있도록 설계된 어플리케이션 집합으로 차세대의 비즈니스 시스템'이라고 정의하면서 GUI(Graphic User Interface)채용, 구조적 질의어(SQL : Structured Query Language)기반의 관계형 데이터베이스(Relational Database), 제4세대 언어(4GL : 4th Generation Language)언어, 셀 제어 시스템(CSS : Cell Control System) 채용, 복수 데이터베이스 지원, 소프트웨어와 데이터베이스 통합, 객체지향형 시스템 등을 충족시켜야 한다고 제안했다.

정보화 사회의 발달로 경영 환경은 지금 그 어느 때보다 빠르게 변화하고 진화하고 있으며, 급변하는 경영 환경은 경영진에게 빠른 의사결정을 요구한다. 그에 따라 정보기술을 이용하는 기업의 능력과 전략을 실행하고 목표를 달성하는 능력 간의 상호 의존성이 점차 커지고 있다. Wah (2000)는 오늘날의 ERP 시스템을 단순한 비즈니스 프로세스라기보다 사람과 공급자, 고객을 연결하는 것으로 상정한다. ERP를 단순히 정보시스템 구축의 도구(패키지)가 아닌 경영환경의 변화에 즉각적으로 대응해 BPR과 일체가 되어 경영이념에 따라 기업조직을 계속적으로 변혁시키기 위한 경영혁신, 개혁이라는 경영관리 개념으로 이해하는 것이 필요하다.[1]

최근 많은 기업들이 ERP 소프트웨어 도입을 통해 경쟁 우위를 확보하려 하고 있으며, 보다 더 다양한 조직에서 ERP를 도입하고 있다. ERP 공급업체는 이미 오래된 버전의 ERP에 대한 대체품과 추가 ERP 모듈을 판매하고 있다. Davenport(1998)는 조직에서 중복된 데이터를 제거하고, 레거시 시스템의 값비싼 유지보수 비용을 없애기 위해 ERP를 구축한다고 주장했다.[2] 많은 조직들이 발전된 기술에 힘입어 노후한 시스템을 교체하고, 더 나은 방식으로 비즈니스 프로세스를 설계하고, 지속적이고 혁신적인 조직으로 보이고자 하는 욕망으로 ERP를 추구한다. 기존의 레거시 시스템을 교체하고자 하는 조직은 내부적으로 소프트웨어를 개발하거나 외부 공급업체를 통해 소프트웨어를 구입한다.

Oliver와 Romm은 정보 기술의 향상, 더 나은 비즈니스 프로세스에 대한 인식, 기존 레거시 시스템의 노화, 혁신적이어 보이고자 하는 조직의 욕망 등을 ERP 구축에 대한 동기로 추가했다. 또 Allen, Kern, Havenhand는 ERP는 기업 전체의 정보 보급을 향상시켜 의사 결정 속도를 높이고, 효율적으로 비용을 통제하기 위해 구축된다고 주장했다.

ERP도입에 대한 시장의 기대감이 꾸준하게 이어지면서 성공적으로 ERP를 구축하는 데 필요한 능력은 ERP 소프트웨어 시장의 쟁점이 되어 왔다. ERP 구축은 조직에 대해 가치를 높이고, 역동적인 ERP 시장을 제공하고 있지만, 반면에 높은 투자 위험과 재정 문제를 고려해야 한다. 지금까지의 ERP 관련 연구들을 살펴보면, ERP 구축의 많은 이점을 설명하는 한편 ERP 구축 실패에 대한 많은 사례 역시 지적하고 있다. ERP 구축은 현대 기업사회에서 필수적인 생존 전략이 되었지만, ERP 구축 과정에서 실패할 경우 많은 손해를 감수해야 하는 위험성 때문에 신중하게 해야 한다.

2. ERP의 발전과정

〔그림 1-1〕 ERP의 발전과정

1) MRP(Material Requirement Planning : 자재소요관리)

1970년대에 개발된 MRP는 종속적인 수요를 가지는 품목의 재고관리 시스템이었다. 구성 품목의 수요를 산출하고 필요한 시기를 추적하며, 품목의 생산 혹은 구매에 사용되는 리드타임을 고려하여 작업 주문 혹은 구매 주문을 산출하기 위한 컴퓨터 재고 통제 시스템으로 개발된 것이다. MRP는 제품구성정보(BOM, Bill of Material), 표준공정정보

(Routing), 기준 생산계획(MPS, Master Production Schedule)등으로 구성된다. 이러한 것을 포함해 기준생산계획과 부품표, 재고 정보의 세 가지를 기반으로 구체적인 제조일정, 자재생산, 조달계획 등을 계획한다.〈3〉

2) MRP Ⅱ (Manufacturing Resource Planning Ⅱ : 생산자원관리)

1980년도에 출연한 MRP Ⅱ는 자재뿐만 아니라 생산에 필요한 모든 자원을 효과적으로 관리하기 위한 것으로 MRP의 확장 개념이다. MRP Ⅱ는 소품종 다량 생산에서 다품종 소량 생산의 환경 변화에 따른 고객 지향 업무의 부각에 따라 생겨났다. 이러한 개념하에 기존의 MRP에 자동화된 공정 데이터의 수집, 수주관리, 재무관리, 판매관리의 기능을 추가하여 실현 가능한 생산 계획을 제시하는 제조활동 시스템이다.

3) ERP(Enterprise Resource Planning : 전사적 자원 관리)

1990년대에 들어 컴퓨터 기술의 발전이 더욱 가속화되고, 기업들에게 전사적 자원관리(ERP, Enterprise Resource Planning)라는 개념이 도입되면서 MRP, MRP Ⅱ의 한계를 극복하려는 전사적 통합관리시스템이 도입된다. 이는 생산관리, 판매관리, 인사관리, 재무관리 등 기업의 기본적 업무를 컴퓨터 시스템을 사용하여 밀접하게 관련시켜 실행하는 것으로, 다시 말해 인력, 생산 및 제조, 물류, 회계 등 기업의 모든 자원을 전체적으로 통합 관리하여 최적화된 기업 활동을 가능하게 하는 전산시스템을 말한다.

4) Extended ERP(확장형 ERP)

이후 1990년대 후반부터는 인터넷의 보급, 확산으로 기업 활동의 영역이 외부로 더욱 확장됨에 따라, 내부 업무통합과 아울러 외부 여러 관계를 관리하는 영역까지 확대한 확장형 ERP인 X-ERP(eXtended ERP)가 선보이기 시작했다. X-ERP는 업무통합에만 초점을 맞춘 기존 ERP에 외부 협력사 및 고객과의 관계를 관리하는 SCM(Supply Chain Management : 공급사슬관리), CRM(Customer Relationship Management : 고객관계관리), SEM(Strategic Enterprise Management : 전략적 기업 경영), EC(Electronic Commerce : 전자상거래), DW(Data Warehouse : 데이터 웨어하우스) 등의 기능이 부분적으로 추가된 것이다.

5) ERP Ⅱ (통합기업활동관리)

한편 2000년도 후반에 시장 전문조사기관인 가트너 그룹은 확장형 ERP에서 논의되었던 기업의 외부활동과 내부 활동 통합 기능을 더욱 확대한 ERP Ⅱ(Enterprise Resource Planning Ⅱ : 통합기업관리) 개념을 주장하면서, ERP가 기존 ERP와 패러다임을 달리하는 차세대 ERP로 발전하고 있다고 진단하였다.

가트너 그룹의 주장에 따르면, ERP Ⅱ는 제조 및 물류에 적합했던 기존 ERP와 달리 인터넷의 웹 기반 하에서 고객관리, 사내외 관계자에게 단일화된 정보 제공, 협력사 관리, 주문 및 제고관리 등 비즈니스 전 영역에서 활용이 가능하다.

따라서 각 분야별 전문화된 시스템 구축 시 애로사항으로 지적되는 기존 ERP시스템과의 통합 부담이 사라지게 되므로 기존 ERP 시스템의 효용을 배가시킬 수 있으며, IT 예산도 절감할 수 있다.

3. ERP 시스템의 특성

3.1 정보시스템으로서의 ERP 특성

정보시스템으로서의 ERP가 갖는 특성 중 통합업무시스템으로서의 특성은 〔표 1-1〕과 같이 정보시스템의 경영기능요소와 관련된 특성이며, 통합데이터베이스와 오픈 대응은 정보시스템의 정보기술요소와 관련된 특성이라 할 수 있다.〈4〉

특성	성과의 예
통합 업무시스템 (업무의 통합성)	① 재고와 생산계획의 연결로 필요일자의 재고량 파악 ② 원가계산의 정확성 향상 ③ 원가계산의 속도 향상 ④ 부분최적이 아닌 전체최적의 달성 - 전 업무를 회계시스템에 연결 - 업무의 통합과 재편성 이룸 - 사무변화에 신속히 대응 ⑤ 이중입력의 폐지 ⑥ 간접업무의 효율화 ⑦ 결산목적 이외의 경영상 의사결정에 유용한 정보획득
통합 데이터베이스 (자료의 통합성)	① 입력된 데이터의 재사용성 향상 ② 각 영업부별 통합 거래처 관리로 합산된 여신한도액 조회 가능 ③ 개별 업무 시스템 간의 포맷 불일치로 인한 비효율성 제거 - 데이터의 논리적 통합(중복방지, 다양한 각도의 조회 가능) - 데이터의 완전성(정보발생원의 입력) - 데이터간의 리얼타임 결합 ④ EUC의 가능
대응	① 확장성 ② 호환성 ③ 상호운용성 ④ 유연성 ⑤ 이식성

〔표 1-1〕 정보시스템으로서의 ERP 특성

ERP 시스템은 주로 정형화된 업무를 대상으로 하는데, 이를 통해 ERP 시스템의 특성을 설명하는 경우도 있다.[5] 일반적으로 대기업의 정보시스템은 업무계와 정보계로 나누어 구축하는 경우가 많다. 업무계 시스템은 기업의 그날그날의 업무활동을 받쳐주는 기간 정보시스템으로서 이에서 다루는 업무는 정형적으로 없어서는 안 되는 중요한 것이다. 업무계 시스템은 이러한 정형화된 업무활동을 받쳐주는 한편, 여기서 나타난 데이터를 데이터베이스로 축적한다. 한편 정보계 시스템은 매일의 업무에서 작성되고 축적된 데이터를 활용해서 새로운 가치를 창조하는 시스템이다. 이러한 관점에서 기업 내 정보시스템으로서의 ERP와 그룹웨어의 위치를 살펴보면, ERP는 업무계를 중심으로 하는 정보시스템으로 정형적인 업무를 취급하는 일이 많으며, 그룹웨어는 ERP가 주된 대상으로 하고 있는 정형업무, 정형데이터의 기업활동 이외의 부분까지 커버하는 정보계 시스템이라 할 수 있다.

3.2 ERP 패키지 도입에 기인한 ERP 특성

ERP 시스템이 기존의 정보시스템과 구별되는 가장 큰 기술적인 특징은 애플리케이션 소프트웨어 패키지(ASP : Application Software Package), 표준 소프트웨어(Standard Software), 패키지 애플리케이션(Packaged Application) 등으로 불리는 외부조달(outsourcing)의 한 특수한 형태를 통해 시스템이 구축된다는 점이다. ASP 공급자는 많은 수요자에게 개발비를 분담시킬 수 있으므로 ASP의 가격은 보통의 경우 그에 상당하는 시스템의 주문개발의 경우보다 싸다. 또한 ASP 도입의 경우 일반적 요구분석, 설계, 코드화 및 테스트가 필요 없으므로 개발기간이 단축된다. 소프트웨어 성능 면에서도 패키지 구입은 이점을 가진다. ASP는 시장기능을 통해 다량으로 공급되는 과정에서 이미 충분한 검토과정을 거쳤기 때문에 상대적으로 프로그램의 신뢰성과 효율성의 면에서 강점을 갖게 된다. 그 밖에도 자체개발인력을 많이 확보할 필요가 없다는 점이라든가 일반적으로 판매용으로 개발된 소프트웨어는 사용하기 쉽다는 점, 또한 불특정 다수를 위한 소프트웨어이므로 문서화가 잘 되어 있다는 점에서도 ASP구입은 이점을 가지고 있다.[6]

최근까지 기업의 업무 애플리케이션 시스템의 대다수는 하나부터 열까지 모든 프로그램을 개발하는 수작업방식(주문제작방식)이 주류였다. 개발을 담당하는 것은 대기업의 경우에는 자사의 정보시스템 부문이며 중소기업의 경우는 외부 소프트웨어 업체였다. 그리고 개별적으로 개발, 구축된 자사의 독자적인 업무 애플리케이션 시스템이 생산, 판매, 물류, 회계, 인사 등의 기간업무별로 효율향상을 위해 이용되고 일정한 성과를 올려왔다. 그러나 이러한 수작업방식으로는 현재의 경영환경의 변화 속도에 대응할 수 없다. ERP 시스템 구축 시 ERP 패키지를 채용하는 것은 종래의 수작업방식과 비교해 장점이 많은데 지금까지의 ERP 패키지 채용 성공사례에서 일반적으로 기대할 수 있었던 장점 및 효과를 정리하면 다음 〔표 1-2〕와 같다.[7]

특성	성과의 예
개발기간의 단축	① 현재 시스템 개발의 업무분석, 설계, 프로그래밍 단계의 생략 ② Best Practice를 반영한 업무 템플릿을 통한 개발기간 단축
총개발비용의 절감	① 수정이나 추가개발 비용의 감소 ② 유지보수의 용이 ③ 벤더로부터의 서비스 충실 ④ 도입시의 교육/훈련 등의 지원체계가 충실
도입에 따른 리스크 최소화	① 도입 후의 과부화 걱정이 필요 없음 ② 단계적 도입이 가능
과거의 축적된 노하우 활용	① 선진기업의 사례나 동업종 기업의 활용사례 이용
비즈니스 프로세스 모델의 사용	① Best Practice의 제공으로 인한 BPR 효과 ② 업무의 표준화, 정형화
파라미터 지정에 의한 개발	① 선입선출법에서 이동평균법으로 변경 시 시스템 변경용이 ② 기간 업무시스템의 개발보수 공수의 축소 - 개발기간의 단축 : Prototype에 의한 충족도의 단계적 향상 가능 - 보수공수의 단축 : 정보시스템의 개발능력 중 60% 이상이 기존 시스템의 보수에 허비
교육과 컨설팅 중심의 시스템 구축	① MRP II는 애플리케이션 소프트웨어의 비중이 크지 않아 하드웨어에 종속된 프로그램으로 인식, 올바른 시스템 구축을 위한 교육과 컨설팅 역할이 강조, 심한 경우 전체 ERP 비용의 70~80%를 상회하는 경우도 발생
BPR을 수행하는 ERP 시스템 구축	① 기업의 업무 프로세스 분석, 차이분석, 설계와 개발과정의 자연스런 BPR 달성을 강조
시스템 업그레이드를 포함한 벤더의 지원	① 최신의 정보기술 채용 ② 시스템 유지보수 비용의 절감
차이분석에 의한 기능 추가	① 산업별 특화된 솔루션 ② 무수정 원칙

〔표 1-2〕 ERP 패키지 도입에 기인한 ERP 특성

3.3 글로벌 환경을 지원하는 ERP 특성

무역장벽의 극복, 국제적 경쟁력 확보의 노력은 기업을 국제화시켜 다국적 기업, 글로벌 기업(Global Company)을 만들어 내고 있다.[8] 많은 국내기업이 해외에 지점이나 공장을 가지고 있으며, 해외의 다국적 기업이 국내에서 생산이나 서비스 활동을 하고 있다. 해외에 진출한 국내 기업이 그 나라의 언어와 세법에 맞는 정보 시스템을 구축하는 것은 쉬운 일이 아니었다. 반대로 국내에 진출한 외국의 다국적 기업도 본사 시스템과 동일하거나 통합이 가능한 시스템을 필요로 하게 된다.[9]

ERP 시스템은 이러한 다국적 기업, 글로벌 기업이 기업 활동을 원활히 진행할 수 있도

록 〔표 1-3〕과 같이 다국어(Multi Language)와 다통화(Multi Currency) 기능을 지원하고 있다. 또한 각국의 회계나 세무제도에 맞도록 각국별로 국내화(Localization)한 기능을 가지고 있다.〈10〉

특성	성과의 예
글로벌대응	① 다언어에 대한 대응 ② 현지의 세제, 법적인 보고서에 대한 대응 ③ 다양한 통화에 대한대응 ④ 연결회계에 대한 대응 ⑤ 연결관리회계에 대한 대응

〔표 1-3〕 글로벌 환경을 지원하는 ERP 특성

4. e-비즈니스와 ERP

4.1 e-비즈니스의 의미

컴퓨터를 중심으로 한 정보기술이 전통적 산업사회에서 정보화 사회로 패러다임을 바꾸어 놓았다. 과거 산업사회의 가치창출 원칙이 분업과 규모의 경제라고 한다면 정보화 사회의 기업의 가치창출은 분업보다는 연결과 통합에 의해서 단일품종 대량생산의 규모의 경제보다는 다품종 소량생산, 대규모 고객주문생산 즉 매스 커스터마이징(Mass customizing) 방식에 의해서 이루어지고 있다.

1993년 넷스케이프(Netscape)사의 인터넷 브라우저가 등장함으로써 인터넷이 대중에 급속히 보급 연결되게 되었는데 이때부터 정보사회 내에서도 또 한번의 패러다임이 바뀌었다고 볼 수 있을 정도의 시장 원칙이 혁명적으로 변하고 있다. 우리는 지금의 이 시대를 정보화 사회와는 또 다른 이름으로 e-비즈니스 시대, 인터넷 시대라고 한다. 인터넷 시대의 변화는 다음의 '수직적 해체'라는 법칙을 통하여 그 특징적 단면을 살펴볼 수 있다.

과거의 기업들은 거래비용을 낮추기 위해 밖에서 사는 것보다 안에서 만드는 것이 싸기 때문에 지속적으로 수직적 통합을 해야 한다는 "수직적 통합"의 법칙에 따라 가능한 한 수직적 통합, 기업 확장을 도모했다. 그래서 세계적 규모의 자동차 회사들은 고무농장, 철강회사까지도 소유하기도 했다. 그러나 지금은 반대현상이 일어나고 있다. "수직적 해체" 시대를 맞이하여 대부분의 기업 기능을 외부에서 구매하는 것 즉 아웃소싱(Outsourcing)이 더 싸기 때문에 외부기업과의 효과적, 전략적 관계 설정을 통해 지속적으로 외부에서 구매하려고 하고 있다. 즉 조직과 조직간의 관계를 적절히 유지하는 것이 기업의 성패를 가르는 중요한 요인이 되고 있다는 것이다. 이와 같은 특성을 지칭하여 IT 전문가들은 e-비즈니스의 다음 시대는 e-파트너링(e-Partnering)의 시대라고 또 다른 패러다임의 시대 구분을 제시하고 있다.

e-비즈니스 시대 안에서도 초기의 전자상거래 시대에서 e-비즈니스 시대, e-파트너링 시대로 패러다임이 급변해 가는 현대 기업 경쟁 환경에서 특히 국내 중소기업들이 생존하는 길은 조직 구성요소 모두가 시급히 e-파트너링시대에 맞는 체제로 변화해야 하는 것이다. 변화 내용 중 주요 3가지 변화요소가 기술, 프로세스, 사람이다. 1990년대 위 3가지 요소 중 특히 프로세스와 사람이 근본적으로 변해야 한다고 주창한 이론이 BPR이다.

ERP는 위 3가지 변화요소가 다 포함된 개념이다. 역으로 기업은 ERP를 도입함으로써 기업이 완전히 다른 새로운 e-비즈니스 패러다임의 기업으로 변할 수 있다. 이와 같은 이유로 정부도 중소기업 e-비즈니스화를 위하여 가장 시급히 선결되어야 과제가 ERP 시스템 보급이라고 판단한 것이다.

4.2 e-비즈니스와 ERP

국내외 우량 기업 뿐만 아니라 중소기업에서도 글로벌한 기업 환경 하에서 내재된 문제점을 적시에 파악하고 실시간 분석을 통해 기업 전체를 최적화함으로써 생산성을 극대화할 수 있는 ERP 시스템을 도입하고, 고객정보를 적절히 활용하여 경쟁력을 갖추기 위해 고객관계관리(Customer Relationship Management : CRM) 구축을 서두르고 있다. 특히 1990년대 후반부터 e-비즈니스 견인차인 인터넷이 국경 없는 비즈니스의 장으로 각광받으면서 기존의 고객뿐만 아니라 사이버 세계의 고객에 적합한 맞춤형 마케팅을 구현하기 위한 e-CRM에 대한 관심이 고조되고 있다.

점차 고객의 요구사항이 복잡하고 다양해짐에 따라, 제품생산 중심 구조의 기본 ERP업체들도 이러한 인터넷 중심의 정보흐름 환경에 적응하고자 기존의 프론트오피스(Front-office)와 백오피스(Back-office)개념을 통합하여 하나의 솔루션으로 제공하기 위한 방안을 모색하고 있다. 이러한 통합 솔루션은 ERP, CRM 등을 각각 독자적으로 운영함으로써 생기는 비용을 절감하고, 고객만족을 극대화 할 수 있을 것으로 본다.

이러한 주요 기능을 최적으로 지원하기 위해서는 클라이언트/서버 시스템, 객체지향기술, 4세대언어 개발, 개방형 시스템, 데이터웨어하우스, 인터넷 기술 등과 같은 정보시스템 기술과 접목되어야 한다.

점차 고객의 요구는 복잡하고 다양해지며, 선택의 폭 또한 과거와 비교하여 훨씬 넓어지고 있다. 또한 인터넷을 통한 한 번의 클릭으로 고객의 선택이 좌우되는 시대이므로 고객만족이 무엇보다 중요하다고 할 수 있다. 따라서 다른 어떤 것보다도 e-비즈니스의 CRM을 활용한 ERP가 완벽하게 통합되어 고객의 요구에 대한 즉각적인 판매와 서비스가 일어나야 한다. 특히 판매, 서비스, 마케팅의 모든 기능이 실시간 처리되고, 즉각적인 조치 및 해결이 가능해야 한다. 다음〔표 1-4〕은 e-비즈니스를 활용한 ERP가 갖추어야 할 주요기능을 요약해 놓은 것이다.

주요기능	내용
통합성	• 업무 처리를 단위기능 중심이 아닌 프로세스적인 관점에서 일괄적으로 처리 • 모든 자료는 자동으로 관련되는 업무에 적용됨 • 작업 및 자료의 중복 또는 자료 간 불일치를 원천적으로 배제하여 회사의 업무 프로세스를 최적화 하고 비효율을 제거
실시간 처리	• 모든 관련이 있는 업무는 항상 연결되어 처리되도록 설계됨 • 관련 정보들은 해당 업무에 필요한 정보로서 원시정보의 생성과 동시에 실시간으로 자동 반영 • 다양하고 유용한 정보를 적시에 고객 및 정보이용자에게 제공
유연성	• 개발기간은 단축 • 시스템의 유지보수는 용이 • 타 시스템과 연동을 위한 다양한 포맷을 지원하는 인터페이스 구축
사용자편의성	• 시스템 사용자가 시스템 내에 저장된 데이터를 쉽게 조회 및 분석가능 • 필요한 경우 출력을 하거나 타 프로그램으로 다운로드 가능 • 최근에 인터넷의 사용으로 웹의 필수적인 지원

〔표 1-4〕 e-비즈니스를 활용한 ERP가 갖추어야 할 주요기능

4.3 e-비즈니스와 ERP 성공전략

인터넷이 기업의 사업 방식을 변화시키고 새로운 기회를 제공해 줄 것이라는 점을 의심하는 기업은 없으며, 기업들은 인터넷이 제공하는 이러한 기회를 포착하기 위해 다양한 형태의 e-비즈니스를 전개하고 있다. 실제로 e-비즈니스는 제대로 활용되면, 디지털 기술로 가능하게 된 연결성(Connectivity)과 협력(Collaboration)을 통해 신규사업 전개, 매출 증대, 효율성 증대, 비용 절감 등의 기회를 기업에게 제공해 줄 수 있다.

ERP와 e-비즈니스가 서로 적절한 관계를 보완 또는 유지하면 다양한 시너지 효과를 얻을 수 있다. e-비즈니스는 거래파트너와 비즈니스 정보를 공유하며 중대한 B2B 이점을 만들어 낸다. 기업간의 공유되는 수요, 재고, 주문, 생산, 재무 등의 정보 데이터의 자료가 프로세스의 성공에 직접적인 영향을 끼친다. 성공적으로 구현되는 ERP는 이런 데이터들을 유연하게 관리한다. 좋은 자료들은 e-비즈니스의 기본이 되고, ERP시스템이 좋은 데이터를 제공하게 되는 것이다.

e-비즈니스가 중요한 잇슈로 부각된 것은 기업들이 보다 친근한 고객 관계의 필요성을 자각했기 때문이다. 제품과 서비스의 신속한 개발과 전달, 위치적 도달성의 확장, 프로세스 효율성과 효과성의 증대, 제품과 서비스, 브랜드의 재정의, 그리고 유연한 인프라와 비즈니스 모델을 통한 정보의 활용 등을 새롭게 구현하기 위해서이다.

e-비즈니스를 성공적으로 추진하기 위해서는 무엇보다도 전략 수립이 선행되어야 한다. 명확한 전략과 비전이 제시되지 않고서는 추진 당사자들의 효율적이고도 도전적인 실천이 이루어질 수 없기 때문이다. 또한 구체적이고 실천적인 전략방안이 마련되어야 투자자의 신뢰를 회복할 수 있을 것이다. 전략 수립을 위한 절차는 다음과 같다.

(1) 전략적 포지션을 명확히 한다.

자사의 전략적 포지션을 명확히 하는 것이 우선적으로 필요하다. 특히 한 산업의 전체 가치 사슬 상에서 자사의 역할과 지위를 분명히 해야 한다. 이는 자사의 산업 내 전략적 포지션을 구체화 하라는 의미이다. 그렇지 않으면 자신의 핵심역량을 구축할 수 없다. 이러한 전략적 포지션 작업은 자사 역량에 대한 냉철한 평가와 분석이 선행되어야 한다. 전략적 포지션을 명확하기 하기위해서 우선 자사의 비전을 재정립할 필요가 있다. 자사의 비전을 검토하는 과정에서 향후 비즈니스 트랜드를 살펴야 한다. 향후 비즈니스에 있어서 그 변화의 추진력이 어디에 있고, 기술의 발전이 어떠한 모습으로 흘러갈지를 함께 고려해야 한다.

(2) 자사에 적합한 전략유형을 선택한다.

자사의 비전과 전략적 포지션이 결정되었다면, 이에 맞는 전략 유형을 선택해야 한다. 기업이 취할 수 있는 전략 유형은 크게 4가지로 나누어 볼 수 있다.

첫째, 방어형(Defender)은 자사가 안정적으로 확보한 시장에서 비용 효율적인 전략을 추구하는 가격주도형(Cost leader) 전략을 의미한다. 따라서 이러한 전략 유형을 지난 기업은 e-비즈니스를 비용 효율화 차원에서 적극 활용하게 될 것이다.

둘째, 선봉형(Prospecter)은 신제품 출시에 앞장서면서 창업 지향적인 전략을 취하는 유형을 말한다. 따라서 혁신을 통해 성장을 추구하고 기술 지향적인 기술적 리더쉽(Technological leadership)을 강조한다.

셋째, 분석형(Analyzer)은 안정적인 제품라인에 집중하면서도 한편으로는 산업 내 혁신을 추종하는 다소 복합적인 전략 유형을 말한다. 중도적인 전략(Intermediate strategy) 유형으로서 투자에 있어서도 매우 신중한 태도를 보인다.

넷째, 수동형(Reactor)은 “기다려보는 전략(Wait and See)”을 말한다. 이러한 전략은 변화에 매우 수동적이며, 분명한 방향성을 가지고 있지 않다는 특징을 가지고 있다.

(3) e-비즈니스의 목적에 따른 구체적인 전략을 수립한다.

전략적 포지션에 따라 기업이 취할 수 있는 e-비즈니스 목적을 분명히 해야 한다. 자사의 비전과 산업 내에서의 전략적 포지션이 명확해지면, 이를 위한 구체적인 전략이 필요하다. 새로운 가치창출 네트워크를 구성하여 그 조정자 역할을 할 수 있다면 그렇게 한다. 디지털 경제의 핵심가치를 대부분 조정자 역할에게서 나오기 때문이다. 하지만 냉정하게 새로운 가치창출 네트워크를 구성할 역량이 부족하다고 생각한다면, 기존의 가치창출 네트워크(Value network)안에서 능숙한 부분역할 수행자가 될 수 있도록 노력하는 것이 더욱 현실적인 대안이다.

(4) 전략 수행을 위한 실천 방안을 모색한다.

자사의 e-비즈니스 목표가 새로운 가치창출 네트워크를 구성하는 것이 아니라면, 현재의 가치창출 네트워크 상에서 자사의 핵심역량을 강화할 수체적인 방안을 모색해야 한다. 따라서 모든 투자의 우선순위는 물론 핵심역량을 강화하는 쪽에 있다. 만약 자사의 핵심역량이 제품의 품질이 있다면, 품질 개선을 위해 우선 무엇을 먼저 해야 할지 고려해야 한다. e-비즈니스가 품질 개선에 가장 큰 영향을 미친다면 무엇보다도 우선순위에 두는 것이 당연하다. 하지만 품질 개선에 노후설비 교체가 더 중요하다면 e-비즈니스에 대한 투자는 후 순위로 밀려날 수밖에 없다. 오프라인에서 경쟁력 없는 기업이 온라인화한다고 해서 경쟁력이 상승하는 것은 아니다. 다만 경쟁력 없는 온라인 기업으로 변할 뿐이다.

5. ERP 시스템의 필요성과 도입효과

ERP 시스템은 다음과 같은 필요성에 의해서 기업에서 도입하고 있다.

① 기업 정보의 통합화

21세기로 접어들면서 기업은 경쟁력을 높이기 위해 모든 자원을 통합 관리하기에 이른다. 전문화 · 복잡화를 이루면서 최고 경영자가 결정하기 어려운 문제가 발생한다. 부분적으로 일어나는 사안을 통합화하고 정보를 체계화하여 의사 결정을 할 수 있는 시스템을 제공하여 기업의 경쟁력을 제고 하여야 한다.

② 문서의 표준화와 통합화

기업이 사용하고 있는 여러 문서(자료)가 다양한 채널을 통하여 이동하고 교환하는 양이 갈수록 대량화하여 간다. 그리고 정보 기술이 발달하면서 매체의 종류도 다양해진다. 이들의 저장 · 표준화 · 통합화 등은 대단히 복잡하게 구성되어 있는데, 여기에서 기업은 이를 통합 · 표준화해야 하는 필요성이 대두된다.

③ 소프트웨어 부족의 해결

1960년대 소프트웨어 공학자 Boem은, 1980년대 이후는 하드웨어가 발달하여 소프트웨어의 위기가 도래할 것으로 전망하였다. 1980년도에는 하드웨어에 대한 막대한 투자를 하였고, 반대로 소프트웨어는 무상으로 끼워 팔기 식으로 진행되어 왔다. 그러나 오늘날은 이러한 현상이 완전히 바뀌어 하드웨어는 PC가 발달하면서 그 성능이 엄청나게 발전하여 충분히 좋은 기능을 갖추게 되었으나, 이를 채워줄 소프트웨어가 없다는 것이다.

여기서 중요한 것은 소프트웨어가 없다는 의미가 아니라, 소프트웨어의 생산성과 나아가 개발한 소프트웨어를 유지 · 보수하는데 실패를 하였기 때문이다. ERP 시스템이 등장하기 전에 MIS 시스템은 거의가 수작업에 의존하여 비정형화된 프로세스를 전산화하다 보니, 생산성을 기대하기 어려운 형편이 되었다. 이를 기업이 해결할 필요성이 대두된 것이다.

④ 기업의 경영혁신 도구

오늘날의 기업은 기업의 비효율적인 프로세스를 개선하고, 선진 경영 기업을 도입하지 않으면 기업의 생존은 물론 번영을 이룩할 수 없는 실정이다. 이를 해결하기 위해 BPR(Business Process Reengineering)이라는 기업 경영 혁신이 대안으로 제시되었고, 이를 구체적으로 실현한 것이 바로 ERP 시스템이다.

⑤ 비용절감

기업이 ERP 시스템을 도입할 때 미래 지향적으로 경쟁력만을 갖추는 것에만 목적이 있는 것은 아니다. ERP 시스템 도입의 필요성은 기업에 정량적인 효과, 즉 비용을 절감하는 효과가 있다. ERP 시스템 재고 절감, 절차 간소화로 인원 절감, 종이 없는 사무실을 구현함으로써 표준화는 물론 비용 절감에 커다란 효과가 있다.

⑥ 인원의 적재적소 배치

현장에서 볼 때 ERP 시스템이 도입되면 인력이 엄청나게 줄어든다고 생각하는 사람이 많다. 또한 컴퓨터 시스템을 모르는 최고 경영자는 인력을 감축하는 데만 관심을 갖고 ERP 시스템에 접근하는 경우가 있는 것도 사실이다. 그러나 ERP 시스템의 진정한 의미는 기업의 프로세스 혁신에 있다.

이러한 관점에서 ERP 시스템에 대한 내용을 정확하게 파악한다면, 비효율적인 부분을 해소하고 인력이 적재적소에 배치되어 업무의 효율을 높일 수 있을 뿐만 아니라, 궁극적으로 고용의 안정에도 기여할 수 있다.

나열한 것 이외에도 ERP 도입의 효율성은 더 많이 존재하며, ERP를 통하여 기업의 일하는 방식을 선진국형, 글로벌 표준으로 업그레이드할 수 있기 때문에 기업이 글로벌 경쟁력을 갖추는데 ERP가 중요한 역할을 하게 된다.

Benchmarking Partners사에 의해 조사된 ERP 시스템을 사용함으로써 얻을 수 있는 외형적 이점과 무형적 이점을 정리하면 〔표 1-5〕와 같다.

외형적 이점	무형적 이점
① 재고감소	① 기업 데이터의 투명성 증가
② 직원의 감소	② 새로운 혹은 향상된 비즈니스프로세스 도입
③ 생산성 증가	③ 보다 신속한 고객 반응
④ 주문 관리의 향상	④ 예상되지 않았던 비용의 감소
⑤ 회계 사이클 처리의 더욱 신속한 마감	⑤ 시스템 간의 보다 긴밀한 통합성
⑥ IT(Information Technology) 비용의 감소	⑥ 컴퓨팅 플랫폼의 표준화
⑦ 조달 비용의 감소	⑦ 유연성의 증가

⑧ 현금 관리의 향상	⑧ 정보의 글로벌 공유
⑨ 매출과 이윤의 증대	⑨ Y2K 문제해결
⑩ 물류 운반비용의 감소	⑩ 향상된 경영 성과
⑪ 시스템 유지보수 필요성 감소	⑪ SCM 프로세스에서의 투명성 증가
⑫ 적시 배송의 향상	

〔표 1-5〕 ERP 시스템 사용의 이점

Source : Benchmarking Partners

ERP는 1960년대 경영정보시스템(MIS : Management Information Systems)이나, 1980년대의 전략정보시스템(SIS: Strategic Information Systems)과 마찬가지로 기업 경영을 위한 새로운 개념 또는 시스템이다. ERP를 단순히 정보시스템 구축의 도구(패키지)가 아닌 경영환경의 변화에 즉각적으로 대응해 BPR과 일체가 되어 경영이념에 따라 기업조직을 계속적으로 변혁시키기 위한 경영혁신, 개혁이라는 경영관리 개념으로 이해하는 것이 필요하다.

기업들은 ERP 도입을 정보화와 경영혁신을 동시에 달성하는 계기로 인식하고 있다. 기존의 기업정보시스템은 대부분 수많은 단위시스템들로 구성되어 있으며, 단위 시스템들 사이의 연계 통합성이 낮으므로 사람이 시스템 사이들 사이의 연계통합 업무를 담당할 수밖에 없다. 그러나 ERP 도입 후 기업정보시스템은 직원들의 노하우에 의존하던 업무처리 방식이 생산현장의 컨베이어벨트처럼 상호 연계되어 실시간으로 처리되는 시스템 경영으로 전환되게 된다. ERP를 도입하면 직원들의 일하는 방식은 사람 기반에서 시스템 기반으로 전환된다. ERP는 고도의 통합 정보화를 실현할 뿐 아니라 조직의 일하는 방식을 실시간, 글로벌 표준으로 혁신하는 가장 효과적인 방법으로 인식되고 있다. 특히 SAP ERP 등 글로벌 ERP에는 산업 분야별로 선진국의 베스트 프랙티스라고 알려진 최적의 일하는 방식이 구현되어있으므로 기업들은 성공적인 ERP 구축을 통하여 고도 정보화뿐 아니라 직원들의 일하는 방식을 글로벌 표준으로 업그레이드 할 수 있게 된다.

① 이익 중심의 경영기반 구축

다양한 사업 부문별 수익성 분석으로 손익 구조가 개선되며, 투자 수익률이 향상된다. 또한 현금 수급의 향상으로 인하여 운전자본의 규모가 감소하고 현금흐름이 향상된다.

② 자산관리 효율성의 향상

자산의 취득, 정산 및 관리 업무의 효율성이 향상되고 장부재고와 실물재고의 일괄 관리로 재고 비용이 감소한다. 채권 및 여신 정보의 실시간 제공으로 외상 매출금 관리의 효율성이 향상되고, 악성 채권이 감소한다. 뿐만 아니라 채무 및 미지급금 관리의 효율성이 향상된다. 따라서 내부감사의 효율성이 향상된다.

③ 원가관리 효율성의 향상

시장예측과 생산예측의 정확도가 향상되므로 원자재, 재공품, 제품의 재고 수준이 감소한다. 표준원가를 활용한 목표원가의 도입으로 직접재료비가 절감되고, 부품 부족 감소, 재작업 감소, 야근 감소 등으로 직접노무비가 절감된다. 기계 가동률의 향상과 효율적 생산관리로 인하여 재고간접원가가 절감된다. 구매 프로세스의 혁신으로 원가 절감과 이익창출의 기반이 구축된다. 특히 자동 발주시스템의 구축으로 발주관련 비용이 감소하며, 발주 작업 리드타임이 단축된다. 공급체인과의 효율적인 업무 협조로 구매 처리속도고 향상되고 원자재 재고 수준과 구매 비용이 감소하며 원자재의 품절율이 최소화된다.

④ 판매 및 물류관리 효율성의 향상

실시간 시장 분석과 소비자의 세분화된 요구에 부응하여 새로운 시장과 매출을 창출한다. 업무 프로세스의 사이클 단축으로 인한 주문 처리시간이 단축되고 고객주문에 대한 실시간 납기 확인의 기반이 구축된다. 따라서 고객 납기응답기간이 단축되고 고객 납기 준수율이 향상된다. 판매계획의 정확도가 향상되어 직원 일인당 매출액이 증가하고 정확한 수요예측과 납기일 예측능력의 향상으로 고객 만족도가 향상된다. 고객의 여신한도 확인을 위한 리드타임이 단축된다.

⑤ 일반관리 효율성의 향상

정보의 실시간 활용으로 문제해결능력 및 의사결정 능력이 향상된다. 업무 처리의 정확성과 신속성이 확보된다. 자금계획 및 집행의 효율성이 향상되고 계획 대비 실적의 체계적 관리 실현으로 업무 효율이 극대화된다. 업무시간의 단축에 따른 관리 인원의 감축이 예상되고 관리 인력의 생산성이 향상된다. 인력의 질적 정예화 실현으로 창의력이 증대된다. 필요한 정보를 공유하여 업무간의 유기적 연계가 원활하게 된다. 관리업무의 중앙 집중화가 달성되므로 중복자료의 처리 및 중복 업무를 제거하여 업무처리속도 및 효율성이 향상된다. 예산대비 실적 정보의 실시간 제공으로 예산관리의 효율성이 증대된다. 뿐만 아니라 재무제표의 작성기간이 단축되고 외부감사의 효율성이 향상된다.

나열한 것 이외에도 ERP 도입의 효율성은 더 많이 존재하며, ERP를 통하여 기업의 일하는 방식을 선진국형, 글로벌 표준으로 업그레이드할 수 있으므로 기업이 글로벌 경쟁력을 갖추는데 ERP가 중요한 역할을 하게 된다.

6. ERP 시스템 도입을 위한 변화관리

오늘날 모든 조직이 당면하고 있는 주요한 과제 중의 하나가 변화에 대한 적응(adaptability to change)의 문제이다. 조직이 당면하고 있는 내 · 외적인 압력을 극복하고 조직 유효성을 높이기 위해서는 조직분위기 및 조직 문화를 중심으로 한 조직특성을 변화시키지 않으면 안 된다. 이는 조직의 업무를 새로운 정보시스템에 적용시키는 ERP의 경우 더욱 필요하다고 볼 수 있는데, 이것은 ERP 도입에 대해 조직구성원의 행동, 업무형태, 가치관 등이 많은 부문에서 변화를 가져오기 때문이다. 이러한 변화에 대한 위험(저항)을 관리하는 방법으로 흔히 변화관리를 이용하는데, 이는 계획적인 변화를 통해 흔히 조직 및 그 구성원들에게 새로운 가치를 부여함으로써 조직 내부의 응집력을 강화시키는 노력으로 정의된다. 즉, 현재의 상태에서 목표로 하는 바람직한 상태로 전환하기 위한 과정에서 생기는 저항 및 여러 가지 격차를 해소하고 구성원들이 힘들이지 않고 변화에 동참하게 하는 활동이라고 할 수 있다.

ERP를 도입함으로써 나타나는 업무 프로세스의 재설계, 규정 · 절차의 개선, 서식 및 코드 체계의 표준화 등의 변화는 ① 조직구조적인 측면에서 정보 권력의 재분배나 부서 간 갈등을 발생시킬 수 있고 정체성의 변화를 불러오고, ② 직무구조 측면에서 직무내용의 변화, 직무환경의 변화를 가져올 수 있으며, ③ 구성원들 사이에서는 의사소통 양상의 변화, 사용자 저항 등의 위험을 불러오게 된다. 따라서 정보시스템에서 기대되는 효과(성과)가 실제적으로 발휘되려면 변화를 통해 발생하는 조직의 위험이나 저항요인들을 잘 대처해 나갈 수 있는 효율적인 관리가 요구되며, 이는 조직에서의 적절한 변화관리를 통해서만 이루어진다.

ERP 시스템을 도입한 많은 기업들은 시스템 도입 이후 일시적인 성과저하를 경험하게 된다. ERP 시스템은 단지 정보시스템 환경뿐만 아니라 조직구조와 비즈니스 프로세스까지 변화를 요구한다. 기업들이 ERP 시스템 도입 이후 성과향상을 달성하는데 실패하는 이유는 효과적인 변화관리 역량을 확보하고 있지 않았기 때문이다.

기업에서는 ERP 시스템을 도입하는 데 있어 조직 구성원들의 시스템 저항을 줄일 수 있도록 업무변화요인, 의사결정요인 및 조직변화인식 요인 등을 고려해야 한다. 즉, 업무량이 많아지고 있음을 인식하지 않도록 사전에 업무조절을 할 필요성이 있으며 새로운 시스템을 이용하기 위한 일시적 현상임을 인식시키기 위한 교육이 필요하다. 또한 ERP 시스템을 도입함으로써 시스템 도입전보다 조직구성원과 직접 관련된 업무에 대한 의사결정권한을 더 부여하고 그들의 제안을 최고경영자들이 의사결정에 반영하는 모습을 보임으로써 새로운 시스템에 대한 조직구성원들의 저항을 줄일 수 있을 것이다. 물론 ERP 시스템을 도입함으로써 회사가 발전할 수 있음을 강하게 인식시키는 교육을 병행함으로써 조직구성원들의 시스템 저항을 감소시킬 수 있을 것으로 기대한다.

ERP 도입 그 자체만으로는 유효한 조직성과 향상을 보증하지 못하고 효과적인 변화관리 프로그램을 통해 "절망의 계곡"을 극복했을 때 ERP 효과가 나타난다. 변화관리의 방법으로는 ① 변화관리 팀의 구성 ② 홍보 및 커뮤니케이션 ③ 교육 ④ 평가로 크게 4부문으로 분류할 수 있다.

혁신을 효율적으로 실행하고 추진하기 위해서는 변화관리팀을 구성하여 이들이 최전선에서 변화를 주도할 수 있게 해야 한다. 이들은 변화 프로그램을 도입하는 과정에서부터 교육, 홍보, 각종 인프라 구축 및 변화가 현업에 정착될 수 있도록 변화업무를 전담한다.

변화관리 팀에서는 혁신의 시점부터 변화의 비전 및 목표를 체계적으로 홍보하여야 한다. 흔히 변화의 과정에서 경영자 및 관리자층에서는 어느 정도 공감대가 형성되어 이해를 하고 있으나 현업의 구성원들은 무슨 일이 일어나고 있는지 전혀 모르는 경우가 있다. 이런 경우에 구성원들이 소외감을 느껴 변화에 적극적으로 참여하지 않는다. 그리고 이들은 조직의 변화란 본인들에게는 해당되지 않고 관리자나 임원들이 하는 것으로 간주하여 자칫 변화가 구호로만 끝나게 되고 구성원들은 소외감으로 인해 무관심으로 일관할 수 있다.

홍보의 목표는 변화방향에 대한 정보를 공유시켜 구성원들의 관심 및 적극적인 토론을 유도하며, 변화의 필요성에 대해서 구성원들의 공감대를 형성하여 변화에 대한 저항을 최소화하고, 다양한 방법과 매체를 활용하여 변화에 소외되는 계층이 없도록 하여 변화의 속도를 빠르게 하기 위한 것이다.

변화 관리 추진요원, 경영자, 관리자, 사원에 대한 교육이 수반되어야 한다. 새로운 혁신을 시작하기 위해서는 가장 먼저 혁신 담당 부서원들을 대상으로 변화관리 교육을 해야 한다. 흔히 혁신 담당 사원들에 대한 교육은 하지 않고 이들에게 진행관리나 기타 계획만 수립하게 하면 정작 사원들의 질문에 대답하고 방향을 제시하여야 할 스태프들이 모르는 경우가 있으므로 교육을 진행하는 혁신담당자들은 스스로 교육생 겸 진행자로서의 역할을 하여야 한다. 경영자에게 세부교육을 할 필요는 없으며 혁신의 주요내용, 경영자가 해야 할 임무와 리더십에 관한 교육이 필요하다. 사원들과의 접촉이 가장 많고 영향력을 행사하는 계층인 관리자의 사고 및 행동여하에 따라서 부서의 문화와 색깔이 달라진다. 관리자는 사원을 가르치고, 프로젝트를 실행하고, 그 결과를 결정하는 계층이므로 혁신의 방법을 정확하고 상세하게 교육해야 한다. 사원에 대한 교육은 지속적으로 실시해야 한다. 경영혁신 도구에 대한 이해, 소프트웨어 및 자신들의 업무가 어떻게 변화할 것인가, 또한 자신들의 행동이 어떻게 달라져야 하며 이러한 변화를 위해서 무엇을 해야 하는지 구체적인 행동방법교육이 필요하다.

마지막으로 진행 중인 변화프로그램이 효과적으로 진행이 되는지 또는 이상이나 문제가 있는지 일일이 검사하는 과정 즉, 계획의 효율성과 이행여부를 평가하는 것이 필요하다. 고객 만족도 조사, 종업원 만족도 조사를 통하여 고객과 종업원이 변화에 대해 어떻게 생각하는지 이해하고 그 결과를 적극적으로 활용해야 한다.

ERP 시스템이 비즈니스의 거의 모든 주요 기능을 포함하고 있기 때문에 ERP 프로젝트는 보통 오랜 기간과 많은 인원을 필요로 하게 된다. 여러 지역에 걸쳐서 전체적으로 ERP 패키지를 도입하는 큰 규모의 기업은 시스템 설치에 12개월에서 몇 년이 소요될 수도 있다. 기업들은 그 구축의 대부분의 시간을 그들의 비즈니스를 어떻게 수행할까 결정하는데 소비한다. ERP 패키지의 모든 응용프로그램들이 공동 데이터에 의해 연결되어 있기 때문에 구축자들은 시스템의 어떤 한 부분에서 사용되는 업무가 시스템의 다른 부분의 작업에 어떻게 영향을 끼칠 것인지 파악하기 위해 모든 비즈니스 프로세스를 상세히 이해해야 한다.

▷ 주요용어

1 › 전사적자원관리(ERP : Enterprise Resource Planning)
2 › ERP Package
3 › ERP System
4 › 경영정보시스템(MIS : Management Information System)
5 › 자재소요계획(MRP : Material Requirement Planning)
6 › COPICS(Communications Oriented Production Information and Control System)
7 › 제조자원계획(MRP Ⅱ : Manufacturing Resource Planning)
8 › MAPICS(Manufacturing Accounting and Production Information Control System)
9 › 애플리케이션 소프트웨어 패키지(ASP : Application Software Package)
10 › 다국어(Multi Language)
11 › 다통화(Multi Currency)
12 › 국내화(Localization)
13 › 재무회계(Accounting)
14 › 관리회계(Controlling)
15 › 생산관리(Production)
16 › 재고관리(Materials management)
17 › 품질관리(Quality management)
18 › 공장설비관리(Plant maintenance)
19 › 판매 및 유통(Sales and distribution)
20 › 인사관리(human resources management)
21 › 프로젝트관리(Project management)
22 › 고객관계관리(CRM : Customer Relationship Management)
23 › 공급망관리(SCM : Supply Chain Management)
24 › 레거시 시스템(legacy system)

▷ 연습문제

1 ▸ 범위와 대상 면에서 차이를 보이는 ERP, ERP 패키지, ERP 시스템이 각각 의미하는 바를 설명하라.

2 ▸ 오늘날의 ERP가 출현하기까지의 발전과정을 설명하라.

3 ▸ COPICS가 현재의 ERP 시스템의 원형이라고 여겨지는 이유를 설명하라.

4 ▸ 정보시스템으로서의 ERP 특성을 유형별로 설명하라.

5 ▸ ASP(Application Software Package)의 도입과 관련한 ERP 패키지로서의 특성을 설명하라.

6 ▸ 글로벌 경쟁시대로의 환경변화에 대응하는 ERP의 특성을 설명하라.

7 ▸ ERP 시스템이 기존의 정보시스템과 구별되는 가장 큰 기술적인 특징은 무엇인지 설명하라.

8 ▸ 기업은 많은 이유로 인해 ERP 시스템으로 전환하고 있다. 이를 기술적(technological)동기와 운영적(operational) 동기로 나누어 구체적으로 설명하라.

9 ▸ ERP 시스템 도입으로 인한 기대효과를 설명하라.

10 ▸ ERP 시스템 구축과 관련된 과제 및 고려사항을 간략히 설명하라.

▷ 참고문헌

〈1〉 임춘성, "소프트웨어 산업혁명 : ERP 현황과 발전 방향", 소프트웨어 산업, 29호, 1997.

〈2〉 Davenport Thomas H., "Putting the Enterprise into the Enterprise System," Harvard Business Review, July - August 1998, p.123.

〈3〉 이동길, "ERP 전략과 실천", 대청, 2001

〈4〉 김승환, "전사적자원관리(ERP)의 확산에 관한 실증연구 : 국내기업을 대상으로 정보기술/정보시스템 혁신의 관점에서", 서울대학교 박사학위논문, 2000, p.15.

〈5〉 홍성찬, 조병준, 권태광, 고장희 역, "업무를 변혁하는 새로운 정보기술 SAP 혁명", ERP 연구회, 대청정보시스템, 1997.

〈6〉 Turban, E., Lee, J., King, D. and Chung, H.M., "Electronic Commerce Managerial Perspective", Prentice Hall, New Jersey, 2000.

〈7〉 황화정, 남기찬, 한유경, "SAP R/3 구현의 주요 성공요인과 성과 분석", 한국경영전보학회 춘계학술대호 논문집, 1999, pp.271~283.

〈8〉 Amore, D., The e-Business (R)evolution : World, Prentice Hall PTR, New Jersey, 2000.

〈9〉 Elsenpeter, R.C. and Velte, T.J., e-Business A Beginners Guide, McGraw-Hill, Berkeley, 2001.

〈10〉 Standing, C., "Internet Commerce Development", Artech House, Boston, 2000.

제2장▷ERP구조와 작동원리

1. ERP 시스템의 기본구조

ERP 시스템은 단순하면서도 복잡하다. 따라서 ERP 시스템의 개념과 ERP 작동원리는 비록 간단해 보이지만 이러한 개념을 실제 실행에 옮기는 것은 많은 어려움과 노력이 수반된다. 미국 코네티컷주 정보기술 컨설팅회사인 가트너 그룹은 ERP를 "제조업무시스템을 핵으로 재무회계와 판매, 그리고 물류시스템 등을 통합한 것으로 가상기업을 지향하는 시스템"이라고 처음 용어를 정의하였다. ERP 시스템은 "프로세스들이 여러 부서에 걸쳐 자동화하고 주문처리와 생산 일정관리 같은 제조 업무를 돕기 위한 응용 프로그램 세트"라고 정의하고 있다. 예를 들어 시스템은 주문처리가 재고관리와 연관되어 있고 재고관리는 원재료 조달과 연관되어 있으며 원재료 조달은 회계와 연관된다고 가정하고 있다. [그림 2-1]은 ERP 응용프로그램 패키지가 어떻게 공동의 데이터에 의해 서로 연결되어 있는지 보여 주고 있다.

[그림 2-1] ERP 응용프로그램과 데이터 공유

ERP 시스템이 어떻게 작동하는지 이해하는 또 다른 방법은 이러한 ERP 시스템 없이 어떻게 비즈니스가 운영되는지를 생각해 보는 것이다. ERP 시스템을 사용하지 않는 기업은 각 부서가 서로 다른 다양한 컴퓨터 프로그램을 사용한다. 어떤 부서는 아무런 시스템도 사용하지 않을 수도 있다. 설치된 시스템들이 서로 연결되어 있지 않으며, 각 부서는 쉽게 정보를 공유할 수 없을 것이다. 결과적으로, 일부 부서는 다른 부서에서 발생하는 활동에 대해 전혀 알지 못할 수도 있다.

〔그림 2-2〕 ERP 시스템을 사용하지 않는 기업의 데이터 공유 형태

위 〔그림 2-2〕와 같은 상황에서 기업은 매일 전사적인 정보의 부족으로 곤란을 겪을 것이다. 다음 예를 살펴보자: 마케팅 부서에서 누군가가 잘 팔리지 않는 제품에 대해 마케팅 캠페인을 재설계하기 위해서 재무적 정보가 필요하다고 가정해 보자. 이때 그는 회계 부서에 그가 필요한 정보 보고서를 생성해 줄 것을 요청할 것이다. 요청하기 전에 그는 누가 그 데이터를 가지고 있는지 알아보기 위해 여러 사람에게 물어보아야 했을 것이다.

이러한 문제는 적절한 데이터를 찾은 후에도 계속된다. 만일 그 정보가 메인프레임 컴퓨터에 저장되어 있다면 그는 필요한 보고서를 얻기 위해 IT 부서에 부탁해야 될 것이다. IT 부서 PC에 그 데이터가 저장되어 있다면 프로세스 처리 기간이 더 짧아질 수도 있겠으나 만일 회계 부서가 마케팅 부서에서 사용하고 있는 프로그램과 호환이 되지 않는 프로그램과 데이터 포맷을 사용하고 있다면 데이터는 변환작업을 거쳐야 하기 때문에 긴 처리 기간이 소요될 것이다. 또한 이런 과정을 거쳐 얻은 인쇄된 정보는 수작업으로 데이터를 분석해야 하는 번거로움이 뒤따르게 된다.

수백 개의 서로 다른 컴퓨터 프로그램과 종이 서류 시스템에 기반을 두고 있는 기업 환경에서는 사람들이 필요한 데이터에 거의 접근할 수 없을 것이다. 분산되고 고립된 시스템을 중앙 집중적이고 통합적인 응용프로그램으로 교체함으로써 공동의 데이터에 편리하게 접근 이용 가능하게 하는 것이 ERP 시스템의 목적이다.

2. ERP 시스템의 구성요소

ERP 패키지는 다음 여섯 가지의 기본적인 비즈니스 기능을 수행하는 응용프로그램으로 구성된다.

1. 재무회계와 관리회계(Accounting and controlling)
2. 인사관리(HR management)
3. 생산 및 자재관리(Production and materials management)
4. 프로젝트관리(Project management)
5. 품질관리와 공장설비관리(Quality management and plant maintenance)
6. 판매 및 유통관리(Sales and distribution)

이들 각 분야를 지원하는 응용프로그램들은 대개 그룹별로 즉 단위로 구성되어 있다. ERP 패키지에서 회계 응용프로그램은 재무 및 관리회계 모듈에 포함되며 영업사원 관리응용프로그램은 판매 및 유통관리 모듈에 포함되어 있다.

컴퓨터월드(Computerworld)지는 ERP 모듈을 다음 세 가지 범주로 나누고 있다.

1. 재무(Financial applications)
   대금청구가 제때 처리되도록 하고 회계 장부를 기록 유지하기 위한 모듈
2. 인사(HR applications)
   경영자와 개별 직원들을 위한 인사관련 업무를 처리하기 위한 모듈
3. 제조 및 유통(Manufacturing and Logistics)
   생산계획, 주문접수, 제품배달을 위한 모듈

모든 ERP 시스템이 같은 모듈을 포함하고 있는 것은 아니다. ERP 패키지는 보통 40에서 50개의 응용프로그램으로 구성되어 있는 모듈을 열 개 이상 포함하고 있다. 종종 ERP 공급업체들은 비슷한 모듈들을 다른 이름으로 부르기도 한다. 예를 들면, 어떤 공급업체는 재무관리 모듈을 현금관리 모듈이라고 부르기도 한다. 마찬가지로 모든 모듈 또한 같은 응용프로그램을 포함하고 있는 것은 아니다. ERP 모듈은 전형적으로 다음과 같은 몇 개의 모듈과 응용프로그램들로 이루어져 있다. 다음 리스트는 모든 ERP 시스템에서 발견되는 대표적인 것은 아니지만 ERP 시스템이 일반적으로 어떻게 구성되어 있는지에 대한 예이다.

재무회계(Financial accounting)

총계정원장, 외상매입금, 외상매출금, 고정자산 회계 및 관리, 연결재무제표, 출장비, 기타 비용처리 등을 위한 응용 프로그램들을 포함한다.

관리회계(Controlling)

간접비 회계, 비용센터 회계, 이익센터 회계, 활동기준 회계, 생산비용관리, 수익성분석 등을 위한 응용프로그램들이 포함된다.

자금관리(Treasury)

현금관리, 자금관리, 거래관리, 기금관리, 위험관리, 은행관계관리, 은행보고서처리를 위한 응용프로그램들이 포함된다.

투자관리(Investment management)

전사적 예산편성, 감가상각에 대한 예측 등을 위한 응용프로그램들이 포함된다.

생산데이터관리(Product data management)

마스터 데이터와 전표, 변화관리 엔지니어링, 자재청구서관리, 프로젝트관리 등을 위한 응용프로그램들이 포함된다.

판매 및 유통(Sale and distribution)

판매주문관리, 판매주문접수, 제품설계, 대금청구와 송장발급, 영업사원관리, 선적관리, 판매보상, 판매분석을 위한 응용프로그램들이 포함된다.

생산계획 및 관리(Production planning and control)

판매 및 운영 계획, 자재소요계획, 수요관리, 생산관리, 재공품관리, 생산용량 계획을 위한 응용프로그램들이 포함된다.

프로젝트관리(Project management)

작업분류구조를 기반으로 한 프로젝트 관리, 프로젝트 계획, 일정계획과 추적, 비용 집계와 계산, 프로젝트 비용과 자산의 자본평가를 위한 응용프로그램들이 포함된다.

자재관리(Materials management)

재료구매, 재료소요 청구서, 재고관리, 공급자 일정관리, 창고관리, 송장발급을 위한 응용프로그램이 포함된다.

품질관리(Quality management)

품질계획, 품질검사, 품질공지와 인증을 위한 응용프로그램이 포함된다.

공장설비관리(Plant maintenance)

유지보수 계획, 유지보수자원 계획, 유지보수 원가회계 처리를 위한 응용프로그램들이 포함된다.

서비스관리(Service management)

서비스계약관리, 전화서비스관리, 서비스 청구서와 송장발급, 고객서비스 및 콜센터 관리, 각지현장 서비스관리, 유지보수, 수리, 정밀검사관리를 위한 응용프로그램들이 포함된다.

환경 및 안전관리(Environmental health and safety management)

생산 안전과 규정 준수 등을 위한 응용프로그램이 포함된다.

임금관리(Payroll)

정기임금처리, 임시임금처리를 위한 응용프로그램들이 포함된다.

복지관리(Benefits administration)

변동복지 계획, 연금계획, 주식옵션 등을 관리하기 위한 응용프로그램들이 포함된다.

시간관리(Time management)

시간관리 및 보고, 근무시간 및 근태시간 분석 등을 관리하기 위한 응용프로그램들이 포함된다.

직원 능력개발(Employee development)

직원경력 관리추적, 채용자료 분석, 신규채용 및 훈련, 규정 준수 등을 위한 응용프로그램들이 포함된다.

ERP 시스템은 단순히 기능의 집합이라는 의미를 뛰어넘어 여러 기능부서의 프로세스가 연동적으로 연계되어 통합 기능 프로세스 세트로서 비즈니스를 관리하고 중앙의 몸통 데이터베이스를 사용하는 방식으로 ERP 목표를 달성하고 있다. ERP 시스템에 의해 지원되는 통합기능 프로세스의 예로 판매에 관한 것을 들 수 있다. 그 프로세스는 영업사원이 ERP 시스템의 주문 입력 프로그램에 고객의 이름과 주소를 입력했을 때부터 시작된다. 입력이 발생하자마자 고객의 이름, 주소, 그리고 기타 고객 계정 정보가 시스템의 고객 마스터 파일에 추가되고 이때부터 고객의 이름과 주소를 필요로 하는 시스템상의 다른 모든 응용프로그램에서 이 데이터에 접근 가능하게 된다. 작업 지시가 창고에 보내지고 창고 직원은 해당되는 품목을 찾고 포장을 한다. 그와 동시에 그 판매는 시스템의 총 계정 원장에 자동적으로 기록된다. 만일 품질보증 서비스도 옵션으로 포함된 제품을 고객이 구매하였으나 그 고객이 그 옵션을 그 때 사지 않는다고 결정하였다면 그러한 정보도 바로 자동적으로 서비스 부서에 통보되어 서비스 부서에서 그 고객을 다시 한번 접촉하여 옵션 구매를 종용하도록 메시지를 띄운다.

제조를 위해 원재료를 구매하는 것을 또 다른 예로 들어 볼 수 있다. 예를 들어 담당직원이 구매 응용프로그램을 사용하여 구매 주문을 보낸다. 그 주문된 원재료를 받았을 때 원재료는 재고관리 응용프로그램에 기록되고 발생한 구매비용은 회사의 총 계정 원장에 자동으로 기록된다. 또한 이때 ERP 시스템의 품질관리 응용프로그램이 동시에 작동될 수 있다. 예를 들어 제약회사에서 선적업무 담당자가 새로운 약 샘플을 받았다고 통보하자마자 실험실 직원은 다음날 아침 테스트일정을 시스템으로부터 지시 받게 된다.

다벤포트(Thomas H. Davenport)가 하버드 비즈니스 리뷰(Harvard Business Review)에 기고한 기사[(1)]에서 세계적인 다국적 기업에서 ERP 시스템을 사용하고 있는 사람이 비즈니스상의 여러 부서에 어떠한 영향을 미칠 수 있는지에 대한 다음 예를 통하여 보여주고 있다.

> "미국 컴퓨터 제조회사의 프랑스 파리 주재 판매원은 ERP 시스템을 사용하여 고객의 주문 견적서를 입력하려고 한다. 판매원은 그의 랩탑 컴퓨터에 고객 요구에 관한 기본적인 정보를 입력한다. ERP 시스템은 제품의 사양, 가격, 배달 날짜를 명시한 공식적인 계약서를 자동으로 출력한다. 고객이 계약서를 수락했을 때 판매원은 엔터키를 친다. 고객 신용 사항을 확인한 후에 시스템은 그 주문을 기록하고, 선적일정을 짜고, 최상의 배송경로를 확인한다. 그때 제품인도일까지의 일을 역추적하면서 시스템은 재고로부터 필요한 원재료를 확보하고 공급자로부터 필요한 부품을 주문하며 회사의 타이완에 있는 공장에서 조립하도록 조립일정표를 작성한다.
> 판매와 생산량 예측은 즉각적으로 갱신되며 MRP 리스트와 원재료 청구서(bill-of-materials)가 만들어진다. 프랑스 판매원의 급여 계정에 정확한 판매 수수료가 프랑스 프랑단위로 기록되며 그의 여비 계정에 판매 관련 통신비가 또한 동시에 기록된다. 그 거래와 관련된 실제적인 생산비와 수익성이 미국 달러로 바로 계산되어 나오고 부서별 및 전사적 대차대조표, 외상 매출금과 외상 매입금계정, 코스트 센터계정, 그리고 회사 현금보유수준 등이 모두 자동으로 갱신된다. 이와 같이 ERP 시스템은 그 판매로부터 발생한 모든 정보처리 프로세스를 수행한다."

ERP 시스템은 특히 위와 같은 여러 지역, 여러 부서의 기능 사이에 걸쳐서 연동되어서 수행되어져야 할 업무처리에 특히 효과적이다. ERP 시스템이 없는 경우 각 지역 지사는 그들의 회계정보를 처리하고 그 달 말에 본사에 보고서를 일괄적으로 보낸다. 그때 비로소 본사는 보내온 모든 정보를 본사의 회계 소프트웨어에 입력하여 기업 전체의 기말 재무성과 보고서를 생성한다. ERP 시스템을 도입하게 된다면 모든 부서가 그들의 회계정보를 정기적으로 같은 응용프로그램에 입력할 수 있으며, 그 달 말에 기업은 각 지사로부터 데이터를 수집할 필요 없이 개별 시스템 안에서 회계장부를 마감할 수 있을 것이다.

3. ERP 시스템의 구조 및 기본모듈

3.1 ERP 시스템의 구조

ERP 시스템의 구조는 다음 〔그림 2-3〕과 같이 구성된다.[2]

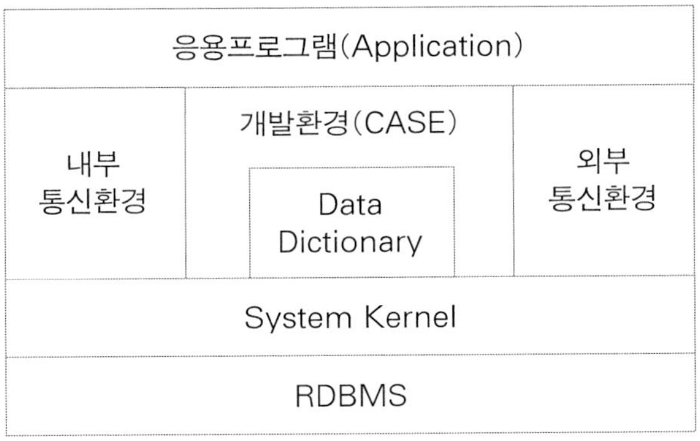

〔그림 2-3〕 ERP 패키지의 시스템 구조

각 구성요소에 관하여 보다 자세히 살펴보면 다음과 같다.

1) RDBMS

RDBMS는 거의 내장되어 있지 않으며, 상용 RDBMS를 사용하여 데이터베이스를 사용한다.

2) Kernel

시스템 커널은 일반적으로 애플리케이션이 구동할 수 있는 환경을 제공하여 크게 시스템 인터페이스와 플로우 컨트롤 등 2가지 기능을 제공한다. 시스템 인터페이스는 데이터베이스 인터페이스, 운영체제 인터페이스, 네트워크 인터페이스 기능을 제공하여 다양한 클라이언트/서버, RDBMS 시스템, 독립적인 애플리케이션 수행환경을 제공한다. 플로우 컨트롤은 ERP 패키지 애플리케이션이 상당히 많은 양의 응용프로그램으로 구성되어 있기 때문에 각 해당 프로세스 기능을 수행하는 해당 트랜잭션 혹은 프로그램들 수행순서를 결정하고 대기 열을 관리한다.

3) 데이터 Dictionary

DBMS의 데이터 Dictionary와 별도로 ERP 애플리케이션 Object를 타입 별로 관리하기 위한 저장장소(Repository)로서 테이블은 물론 서브 모듈 별 기능, 프로그램, 트랜잭션, 스크린, 메뉴 등 모든 객체를 데이터 Dictionary라는 단일 저장장소에 저장관리 한다.

4) 개발환경

일반적으로 SQL형태의 4세대 언어를 제공하여 추가개발이 용이하도록 통합된 CASE 개발환경을 제공한다. 개발환경은 Upper CASE툴 형태의 모델링 툴과 Development 툴로 구성되어 있다. 모델링 툴은 ERP 애플리케이션이 제공하는 기능을 데이터모델 혹은 프로세스 모델로 나타내어 필요한 기능을 쉽게 분석, 사용할 수 있도록 하고 일부 추가 기능에 대한 부분이 제공된 표준기능에 쉽게 통합 구현이 가능하도록 한다. 아울러 Development 툴은 ERP 패키지가 상당히 다양한 업종별 · 업무별 기능을 제공하고 있지만 실제 적용 시 회사의 특정업무에 적용되지 않는 부분이 있게 마련이기 때문에 일부 추가개발이 용이하도록 통합개발환경을 제공한다.

5) 내부통신환경

내부통신환경은 유저 인터페이스 환경과 Inter Process Communication으로 분류할 수 있다. 클라이언트/서버 환경은 프로그램이 서버와 클라이언트로 분리되어 수행되기 때문에 프로세스간의 통신이 필수적이다. 일반적으로 RFC/RPC를 사용하여 다른 시스템에 있는 프로그램을 실행시키고 실행결과를 받아오는 형태를 취한다. 또한 실 사용자에게 동일한 사용 환경을 제공하기 위한 사용자의 입출력 프로그램과 통신을 하는 기능을 제공한다.

6) 외부통신환경

ERP 패키지 간 또는 ERP외의 다른 프로그램과 통신하기 위한 환경으로서 기업 정보시스템 구축 시 모든 업무를 한 번에 개발 적용하기가 어려우므로 기존 타 시스템과 인터페이스가 불가피하다. 이때 외부통신환경은 없어서는 안 될 중요한 요소이다. 또한 최근 ERP 패키지는 EDI 시스템과 연동될 수 있도록 I-DOC파일을 생성하여 외부 MHS로 연결하는 기능을 제공하고 있다.

7) 응용프로그램

각 업무별로 모듈화되어 실제 파라미터를 설정하고 컨피규레이션 작업을 수행하면 실 업무분야별로 사용할 수 있는 프로그램 군이다. 모듈은 크게 재무회계, 관리회계, 영업, 구매, 생산, 인사로 구분될 수 있으며, 각 모듈 별 프로그램은 연계 구현되어 모든 데이터가 하나로 통합되어 있다. 즉 구매나 영업활동의 외상매입금, 외상매출금은 발생 즉시 재무회계모듈로 지불, 매출 계정으로 전기(Posting)되어 모든 데이터에 곧바로 반영된다.

3.2 ERP 패키지의 기본모듈

ERP 패키지는 다음 〔그림 2-4〕와 같이 수주가 되어 이루어지는 영업 및 물류 관리에서부터 자재관리, 구매관리, 생산관리, 품질관리, 무역관리, 회계관리, 급여관리, 인력관리, 원가관리, 경영자 정보 등의 모듈로 구성되어 있다.[3]

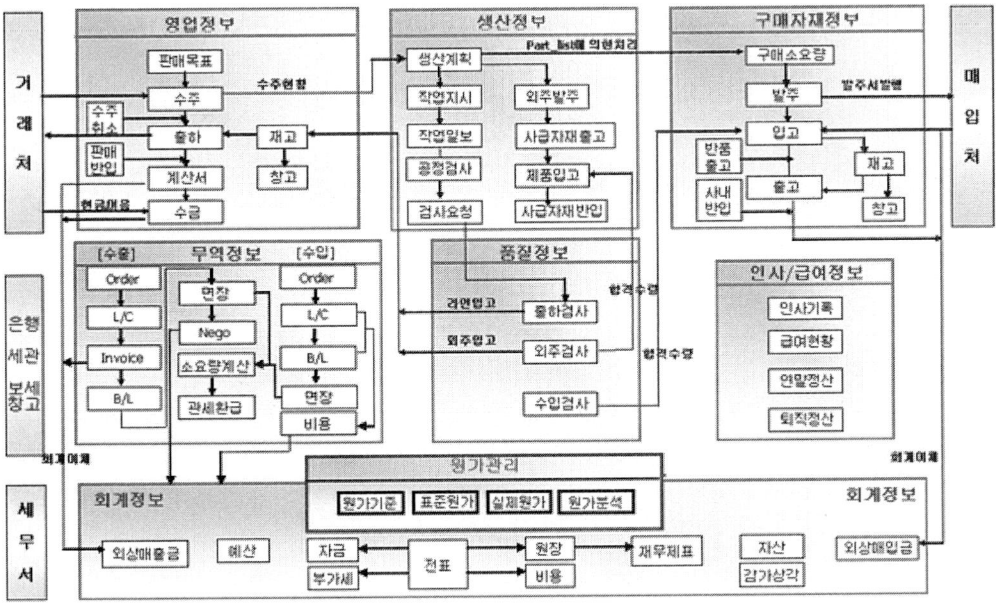

〔그림 2-4〕 ERP 기능 연계도

각 모듈에 대하여 보다 자세히 살펴보면 다음과 같다.

1) 재무회계 모듈

• 재무회계 모듈

재무회계모듈은 회사가 독립법인으로서 정부, 은행, 혹은 주주에게 재무제표를 생성하기 위한 모듈이다. 이는 내부관리조직과는 무관하게 정확하고 투명한 회계처리를 원칙으로 구현되어 있다. 모든 기업 활동이 계정 별로 분개되어 총계정원장을 구성하고 대차대조표를 생성하며 손익계산서를 만들어 내는 기능을 제공한다.

• 자산관리 모듈

고정자산을 관리하는 모듈로써 일부 패키지에는 재무회계모듈에 포함되어 있다. 주기능은 고정자산을 등록관리하고 감가상각, 이연상각 등의 기능을 수행하여 재무회계모듈에 자산계정에 반영되고 처리된다.

• 관리회계 모듈

관리회계모듈은 회사 내의 경영실적을 평가하기 위한 수단으로 손익분석과 원가분석의 기능을 제공한다. 즉 부서별, 조직 계층별, 거래처 등의 기준으로 손익분석 및 원가분석을 수행함으로써 경영실적을 재고하고 이익을 극대화하는데 그 목적이 있다. 이 모듈에서는 크게 코스트센터 분석, 손익부서 분석, 손익 분석, 제조원가 분석, 실 원가 분석, ABC 분석 등의 기능을 제공한다.

• 자금관리 모듈

ERP 패키지에서 기능이 취약한 것으로 분석되는 모듈로서 단기 혹은 중장기 현금관리 기능, 대여금, 차입금, 유가증권 등의 관리기능을 제공한다.

2) 물류시스템 모듈

• 영업시스템 모듈

경쟁사관리 · 고객관리 · 홍보물 및 우편물 발송 등의 판매지원기능, 문의 · 견적 · 판매주문서작성 · 인도일정계획 · 다양한 가격정책운영 등 보편적인 판매기능, Picking 및 Packing · 운송경로 등의 출하관리 기능, 대금청구서 작성 및 독촉장처리 · 리베이트 등 대금청구 기능, 각종 영업정보를 여러 가지 형태로 분석 가공하는 기능 및 향후 영업전망 시뮬레이션 등 영업정보시스템 기능 등이 제공된다.

• 구매 및 자재관리 모듈

구매 및 자재관리 모듈은 일반적으로 자재소요계획, 구매, 재고관리 · 송장검증, 재고자산 평가 등의 기능을 제공한다. 특히 ERP 특성상 거래발생시 자동으로 재무회계모듈 계정으로 전기(Posting)된다. 구체적으로 보면 재고를 감시하고 구매부서에 구매오더 제안을 자동으로 생성하고 다양한 소요량 계획방법 등을 제공하는 자재소요계획기능, 구매요청에서 구매오더 생성에 이르는 모든 일상적인 구매 기능, 재고 상황을 변화시키는 모든 트랜잭션이 실시간으로 처리됨으로써 언제라도 재고 현황을 파악할 수 있도록 하는 재고관리 기능, 제공거래처에서 구매오더로부터 입고 후에 송장을 통해 대금청구가 되었을 때 구매오더 금액과 송장 청구금액이 같은 지를 비교하거나 입고금액과 송장청구금액이 같은지를 검증하는 송장검증 기능이 제공된다.

• 생산관리 모듈

생산관리 모듈은 일반적인 MRPⅡ를 지원하는 것이 보통이며 최근 기능강화로 단순한 반복생산을 벗어나 JIT개념의 Lean Production을 지원하고 있으며, Chemical, Process Industry 등을 지원하는 기능도 강화되고 있다. 생산관리 모듈은 크게 SOP(판매사업계획), MP(기준생산계획), MRP(자재소요량계획)등으로 구분되며 중장기판매 계획을 여러 단계의 세부계획으로 생성하여 실제 생산량을 결정하고 이러한 생산계획이 차질 없이 생산되도록 자재수급계획을 생성한다.

3) 인사관리 모듈

인사관리모듈은 지역적 문화의 차이를 많이 나타내는 모듈로서 현지화(Localization)가 많이 요구되는 모듈이다. 인사계획에서부터 신입사원 채용, 인사고과와 급여 및 임금관리, 시간관리, 여행경비 관리 등에 이르기까지 인사관리의 전 측면을 처리할 수 있는 도구를 제공하는데 재무회계, 관리회계, 생산계획, 영업관리, 공장관리 등의 다른 모듈들과 통합되어 재무회계, 원가회계, 자원배분을 포괄하는 통합 기업 솔루션을 제공한다.

4. ERP 시스템 주변장치

ERP 시스템을 작동시키기 위해 적합한 컴퓨터 하드웨어와 데이터베이스가 필요하다. ERP 시스템은 AS/400, Unix, Windows NT같은 다양한 운영체제(operating system)에서 작동된다. 데이터베이스도 Informix, Oracle, Sybase사 들에 의해 만들어진 데이터베이스에서 운영된다. 오늘날 많은 시스템들이 마이크로소프트사의 SQL(structured query language) 데이터베이스를 사용하고 있다.

서로 다른 ERP 시스템들은 보통 서로 다른 하드웨어와 데이터베이스에서 운영된다. 비록 ERP 소프트웨어 공급업체들이 ERP 시스템을 운용할 하드웨어와 데이터베이스를 생산하지는 않지만 그들은 항상 이러한 일을 수행해줄 파트너 사를 동반하고 있다. 적합한 하드웨어와 데이터베이스를 갖추지 못한 기업은 ERP 시스템과 함께 이 제품들도 라이센스 해야 한다. 대부분의 ERP 소프트웨어 공급업체들은 이 세 가지 구성요소들을 묶어서 판매하고 있다. IBM은 J.D. Edwards World Solutions, MAPICS, QAD, SAP AG사와 같은 ERP 소프트웨어 공급업체들과 함께 IBM사 컴퓨터제품을 묶어서 판매하고 있다. 고객들은 마이크로소프트사의 Windows NT 운영 체제를 채택하고 있는 AS/400, RS/6000 Netfinity 서버 같은 IBM 컴퓨터에 미리 설치된 ERP 시스템을 구입할 수 있다.

많은 ERP 소프트웨어 공급업체들은 확장된 ERP 응용프로그램이 기업 운영에 꼭 필요하지 않은 경우도 있기 때문에 분리하여 제품으로써 판매하고 있다. ERP 소프트웨어 공급업체들이 확장 응용프로그램들을 실제로 보유하고 있지 않은 경우도 있다. 이 경우 그들은 확장 응용프로그램을 보유하고 있는 전문업체들과 파트너 관계를 맺는다. 많은 ERP 소프트웨어 공급업체들이 SCM과 의사결정지원 소프트웨어 전문업체들과 파트너쉽 관계를 유지시켜 오고 있다.

많은 ERP 소프트웨어 공급업체들은 업체가 직접 응용프로그램을 디자인하고 개발하는 대신 파트너 사가 개발한 소프트웨어를 인터페이스를 통하여 자사의 시스템에 통합시키고 있다. 따라서 ERP 소프트웨어 공급업체들이 그들의 시스템이 통합 시스템이라고 말하는 것에는 몇 가지 중요한 차이점을 내포할 수 있다. ERP 소프트웨어 공급업체들은 파트너사의 제품과 단순히 공동으로 시장에 파는 경우가 있다. 이러한 경우, 고객들은 ERP 소프트웨어 공급업체와 파트너 사로부터 각각의 제품을 개별적으로 구매해야 한다. 혹은 다른 방식으로 ERP 소프트웨어 공급업체가 파트너사의 제품을 구매하여 다시 팔기도 한다. 이 경우 고객은 ERP 소프트웨어 공급업체로부터 라이센스를 동시에 구입할 수 있다.

다른 소프트웨어 회사와 상호 협약을 체결하고 있는 ERP 소프트웨어 공급업체들은 그들의 ERP 시스템에 직접 파트너의 제품을 끼워 넣는다. 이러한 경우 고객들은 ERP 시스템 내의 각 모듈 별로 따로 라이센스를 구입해야 한다.

5. ERP 시스템과 관련시스템과의 상호작용

비록 ERP 시스템이 기업 전체 비즈니스를 운영하기 위해 고안되었다 하더라도 사실상 전체적인 운영을 ERP 시스템으로 수행하는 기업은 거의 없다. ERP 공급업체들은 다르게 주장하지만 실제로 ERP 패키지가 기업의 모든 컴퓨터 처리 요구를 충족시킬 수는 없다.

기업이 ERP 시스템으로 구 시스템을 대체할 때 그 구 시스템을 완전히 제거하기보다는 보통 〔그림 2-5〕와 같이 새로운 ERP 시스템에 연결되어 있는 보조 시스템으로서 구 시스템을 유지하고 있다. 어떤 기업은 ERP 시스템에서 수집되도록 설계되지 않은 데이터를 ERP 시스템에 입력하기를 원한다. 예를 들어 MES(Manufacturing execution system)는 공장 운영을 위해 특별히 고안된 응용프로그램인데 많은 제조 기업들은 MES의 사용으로 더 세분화된 정보를 얻을 수 있다는 이유로 ERP 패키지에 MES를 연결하여 사용하고 있다.

때때로 기업은 서로 다른 공급업체들에 의해 만들어진 ERP 시스템의 가장 좋은 모듈들만 모아서 그 기업이 기대할 수 있는 최상의 ERP 시스템을 구축하는 접근법을 쓰기도 한다. 즉 이렇게 최상의 것만을 결합해서 사용하는 기업은 가령 SAP의 판매 및 유통 모듈, PeopleSoft의 인사관리 모듈, Marcam의 제조 모듈을 연결하는 형태를 취할 수 있다.

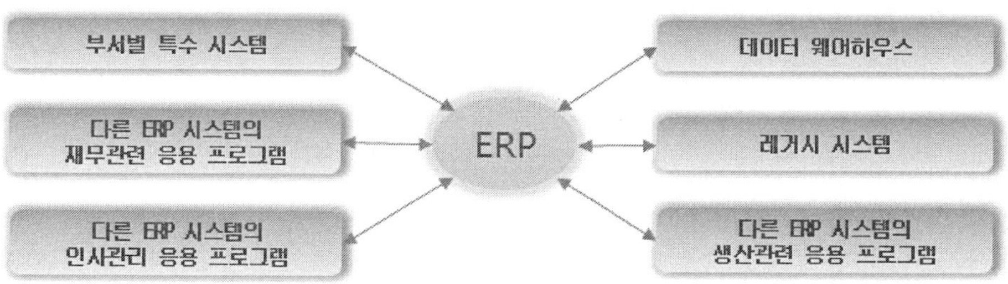

〔그림 2-5〕 ERP 시스템과 다른 시스템과의 상호작용

Deloitte & Touche Consulting사의 Benchmarking Partners의 연구조사에 따르면 기업들은 ERP 패키지에 다음과 같은 다양한 기술들을 연결하여 사용하고 있다고 한다.[4]

- EDI(Electronic data interchange)
- Warehouse/distribution systems
- Data warehouses
- Third-party HR systems
- Tax software
- Bar coding systems
- Third-party SFA software
- Third-party planning and scheduling software
- Forecasting systems
- Third-party financial software
- Customer information systems
- Engineering software
- Payroll software
- Shop floor systems
- Maintenance software

ERP 프로젝트 팀원은 기업의 모든 데이터에 대한 전사적인 활용체계를 구현하기 위해 계속 활용할 모든 레거시 시스템들을 새로운 ERP 시스템에 통합시켜야만 한다. 그런데 불행하게도, 다른 시스템을 ERP 시스템에 연결시키는 일은 ERP 프로젝트에 있어서 가장 힘들고 많은 시간과 비용을 요하는 작업이다. 하나 이상의 레거시 시스템을 계속 보유하려는 기업은 그들의 ERP 프로젝트에 그러한 비용을 예상하여 계획에 포함시켜야 한다.

6. ERP 시스템 구축비용

ERP 소프트웨어를 구입하는 것은 사실상 그 제품을 사용하기 위한 라이센스(license)를 사는 것이다. 동일한 ERP 패키지에 대해 기업마다 동일한 액수를 지불하지는 않는다. ERP 소프트웨어는 고정된 가격이 없다. 대개 ERP 소프트웨어 공급업체들은 시스템을 사용할 것이라고 기대되는 사람 수에 비례하여 라이센스 비용을 계산하는 방법(per-seat licensing)을 사용하고 있다. 일반적으로, 시스템을 사용하는 사람이 많으면 많을수록 고객 기업은 seat당 더 적은 돈을 지불하는 셈이 된다. 또한 기업의 시스템 도입 총 액수는 ERP 모듈의 수와 사용하려고 하는 모듈내의 응용프로그램의 수에 의해 결정된다.[5]

기본 ERP 소프트웨어 라이센스는 표준패키지 내의 모든 응용프로그램의 비용을 포함하고 있다. 확장 ERP 모듈을 구입하려는 고객들은 이들 제품에 별도의 라이센스 요금을 지불해야 될 것이다.

기업은 또한 연간 유지보수 계획을 구매할 수 있다. 비록 유지보수 계획이 선택사항이라고 하더라도 대게 기업들은 이들 계획을 구매한다. 유지보수 계획을 구매하는 것은 새 차를 구입했을 때 옵션을 구입하는 것과 비슷하다. 일정 비용을 지불하는 것에 의해 - 대체적으로 총 라이센스 비용에 대해 몇 퍼센트 - 고객은 ERP 소프트웨어의 새로운 버전이 나왔을 때 그것을 이용할 수 있는 권한이 자동적으로 주어진다. 유지보수 계획의 전형적인 기능은 제품에 대한 지원 기능이다. 예를 들어 소프트웨어가 버그(결점)를 가졌다면 공급업체는 유지보수 계획에 의해 그것을 고쳐주어야 한다.

ERP 소프트웨어 뒤에는 숨겨진 많은 비용들이 존재하고 있다. 새로운 컴퓨터 하드웨어, 데이터베이스, 컨설팅, 훈련, 직원들이 시스템에서 일하느라 소비되는 시간 등은 원래 ERP 프로젝트 비용에 수백만원에서 수십억원의 추가 비용을 야기시킬 수 있다. 이러한 비용이 모든 기업에 동일하게 발생하지는 않는다. 다음 예를 살펴보자. Boston에 있는 컨설팅 기업인 Hill/Holiday에 의해 작성된 미국 Bloomington, Minnesota에 있는 매출액 11억달러 규모의 제조업체인 Toro Co사에서의 ERP 시스템 구축에 대한 사례연구이다. 보고서에서 Hill/Holiday 컨설팅 팀은 다음 〔그림 2-6〕와 같이 Toro 라는 회사의 ERP 구축비용을 대략 2810만 달러가 소요될 것이라고 예상하였다. 이것은1995년부터 1999년까지의 Toro의 ERP 프로젝트의 총 누적비용을 추정한 것이다. 하드웨어(3%)에 706000달러, SAP AG의 ERP 시스템과 Oracle 데이터베이스(22%)를 위한 라이센스로 630만 달러, 컨설팅 비용으로880만 달러(31%), 직원 등 사내 자원 활용에 1020만 달러(36%), 교육 및 훈련비로 210만 달러(8%)의 구성비를 보여주고 있다.

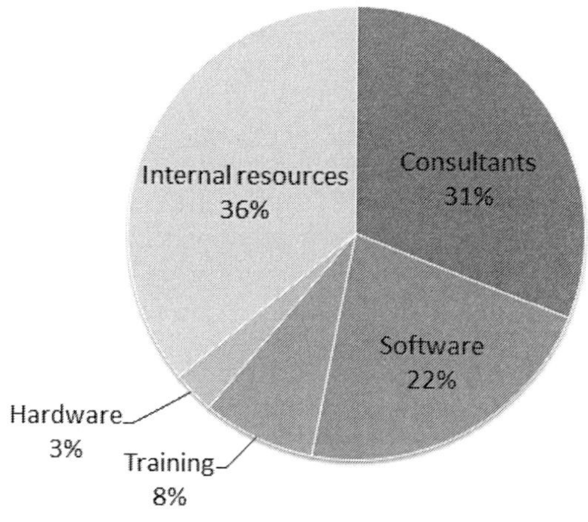

〔그림 2-6〕 Toro 사의 EPR 비용 구성 비율

▷주요용어

1 › 재무회계(Financial Accounting)

2 › 관리회계(Controlling)

3 › 자금관리(Treasury)

4 › 투자관리(Investment management)

5 › 생산데이터관리(data management)

6 › 판매 및 유통(Sale and distribution)

7 › 생산계획 및 관리(Production planning and control)

8 › 프로젝트관리(Project management)

9 › 자재관리(Materials management)

10 › 품질관리(Quality management)

11 › 공장설비관리(Plant maintenance)

12 › 서비스관리(Service management)

13 › 환경 및 안전관리(Environmental health and safety management)

14 › 임금관리(Payroll)

15 › 복지관리(Benefits administration)

16 › 시간관리(Time management)

17 › 직원 능력(Employee development)

18 › RDBMS

19 › Kernel

20 › SQL(structured query language)

21 › MES(Manufacturing execution system)

▷연습문제

1 ▸ ERP의 기본구조를 예를 들어 간략히 설명하라.

2 ▸ ERP 시스템에 의해 지원되는 통합기능 프로세스에 대해 설명하라.

3 ▸ ERP 패키지가 제공하는 기본모듈을 나열하고 세부 애플리케이션 및 기타기능을 간단히 설명하라.

4 ▸ ERP 시스템의 구조를 설명하라.

5 ▸ ERP 시스템을 작동시키기 위해서는 적합한 컴퓨터 하드웨어와 데이터베이스가 필요하게 되는데, 이를 위해 ERP 소프트웨어 공급업체들은 자사의 패키지 외에 기본적으로 요구되는 주변장치를 어떠한 방식으로 결합해서 판매하는지 설명하라.

6 ▸ ERP 패키지에 연결하여 사용할 수 있는 기술들에 대해 설명하라.

7 ▸ ERP 시스템 구축비용에 있어서 컨설팅, 교육 및 훈련비가 차지하는 비중에 대해 설명하라.

▷참고문헌

〈1〉 Davenport Thomas H., "Putting the Enterprise into the Enterprise System," Harvard Business Review, July - August 1998, p.123.

〈2〉 왕운철, "중소기업의 ERP 성공 사례 연구 - 중소기업의 ERP 구현 사례 중심으로", 연세대학교 석사학위논문, 2001.

〈3〉 성준현, "ERP 도입의 기술, 관리, 조직측면의 효과와 영향요인에 대한 연구-중소제조업을 중심으로", 한양대학교 석사학위논문, 2001, p.25.

〈4〉 "ERPs Second Wave: Maximizing the Value of ERP-enabled Processes", Benchmarking Partners, 1998.

〈5〉 "The ROI report: Case Studies Analyzing the Return on Investment of Information Technology for Senior Executives," Vol. Three, Number Two, September 1998, Hill/ Holiday, pp. 16~17.

제3장 ERP ▷ 구축 프로젝트 관리

ERP 시스템을 구축하는 것은 여러 단계의 과정을 거친다. ERP 시스템 구축의 각 단계는 짧게 2~3주에서 몇 달까지 진행될 수 있다. ERP 시스템을 구현하는 프로젝트는 다양한 부서의 직원들이 참여하게 된다. 자격을 갖춘 인적 구성과 필요한 적합한 단계를 따라 구축하는 것이 프로젝트 성공의 관건이다.

1. 프로젝트 수행 시 해결해야 할 과제들

세부적으로 치밀한 계획을 세우고 최고의 전문가 그룹으로 구성된 ERP 프로젝트 팀도 수행 중에 많은 어려움을 겪는다. 1998년 Deloitte & Touche 컨설팅 회사 소속의 Benchmarking Partners사의 연구에 따르면 기업은 ERP 시스템을 구현하는 중 내내 여러 가지 이슈와 난관을 겪는다고 발표했다.[1] 이런 어려움은 ERP 시스템을 실제 사용하려는 순간까지 계속된다고 덧붙였다.

Benchmarking Partners 는 이런 구축 관련 문제점들을 크게 3가지 그룹으로 분류했다.

- 인적 이슈(People issue)
- 프로세스 이슈(Process issues)
- 테크놀로지 이슈(Technology issues)

또한 연구에 따르면 ERP 프로젝트 구현 중에 발생되는 가장 일반적인 이슈는 사람(People issue)과 관련된 것이라고 보고하고 있다.

인적 이슈는 구체적으로 다음과 같이 열거해 볼 수 있다.

- 변화관리(Change management)
- 내부 직원의 능력(Capabilities of internal staff)

- 프로젝트 팀과 관련 어려움(Problems with the project team)
- 훈련(Training)
- 자원의 할당과 우선순위 결정(Allocating and prioritizing resources)
- 컨설턴트 관리(Management and working with consultants)
- 프로젝트의 중요성 이해(Discipline)

두 번째로 일반적인 이슈는 시스템 구현 중의 프로세스 이슈와 관련이 있다:

- 프로젝트 관리(Project management)
- 비즈니스 리엔지니어링의 어려움(Difficulty re-engineering business process)
- 단계별 전환(Transitioning from one stage of the project to the next)
- 목적 달성 및 성과 실현(Reaching goals and realizing benefits)

대부분의 기업들은 테크놀로지 이슈를 ERP 시스템 프로젝트 이슈 중에 가장 중요성이 적은 이슈로 간주하고 있지만 기업들은 다음과 같은 테크놀로지와 관련된 몇 가지 이슈를 고려해야 한다.

- 소프트웨어 기능성(Software functionality)
- 리포트의 세팅(Setup of reports)
- 소프트웨어의 업그레이드 관리(Managing upgrades or enhancements of the software)
- ERP 패키지 내의 어플리케이션 관리(Managing the assorted applications in the ERP package)
- ERP 운용 날짜 선정(Preparing date for use in the ERP system)

2. ERP 프로젝트 구현 단계

ERP 시스템이 초기에 보급되었을 때 기업은 동시에 기업의 모든 부서에 해당 ERP 시스템 모듈을 구축하고자 하였다. 이러한 빅뱅(Big-Bang) 접근법은 상당한 위험을 안고 있다. 이러한 프로젝트는 아주 광범위하고 특별한 프로젝트 관리 리더십을 필요로 한다. 그렇기 때문에 프로젝트는 쉽게 통제 불능의 상태가 될 수 있고 종종 구축 일정이나 예산을 초과하는 결과를 초래하였다. 현재 대부분의 기업들은 단계별로 수행되는 점진적인 시스템 구현방법을 채택하고 있다.

보통 전형적인 ERP 시스템은 다음의 6단계를 거쳐 구현된다.([그림 3-1] 참조)

- 프로젝트에 대한 준비
- 비즈니스 프로세스의 결정
- 프로세스를 지원할 시스템 결정
- 시스템 테스팅 및 타당성 검사(이 단계에서 보통 최종사용자 훈련을 포함함)
- 최종 수행 준비
- 시스템 실제 운영

특히 마지막 여섯 번째의 단계를 "Go live" 단계라고 부른다. 기업은 재무, 영업 어플리케이션을 우선 구축하고 그 다음에 HR(Human Resource)이나 생산관리 시스템을 구축할 수 있다.

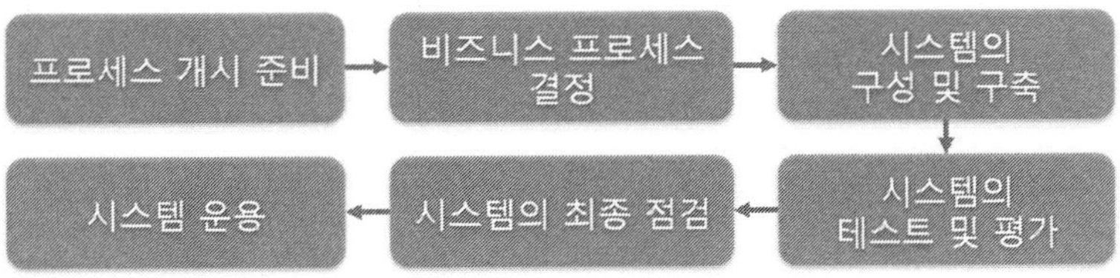

〔그림 3-1〕 ERP 프로젝트의 구현 단계

프로젝트 수행 팀은 각 단계에 시간제한을 두어서는 안 된다. 서로 다른 조직이 그들의 목적에 부합하는 각 단계의 서로 다른 시간을 소비하고 있다. 어떤 경우 기업의 데드라인까지 시스템의 구현과 셋업의 압박을 받을 수 있다. 예를 들어 어떤 소매 사업자는 명절 성수기 전에 시스템이 꼭 작동되기를 원하기도 하고, 또 어떤 기업은 데드라인에 대해 비교적 유연성을 갖고 있는 경우를 볼 수 있다. 일반적으로 기업은 가능하면 빨리 ERP 시스템을 구축하고자 한다. 사실 대부분의 기업이 현재 빠른 구현(Fast Implementation)을 가능하게 하는 방법론들을 적용하고 있다. 그 방법론 중의 하나로서 다음과 같은 단계별 구축 방법론에 대해서 살펴보기로 한다.

2.1. 1단계 : 프로젝트 준비

이 단계에서 기업은 구축 예산과 데드라인에 맞게 ERP 프로젝트를 실현하기 위해 어떤 자원이 필요한지를 결정하게 된다. 프로젝트 팀도 이 단계에서 구성이 되며 기업은 컨설턴트를 채용할 것인 지의 여부와 그리고 그 인원이 얼마나 필요한 지를 결정한다. 기업내부의 IT조직이 프로젝트를 완성할 시간적 여유가 없을 때 기술적 작업을 수행할 외부 지원 기관과 계약을 할 것인가 여부를 결정해야 할 때도 이 때이다. 만약에 이런 필요한 제반 사항이 계약되어지지 않았다면, 이 단계에서 이런 과정을 거치는 것이 필요하다. 프로젝트 팀을 구성한 후에 팀은 프로젝트를 시작하는데 필요한 사전 프로젝트 팀 교육 및 훈련을 우선적으로 실시해야 한다.

ERP 프로젝트는 기업들이 추구하는 다른 많은 프로젝트들과 차이가 있다. ERP 시스템은 다른 어떤 시스템보다도 기업의 많은 영역에 영향을 미치고 많은 중요한 비즈니스 프로세스를 통제하고 있다. 따라서 기업은 프로젝트 팀에 가장 유능한 인력을 배치함으로써 ERP 시스템 구축의 성공을 보장해야 한다. 모든 사람이 프로젝트 팀에 소속될 수 있는 자격을 갖추고 있는 것은 아니다. 신중하게 선택해서 팀을 구성해야 한다. 어느 ERP 변화관리 책임자에 따르면 "만약 기업의 여러 부서가 ERP 프로젝트 팀에 파견한 인력들이 없어도 업무에 지장이 없다면 그 ERP 프로젝트 팀 구성은 잘못되었다"라고 하였다.

ERP 프로젝트 팀은 보통 두 타입의 인력으로 구성된다. 하나는 ERP 시스템을 가지고 어떻게 작업하는 지를 이해하는 테크니컬 인력이고, 다른 하나는 어떻게 기업 전체가 운영되는지를 이해하는 비즈니스 인력이다. 이러한 두 그룹의 참여는 프로젝트를 성공으로 이끄는데 핵심요인이 된다. 일반적으로 비즈니스 그룹이 ERP 팀의 핵심멤버가 되며 ERP 프로젝트를 리드하는 역할을 하고 있다. 팀은 기업의 모든 비즈니스 프로세스에 대해 상세한 정보까지 파악하고 있어야 한다. ERP 전문가들로 시스템을 개발하는데 있어 비즈니스에 대한 식견이 없는 인력 구성으로 인해 종종 프로젝트의 실패가 발생하고 있다([그림 3-2] 참조)

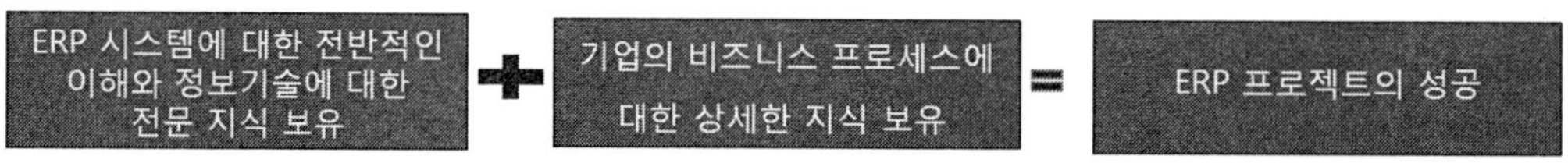

[그림 3-2] ERP 프로젝트의 성공을 위한 조건

ERP 프로젝트 팀에는 컨설턴트도 포함될 수 있다. 그러나 그들이 ERP 소프트웨어를 구축하는데 반드시 필요한 구성원은 아니다. ERP를 구축하는 많은 중소기업들은 보통 이런 컨설턴트가 제공하는 외부지원 없이도 일을 진행하고 있다. 기업은 ERP 시스템 공급업자와 제품을 라이센스 계약하기 전에 컨설턴트가 필요한지를 반드시 사전에 논의를 해야 한다.

대부분의 기업은 비즈니스 프로세스 계획을 실행에 옮기고 ERP 소프트웨어의 내부 전문지식을 보다 손쉽게 습득하기 위하여 컨설턴트의 도움을 받고 있다. 전문 컨설턴트의 고용으로 인해 프로젝트를 더욱 빠른 기간 안에 구축을 완료할 수 있고, 투입되는 사내 인력 수요를 줄일 수 있다.

또 한가지 다른 대안은 컨설팅 회사에 전체 ERP 프로젝트를 모두 아웃소싱하는 것이다. Beth Stackpole[(2)]에 의하면 보통 기업에서 ERP 시스템을 아웃소싱 하는 한 가지 이유는 ERP 프로젝트에 투입할 적절한 전문 인력이 부족하기 때문이라고 이유를 설명하고 있다.

1998년 후반, ERP 서비스 공급업체인 Plant International Management Consulting 사는 그들의 ERP 시스템 구축 프로젝트의 90% 정도를 아웃소싱 방식의 컨설팅으로 수행하고 있다고 밝혔다. 고객기업은 단지 그들의 비즈니스에 필요한 것이 무엇인지 커뮤니케이션하고 관계를 잘 관리하기만 된다고 말하고 있다. 그러나 기업은 이런 아웃소싱 방식에 대해 꼼꼼하게 잘 살펴봐야 한다. 언뜻 보기에는 아웃소싱을 통한 프로젝트 구현이 적절한 해결방안인 것처럼 보일 수 있으나 고객기업은 시작부터 ERP 프로젝트에 긴밀하게 관여하고 있어야 한다.

대부분의 기업에서는 ERP 프로젝트를 기업 내부에서 구축하고 기업의 기술적 및 비 기술적 사원들을 ERP 팀의 요원으로 구성하고 있다. 프로젝트 팀이 보통 상위 직급의 인원으로 구성되지만 그 직급보다는 내실을 기해야 함을 명심해야 한다. 프로젝트 팀 멤버들은 프로세스가 어떻게 완성될 지에 대해 의사결정을 할 수 있는 권한을 가지고 있어야 한다. 이런 팀 멤버들을 〔그림 3-3〕과 같이 보통 비즈니스 프로세스 오너(business process owner)나 비즈니스 전문가(business expert)로 불려진다.

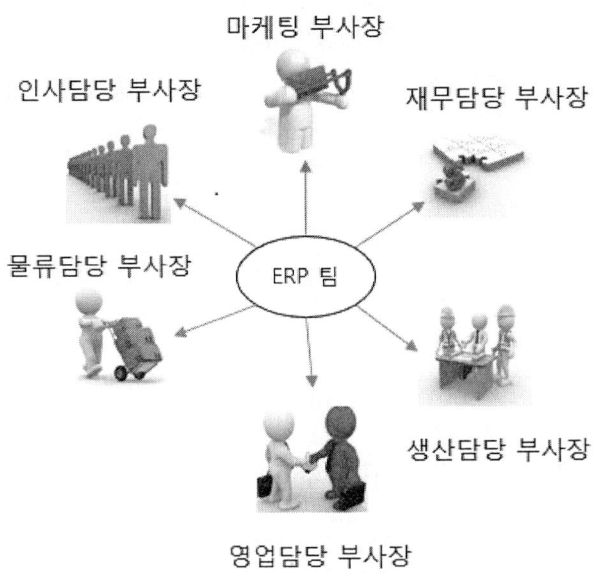

〔그림 3-3〕 ERP 팀을 구성하는 주요 기능부서의 비즈니스 프로세스 오너들

ERP 프로젝트의 각 모듈이 대부분 주요 비즈니스 영역을 대표하고 있기 때문에 ERP 팀은 보통 시스템을 구현 하고자 하는 각 모듈에 대한 비즈니스 프로세스 오너를 최소한 한 명씩 배치하고 있어야 한다. 예를 들어 기업이 SAP AG사의 ERP 시스템을 구입해서 판매 및 유통모듈, 재무모듈, 생산모듈, 인사관리모듈을 구축하기로 계획했다면 각 모듈의 응용 프로그램들은 비즈니스 각 분야의 프로세스와 대응되기 때문에 각 부서의 고위급 경영자가 ERP 시스템 프로젝트 구현 시 직접 참여해서 부서에서 원하는 기능에 대한 설계 및 디자인이 될 수 있게 하여야 한다.

각 부서의 대표들 즉, 프로세스 오너들은 각 부서의 특징을 잘 반영해서 시스템을 구축할 수 있도록 해야 한다. 이 사람들은 〔그림 3-4〕와 같이 각 부서 기능에 관한 중요한 세부사항 내용을 제공하는 프로젝트 팀의 핵심 구성원이다. 대부분의 컨설턴트들은 보통 비즈니스 프로세스 오너들에게 ERP 프로젝트 수행 시 풀 타임으로 일할 수 있는 여건을 만들어 주라고 권유하고 있다. 그렇지 않으면 ERP 프로젝트가 아니라 일상 비즈니스 업무에 주된 관심이 분산될 위험이 있다고 한다.

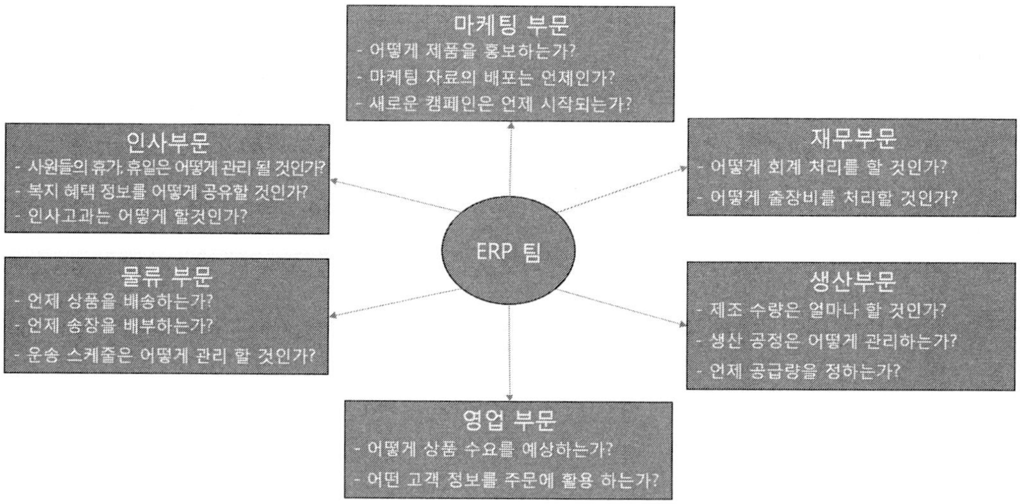

〔그림 3-4〕 비즈니스 프로세스 오너들이 결정할 각 부서 주요 사안

일반적으로 팀의 구성은 기업마다 다르다. Benchmarking Partners사가 기업의 ERP 프로젝트 팀의 구성에 대해 Fujitsu Microelectronics사의 SAP R/3 프로젝트 케이스 스터디 결과를 발행한 보고서에 의하면, 팀은 보통 30명 정도로 구성된다고 했다. Fujitsu사는 프로젝트 운영위원회라는 중역위원회를 만들어서 전체 프로젝트진행을 감독했다.〈3〉 프로젝트 중역 위원회(steering committee)는 실제 ERP 시스템을 구현하지 않더라도 프로젝트 모듈에 대한 추가와 구축완료 기간 연장, 추가적인 인원의 선발 및 컨설턴트의 필요여부 등 구축 중의 중요 의사결정사항을 이 위원회의 승인을 받아서 진행하도록 하였다.

Fujitsu 사례에서 ERP팀은 다음 〔그림 3-5〕와 같이 구성 조직되었다.

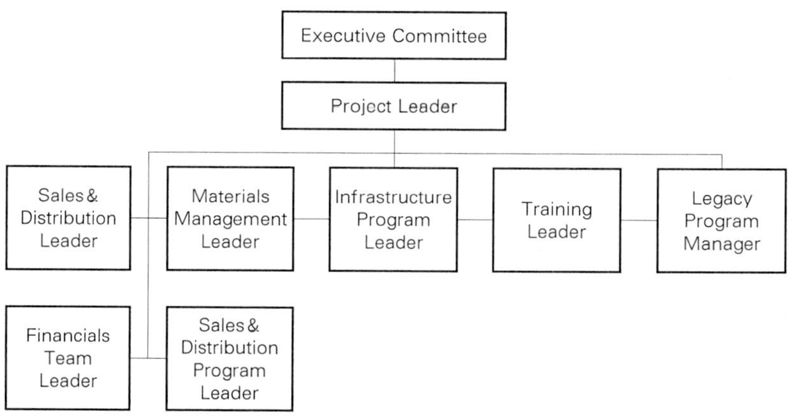

〔그림 3-5〕 Fujitsu Microelectronics사 ERP 프로젝트 팀 구성

Source : Benchmarking Partners

다른 사례인 Toro사의 ERP 시스템 구축은 Fujitsu사와는 상당한 차이가 있다. ERP 컨설팅 업체인 Hill/Holiday사는 Toro사 프로젝트에 대한 케이스 스터디 결과에서 팀 구조에 대해 상세히 기술했다.[4] Fujitsu사의 ERP팀처럼 중역 리뷰 보드가 ERP 시스템을 총괄 감독했다. Toro사의 경우는 IT서비스 부서 부사장이 전반적인 프로젝트를 감독했다. 프로젝트 디렉터가 보고 받는 영역은 HR, 프로젝트 관리, 품질관리, 프로젝트 조정 등이었다.

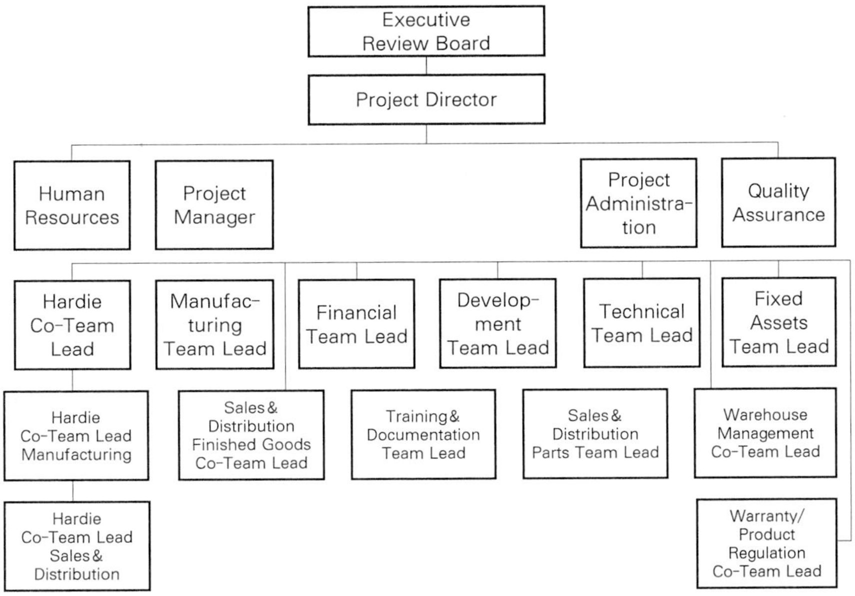

〔그림 3-6〕 Toro사의 ERP 프로젝트 팀 구성

Source: The Toro Co.

Toro사의 ERP 프로젝트 매니저는 여러 개의 구현 팀과 지원 팀을 지휘했다. 각 팀에는 비즈니스와 IT 분야의 두 명의 리더가 있고 또한 팀의 전체 구성원의 수는 구체적으로 정해지지 않고 비즈니스와 IT에 반반씩 배정됐다. 여기서는 Toro사와 Fujitsu사를 ERP 시스템 구성 팀에 대한 예로 제시했다. 기업은 각 기업에 맞게 프로젝트 팀 타입과 팀의 구성원을 결정해야 한다. 기업은 ERP 프로젝트 팀을 구성할 때 아래의 가이드라인을 고려하면 좋은 참고가 될 것이다.

- 가장 전문적이고 유능한 직원을 프로젝트에 배정하라.
- 팀 멤버들에게 충분한 권한을 부여하여 필요한 의사결정을 할 수 있게 하라.
- 비즈니스의 모든 기능 부서 의견이 반영되도록 해야 한다.
- 비즈니스와 IT 조직 대표자들 사이에 적절한 균형을 유지해라.
- 내부 사원과 컨설턴트의 비율을 적정수준으로 유지하고 컨설턴트 팀에 모든 통제권을 넘기면 안 된다.

2.1.1 트레이닝 과제

기업은 최종 사용자 트레이닝과 교육에 대해 책임을 지는 ERP 팀 멤버를 지정해 두어야 한다. 트레이닝은 ERP 프로젝트에 있어서 매우 중요한 부분이다.

가장 효과적인 ERP 시스템일지라도 기업에서 종업원들이 적절히 다루는 방법을 모른다면 기업을 더 나은 방향으로 개선시킬 수 없다. 최종 사용자에 대한 적절한 준비 없이 ERP 패키지를 설치만 하는 것은 예상치 못한 불행한 결과를 가져올 수도 있다.

트레이닝 책임자는 또한 새로운 시스템으로 전환하는 과정에서 발생하는 변화를 대비해야 하는 변화관리(change management)에 대해서도 책임이 있다. 왜냐하면 ERP 시스템은 종종 기업이 비즈니스를 수행하는 과정에 상당한 변화를 불러오기도 하기 때문이다. 비즈니스 프로세스 오너들이 보통 이런 변화에 대한 책임을 감당한다. 때로는 컨설턴트가 그러한 목적을 가지고 팀에 초청되어 참여할 수 있다. 그러나 이것은 효과가 크지 않다고 한다. 최종 사용자 트레이닝은 기업이 새로운 시스템으로 도약하기 위한 중요한 과제이다.

2.1.2 구축관련 ERP 서비스 업체 고용

수백 개의 서비스 업체들이 ERP 시스템 구축과 관련된 여러 가지 서비스를 제공하고 있다. 이러한 서비스들은 다음과 같다.

- ERP 선택
- 비즈니스 프로세스 설계 및 리엔지니어링
- ERP 구현
- 최종 사용자 훈련
- ERP 유지, 보수

많은 컨설팅 기업들이 특정 ERP 시스템에 대한 전문적 지식을 가지고 있다. 예를 들면 Clarkston Potomac은 SAP의 ERP 패키지에 대한 전문적인 지식을 가지고 있다. JGI는 주로 SSA의 BPCS 서비스를 제공하고 있다. DataProfit 사는 오직 J.D. Edward World Solution의 ERP 소프트웨어를 취급하고 있다. 또 다른 ERP 서비스 업체인 Grant Thornton는 J.D. Edwards, 오라클, SAP사를 지원하고 있다.

기업이 필요로 하는 ERP 서비스 공급업체를 선택하는 문제는 ERP 벤더나 기존의 고객을 통해 정보를 입수할 수 있다. 그 ERP 파트너는 고객기업의 비즈니스 방향과 목표를 제대로 이해해야 한다. 그리고 서비스 제공회사와 고객기업은 문화적으로 일치가 잘 되어야 한다. 진보적인 성향의 기업이 약간 보수적인 컨설팅업체와 손을 잡는다면 컨설팅업체가 아무리 효과적인 업체라 하더라도 프로젝트 수행 시 불협화음이 생길 수 있다. ERP 서비스 용역업체와의 계약에는 같은 철학이 적용되어야 한다. ERP 서비스 용역업체도 ERP 프로젝트의 목적을 분명히 이해하고 프로젝트 팀 멤버와 좋은 관계를 유지하고 또한 기업의 문화에 동의하는 업체가 되어야 한다. 외부의 서비스 공급업체를 고용하는 문제도 너무 미루지 말고 미리미리 결정해 두는 것이 좋다.

2.1.3 예비 교육(Preliminary training)

제 1단계에서 프로젝트 팀은 사용될 시스템의 전반적인 개요를 잘 파악하고 있어야 한다. 첫 번째 단계로 보통 ERP 공급업체를 우선 방문하여 ERP 제품소개 교육을 받거나 혹은 공급업체 직원이 그 기업에 와서 제품소개를 한다. 이 단계에서 벤더는 회사가 라이센스를 구입한 모든 모듈에 대해 개략적인 소개를 하고 일부 중요한 특징에 대해서 상세히 설명을 하고, 여러 어플리케이션들이 서로 어떻게 작동하는 것인지에 대해 교육한다. 이 때 벤더는 ERP 프로젝트 수행 중간에 필요할 것으로 예상되는 여러 가지 정보도 제공해야 한다.

2.1.4 시작, 개시(The kickoff)

대부분의 기업들이 전형적으로 개시(kickoff) 미팅을 갖고 ERP 프로젝트에 정식으로 착수한다. 여기서 기업과 ERP 공급업체가 함께 추구해야 할 목표와 스케줄을 재검토하고 각각의 사람들이 맡은 역할을 확인하고 어떤 일을 수행할 지를 서로 다짐하게 된다. ERP 프로젝트를 시작하는 것은 기업에 있어서 중대한 사건이고 실제 시스템을 운영하기까지 요구되는 연속적인 여러 단계의 출발점이 된다.

2.2. 2단계 : 비즈니스 요구사항 분석 및 비즈니스 프로세스 문서화

프로젝트 수행과정 중 2단계는 주로 팀이 ERP 시스템이 사용된 후에 비즈니스가 어떻게 운영될 지와 시스템 자체가 어떻게 작동할지를 주로 결정하는 단계이다.

2.2.1 비즈니스 운영에 대한 결정

ERP 팀은 보통 이 작업을 비즈니스 프로세스 모델링이라고 한다. (SAP은 이것을 비즈니스 프로세스 블루 프린팅(blue printing)이라고 한다.) 이 단계에서 팀은 ERP 시스템을 기술적인 측면이 아니라 기업 프로세스 관점에서 여러 서로 다른 작업들이 어떻게 수행되는지 결정한다. 즉 어떻게 언제 다양한 비즈니스들이 수행되며 완성되는지, 어떻게 기업이 정보를 사용할지를 결정하게 된다. 이 작업의 목표는 특정한 작업이 수행되는 방법에 대한 구체적인 사항을 분석하는 것이 아니라 비즈니스의 전반적인 컨셉을 확정하는 것이다.

ERP 소프트웨어 공급업체인 JBA International은 이 과정을 다음 〔그림 3-7〕과 같이 기업이 그들의 현재 비즈니스 프로세스와 그 산업에서 가장 최고의 프로세스 모델, ERP 시스템의 프로세스 모델을 검토하여 그 모델들을 결합하여 하나의 새로운 비즈니스 모델을 디자인 하는 것이라고 정의하였다. 어떤 기업은 기존의 비즈니스 프로세스를 그대로 유지하는 경우도 있지만, 대개 이 기회를 이용하여 새로운 비즈니스 프로세스를 구상하게 된다.

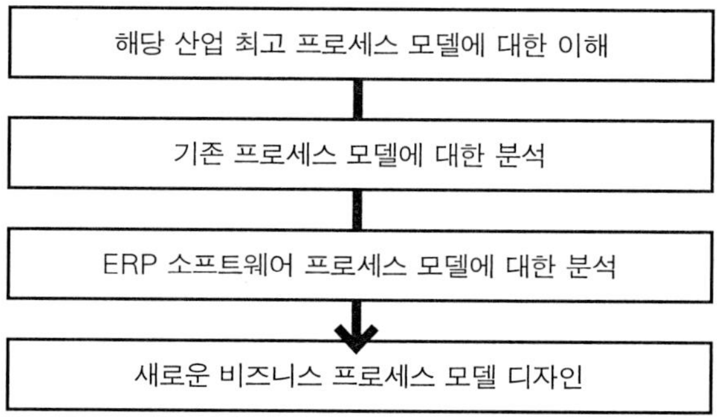

〔그림 3-7〕 비즈니스 프로세스 모델링

Source: JBA International

비즈니스 프로세스 모델링은 ERP 시스템 프로젝트의 성공에 절대적인 영향을 준다. 왜냐하면 이것은 팀이 시스템의 기술적인 기능들이 기업 운영에 어떻게 적용될 것인가를 결정해 주기 때문이다. 또한 팀으로 하여금 어떻게 다양한 ERP 패키지의 어플리케이션들이 상호 작용해야 할지에 대한 아이디어를 제공해주기 때문이다. 이 단계가 완료된 이후에 팀은 ERP 시스템이 영향을 미치게 될 모든 비즈니스 프로세스에 대해 전체적으로 이해를 하게 된다.

비즈니스 운영에 대한 수많은 질문과 답변을 거치면서 프로젝트 구성원들은 비즈니스 프로세스 맵핑을 해나간다. 이 단계에 어떤 문제들이 연관되어 있는지 이해하기 위해 팀은 수많은 질문을 하게 된다. 예를 들자면 기업의 영업 프로세스에 대하여 다음과 같은 질문들을 고려할 수 있다.

- 전형적인 영업, 판매 사이클 기간은 얼마나 되는가?
- 영업사원이 그의 첫 번째 판매활동에 필요한 정보에는 어떤 것이 있는가?
- 첫 판매활동을 위해서 어떤 타입의 정보를 수집해야 하는가? 데이터를 수집한 후에 어떻게 해야 하는가? 데이터가 기업 안의 다른 사람들에게 보내질 필요가 있는가?
- 영업사원이 다음 차례에 고객을 방문하기 위해서는 어떤 정보가 필요한가? 그 정보는 어디에 있는가?
- 영업사원은 월급이나 혹은 판매수수료 아니면 둘 모두를 지급 받는가?
- 어떤 정보들이 판매수수료를 계산하는데 필요하며, 그 정보들은 어떻게 생성되는가?
- 영업사원이 출장을 가는가? 출장비는 어떻게 처리하는가? 누가 지출항목명세서 정보를 수집하는가? 어떤 시스템이 이런 정보를 수집하고 처리하는가?

기업의 구매 혹은 조달 프로세스에 관해서는 다음과 같은 질문이 고려되어야 한다.

- 회사가 원자재를 얼마나 자주 구매하는가?

- 회사의 공급자 수는 얼마인가? 그들은 송장을 보내는가 아니면 월말에 지급할 회사의 계좌를 가지고 있는가?
- 공급자는 기업의 재고에 대한 정보가 필요한가? 만약 그렇다면 무엇이 얼마나 자주 필요한가?
- 구매량에 대한 의사결정을 할 때 어떤 타입의 정보가 필요한가?
- 구매 이후 어떤 타입의 정보가 기업에 보고되어야 하는가? 그 정보는 구매 즉시 보고가 이루어져야 하는가 아니면 나중에 모았다가 일괄보고 되어야 하는가?

이상의 질문들은 프로젝트 팀이 기업의 프로세스에 대해 하고자 하는 질문의 일부분에 불과하다. 실무에서는 보통 비즈니스 프로세스에 대해 수백 개의 질문이 발생할 수 있고 이에 대한 답변을 통하여 여러 가지 프로세스들이 어떻게 작용하는 가에 대한 전체적 이해를 할 수 있다.

비즈니스 프로세스 모델링은 모든 비즈니스 파트에서 수행되는 트랜잭션에 대한 세부사항에 대해 고려해야 하기 때문에 상당히 복잡해질 수 있다. 프로젝트가 진행하면서 발생하는 세부적인 사항들이 너무 방대하고 복잡해질 수 있으므로 프로젝트 팀 멤버들은 의사 결정 권한을 가지고 있어야 한다. 그리고 모든 비즈니스 프로세스 오너들은 시스템에 의해 결정되는 모든 비즈니스 프로세스를 디자인하는데 가능한 많이 참여해야 한다. 예를 들어 영업 부문의 대표자가 영업 조직에 대한 필요한 사항에 대해 논의한 후 논의의 초점이 제조로 옮겨가더라도 팀에서 빠져서는 안 된다.

ERP 시스템은 본래부터 모든 비즈니스 프로세스가 서로 연관되어 있다고 가정을 한다. 왜냐하면 하나의 비즈니스 프로세스에서 내려진 의사결정은 쉽게 다른 프로세스에 영향을 주기 때문이다. 고객정보가 모든 조직부서 내에서 어떻게 사용되는지를 고려해보면 알 수 있다. 마케팅 부서는 작업을 할 때 고객에 대한 일부 정보만을 가지고 일을 처리할 수 있다. 그러나 고객 지원 센터에서는 그 두 배 이상의 정보가 필요할 수 있다. 각 그룹은 필요한 정보를 주요 비즈니스 단위에 제공하는 시스템을 구축할 때 다른 부서에서 어떤 정보를 필요로 하는 지도 알아야 한다.

2.2.2 비즈니스 프로세스 모델링 도구

몇몇 ERP관련 제품은 비즈니스 프로세스를 모델링 하거나 맵핑하는 과정을 기업이 도움 받을 수 있도록 비즈니스 프로세스 모델링 도구(tools)를 지원해 주고 있다. 예를 들어 JBA International의 Active Enterprise Strategy는 기업 프로세스 모델링(EPM)이라고 불리는 모듈을 내장하고 있다. EPM은 JBA의 고객이 현존 비즈니스 시스템을 수정하거나 새로운 시스템을 생성하고 System21(JBA의 ERP 제품)으로 디자인할 수 있도록 일종의 청사진을 제공해준다.

〔그림 3-8〕과 같이 EPM을 사용해서 ERP 팀은 우선 상위 프로세스들을 디자인한다. 그 다음 각 프로세스내의 특정 프로세스 요소들을 정의하고 각 프로세스에서 발생되는 비즈니스 활동을 정의한다. JBA의 ERP 시스템이 어떻게 비즈니스 관리를 운영해야 하는지의 뚜

렷한 맵(map)은 이 작업이 완성된 다음에 나타나게 된다.

기업은 이런 목적으로 다른 전문(third-party) 소프트웨어 제품을 사용할 수도 있다. 예를 들어 Intellicorp사는 SAP AG ERP시스템을 구현할 때 시스템이 어떻게 운영되는지 시각적으로 보여주는 LiveModel이라는 제품을 판매하고 있다. Intellicorp의 제품은 또한 실제 ERP 시스템이 사용되기 전에 시뮬레이터 된 비즈니스 프로세스를 운영해 볼 수 있게 하기 때문에 어떤 비즈니스 프로세스의 실효성을 직접 평가해 볼 수 있다. LiveModel과 같은 모델링 툴은 기업의 비즈니스 프로세스가 원래 ERP 시스템의 기존의 세팅과 어떤 차이점이 있는지를 명확하게 보여준다. 이런 비교분석을 통해 프로젝트 팀은 좀 더 정확하게 어느 정도의 커스터마이징이 필요한지를 정확하게 결정할 수 있다. 이런 종류의 툴을 사용하는 기업은 프로젝트의 다음 단계로 좀 더 빨리 작업을 진행시킬 수 있다고 밝히고 있다.

비즈니스 프로세스 모델링은 기업으로 하여금 기업 내에서 비즈니스 용어의 의미를 통일할 수 있는 기회를 부여한다. 놀랍게도 종종 ERP 팀은 프로젝트를 수행하면서 기업 내 서로 다른 부서 사람들이 같은 용어를 다르게 정의하고 있는 사실을 발견 할 수 있다. 예를 들어 고객을 어떻게 정의하는가? 제품과 서비스의 정의는? ERP 팀은 사업상의 핵심 용어가 의미하는 바를 조직안의 구성원들이 서로 동일한 의미로 이해하도록 해야 한다.

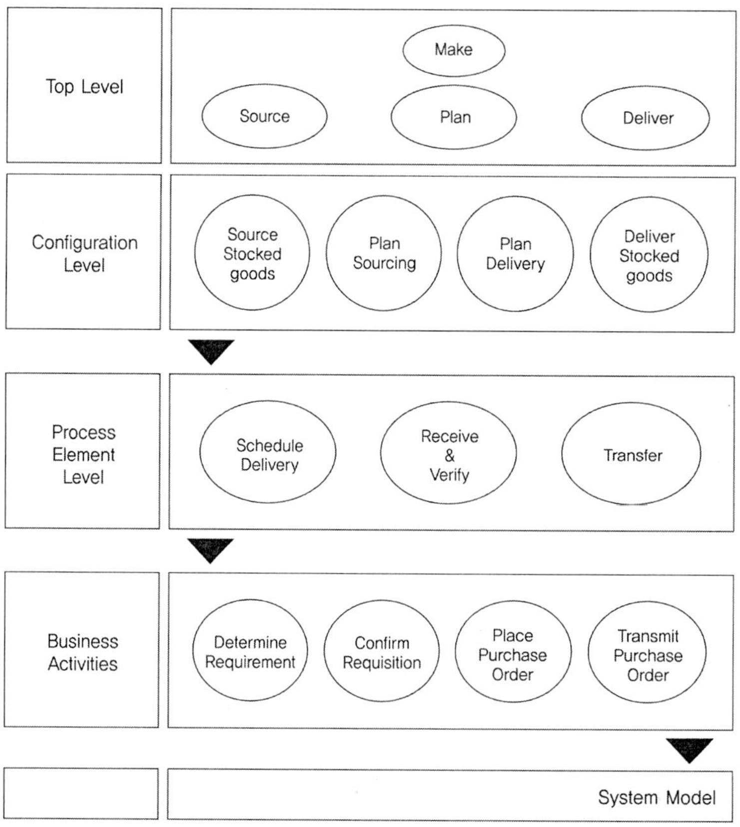

〔그림 3-8〕 JBA 인터내셔널의 기업 프로세스 모델링

Source: JBA International

2.2.3 비즈니스 요구사항 취합(Gathering Business Requirements)

비즈니스 프로세스 모델링은 기업 컨셉트를 생성하는 것이고 비즈니스 요구사항 분석은 일상 업무가 어떻게 이루어지는지, 그리고 특정 업무와 트랜잭션에 대한 세부사항을 정하는 것이다.

어떤 개인도 모든 트랜잭션에 대한 세부사항을 완전히 인지하고 있기는 않기 때문에 대부분의 프로젝트 팀은 조직안의 많은 구성원들로부터 요구사항을 취합해야 한다. 팀은 영업사원, 주문 파트 직원, 비즈니스 분석가, 생산라인의 근로자들, 회계사, 고객 서비스 담당자 등 기업의 일상 업무와 관련된 모든 사람들과 토의를 해야 한다.

어떻게 기업이 고객 주문을 처리하는 가라는 과업에 대해서는 다음과 같은 질문들이 고려되어야 한다.

- 주문서 양식은 어떤 형태를 띠는가?
- 주문 입력 담당직원이 주문서를 완성하는데 어떤 유형의 정보가 필요한가?
- 어떤 순서로 정보가 입력이 되는가?

기업의 출장비용 처리 프로세스, 관련해서는 다음과 같은 질문들이 고려되어야 한다:

- 해당 출장 사원의 어떤 정보가 필요한가?
- 어떤 재무적 정보가 필요한가?
- 어떤 순서로 정보가 입력되어야 하는가?
- 비용정산서가 필요하다면 누구에 의해 언제 필요한가?

ERP 팀은 세부적인 수많은 요구사항 리스트를 작성한다. 프로젝트 팀은 사용자의 요구사항을 취합할 때 신중하게 선택해야 한다. 프로젝트 팀은 시스템이 가능하면 기업의 모든 사람의 필요를 충족시키도록 보장해야 한다. 그러나 그렇게 되면 요구사항이 너무 복잡해질 수 있다. 비즈니스 프로세스 리더는 필요한 요구사항을 선별해서 시스템이 구축될 수 있도록 의사결정을 해야 하는 책임이 있다.

2.3. 3단계 : 시스템 구현

프로젝트 팀이 주요 비즈니스 프로세스에 대한 아웃라인과 비즈니스 요구사항에 대한 정보를 수집한 후에 운영될 ERP 시스템의 골격 혹은 하부구조(infrastructure)를 결정해야 한다.

ERP 소프트웨어 구성은 소프트웨어 구성표에 의해서 결정된다. 프로젝트 팀은 기업의 필요성에 맞게 ERP 시스템의 구성표 상의 정보를 수정해야 한다. ERP 시스템에 따라 각 작업이 다양하게 실행될 수 있다. 예를 들어 SAP AG의 R/3는 아주 복잡한 시스템으로 유명하다. Davenport는 R/3 시스템은 3000개 이상의 구성 테이블(configuration table)을 포함

하고 있다고 발표한 바 있다.[5]

ERP 시스템을 구현하는 것은 상당한 시간이 걸린다. 프로젝트의 범위에 따라 몇 개월에서 일년 이상의 시간이 소요될 수 있다. 대부분의 기업이 기술적인 부분을 수행하기 위해 전문 컨설턴트를 고용하고 있지만, 아무리 전문적인 컨설턴트들도 기업이 제대로 비즈니스 프로세스를 맵핑하지 않았거나 사용자 요구사항을 제대로 수집하지 못했다면 시스템을 잘 구성할 수 없다. 이전단계를 소홀히 했던 기업은 이 프로젝트 수행단계에서 즉 기업이 시스템을 구성하려 할 때 수많은 미해결 문제들을 해결해야 할 것이다.

2.4. 4단계 : 시스템 테스트 및 검증

ERP 시스템을 실제 운영하기 전에 시스템은 타당성 평가를 받고 기술적으로 문제가 없이 제대로 작동하는지 또한 비즈니스 프로세스가 실용성 있게 구현 되었는지를 테스트해야 한다. ERP 시스템을 제대로 테스트 하지 않고 운영을 시작하게 된다면 상당히 큰 재난을 맞을 수 있다.

ERP 시스템 테스팅에 대한 중요성은 불완전한 시스템을 사용했을 때의 재정적 손실을 살펴보면 알 수 있다. Software Economics Letter에 따르면[6] downtime이나 ERP 같은 주요 시스템이 작동하지 않는 기간이 직접적으로 수익의 감소로 이어질 수 있다고 하였다. 다음 〔그림 3-9〕에서는 기업의 연간 매출액이 높을수록 시스템이 중단되는 시간이 길어질수록 손해가 급격히 증가하는 것을 알 수 있다.

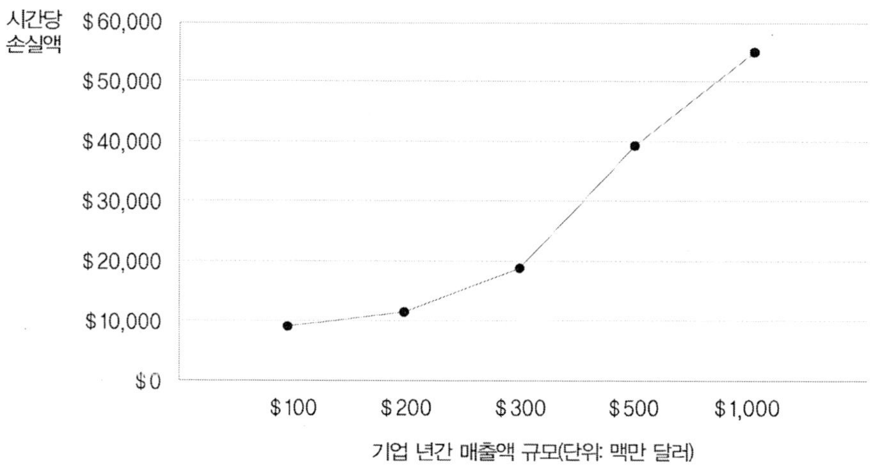

〔그림 3-9〕 ERP 시스템 사용 중단으로 인한 손실액

Source: Software Economics Letter

테스팅은 기업이 잠재적인 문제 발생으로 인한 재정적 손실이나 기타 부정적 영향을 줄 수 있는 문제를 피할 수 있도록 도움을 주는 것이다. ERP 시스템을 철저하게 테스트하기 위해서 프로젝트 팀은 파워 유저(컴퓨터를 능통하게 다루고 기업의 비즈니스 프로세스에

대한 이해가 있는 사람들) 그룹을 선발하여 테스팅에 참여시키고 시스템에 대한 실무 유저들의 피드백을 활용하기도 한다. 유능한 프로젝트 팀은 어떻게 시스템을 사용하는지를 가르치는 트레이닝도 이 단계에서 병행 실시한다.

2.4.1 테스트 시기

테스팅이 ERP 프로젝트의 수행과정 중 4번째 단계에서만 실시되어야 한다고 생각하면 잘못이다. 사실 대부분의 ERP 프로젝트 팀은 프로젝트가 진행되는 과정 중에서도 다양한 단계에서 여러 가지 테스트를 수행한다. 예를 들어 Deloitte & Touche Consulting사는 테스팅을 프로젝트 전 과정 즉 시스템을 디자인하거나 구현하면서도 지속적으로 고려해야 한다고 한다. 〔그림 3-10〕에서 보듯이 Deloitte & Touche의 모델에 따르면 테스팅은 ERP 시스템 구축의 시작부터 끝까지 다양한 단계에서 겹쳐져서 수행된다.

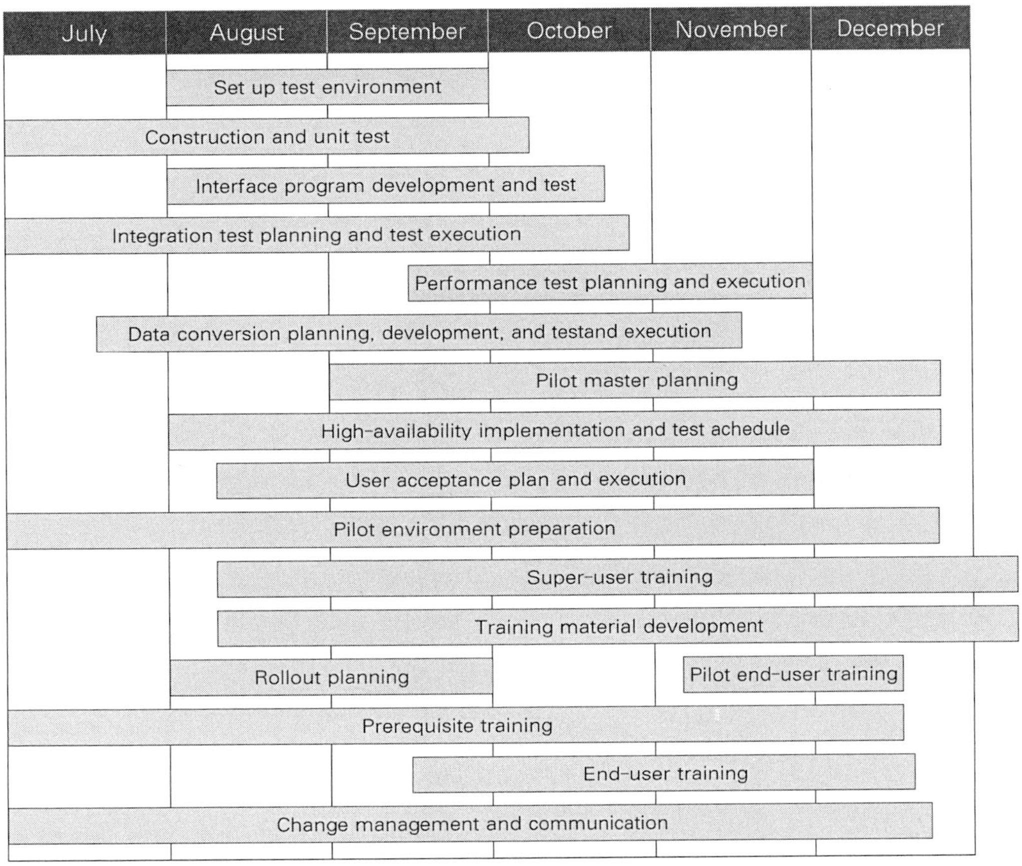

〔그림 3-10〕 Deloitte & Touche사의 ERP 테스팅 단계들

Source: Deloitte & Touche Consulting

프로젝트 팀은 시스템 구축 전반에 거쳐 테스트를 수행할지 실제 실행 직전에 테스트를 해야 할지를 결정해야 한다. ERP 시스템을 테스팅하는 시간은 실제 몇 달이 소요될 수 있다. 이런 이유 때문에 프로젝트 팀은 각 단계를 완성하는 데 있어 충분한 시간을 할당해야 한다. ERP 시스템을 테스팅할 때 다음의 주요 측면들을 고려해야 한다.

- 테스트 계획 수립
- 테스팅 환경 설정
- ERP 소프트웨어와 다른 시스템과의 인터페이스 테스팅
- 시스템의 가용성과 기술적 성능에 대한 테스팅
- 사용자 시스템 수용 테스트나 실험실 파일럿 테스트에 대한 계획 및 수행
- 파워 유저 트레이닝
- 트레이닝 교재 및 자료 개발

프로젝트 리더는 테스트 계획을 잘 수립해야 한다. 기술적 그리고 최종 사용자 체크용으로 사용될 ERP 시스템 테스트 버전이 마련되어야 한다. 많은 프로젝트 팀은 시스템의 각 모듈이 자주 변화하기 때문에 별도의 테스트 시스템을 운영한다. 테스트 시스템을 분리된 상태로 유지함에 따라 테스트 환경이 보다 쉽게 통제될 수 있다. 테스트되는 시스템은 테스트를 수행할 때 항상 최신의 상태로 유지하도록 지속적으로 업데이트해야 한다.

또 하나 중요한 것은, 테스트 수행 중에 조직의 실제 데이터를 가지고 테스트를 수행해야 한다는 것이다. 샘플 데이터를 가지고 테스트를 했을 때 실제 데이터를 가지고 운영했을 때와 같은 안전성을 제대로 보장받지 못할 수도 있다. 많은 기업은 또한 최종 사용자를 트레이닝 할 때 실제 데이터를 가지고 시스템을 테스트 겸 교육하고 있다. 사원들은 새로운 시스템을 테스트하는 중에 일상 업무와 관련된 익숙한 정보와 데이터를 사용함으로써 좀 더 쉽게 시스템을 이해할 수 있게 될 것이다.

2.4.2 기술적 테스팅(Technical Testing)

이 단계에서는 다음 [그림 3-11]과 같이 실제 벌어지는 다양한 상황에서 ERP 시스템이 기술적으로 어떻게 작동하는지를 모니터링 해보는 것이다. 정확한 테스트 결과를 얻기 위해서 이 단계의 테스트는 실제 운영되는 시스템의 상황과 같은 환경에서 이루어져야 한다. 예를 들어 만약 500명의 사용자가 하루에 동시에 시스템을 사용할 수도 있다면 테스트 시스템은 이런 환경을 가정하여 테스트해야 한다.

프로젝트 팀이 기술적인 테스트를 수행할 때 다음과 같은 몇 가지 핵심 사항에 대해 인지하고 있어야 한다.

- 시스템이 동시다발적인 사용자의 변화량을 고려해서 최대 인원 수준에서 어떻게 운영되는가.
- 다양한 트랜잭션이 결합해서 발생될 때 시스템이 어떻게 작동되는가.
- LAN이나 WAN을 통해 시스템이 분산되어 있을 때 시스템이 어떻게 작동되는가.

• 외부 ERP 시스템의 어플리케이션들과 자료를 교환할 때 시스템이 어떻게 수행되는가.

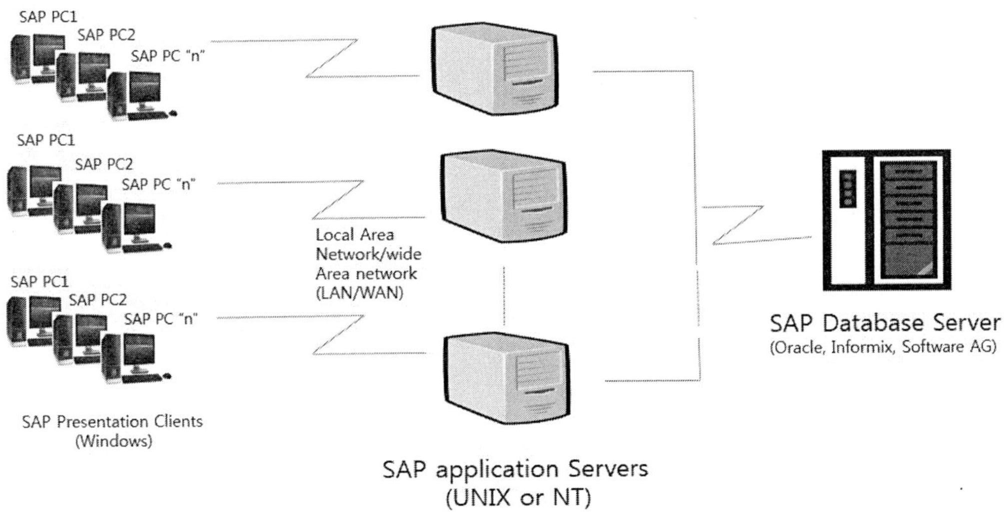

〔그림 3-11〕 ERP 기술적 작동 테스팅

2.4.3 테스팅 도구(Testing Tools)

ERP 시스템에서 기술적인 테스트를 수행할 때 그 과정이 상당히 복잡할 수 있다. 광범위한 LAN이나 WAN을 통해 소프트웨어를 실행하려는 계획을 가지고 있을 때 특히 더 복잡하다. 기업의 IT 인프라스트럭쳐가 복잡하면 할수록 ERP 시스템의 테스팅도 더욱 복잡해진다.

소프트웨어 벤더들은 ERP 시스템을 테스트할 수 있는 여러 가지 도구 혹은 툴을 판매하고 있다. Mercury Interactive Corp사는 LoadRunner라는 제품을 공급하고 있다. 이 제품은 어떤 ERP 소프트웨어의 성능을 평가해주고 어떤 하드웨어와 네트워크에서 어떻게 작동하는지를 테스트해준다. AutoTester사도 이와 유사한 ERP 테스팅 툴을 공급해주고 있다.[7] 이런 종류의 제품은 사용자가 좀 더 간단하게 테스트할 수 있도록 도와주고 그 결과를 자동적으로 문서화하거나 분석해서 디스플레이 해준다.

테스팅 툴 제품은 다양한 네트워크 환경에서 테스팅을 간단하게 수행할 수 있도록 해준다. Mercury Interactive의 툴을 가지고 테스트하는 예가 다음 〔그림 3-12〕와 같이 나타나 있다.

다양한 환경에서 그리고 여러 사용자 수에 따라 시스템을 테스팅하는 것이 기업의 입장에서 중요한 성능평가에 대한 자료가 될 수 있다. 예를 들어 테스트 과정을 통해 SAP은 ESS (Electronic Switching System) 어플리케이션을 특정 네트워크 환경에서 200명의 사용자로 제한했던 것이 1000명의 사용자 제한으로 확장시킨 경우도 있다.

비록 프로젝트 수행 중에 테스팅 툴을 추가로 구매하는 것이 수백 수천만 달러의 추가

비용이 들 수도 있지만 기업이 이와 같은 툴을 적극 활용하도록 컨설팅 회사인 Hurwitz Group은 권하고 있다. ERP 프로젝트 전체 비용과 비교할 때 이것은 하나의 저렴한 보험료가 될 수 있다고도 하였다.(8)

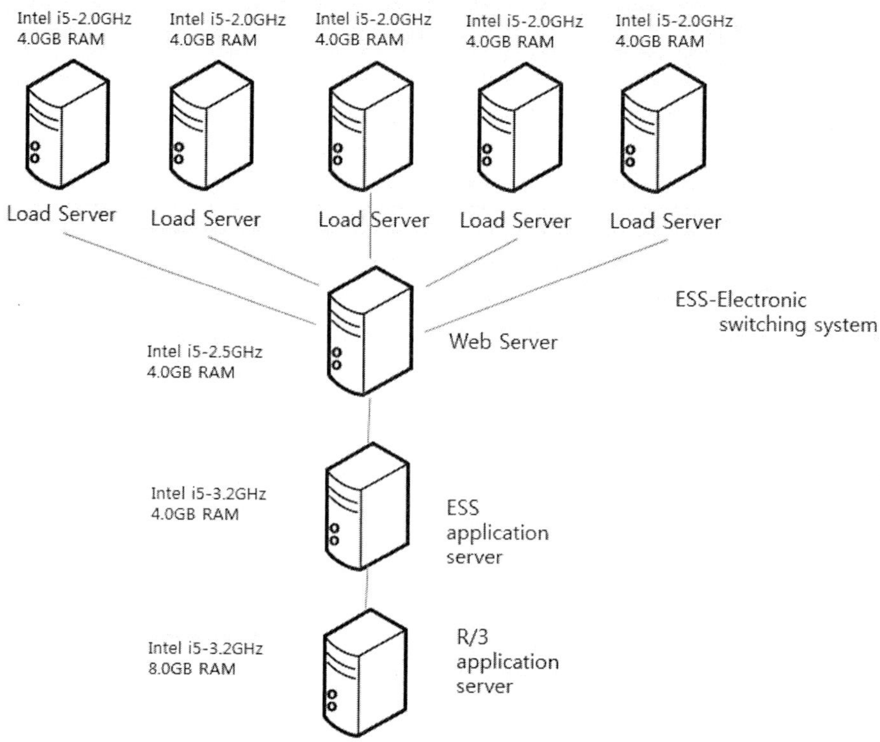

〔그림 3-12〕 Mercury Interactive사의 ERP 테스팅 모델

2.4.4 비즈니스 프로세스 테스팅

많은 프로젝트 팀이 비즈니스 프로세스 타당성 평가의 중요성을 간과하고 있다. 그러나 ERP 시스템의 효과적인 운영을 위해서는 기술적 테스트뿐만 아니라 비즈니스 프로세스 타당성 평가도 매우 중요하다. 프로젝트 팀이 ERP 시스템을 구성할 때 ERP 소프트웨어에 수많은 변화가 생긴다. 모든 어플리케이션이 통합되어 서로 영향을 미치기 때문에 시스템의 한 파트의 변화가 따른 어플리케이션 데이터 처리에 영향을 미칠 수 있다.

비즈니스 프로세스를 테스팅 하는 것은 시스템에서 수행될 수 있는 모든 트랜잭션의 프로세싱에 적용된다. 테스트를 하는 팀원은 고객 주문을 입력하고, 송장을 생성하고, 적송에 대한 고지서를 보내고, 송금하는 등의 관련된 프로세스를 직접 수행하여 모든 관련 트랜잭션 제반 사항이 정확하게 수행되는 지를 확인해야 한다.

사용자 수용도 테스트(user-acceptance test)나 컨퍼런스 룸 파일럿 테스트(conference room pilot test) 는 비즈니스 프로세스가 제대로 기능하는지를 평가해주는 두 가지 일반적인 기법이다. 컨퍼런스 룸 파일럿 테스트를 이용해서 프로젝트 팀은 각 부서를 대표하는 여러 대의 데스크탑 컴퓨터를 〔그림 3-13〕과 같이 활용하여 특정 프로세스가 어떻게 작동하는지를 테스트한다.

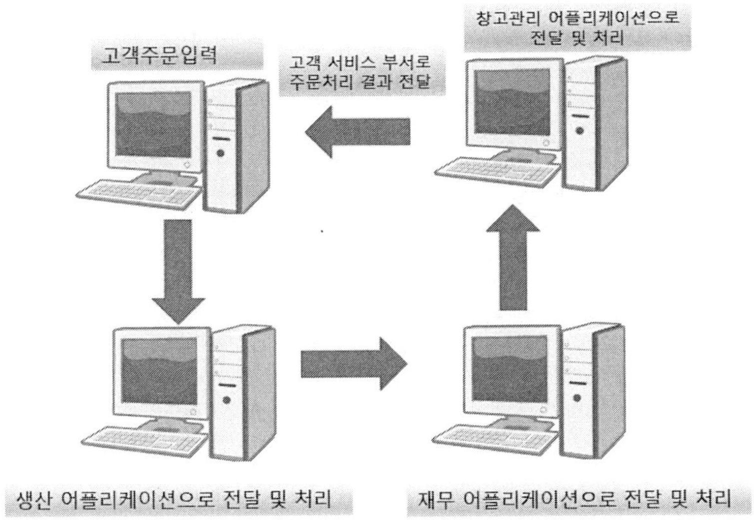

〔그림 3-13〕 컨퍼런스 룸 파일럿 테스트

Deloitte & Touche Consulting사는 컨퍼런스 룸 파일럿 테스트를 ERP 프로젝트 팀이 시스템에서 정보의 흐름을 확인하는 반복적인 혹은 순환적인 프로세스라고 한다. 이 과정은 다음 〔그림 3-14〕와 같이 반복적으로 다시 디자인되고 부정확하게 작동되는 기능들은 재구성되는 순환과정으로 나타내었다.

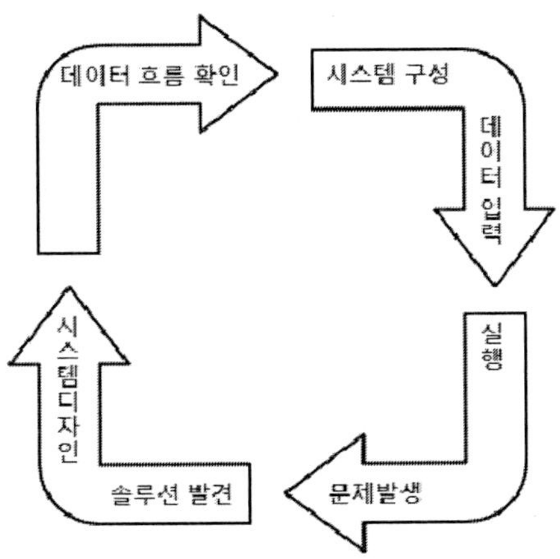

〔그림 3-14〕 반복 순환과정의 컨퍼런스 룸 파일럿

Source: Deloitte & Touche Consulting

Deloitte & Touche Consulting에 따르면 ERP 프로젝트 팀은 컨퍼런스 룸 파일럿 테스트를 통해 다음과 같은 효과를 얻을 수 있다고 하였다:

- 시스템을 실제 작동해 보는 경험
- 시스템이 실제 운영되기 전에 기능이 오작동하는 부분을 수정할 수 있는 기회를 가질 수있음
- 어떤 시스템 파트를 커스터마이즈해야 하는지에 필요성을 확인할 수 있는 기회를 가짐
- ERP 시스템과 다른 어플리케이션 사이에 필요한 인터페이스를 정의하고 확인할 수 있는 기회를 가짐
- 어떻게 시스템이 작동하는 지에 대한 전체 문서화와 트레이닝 교재 및 자료를 생성하는 기회로 활용

프로젝트 팀은 ERP 시스템의 보다 추상적인 피드백 정보를 수집하기 위해 사용자 수용도 테스트를 수행한다. 이 테스트를 하기 위해서 프로젝트 팀은 조직 내에서 시스템을 실제 사용할 다양한 부서로부터 테스트를 위한 랜덤 그룹을 추출한다. 사용자 수용도 테스트는 시스템이 사용하기 편리한지 등의 여부를 알 수 있게 해준다. 사용자 수용도 테스트는 GUI 레이아웃이나 제공된 데이터에서 결정적인 오류를 잡아낼 수 있다. 이런 문제들은 시스템이 실제 운영되기 전에 발견되어야 한다.

2.4.5 파워 유저 훈련 및 훈련 자료 문서화

ERP 프로젝트에서 이 부분은 상당히 중요하다. 특히 부서별 파워 유저들에게 집중적인 훈련 및 교육을 통해 부서별 컨설팅 포인트 역할을 하게 하는 것이 ERP 시스템의 성공적 활용을 위하여 필요하다.

2.5. 5단계 : 최종 준비

다섯 번째 단계에서 프로젝트 팀은 이제까지 프로젝트에서 발생된 미해결 문제를 모두 해결해야 한다. 테스팅 과정에서 발생된 문제는 수정 돼서 다시 테스트가 이루어 져야 한다. 팀은 ERP 시스템과 다른 시스템 사이의 인터페이스의 안정성을 최종 확인을 해야 한다.

또한 팀은 기존의 시스템에서 사용되는 데이터가 새로운 ERP시스템에 정확히 옮겨질 수 있도록 포맷 등이 정확히 잘 되어 있는지 여부를 확인해야 한다. 다른 직원을 위한 최종 사용자 트레이닝도 이때 이루어 져야 한다. 이 단계의 마지막 부분에서는 실제 시스템이 운영 개시될 수 있는 최종 준비가 되어 있어야 한다.

2.6. 6단계 : 운영 개시

이 단계는 ERP 시스템 구현의 마지막 단계이다. 여기서는 두 가지 중요한 수행이 이루어지는데, 하나는 새로운 시스템을 활성화시키는 것이고 또 하나는 기존의 시스템으로부터 새로운 시스템으로 트랜지션(이전) 하는 작업이다. 대부분의 프로젝트 팀은 운영 개시를 주말이나 휴일처럼 근무하는 사람들이 적을 때 수행하게 된다. 운영개시는 전략적으로 스케줄링 되어 비즈니스 업무의 연결에 최소의 충격을 주어야 한다.

▷주요용어

1 › 인적 이슈(People issue)
2 › 프로세스 이슈(Process issues)
3 › 테크놀로지 이슈(Technology issues)
4 › 프로젝트 관리(Project management)
5 › 빠른 구현(Fast Implementation)
6 › 비즈니스 프로세스 오너(business process owner)
7 › 비즈니스 전문가(business expert)
8 › 중역 위원회(steering committee)
9 › 변화관리(change management)
10 › 소프트웨어 기능성(Software functionality)
11 › 리포트의 세팅(Setup of reports)
12 › 예비 교육(Preliminary training)
13 › 개시(kickoff) 미팅
14 › 블루 프린팅(blue printing)
15 › 하부구조(infrastructure)
16 › 기업 프로세스 모델링(EPM)
17 › 구성 테이블(configuration table)
18 › ESS (Electronic Switching System)
19 › 기술적 테스팅(Technical Testing)
20 › 테스팅 도구(Testing Tools)
21 › 사용자 수용도 테스트(user-acceptance test)

▷연습문제

1 ▸ ERP 시스템 구축의 6단계에 대해 설명하라.

2 ▸ ERP 프로젝트에서 ERP 팀의 구성요원들에 대해 설명하라.

3 ▸ 기업이 새로운 시스템으로 도약하기 위해 가장 중요한 과제를 설명하라.

4 ▸ 비즈니스 프로세스 모델링에 대해 설명하고, 그 도구에 대해 설명하라.

5 ▸ 시스템 테스트 및 검증이 필요한 이유와 시기에 대해 설명하라.

6 ▸ 시스템 테스트의 방법과 테스팅 도구에 대해 설명하라.

7 ▸ ERP 시스템 구현의 마지막 단계에서 이루어지는 두 가지 중요한 수행을 설명하라.

▷참고문헌

〈1〉 "ERP's Second Wave: Maximizing the Value of ERP-enabled Processes," Deloitte & Touche Consulting and Benchmarking Partners, 1998.

〈2〉 Beth Stackpole, "ERP Tasks Can Blow Big Holes in IT," July 27, 1998 (Online). Available: http://www.pcweek.com/news/0727/27erp.html

〈3〉 "Fujitsu Microelectronics: An SAP R/3 Implementation Case Study," Benchmarking Partners, 1997, p.9.

〈4〉 "The ROI Report: Case Studies Analyzing the Return on Investment of Information Technology for Senior Executives," Vol.3,No.2,September 1998, Hill/Holyday,pp. 8~9

〈5〉 Thomas H. Davenport, "Putting the Enterprise into the Enterprise System," Harvard Business Review, July - August 1998, p. 11.

〈6〉 "Toming Your SAP R/3 Rollout with AutoTester," Softwave Economics Letter, Computer Economics, June 1997.

〈7〉 Mercury Interactive's Web site는 http://www.mercuryinteractive.com Autotester's Web site는 http://www.autotester,com.

〈8〉 "Testing SAP R/3: Mercury Interactive's Insurance Policy for User," Hurwitz Balanced View Research Bulletin, Hurwitz Group, 1997.

제4장 ▷ERP 시장현황

1. ERP 시장분류

세계적으로 포춘지 선정 1,000대 기업의 60% 이상이 ERP 패키지를 도입하여 운영하고 있으며 2000년도 이후로 전 세계 기업의 40% 이상이 ERP 시스템을 도입할 만큼 급속하게 확산되었다. IT 시장 분석 및 컨설팅 기관인 한국 IDC의 최근 보고서(ERP 애플리케이션 시장 분석 및 전망 보고서)에 의하면 ERP 시장은 2011년 대비 2016년까지 연 평균 6.2%로 성장할 것으로 예상되고 있다.[1] 이처럼 급속히 확대되고 있는 ERP시장에서 특정 ERP 소프트웨어 제품을 선택하는 일은 매우 어려운 일일 것이다. 또한 ERP 패키지를 선택할 때 소프트웨어와 관련 없는 다른 변수들도 고려해야만 한다. ERP 소프트웨어 시장은 공급업체들이 목표로 하는 다음과 같은 부분 또는 층으로 나누어 볼 수 있다. 산업분석가들은 일반적으로 ERP 공급업체를 세 개의 층 혹은 그룹으로 대별하고 있다.

대형 ERP 시장 : JBOPS 공급업체(J.D Edwards World Solutions, Baan, Oracle Corp., PeopleSoft, SAP AG)들이 해당된다. 이 그룹은 연간 매출액이 대략 2천5백억 원에서 그 이상인 기업들에게 주로 시스템을 판매하고 있다.

중형 ERP 시장 : 일반적으로 대략 연간 매출액이 1백억 원에서 5천억원 사이의 기업에게 시스템을 판매하는ERP 소프트웨어 공급업체들이 해당된다.

소형 ERP 시장 : 연간 매출액이 1백억 원 미만인 기업에게 시스템을 판매하는ERP 소프트웨어 공급업체들이 해당된다.

이 분류는 일부분이 중복되게 정의되어 엄격한 구분은 아니다. 예를 들어, 대형 ERP 시장에 속하는 공급업체들은 연간 매출액이 5천억 원 미만인 기업들에게도 적극적으로 마케팅을 실시하고 있으며 마찬가지로, 많은 중형 ERP 시장에 속하는 공급업체들도 독립적인 부서에 그들의 시스템을 판매한다.

2. ERP 공급업체 현황

많은 소프트웨어 회사들이 ERP 시스템을 판매하고 있다. 사실상 어떤 조사 보고서에 의하면 현재 ERP 시스템을 만드는 기업이 100개가 넘는다고 조사되고 있다. AMR 리서치사에 따르면 규모 면에서 상위 5위권 내의 ERP 공급업체들은 JBOPS로 알려지고 있는데 이들 공급업체에는 J.D. Edwards World Solutions, Baan, Oracle Corp, PeopleSoft, SAP AG가 속한다.

ERP 제품을 판매하는 다른 회사들은 다음과 같다.

- CDC Software
- Consona Corporation
- Deacom
- Deltek Systems
- Epicor Software Corporation
- Exact Software
- Glovia International
- HansaWorld
- HarrisData
- IFS North America
- Infor Global Solutions
- International Business Systems
- NetSuite
- Lawson Software
- Plex Systems
- QAD
- Ramco Systems
- ROI systems
- Ross systems
- Sage North America
- SCT Corp.
- Service Pro
- Symix systems
- system Software Associates
- SYSPRO
- Tetra Software
- TGI

- UNIT4
- Visibility Corporation

3. 산업별 전문 ERP

ERP 공급업체들은 종종 가장 큰 판매 기회 혹은 가장 경쟁이 없는 산업을 목표 산업분야로 하여 그 시장을 목표시장으로 중점적으로 공략한다.

이때까지 ERP 소프트웨어 공급업체들은 목표시장을 수직적 세분화(vertical segments) 전략 혹은 산업별 구분 전략으로 그들의 시장에 접근하였다. 어느 하나의 산업을 정하여, ERP소프트웨어 공급업체는 그 산업에서 중점적으로 새로운 고객을 개척하였다. 그들은 특정 산업그룹에 서비스를 제공하는데 한정할수록 그들의 ERP 시스템이 더 단순해 질 수 있다는 것을 알았다.

SAP AG사는 현재 세계에서 가장 큰 ERP 소프트웨어 공급업체인데 산업별 특화 접근방법을 적극적으로 추진하여 선두 지위를 유지해 오고 있다. 산업별로 판매경로를 조직화할 뿐만 아니라 SAP은 산업별특화 소프트웨어 솔루션을 구축하기 위한 산업별 솔루션 맵(Industry Solution Maps)을 만들어 놓고 있다. 현재까지 SAP은 21개의 솔루션 맵을 발표했다. 각 솔루션 맵은 ERP 시스템에 관하여 세 가지 레벨의 정보를 갖고 있다. 첫 번째 레벨은 특정한 산업에서 비즈니스를 수행하기 위해 꼭 필요한 핵심 프로세스를 정의하는 것이다. 예를 들어 소매업을 위한 솔루션 맵은 다음과 같은 종류의 카테고리를 정의하고 있다 : 기업관리(enterprise management), 업무 지원(business support), 구색(assortment), 구매(purchasing), 유통(distribution), 상점 소매업(store retailing), 도매업(wholesale), 카탈로그 소매업(catalog retailing), 음식 서비스업(food services) 등.

각 프로세스 카테고리 별로 프로세스들을 지원하기 위해 요구되는 기능에 관한 정보인 두 번째 레벨의 정보를 기술한다. 예를 들어, [그림 4-1]에서 도매업 프로세스에서 요구되는 기능은 고객관리, 판매 주문관리, 판매대금 청구, 고객 서비스, 그리고 원격자동판매관리가 있다. 그리고 구매 프로세스에는 상품 도입 및 할당, 구매 주문 관리, 공급업체 평가, 정산 기능이 필요하다.

SAP 산업별 솔루션 맵의 마지막 레벨의 정보는 보다 상세한 기능을 제공하기 위한 SAP의 계획에 관한 정보를 담고 있다. SAP은 이러한 상세한 기능을 스스로 개발하거나 아니면 제 3의 소프트웨어 공급업체에 위탁하여 개발하고 있다.

〔그림 4-1〕 SAP AG사의 소매업을 위한 솔루션 맵

ERP 컨설팅, 구축, 지원 서비스를 제공하는 다른 기업들도 주로 산업별 목표 전략을 쓰고 있다. 예를 들어 1998년, Deloitte & Touche 컨설팅 그룹은 IndustryPrint를 발표했다. 이것은 특정한 산업에서의 ERP구축을 위한 비즈니스 모델과 최고 실무 방식을 제공하는 하나의 툴(tool)이다.

Deloitte & Touche 컨설팅은 16개 이상의 산업분야 서비스를 제공하고 있다. IndustryPrint 모델은 제조, 통신(telecommunication), 소비재산업, 금융 서비스, 건강산업, 에너지 산업, 공공부문 등 다양한 산업분야에서 이용 가능하다. 이 모델은 네 개의 ERP 소프트웨어 공급업체인 Baan, Oracle, PeopleSoft, SAP AG에 의해 만들어진 시스템에 모두 적용될 수 있다. 기업에서 컨설턴트들은 ERP 프로젝트를 완성하기 위해 개발된 다른 방법론들과 함께 이 툴을 사용하고 있다. 처음에는 본원적 IndustryPrint 모델을 가지고 ERP 시스템 구축 작업을 시작하다가 프로젝트가 진행됨에 따라 기업은 그 기업의 특수한 요구사항에 맞게 그 모델을 수정하게 된다. 이 수정된 모델이 다음 〔그림 4-2〕에 나오는 ClientPrint이다.

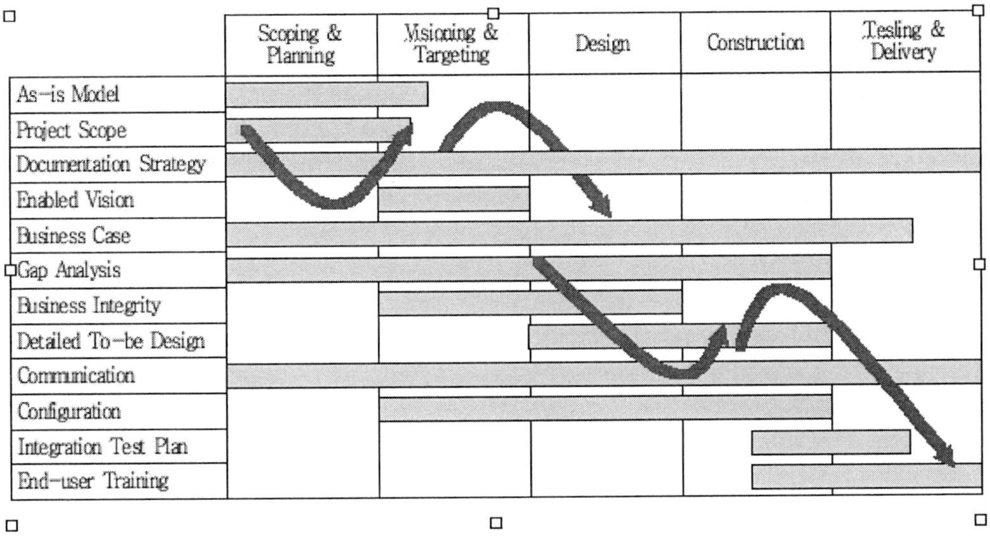

〔그림 4-2〕 Deloitte & Touche의 ClientPrint

4. 미래 ERP 시장동향

SAP의 선도 아래서 대부분의 모든 ERP 소프트웨어 공급업체는 수직적 산업별 시장전략을 채택하기 시작했다. 그들의 산업별 특화 전략이 효과적인지 아닌지는 아직 알 수 없다. 가트너 그룹의 분석가들은 ERP 시장이 전반적으로 하강국면에 있기 때문에, SAP이 여러 산업분야에서의 개발 투자를 계속 유지할 만한 충분한 자금을 갖고 있는지 우려하고 있다.〈2〉

반면 AMR Research의 John Bermudez 같은 다른 분석가들은 산업별 ERP 소프트웨어가 고객에게 상당한 잠재적인 가치를 제공한다고 주장한다. : 산업별 ERP는 ERP 패키지 선택과 시스템에 다른 모듈을 추가하고 관리하는 것을 간단하게 할 수 있다고 한다.

마찬가지로, Benchmarking Partners는 Deloitte & Touche 컨설팅 그룹의 IndustryPrint와 같은 산업별로 다른 구축 방법을 사용하는 것이 많은 이점이 있다는 것을 발견했다. 1998년, Benchmarking Partners는 IndustryPrint가 ERP 프로젝트에 유용했는지를 알아보기 위해 여러 산업분야의 고객회사들을 상대로 인터뷰 조사를 실시했다. 이 연구에 따르면, 고객들은 산업별 접근방법에 대해서 아래와 같은 이점들을 언급했다.〈3〉

- 속도(Speed) – 산업별 접근 모델은 어떻게 비즈니스 프로세스가 ERP기능과 연관되어 있는가에 대한 고객의 이해를 빠르게 해주기 때문에 시스템 설계를 용이하게 하고

구축프로세스를 바로 착수할 수 있게 해 준다.

- 전망(Foresight) - 기업 전체의 전반전인 조감도를 제공하고, 보통 간과해 버리기 쉬운 중요한 구축 이슈들에 초점을 두게 한다.
- 일치성(Consistency) - 여러 부서의 공통되고 일정한 비즈니스 프로세스 개발을 간단하게 한다. 이 모델은 크고, 여러 분야를 망라한 글로벌 구축 팀을 위한, 용어와 프로젝트 포맷의 표준을 제공해 줌으로써 노력의 중복을 방지하고 재작업을 줄이는데 도움을 준다. 이 모델은 또한 고객이 프로젝트 결과물과 문서를 작성하는 데 도움을 준다.
- 컨설턴트 레버리지(Consultant leverage) - 이 모델이 그 산업의 베스트 프랙티스에 대한 광범위한 정보를 제공하기 때문에 고객 기업이 프로젝트 수행 중에 컨설턴트의 노력을 극대화시킬 수 있다.

그럼에도 불구하고, Bermudez는 많은 공급업체의 산업별 공략 전술이 현재까지 그 효과가 인증되지 않았다고 경고하고 있다. 그들이 개별 산업에 적합한 실제의 많은 산업 전문지식과 제품들을 갖고 있다고 하더라도, 공급업체들은 목표 시장을 더 명확하게 하기 위해 그들의 방법을 더 공식화해야 한다고 주장하였다.

어떤 두 개의 ERP 소프트웨어 공급업체도 똑같은 산업별 접근방식을 수행하지는 않는다. 산업별 접근 전략을 채택하고 있는 특정 공급업체와 그 제품이 그 기업에 맞을 거라고 생각이 들 때에도 다른 공급업체는 해당 산업분야의 전문지식과 기술을 어떻게 다루고 있는가 하는 비교질문도 잊지 말아야 한다. 이런 방법으로, 고객은 공급업체가 누가 더 그들의 접근 방법을 공식화하였는지, 그리고 접근 방법이 기업의 요구에 더 적합한지를 발견할 수 있다.

5. 해외 ERP 시장동향

Forrester Research가 발표한 2011년도 보고서에 따르면, 2011년 전 세계 ERP시장의 규모는 45,490 백만 달러이다. 이중에서 12,355백만 달러는 소프트웨어 라이선스 비용이고, 유지보수비용이 23,833백만 달러, 사용료가 1,164백만 달러, 컨설팅 등의 IT서비스가 8,137백만 달러를 차지하고 있다.

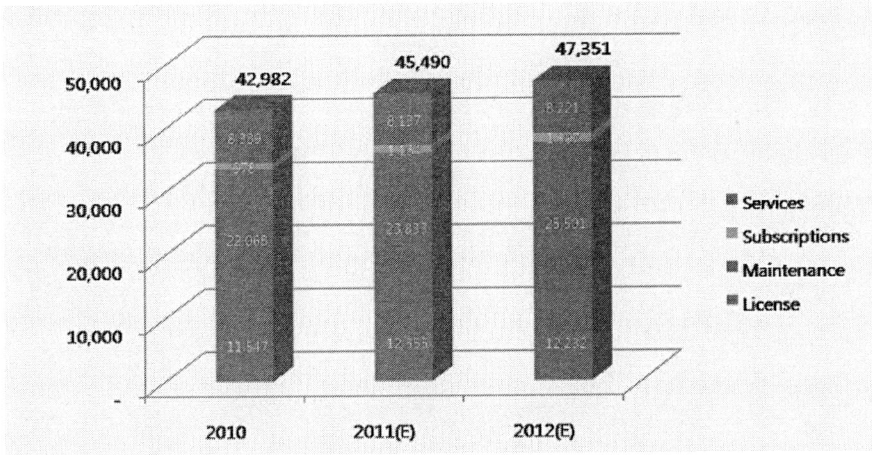

〔그림4-3〕 해외 ERP 시장 수익 규모

출처 : Forrester research, The State Of ERP In 2011

Garthe의 2010년 보고서에 따르면, 매출액 기준으로 ERP벤더 1위는 역시 SAP로, 25.3%를 차지하고 있다. 그 다음은 Oracle (12.3%), Sage (6.7%)를 차지하고 있다. 업체들의 시장 성장률은 약 5.5%이다.

벤더명	2009년 매출	시장점유율	2010년 매출	시장점유율	성장률
SAP	5,139	25.6%	5,373	25.3%	4.6%
Oracle	2,414	12.0%	2,602	12.3%	7.8%
Sage	1,338	6.7%	1,265	6.0%	5.5%
Infor	1,081	5.4%	1,053	5.0%	2.6%
Mirosoft	856	4.3%	946	4.5%	10.5%
Kronos	450	2.2%	497	2.3%	10.3%
Totvs	303	1.5%	408	1.9%	34.9%
Lawson S/W	359	1.8%	390	1.8%	8.5%
UNIT4	279	1.4%	308	1.5%	10.4%
Concur	216	1.5%	290	1.4%	17.3%
Others	7,705	37.9%	8,061	38.0%	5.8%
Total	20,089	100.0%	21,196	100.0%	5.5%

〔표4-1〕 글로벌 ERP 상위 벤더

출처 : Garther, Market Share Analysis ERP Software, Worldwide, 2010 (단위 :백만 달러, Total SW Revenue 기준)

6. 국내 ERP 시장동향

국내 ERP 시장은 〔그림 4-4〕과 같이 2011년 ERP 소프트웨어 라이센스 총 매출액 1,278억 원에서 2016년에는 1,725억 원대를 형성할 것으로 예상된다.

[그림] 국내 ERP 애플리케이션 시장 전망, 2012-2016 (단위: 백만원)

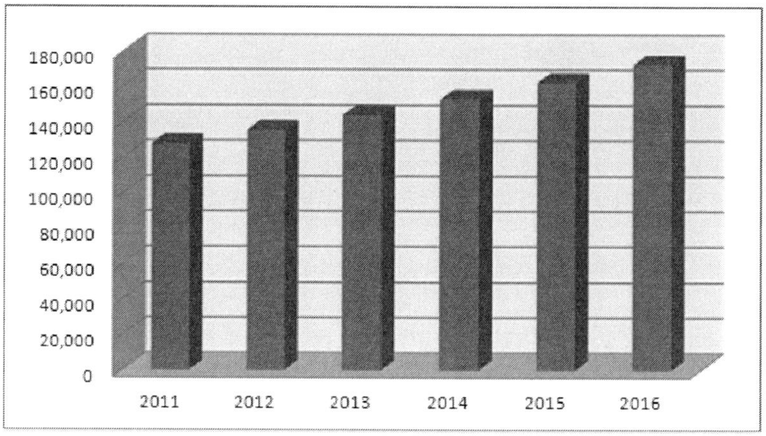

〔그림 4-4〕 국내 ERP 시장 전망

Source: IDC, 2012

〔그림 4-5〕와 같이 KRG 조사결과에서 2010년 범용 솔루션 투자계획을 순위별로 살펴보면 그룹웨어/Portal, ERP, 그리고 보안 부문에 역점을 둘 것으로 조사됐다.

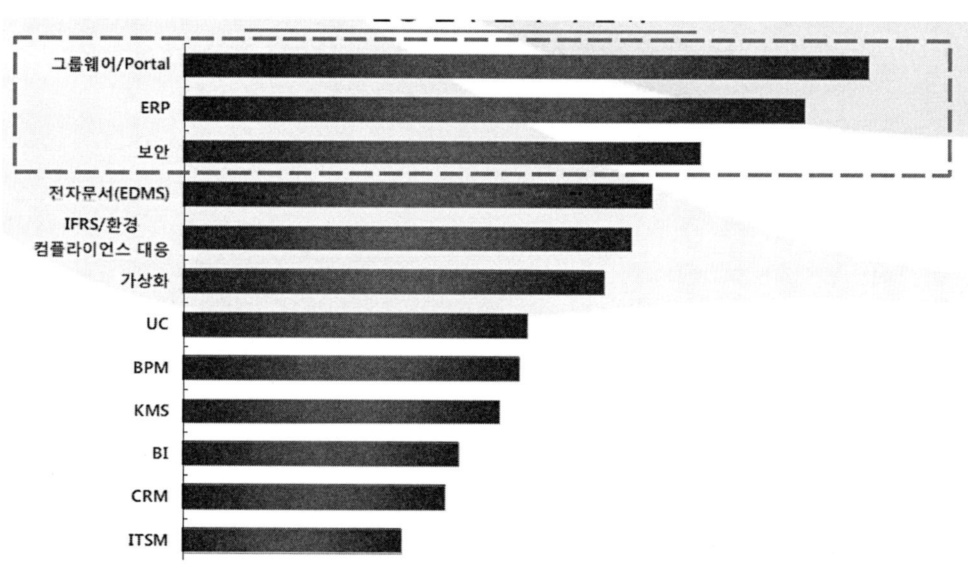

〔그림 4-5〕 2010 범용 솔루션 투자 순위

ERP는 신규도입에서 가장 우선시하는 것으로 나타났으며 업그레이드 부문에서도 그룹웨어/Portal에 이어 두 번째로 높은 비중을 차지해 ERP가 제조업에서 가장 중요한 투자역점 부문임이 재확인됐다. 그러나 이러한 현상이 제조업종 부문에만 국한되는 것은 아니다. 현재 ERP 도입 프로젝트를 진행 중이거나 향후 1~2년 내에 도입계획 중인 비율을 보면, 역시 제조업종이 30%로 가장 높게 나타났지만 공공기관/공기업이 22.2%, 유통/서비스 업체가 22.3%로 도입의사를 밝힘으로써 ERP의 수평적 확산이 예상된다. 또한 이러한 수평적 확산과 더불어 3만개 중소기업 IT화 지원이라는 정부의 중소기업 정보화 지원정책은 ERP의 수직적 확산을 주도하게 될 것이다. 이러한 결과를 토대로 볼 때 지난해에 이은 ERP 시장의 주요 성장 동인은 크게 제조업 및 비제조업으로의 확산과 중견 · 중소기업으로의 확대라는 두 가지 요인이라 하겠다.

KRG의 국내 중견-대기업의 ERP 도입현황 조사 자료에 의하면 ERP 시스템을 이미 도입해 사용 중인 업체가 27.8%, 진행 중이거나 도입예정인 업체가 각각 11.0%, 14.4%로 나타나 그 외의 46.8%의 업체가 아직 ERP 시스템을 도입할 예정이 없거나 도입하지 않은 상태이므로 이를 공략하려는 ERP 공급 업체들간의 치열한 경쟁이 예상된다. 특히 기존 대기업 시장을 주름잡았던 대형 ERP 패키지 공급업체들이 중견 · 중소기업으로 시장 진출을 꾀함에 따라 이 시장에 이미 자리잡고 있던 중소형 ERP 패키지 공급업체들과의 마찰이 불가피할 것으로 보인다. 또한 ERP 시장은 〔그림 4-6〕과 같이 이제 외산 제품은 대기업, 국산제품은 중소기업이라는 시장양분의 개념이 깨지고 중견시장을 축으로 전 공급업체의 수주경쟁이 본격화 될 것이다.

■ 국내

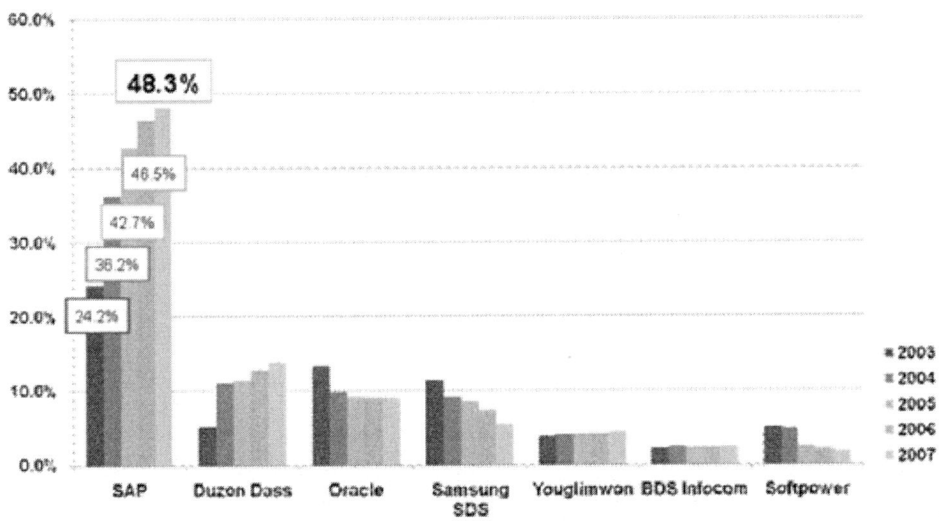

〔그림4-6〕 ERP 공급업체별 점유율

출처: Korea ERP Application Software 2008 - 2012 Forecast and Analysis, IDC 2008

올해 국내 ERP 시장에서 두드러지는 또 하나의 이슈로 확장 ERP를 들 수 있다. 한 때 CRM 붐으로 기업들은 CRM 도입으로 인한 기대 효과에 열을 올렸으나 사실상 결과는 기대한 만큼의 효과를 내지 못했었다. 또한 SCM은 기업 내부의 효율성 증대뿐만 아니라 공급자와 업무 자동화에 초점을 맞춘 솔루션으로 사용자, 특히 기업 간의 목표가 합의되어야 하고 SCM 도입에 대한 인식에 대해서도 사전에 충분한 의견이 조율되어야 하는 특징이 있다. 전문가들은 기업들이 이러한 SCM의 필요성은 느끼고 있으나 표준화의 미비, 인프라 구축의 어려움 등으로 인해 실질적인 도입확산에는 시간이 더 필요할 것으로 예상하고 있다. 그러나 이러한 현 상황에도 불구하고 CRM, SCM 등의 필요성에 대한 기업들의 인식이 자리 잡힘에 따라 기대에는 못 미치지만 올해에는 조금씩 성과를 나타낼 것으로 예상되며 확장 ERP 솔루션의 수요 가시화 및 솔루션의 확장 통합은 지속될 것으로 전망된다.

주요 국산 ERP 공급업체 현황을 정리하면 〔표 4-2〕와 같다.

업체명	패키지명	업체개요 및 제품
삼성SDS	uni-ERP, uni-ERPII	• 85년 5월에 설립되어 시스템 통합과 유지보수, 컨설팅, 정보통신, 교육 등 전 부문에 걸친 사업을 영위 • uni-ERP는 인사급여, 회계, 영업, 생산, 무역, 자재, 원가, 경영자정보 모듈로 구성 • 업무의 표준화 및 코드화를 지원하며 그룹웨어와의 연동용이 • ASP서비스업체에 패키지 공급을 확대해 해외 개발센터를 중심으로 중국, 동남아, 미국시장을 적극 공략할 계획
한국 하이네트	인프라ERP, medi ERP, 윈파워	• 87년에 설립된 회사로서 중소기업용 ERP 패키지를 개발 및 판매 • 인프라ERP는 인사급여, 영업, 회계, 자재, 품질, 무역모듈로 구성 • 타 업무와의 연동이 용이하고 파라미터 지정에 의한 DB처리 가능 • 전국 6개 지사와 컨소시엄 파트너사를 거점으로 지방영업을 강화하고 본격적인 해외진출 계획 수립
지앤텍	VISION21, @VISION21	• 제조, 유통, 섬유, 제약업종을 대상으로 패키지 개발 • VISION21은 경영자정보, 구매, 자재, 원가, 회계, 생산, 영업, 자재구매, 품질, 무역 모듈로 구성 • 외부 시스템과 연동이 용이하고 수요예측, 생산계획, 시뮬레이션 기능 제공 • 산업자원부 선정 물류분야 ERP 개발업체리는 공인된 기술력을 앞세워 대기업 시장에 대해 공급을 꾸준히 추진할 계획
영림원	K.System Grand, K.System Standard	• 93년에 설립된 업체로 제조업과 유통업체를 주요 구축 대상으로 한 중소기업형 패키지 개발 • K시스템은 회계, 영업, 인사급여, 생산, 구매 모듈로 구성 • 사용이 용이하고 타 시스템과 연동 및 통합이 가능 • SOA 기반 ERP 제품 출시로 시스템 유연성 및 확장 기능 강화 • 주요 목표는 신제품으로 개발되는 CRM을 ASP 서비스 품목으로 확장시킴으로써 다수 고객 확보에 의한 경쟁력 강화

소프트파워	TOP ERP	• 84년 설립되어 서울대, KAIST등 산학 연계를 통한 연구개발을 바탕으로 TOP ERP 개발 • TOP ERP는 자재, 생산, 구매, 회계, 급여, 자산, 유통, 수출입 모듈로 구성 • 개방성, 확장성, 사용자 편의성, 시뮬레이션 기능 제공 • 최근 확장ERP의 중요성이 부각되는 흐름에 동조해 산업자원부의 G7프로젝트를 통해 기존 SCM의 차원을 넘어선 GIL시스템 개발 중
더존비즈온	더존 I CUBE, 더존 I U, 더존 I PLUS	• 세무 회계 솔루션의 80% 이상의 시장 점유율 • 개인 및 기업을 위한 ASP 사업 진행 • 싱가포르 정부의 ASP 시범 사업에 참여 / 중국 진출 • 'D-클라우드 센터'를 통해 IaaS, SaaS 등의 클라우드 서비스와 ERP 사업연계

〔표 4-2〕 주요 국산 ERP 업체별 현황

7. 확장 ERP(Extended ERP)로의 개발동향

오늘날의 급변하는 비즈니스 환경 속에서 소프트웨어 시장 또한 보다 빠르게 변화하고 있다. 소프트웨어 공급업체들은 변화하는 고객의 요구를 충족시키고 최상의 경쟁력을 유지하기 위해서 그들의 제품을 계속 수정하고 추가개발 해야 한다. 전통적인 응용프로그램 세트를 제공하는 것과 더불어, ERP 소프트웨어 공급업체들은 확장 ERP(Extended ERP)로 알려진 새로운 분야로 사업을 확장하고 있다. 가트너 그룹에서 처음 명명한 확장 ERP는 기업내부의 전사적 자원관리에 중점을 두어온 전통적 ERP 개념에서 발전한 것으로 기업을 둘러싼 여러 관계들 간의 통합적인 자원관리를 말한다.〈4〉 내부 업무 통합에 초점을 맞춘 전통적인 ERP에 대한 수요 감소와 인터넷의 등장으로 기업의 외부 활동과의 연계성이 중요하게 대두됨에 따라 ERP 공급업체는 SCM, CRM, SEM 등의 기능을 추가한 확장형 ERP를 지향하고 있다.〈5〉

SCM(Supply Chain Management : 공급망관리)

제품의 생산 단계에서부터 소비자에게 최종적으로 판매될 때까지의 모든 과정을 연결시켜 관리하는 것을 의미하는 것으로,〈6〉 일정관리, 고객수요기반 계획수립, 약속이행능력, 원격제품설계 등을 위한 응용프로그램들이 포함된다.

CRM(Customer Relationship Management : 고객관계관리)

전사적인 관점에서 통합된 마케팅, 세일즈 및 고객서비스 전략을 통해서 개별고객의 평생가치를 극대화하기 위한 것으로써〈7〉 가트너 그룹은 CRM을 신규고객획득, 기존 고객유지 및 고객 수익성을 증대시키기 위하여 지속적인 커뮤니케이션을 통해 고객행동을 이해하고 영향을 주기 위한 광범위한 접근이라고 정의하고 있다. 이러한 CRM은 고객서비스, 원격서비스, 콜 센터 관리 같은 고객과 직접적으로 연관되는 업무를 관리하기 위한 소프트웨어를 포함한다.

SFA(Sales Force Automation : 영업자동화)

판매원들이 원격으로 고객에 대한 정보와 납기일을 관리하고 일정계획을 수립하며, ERP 시스템으로 직접 고객주문을 입력할 수 있도록 한다. SFA는 CRM의 연장선상 또는 한 요소로 볼 수 있다. 이것은 CRM을 바탕으로 상품기획부터 영업제안, 그리고 납품에 이르기까지 직접적인 영업업무를 지원하기 위한 시스템이다.〈8〉

SEM(Strategic Enterprise Management : 전략적 기업경영)

SEM은 기업의 경영정보를 보다 정확히 파악하여 임원 및 최고 경영진으로 하여금 가치중심 경영을 전사적으로 구현할 수 있게 해 주는 일련의 통합된 분석용 애플리케이션 제품 툴과 프로세스이다.〈9〉 이러한 SEM은 활동기준원가계산을 기본으로 한 ABM(Activity Based Management), 기업가치 증대를 위한 경영기법인 VBM(Value Based Management), 균형 성과지표관리를 위한 Balanced Scorecard 등을 포함하고 있다.〈10〉

Decision Support(의사결정지원)

사용자들이 여러 가지 방법으로 ERP 시스템 내에서 데이터를 찾고 분석할 수 있도록 지원하는 OLAP(Online Analytical Processing) 기능을 포함하며 이를 통해 비즈니스 동향을 파악할 수 있게 도와준다.

AMR리서치가 2008년 세계 톱 50 엔터프라이즈 애플리케이션 업체를 발표했다. 이번 조사는 전사적자원관리(ERP)와 공급망관리(SCM), 제품수명주기관리(PLM), 고객관계관리(CRM), 인적자원관리(HCM) 등 확장형 ERP 애플리케이션을 대상으로 했으며, 비즈니스인텔리전트(BI) 등의 소프트웨어는 포함하지 않았다.

매출액 기준으로 선정된 상위 50개 업체의 매출 규모 합계는 500억 달러를 약간 상회하며, SAP와 오라클이 절반에 가까운 시장을 차지하고 있다. 1위는 SAP로 150억 달러에 가까운 매출을 보였으며, 오라클이 86억달러로 그 뒤를 추격하고 있다.

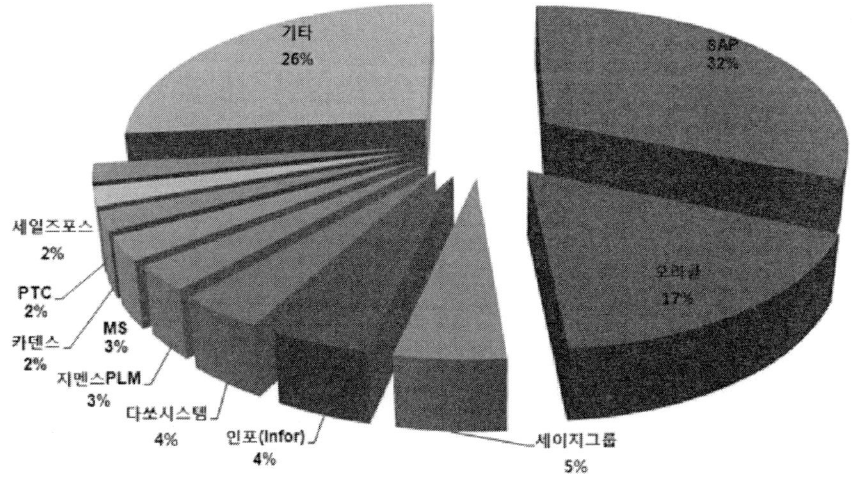

〔그림 4-7〕 2008년 확장ERP 업체별 시장 점유율

(총 매출 규모 : 500억 달러) 자료 : AMR리서치(2009년 7월)

▷주요용어

1 › 공급망관리(SCM : Supply Chain Management)

2 › 고객관계관리(CRM : Customer Relationship Management)

3 › 영업자동화(SFA : Sales Force Automation)

4 › 전략적기업경영(SEM : Strategy Enterprise Management)

5 › 의사경정지원(Decision support)

6 › ABM(Activity Based Management)

7 › VBM(Value Based Management)

8 › OLAP(Online Analytical Processing)

▷연습문제

1 ▸ 일반적으로 산업분석가들이 ERP 시장을 분류하는 세 그룹에 대해 설명하라.

2 ▸ AMR 리서치 사에 따르면 규모 면에서 상위 5위권 내의 ERP 공급업체들은 JBOPS로 알려지고 있는데 이에는 어떤 공급업체들이 속하는지 설명하라.

3 ▸ ERP 공급업체들은 종종 가장 큰 판매 기회 혹은 가장 경쟁이 없는 산업을 목표 산업분야로 하여 시장을 목표시장으로 중점적으로 공략한다. 이러한 관점에서 SAP은 산업별특화 소프트웨어 솔루션을 구축하기 위한 산업별 솔루션 맵(Industry Solution Maps)을 만들어 놓았는데, 이에 대해 간단히 설명하라. 또한 Deloitte & Touche 컨설팅 그룹의 IndustryPrint모델이 제시하는 주된 프로젝트 흐름을 설명하라.

4 ▸ ERP의 산업별 접근방법으로 얻을 수 있는 이점들에 대해 설명하라.

5 ▸ 해외 ERP 시장동향 및 업체별 현황에 대해 설명하라.

6 ▸ 국내 ERP 시장동향 및 업체별 현황에 대해 설명하라.

7 ▸ Extended ERP의 의미를 설명하고, Extended ERP로 불리는 기법 및 시스템의 종류에 대해 설명하라.

▷참고문헌

〈1〉http://www.idckorea.com/product/getdoc.asp?idx=524&field=pressrelease

〈2〉"SAP Fiscal 1998 Preannouncement Confirms ERP Market Slowdown," January 6, 1999.

〈3〉"Deloitte & Touche Consulting's IndustryPrint,"Benchmarking Partners, September 1998.

〈4〉최영순, "중소기업의 ERP 시스템 아웃소싱 방안 연구", 연세대학교 석사학위논문, 2000, p.14.

〈5〉오정숙, "ERP", 정보통신산업동향, 2001.9., p.34.

〈6〉한동철, "공급사슬관리 SCM", (주)시그마인사이트컴, 2002, p.17.

〈7〉Kalakota & Robinson."e-business : Roadmap for Success", Addison Wesley, 1999.

〈8〉http://www.salesbase.co.kr/sfa/TechnologMart.asp

〈9〉박성철 외, "서울특별시지하철공사를 통해 살펴본 SEM(전략적기업관리)", 국민대학교, 2002. 03.

〈10〉http://www.asg.co.kr/solution/erp_extend.asp

PART 2 ▷
재고관리

제1장 ▷ 재고관리의 조직구조 기본 세팅

제2장 ▷ 입고

제3장 ▷ 예약과 출고

제4장 ▷ 특별자재관리

제5장 ▷ 재고실사 (Physical Inventory)

제6장 ▷ 재고관리 커스터마이징

제1장 ▷ 재고관리를 위한 조직구조 기본세팅

1. 재고관리를 위한 조직구조(Organization Structure in MM)의 예

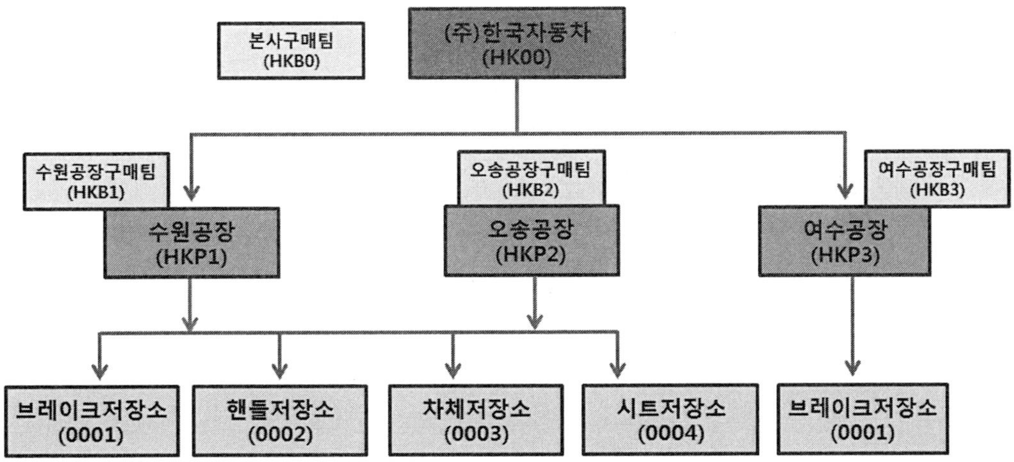

〔그림 1-1〕 재고관리의 조직구조의 예

2. 회사코드(Company Code) 생성

회사 코드는 SAP 시스템 내에서 회계의 중심 조직 구성단위이다. 재무 회계 구성 요소를 구현하기 전에 하나 이상의 회사 코드를 정의해야한다. 사업 거래는 재무 회계 관련, 입력 저장 및 회사 코드 수준에서 평가한다.

보통 한 회사 코드는 SAP의 시스템에서 법적으로 하나의 독립적인 회사이다. 회사 코드는 별도의 독립적인, 상업적인 장소가 될 수 있다. 작업 장소가 실제로 다른 국가에 위치하고 평가에 따라서 해당 국가의 통화 및 기타 세금 및 법적 사양에 따라 실시해야 한다.

또한 동시에 여러 개의 독립적인 회사에 대한 회계를 관리하는 경우, 하나의 클라이언트에서 여러 회사 코드를 설정할 수 있다. 각 클라이언트에서 적어도 하나의 회사 코드를 설정해야한다.

SAP 화면보기 ▽

▼ 회사코드(Company Code) 생성하기

- 메뉴 경로

툴 ⇨ 커스터마이징 ⇨ SPRO - 프로젝트 실행 ⇨ SAP 참조 IMG ⇨ 기업구조(Enterprise Structure) ⇨ 정의(Definition) ⇨ 재무회계(Financial Accounting) ⇨ 회사코드 편집, 복사, 삭제 및 점검(Edit, Copy, Delete, Check Company Code)

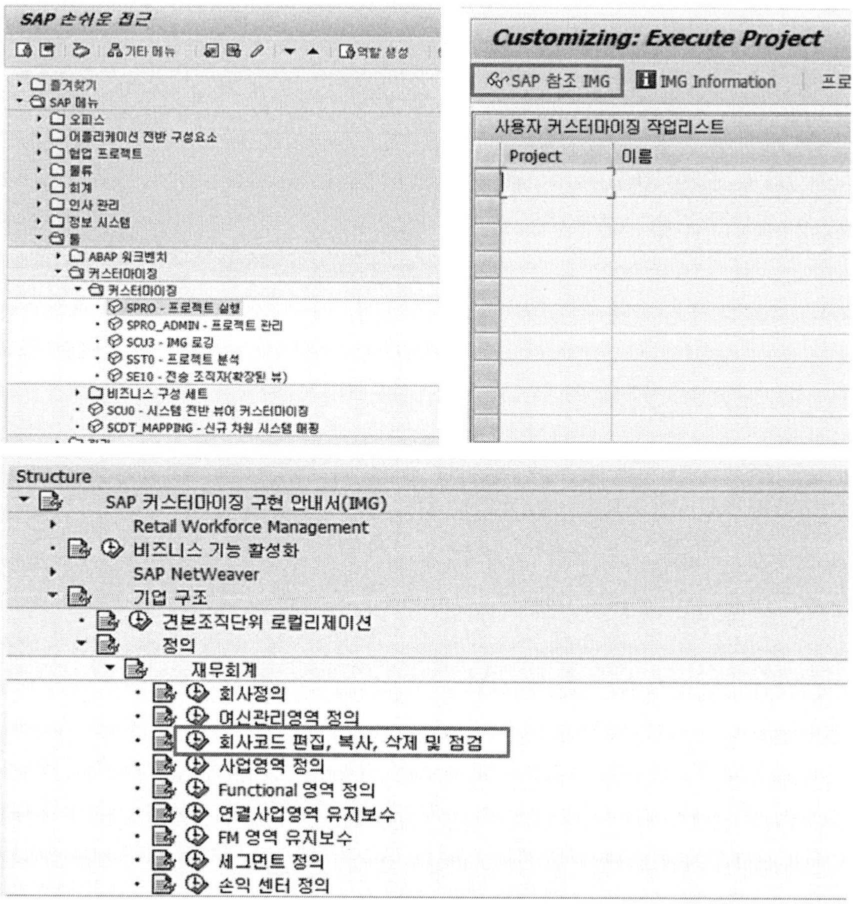

〔회사코드 편집, 복사, 삭제 및 점검 클릭〕

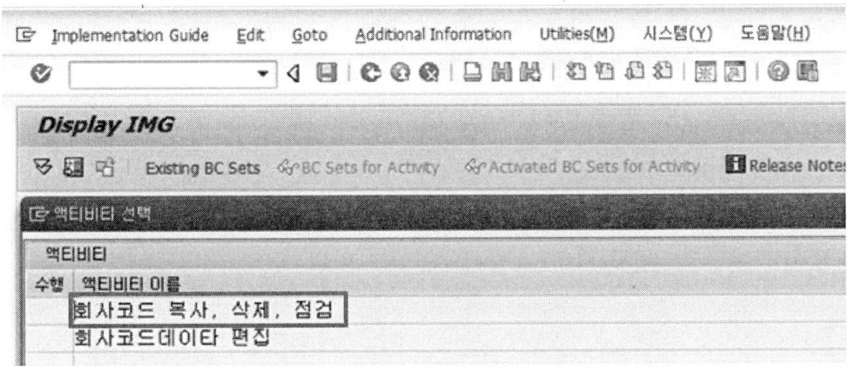

〔회사코드 복사, 삭제 및 점검 클릭〕

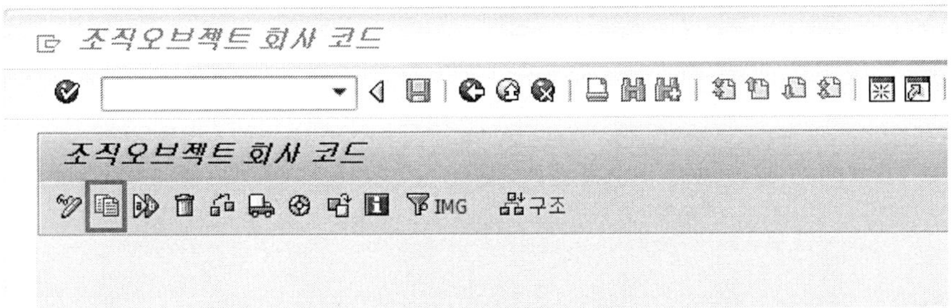

〔조직 오브젝트 복사 클릭〕

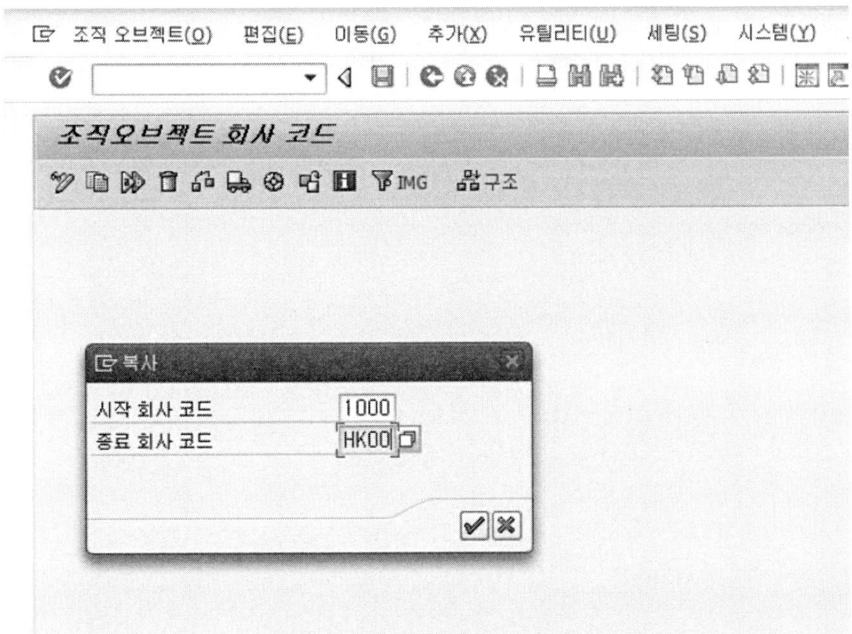

〔회사코드 1000번에서 HK00번으로 복사〕

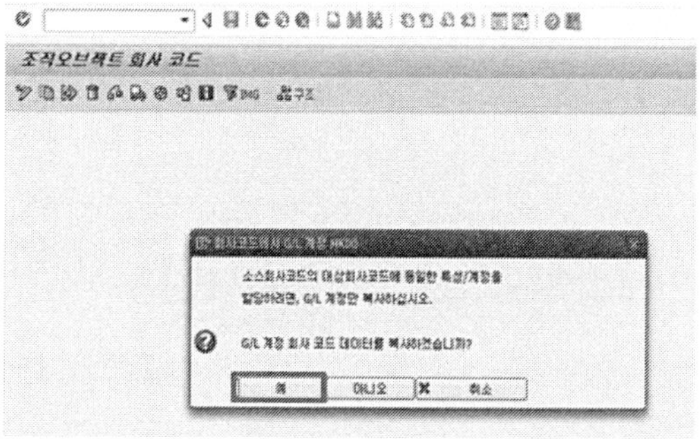

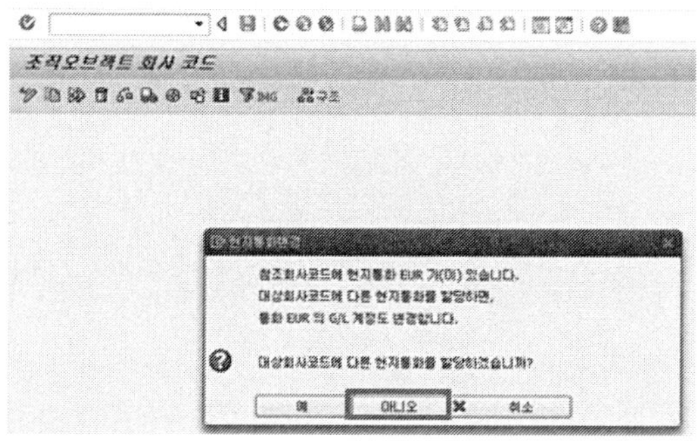

〔위의 순서대로 클릭〕

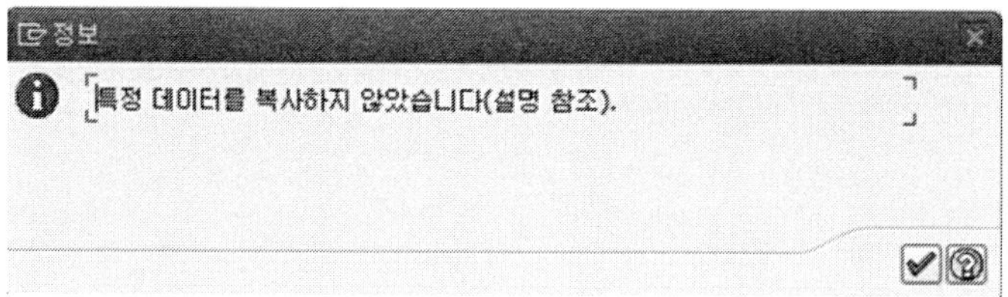

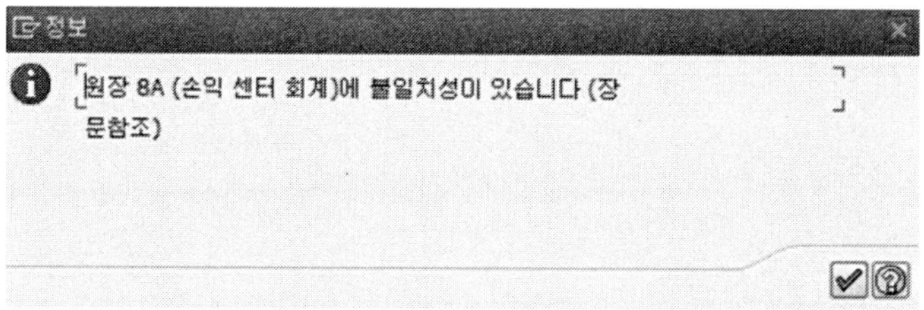

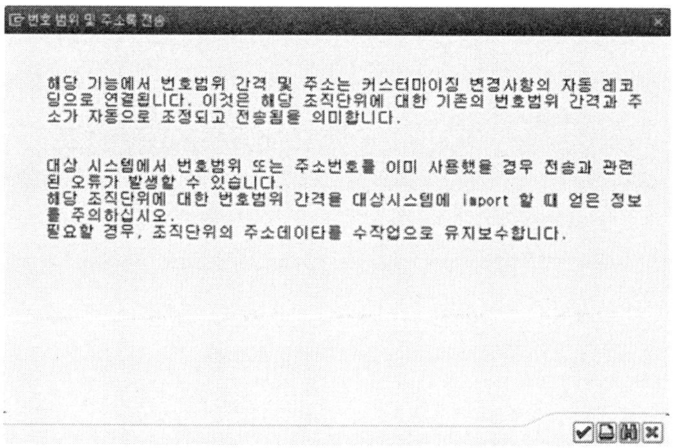

〔위와 같은 정보 팝업창을 나타나면 순서대로 확인을 클릭〕

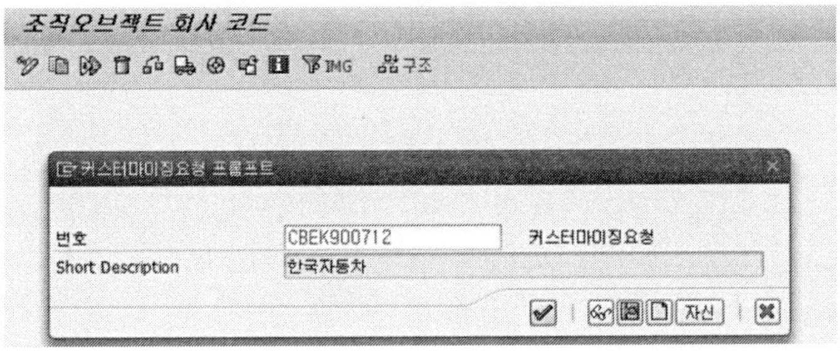

〔설명을 입력 후 확인을 클릭〕

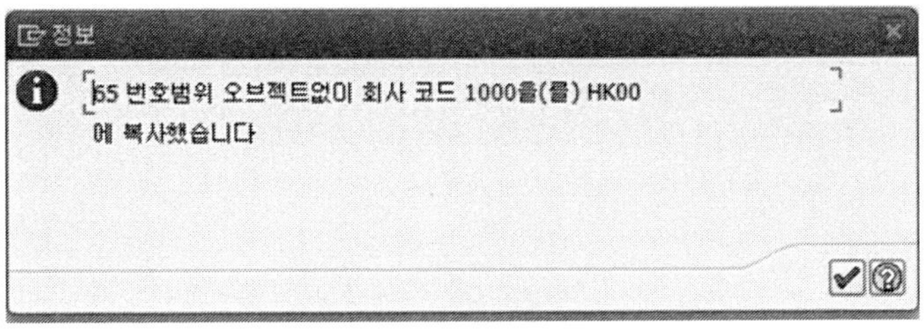

〔회사 코드 복사 완료〕

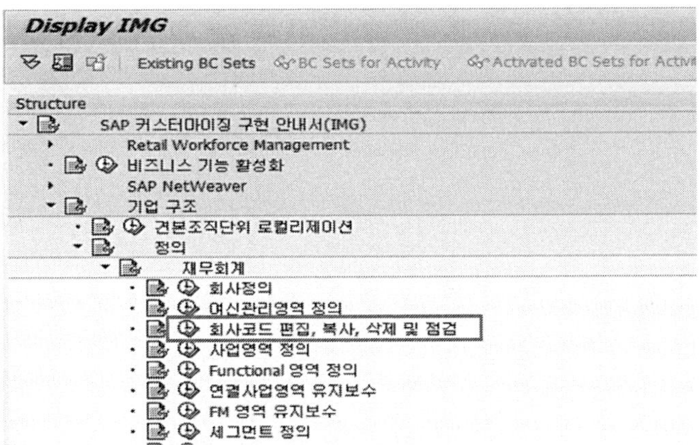

〔회사 코드 내용 수정을 위해 이동〕

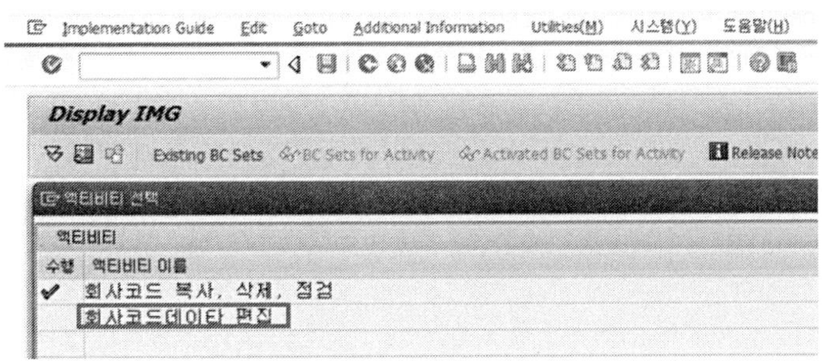

〔회사코드 데이터 편집 클릭〕

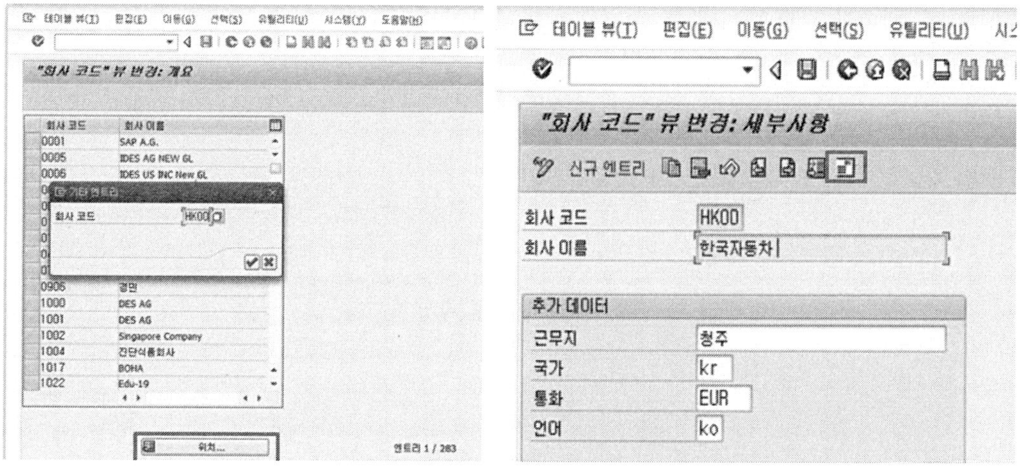

〔회사코드 검색 후 주소 아이콘을 클릭하여 세부 사항 입력 및 수정〕

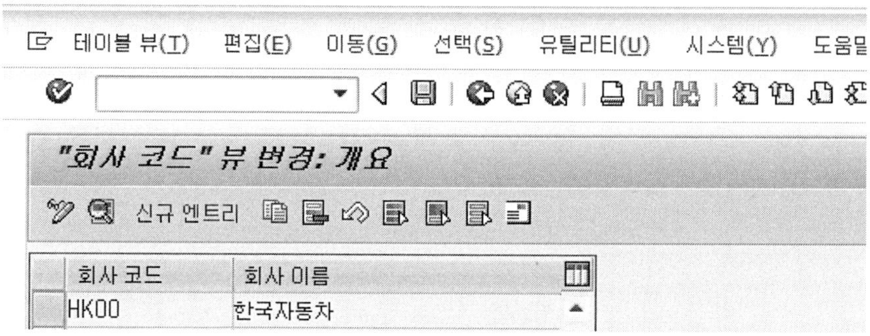

〔회사코드 뷰 변경: 개요〕

▼ 회사코드(Company Code)와 관리회계 영역 유지보수

- 메뉴 경로

툴 ⇨ 커스터마이징 ⇨ SPRO - 프로젝트 실행 ⇨ SAP 참조 IMG ⇨ 관리회계(Controlling) ⇨ 일반관리회계(General Controlling) ⇨ 조직(Organization) ⇨ 관리회계영역 유지보수 (Maintain Controlling Area)

- T-code : OKKP

관리회계 영역(Controlling Area)에 생성한 회사코드(Company Code)를 포함하는 것을 결정해 주는 기능으로 반드시 설정해 주어야 한다.

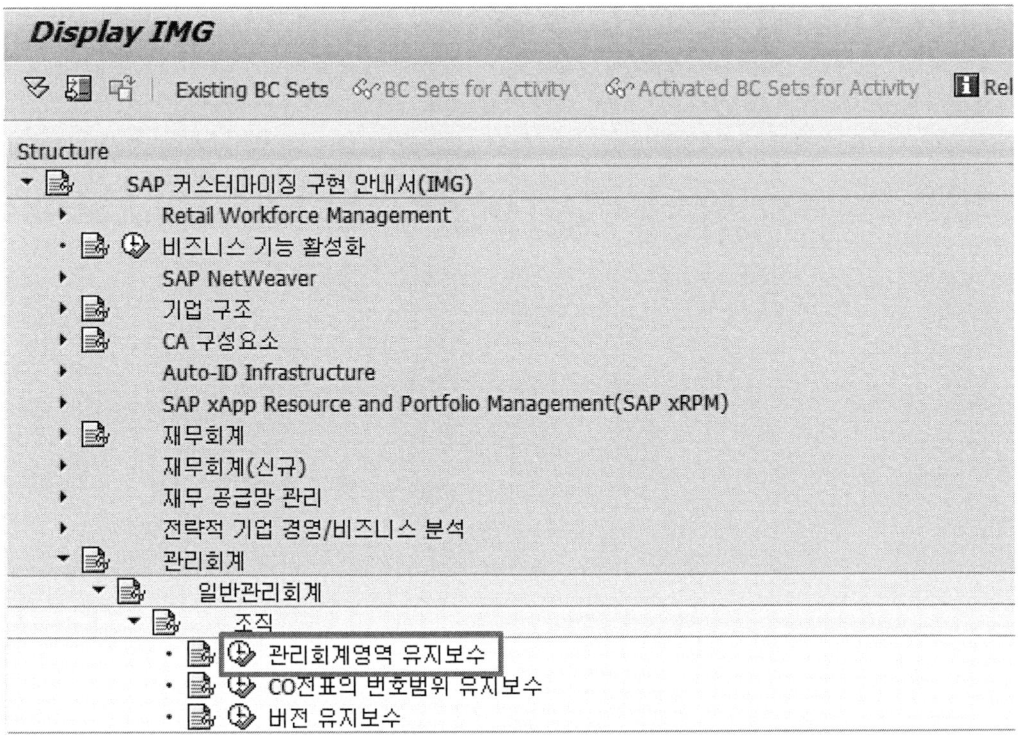

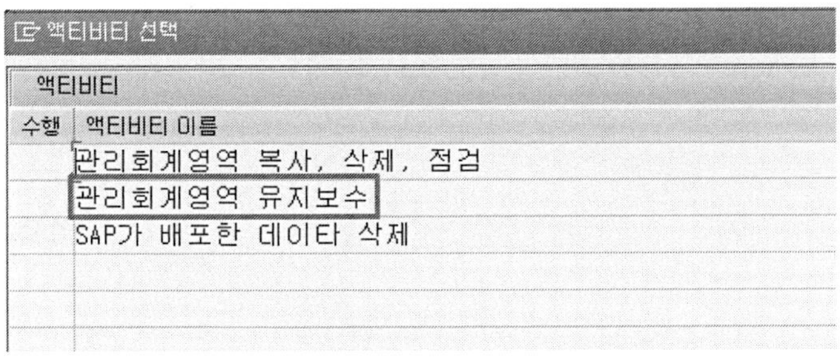

〔관리회계영역 유지보수〕

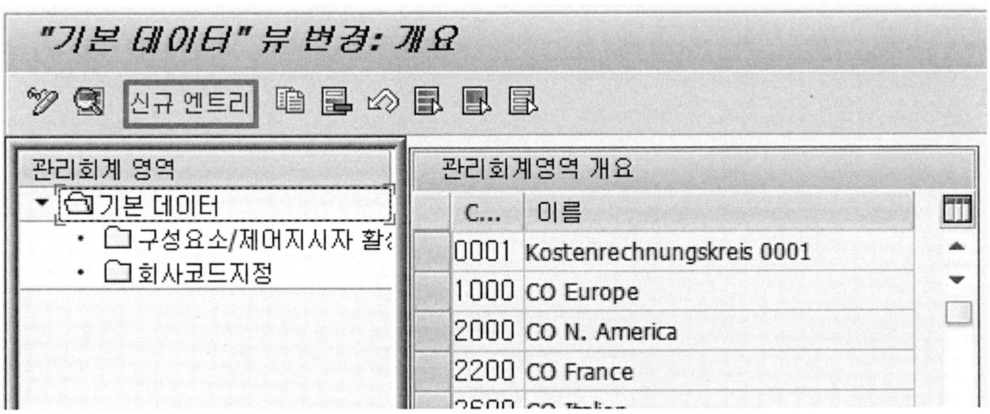

〔신규 엔트리를 클릭〕

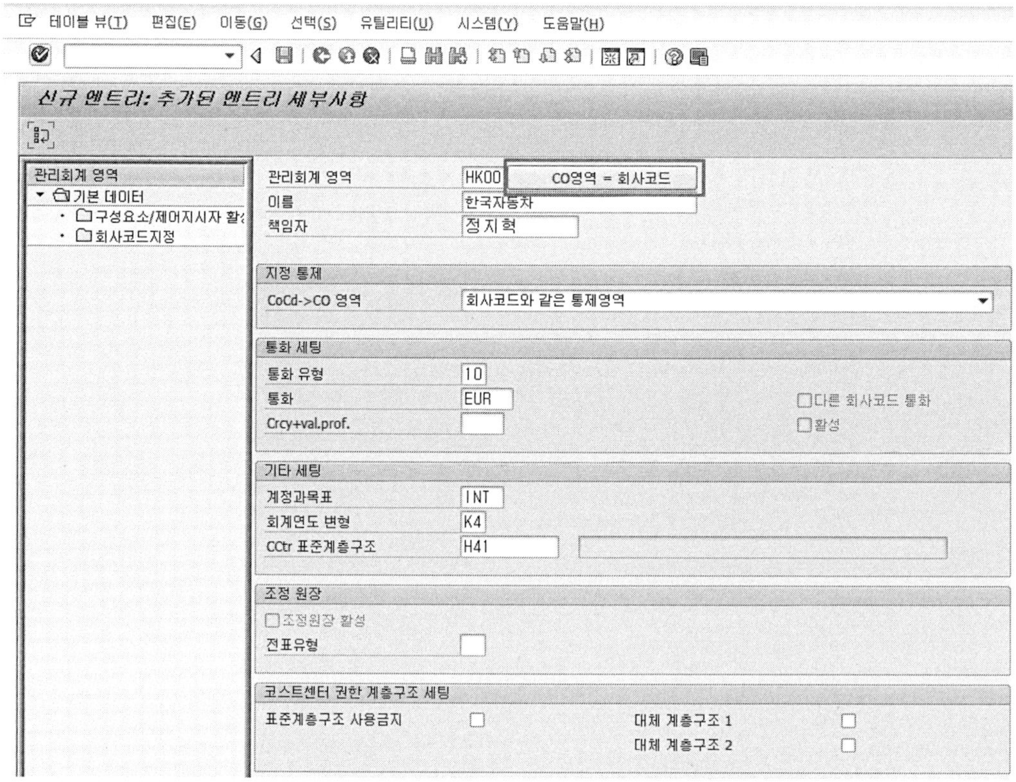

〔위의 버튼을 누른 후 회사코드를 입력하고, 모든 필수 값을 입력하고 저장〕

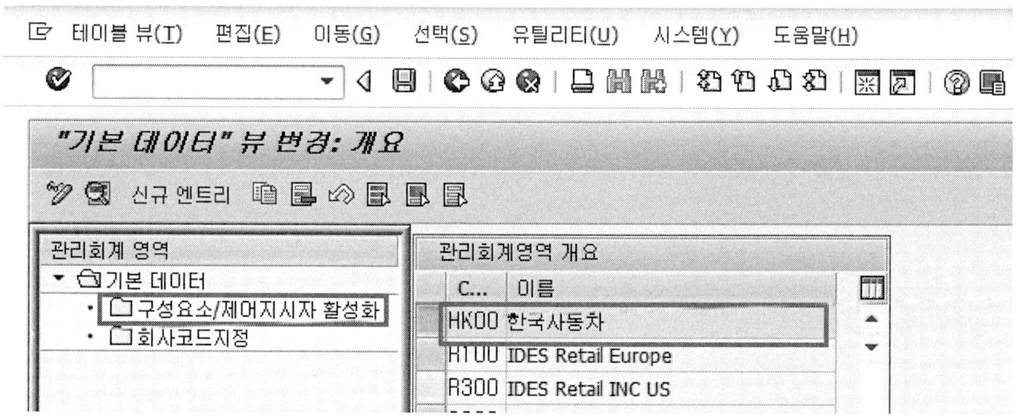

〔생성된 관리회계 영역을 선택하고 구성요소/제어지시자 활성화 더블클릭〕

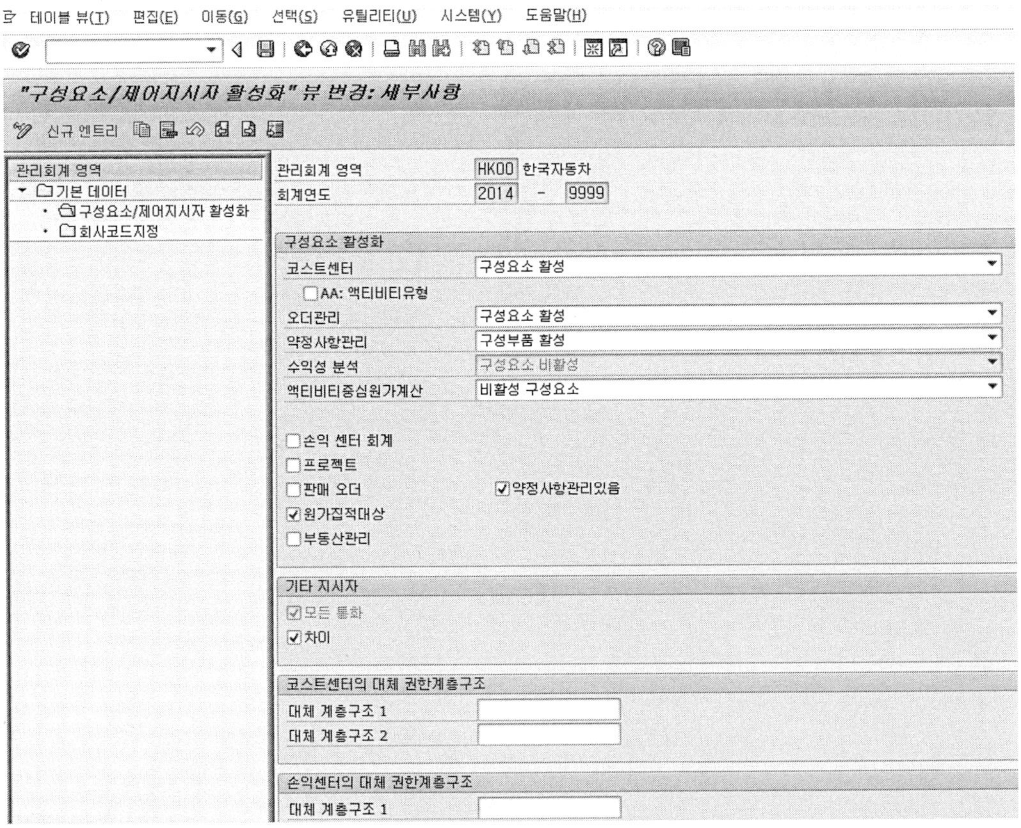

〔모든 필수 값을 입력 후 저장〕

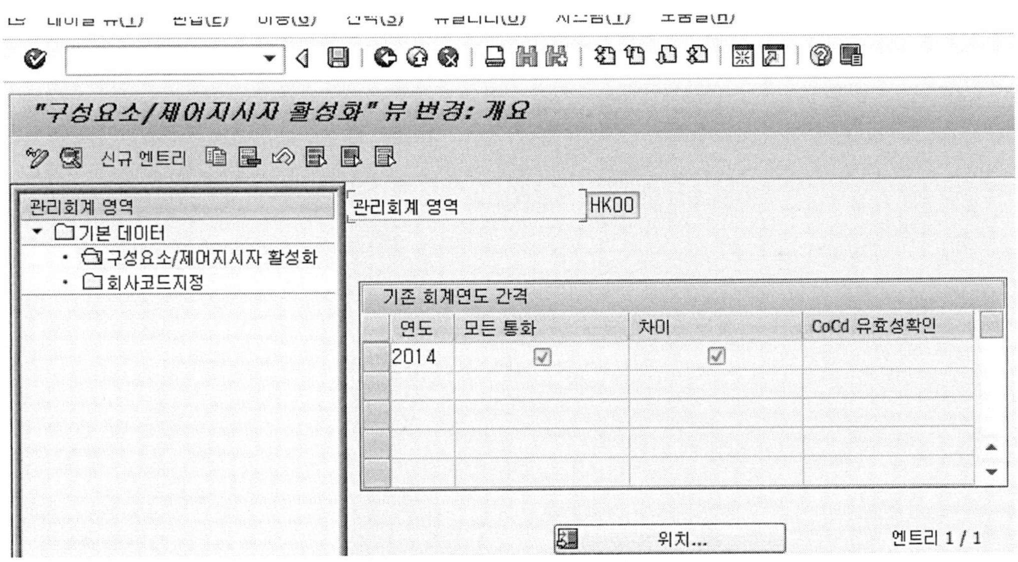

〔관리회계 영역의 구성요소/제어지시자 활성화 확인〕

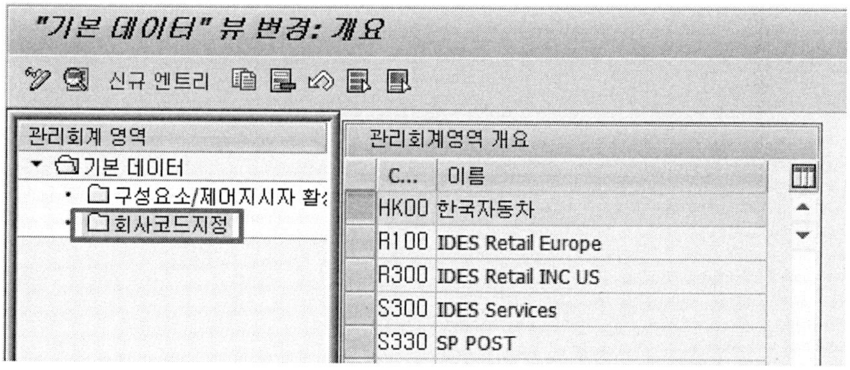

〔회사코드 지정하기〕

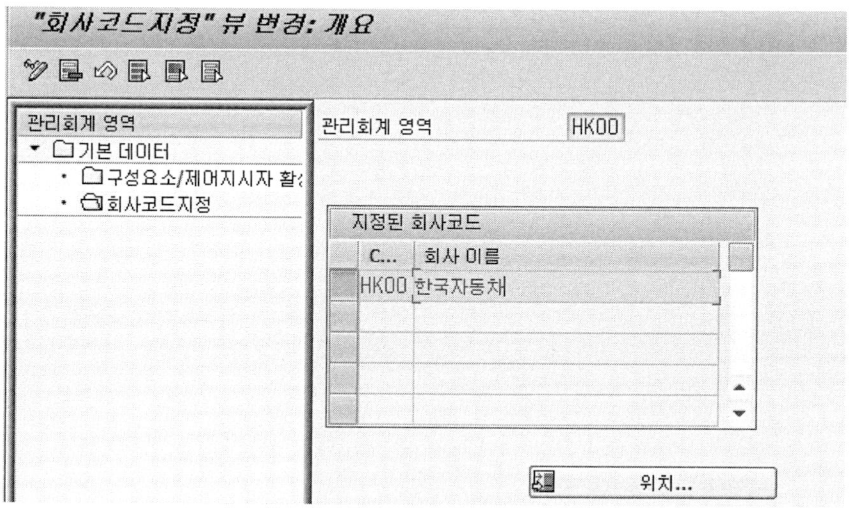

〔회사코드를 지정해 준다.〕

3. 공장(Plant) 생성

SAP 화면보기 ▽

▼ 플랜트 생성하기

- 메뉴 경로

툴 ⇨ 커스터마이징 ⇨ SPRO - 프로젝트 실행 ⇨ SAP 참조 IMG ⇨ 기업구조(Enterprise Structure) ⇨ 정의(Definition) ⇨ 물류 일반(Logistics-General) ⇨ 플랜트 정의, 복사, 삭제, 점검(Define, copy, delete, check plant)

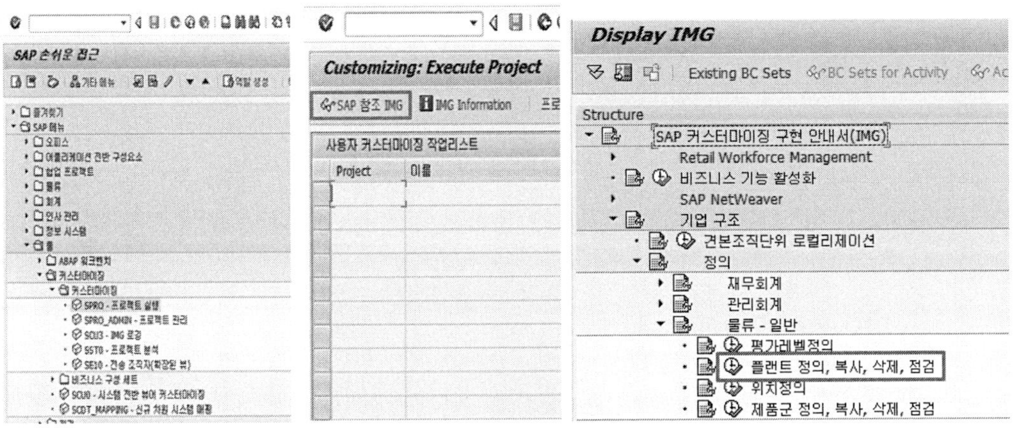

(플랜트 정의 클릭)

(신규 엔트리 클릭)

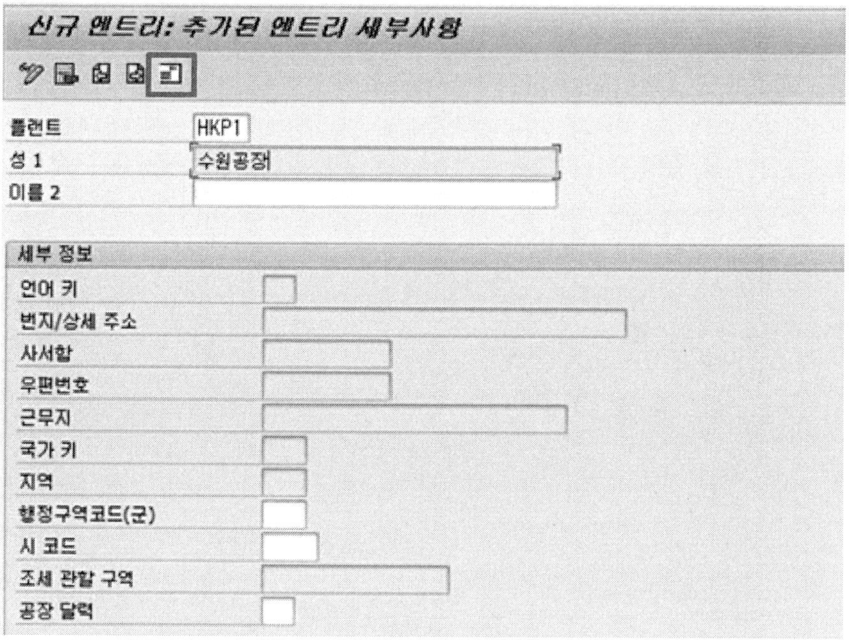

〔플랜트와 공장이름 입력 후 끝에 흰색 네모 칸 있는 주소 클릭 후 주소 내용 입력〕

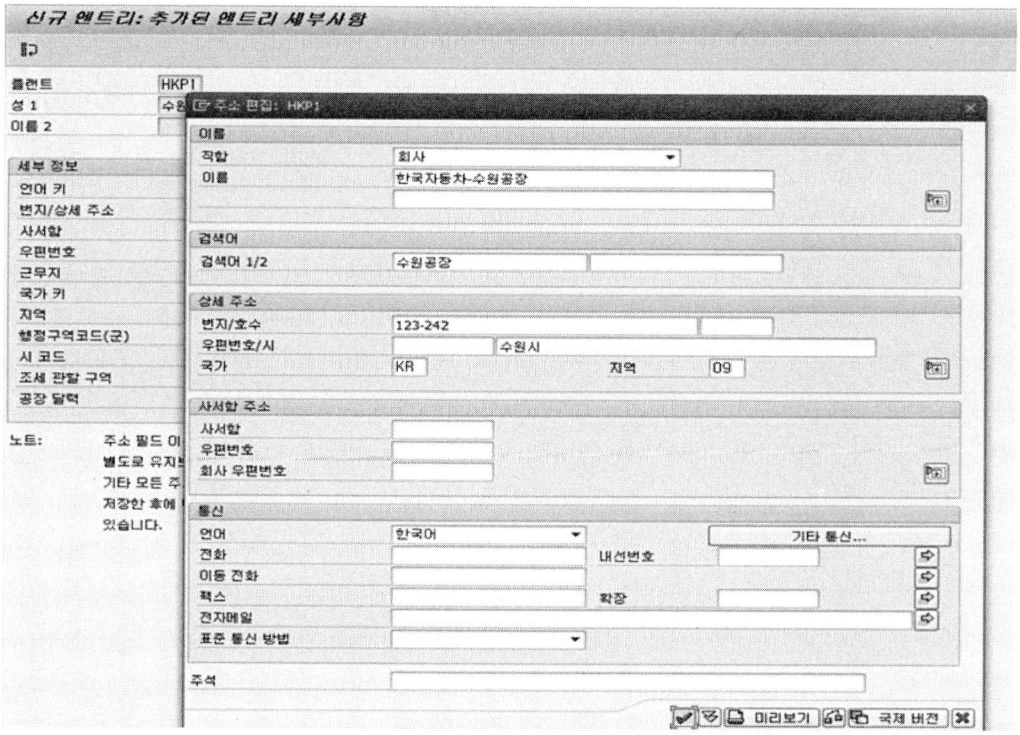

〔주소 내용 입력 후 저장〕

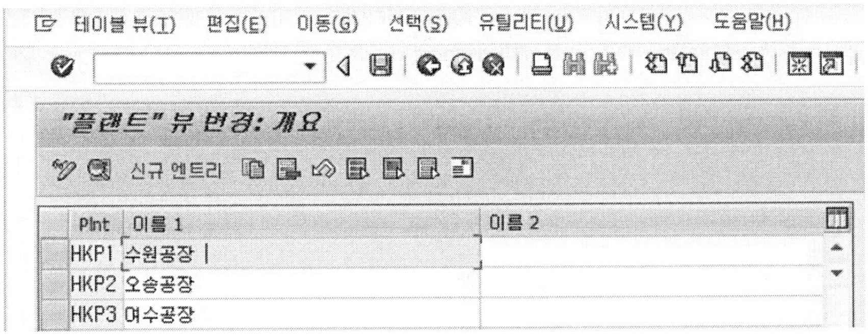

〔위와 같은 방식으로 HKP2 오송공장, HKP3 여수공장 플랜트를 생성하면 된다.〕

▼ 플랜트(Plant) 공장 달력 설정하기

- 메뉴 경로

툴 ⇨ 커스터마이징 ⇨ SPRO - 프로젝트 실행 ⇨ SAP 참조 IMG ⇨ 기업구조(Enterprise Structure) ⇨ 정의(Definition) ⇨ 물류 일반(Logistics-General) ⇨ 플랜트 정의, 복사, 삭제, 점검(Define, copy, delete, check plant)

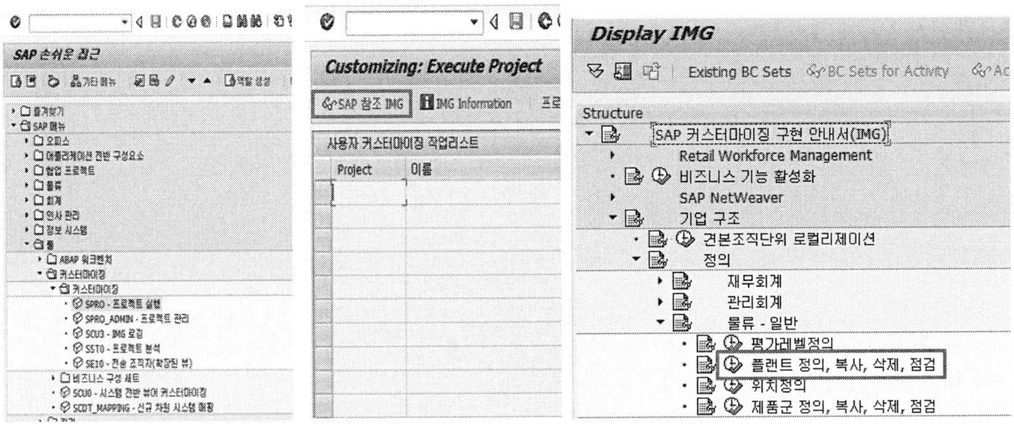

〔플랜트 정의 클릭〕

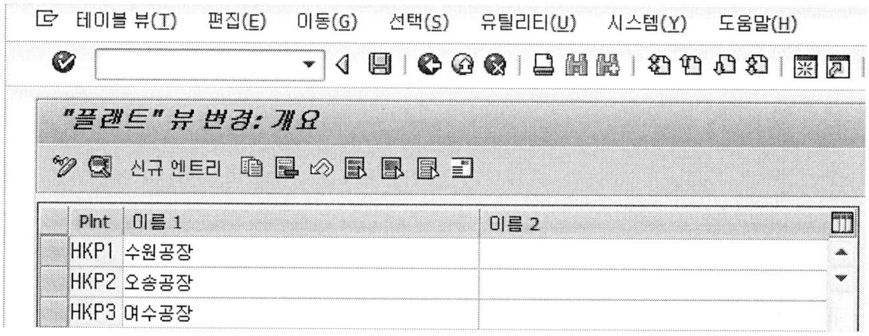

〔해당 플랜트 더블 클릭〕

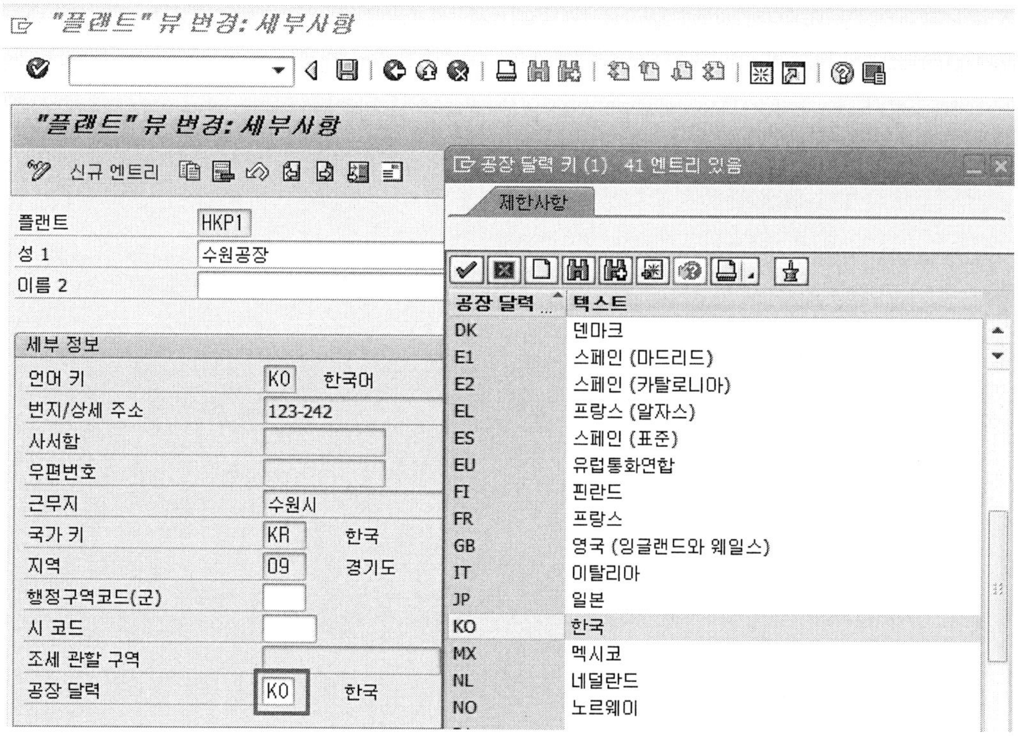

〔공장 달력 필드를 선택하여 해당 국가 코드 설정〕

4. 회사코드에 플랜트 지정

SAP 화면보기 ▽

▼ 회사코드에 플랜트 지정하기

- 메뉴 경로 |

툴 ⇨ 커스터마이징 ⇨ SPRO - 프로젝트 실행 ⇨ SAP 참조 IMG ⇨ 기업구조(Enterprise Structure) ⇨ 지정(Assignment) ⇨ 물류 일반(Logistics-General) ⇨ 회사코드에 플랜트 지정(Assign plant to company code)

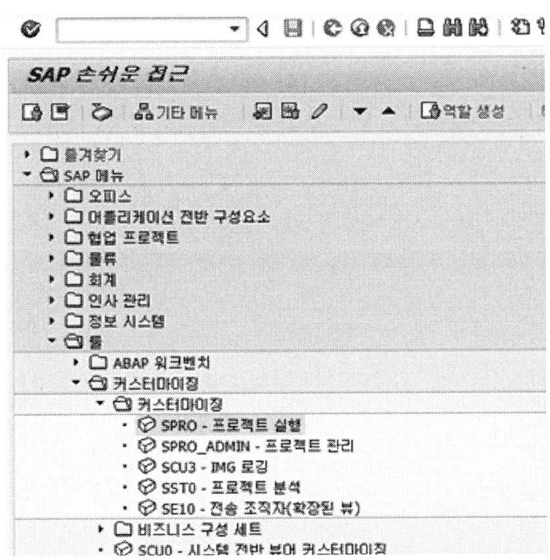

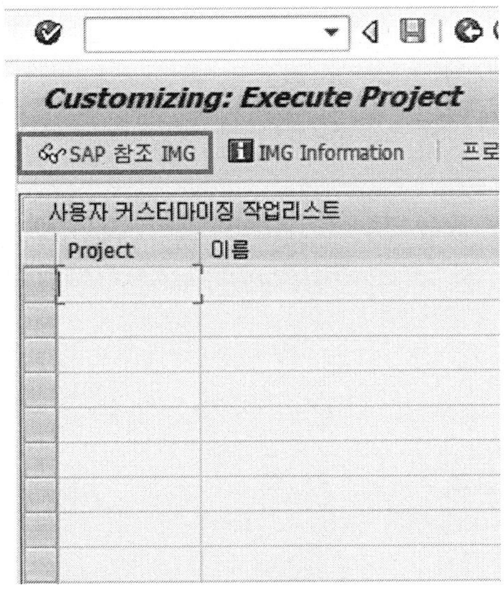

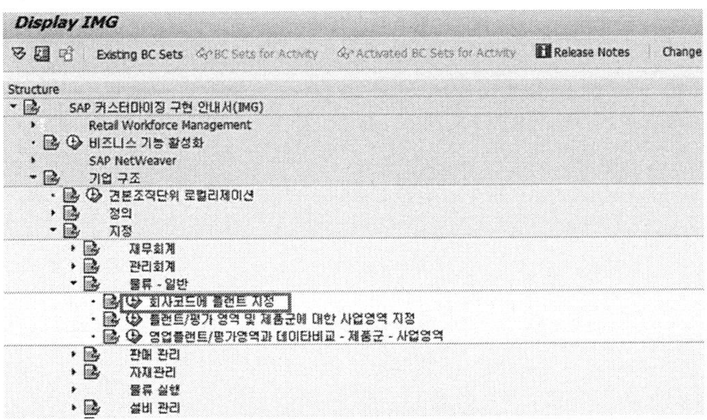

(회사코드에 플랜트 지정 클릭)

〔신규 엔트리 클릭〕

회사코드(CoCd)에 HK00번을 입력하고, 플랜트(Plant)에 HKP1번 코드를 입력하면 플랜트 이름과 회사이름은 자동으로 입력된다. 오송공장과 여수공장도 수원공장과 마찬가지로 입력한다.

〔플랜트를 회사코드에 지정한다.〕

저장을 누르면 플랜트를 회사코드에 지정이 완료된다.

〔내용을 확인하고 저장을 누른다〕

5. 코스트 센터 생성(Create Cost Center) 생성

SAP 화면보기 ▽

▼ 코스트 센터 생성하기

- 메뉴 경로

회계(Account) ⇨ 관리회계(Controlling Account) ⇨ 코스트 센터 회계(Cost Center Account) ⇨ 마스터데이터(Master Data) ⇨ 코스트 센터(Cost Center) ⇨ 개별 처리 (Individual Processing) ⇨ KS01-생성(Create)

- T-code : KS01

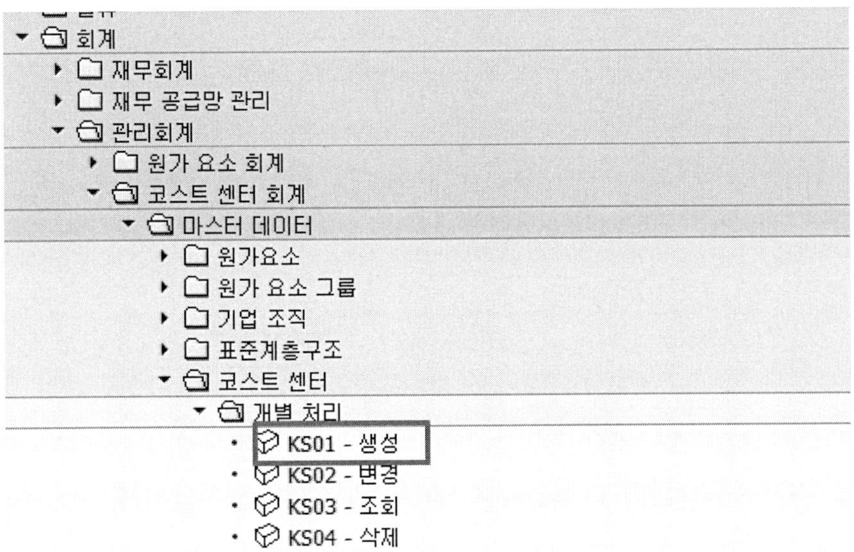

코스트 센터 및 효력 시작일을 입력한다.

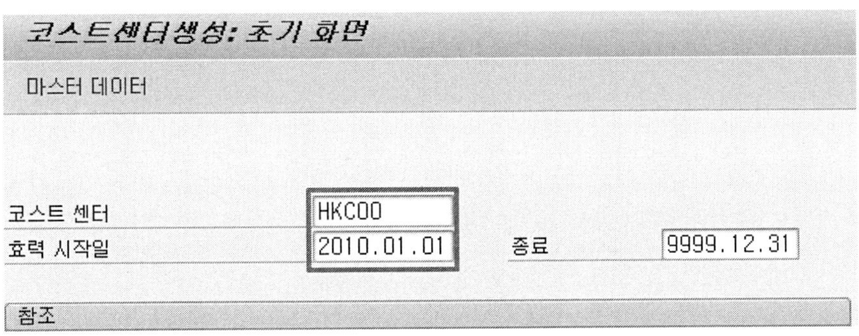

필수 입력 값을 입력 후 저장하면 코스트 센터(Cost Center)가 생성된다.

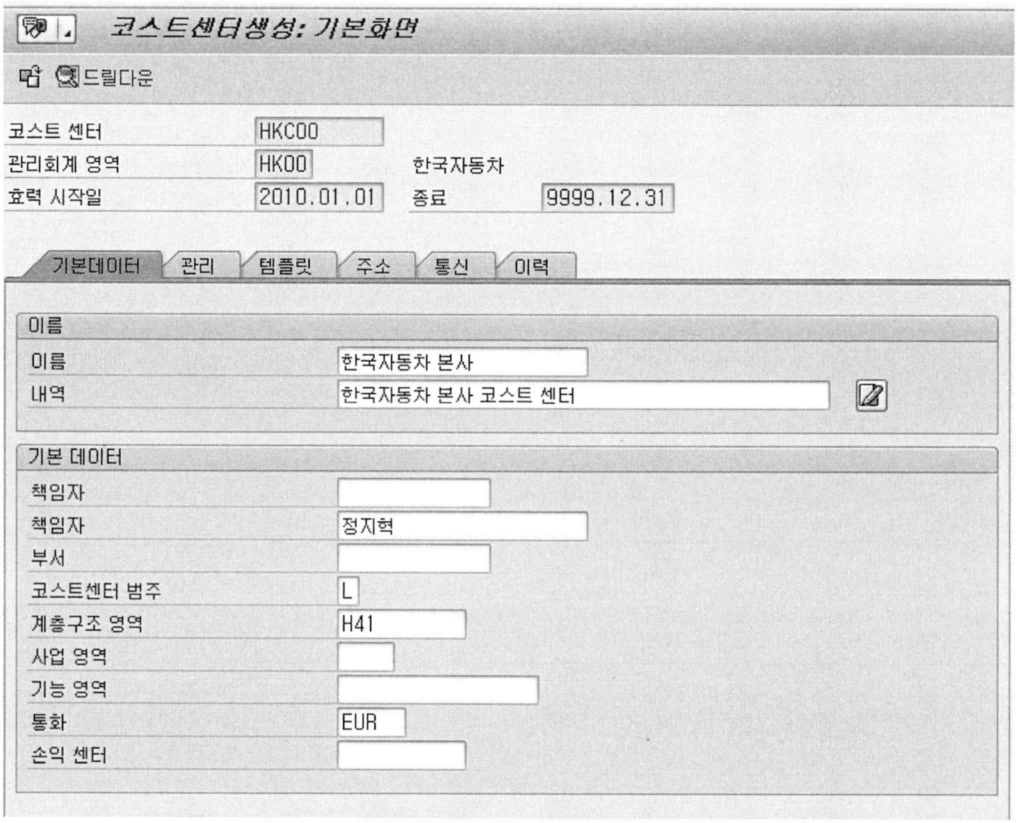

위와 같은 방법으로 각각의 플랜트(Plant)에도 코스트 센터(Cost Center)를 생성한다.

6. 저장위치(Storage Location) 생성

SAP 화면보기 ▽

▼ 저장위치 생성하기

- 메뉴 경로

툴 ⇨ 커스터마이징 ⇨ SPRO - 프로젝트 실행 ⇨ SAP 참조 IMG ⇨ 기업구조(Enterprise Structure) ⇨ 정의(Definition) ⇨ 자재관리(Materials Management) ⇨ 저장위치 유지보수(Maintain storage location)

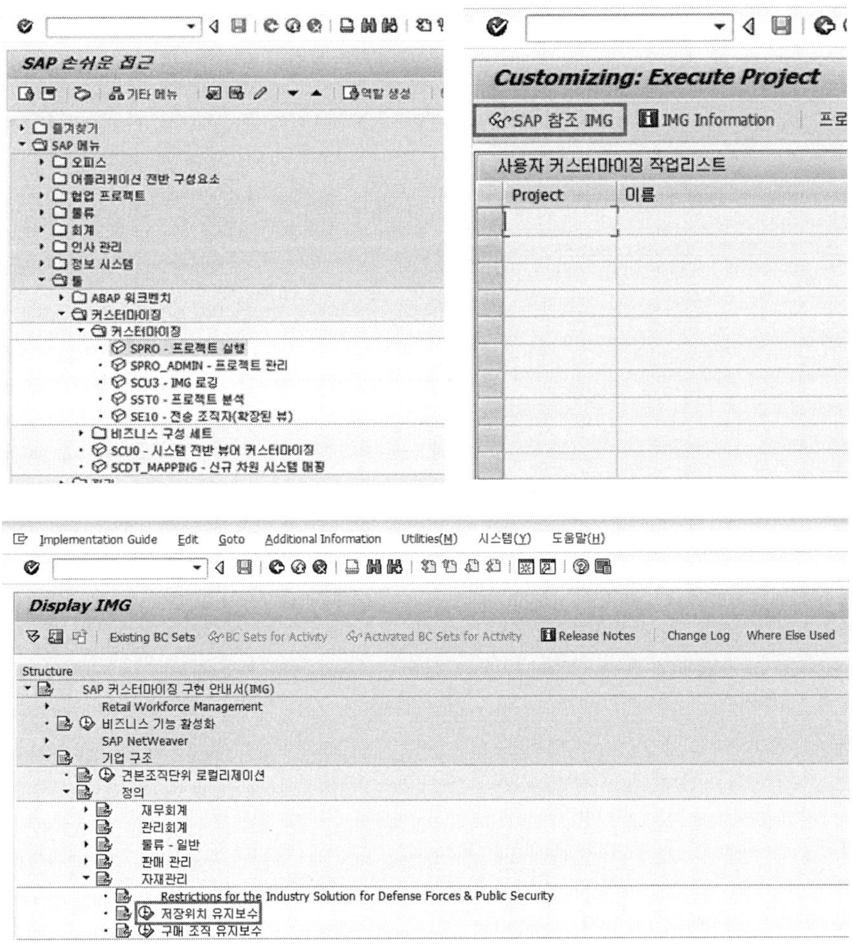

〔저장위치 유지보수 클릭〕

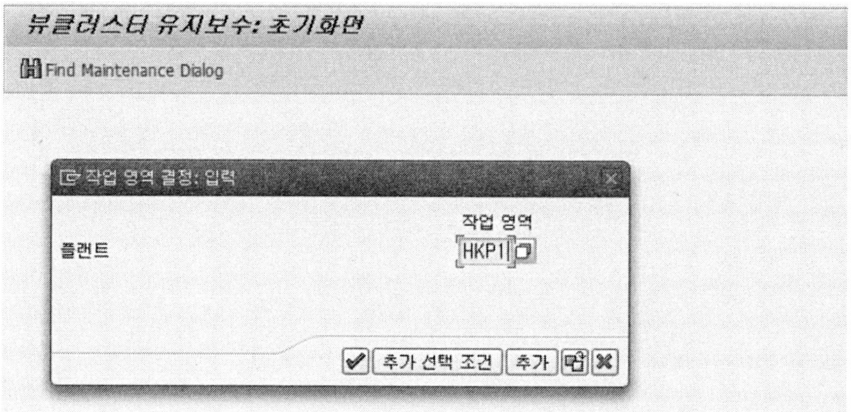

〔각 플랜트로 작업 영역 입력 - HKP1, HKP2, HKP3〕

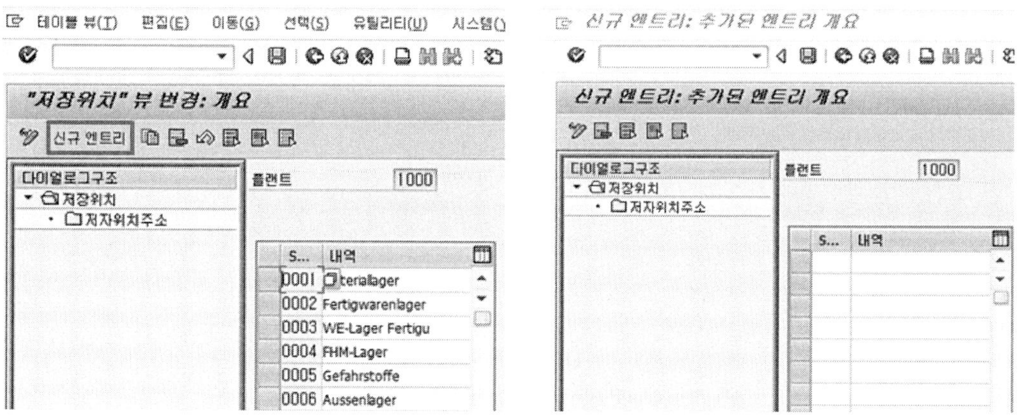

〔신규엔트리에서 저장위치 생성〕

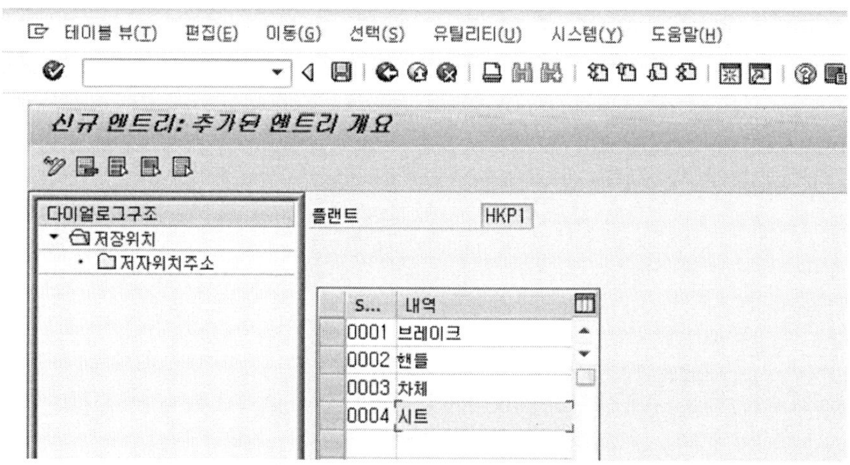

〔플랜트에 저장위치 생성 후 저장 - HKP1〕

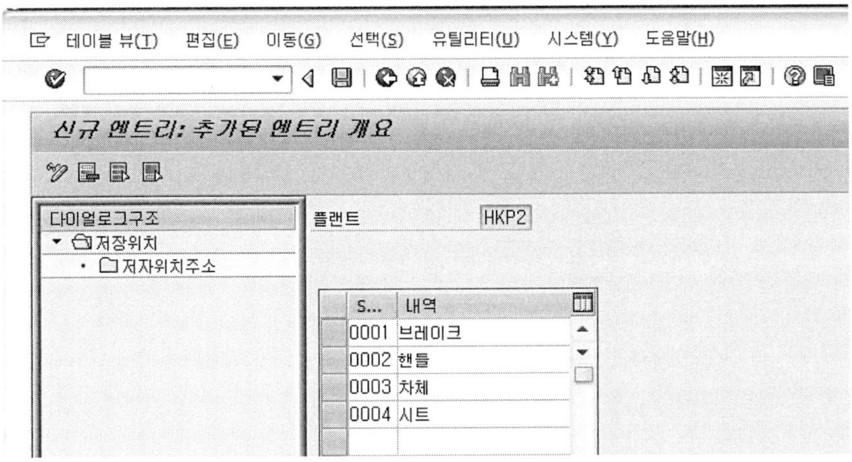

〔플랜트에 저장위치 생성 후 저장 - HKP2〕

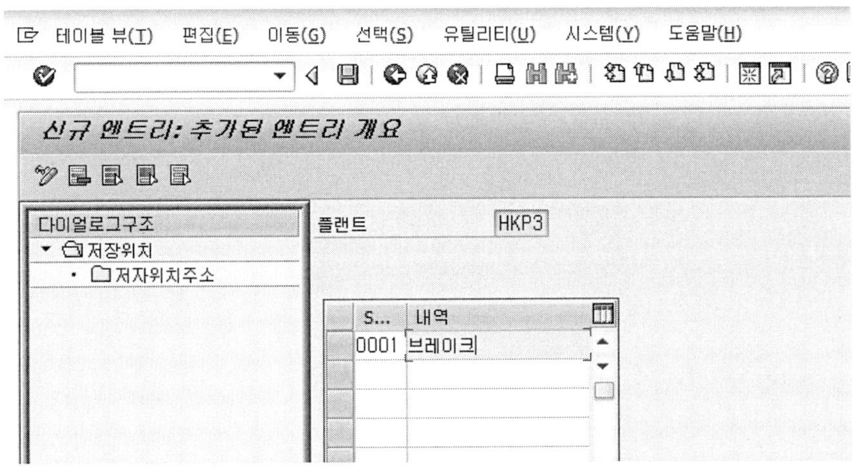

〔플랜트에 저장위치 생성 후 저장 - HKP3〕

7. 구매조직

- 조달의 형태는 회사 코드와 플랜트 조직의 구입 및 할당에 의해 정의된다.
- 클라이언트에 속한 모든 회사 코드에 대한 구매 조직이 있고, 하나의 회사 코드에만 할당된 구매조직, 플랜트 별로 할당된 구매조직이 있다.
- 혼합 양식은 참고 구매 조직의 사용에 의해 시스템에 복제할 수 있다.
- 구매 조직과 기업 구조의 예는 다음 그림과 같이 나타낼 수 있다.

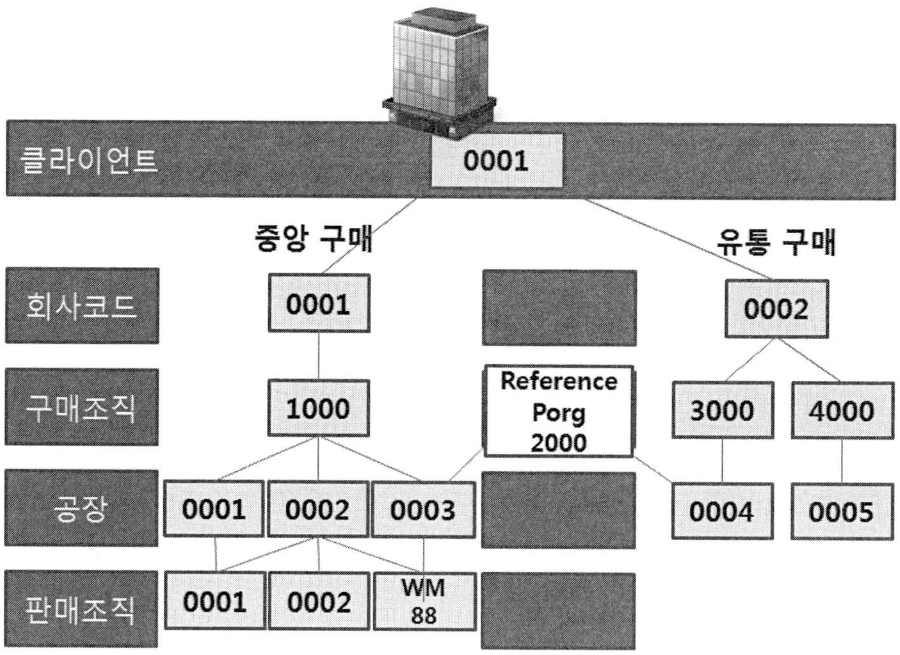

〔그림1-2〕 구매조직과 기업 구조

SAP 화면보기 ▽

▼ **구매 조직 생성하기**

- **메뉴 경로**

툴 ⇨ 커스터마이징 ⇨ SPRO - 프로젝트 실행 ⇨ SAP 참조 IMG ⇨기업구조(Enterprise Structure) ⇨ 정의(Definition) ⇨ 자재관리(Materials Management) ⇨ 구매 조직 유지보수(Maintain purchasing organization)

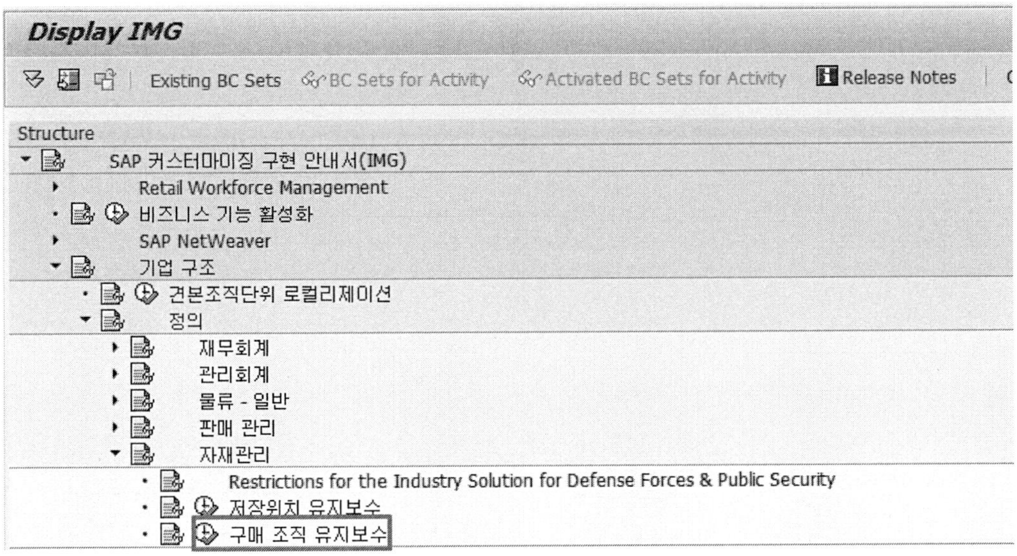

〔구매조직 유지보수 클릭〕

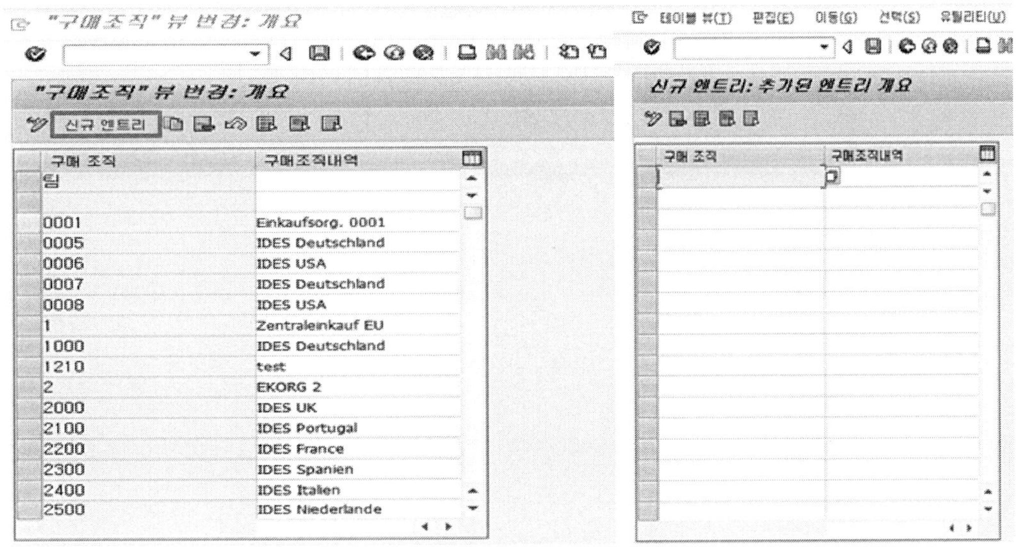

〔신규 엔트리 클릭 후 내용입력 및 저장〕

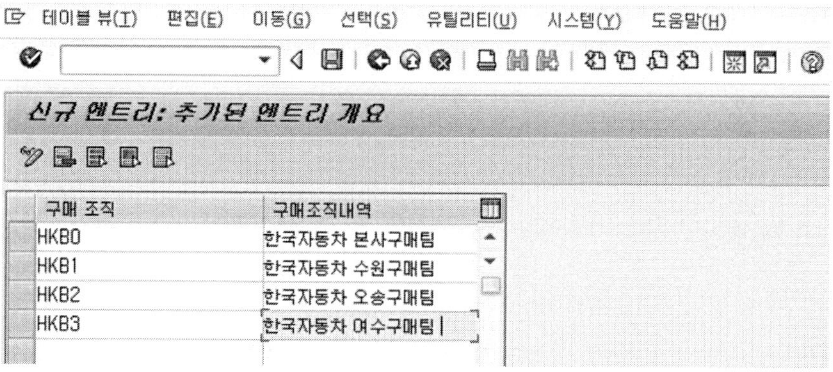

〔구매조직 뷰 변경 : 개요〕

▼ 회사코드에 구매 조직 지정하기

- 메뉴 경로

툴 ⇨ 커스터마이징 ⇨ SPRO - 프로젝트 실행 ⇨ SAP 참조 IMG ⇨기업구조(Enterprise Structure) ⇨ 지정(Assignment) ⇨ 자재관리(Materials Management) ⇨ 회사코드에 구매조직 지정(Assign purchasing organization to company code)

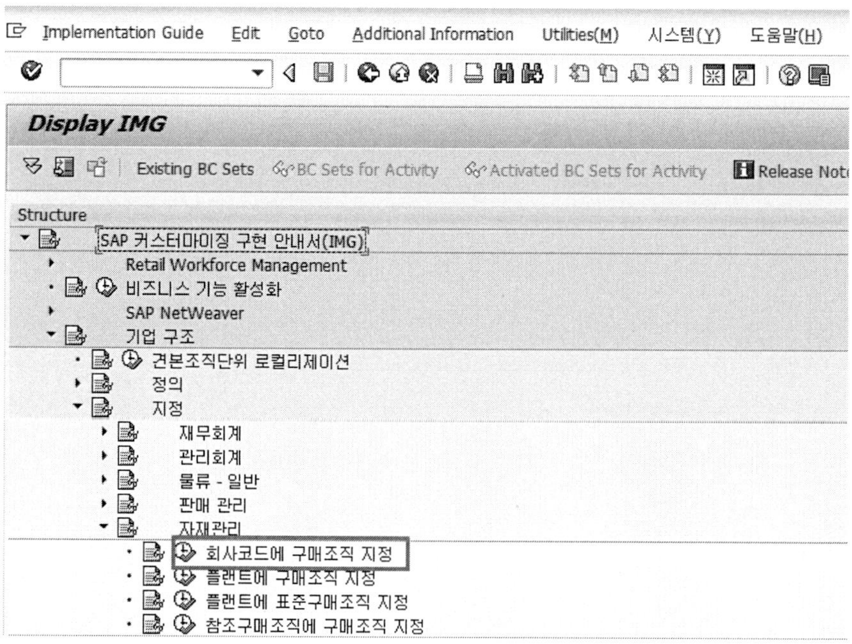

〔회사코드에 구매조직 지정 클릭〕

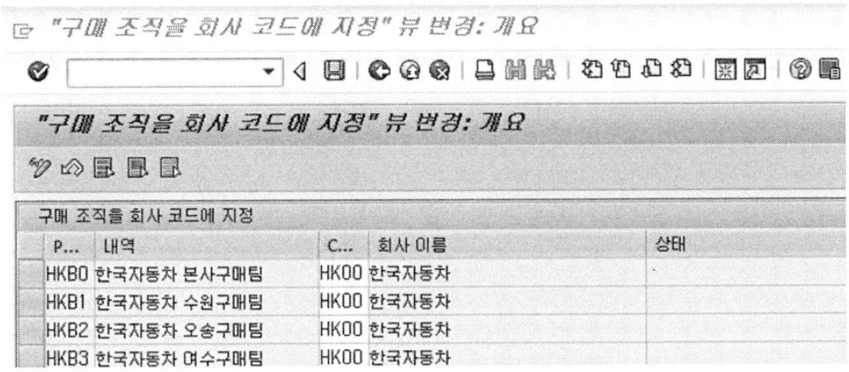

〔구매조직을 회사코드에 지정 뷰 변경 : 개요〕

▼ **플랜트에 구매 조직 지정하기**

- **메뉴 경로**

툴 ⇨ 커스터마이징 ⇨ SPRO - 프로젝트 실행 ⇨ SAP 참조 IMG ⇨ 기업구조(Enterprise Structure) ⇨ 지정(Assignment) ⇨ 자재관리(Materials Management) ⇨ 플랜트에 구매조직 지정(Assign purchasing organization to plant)

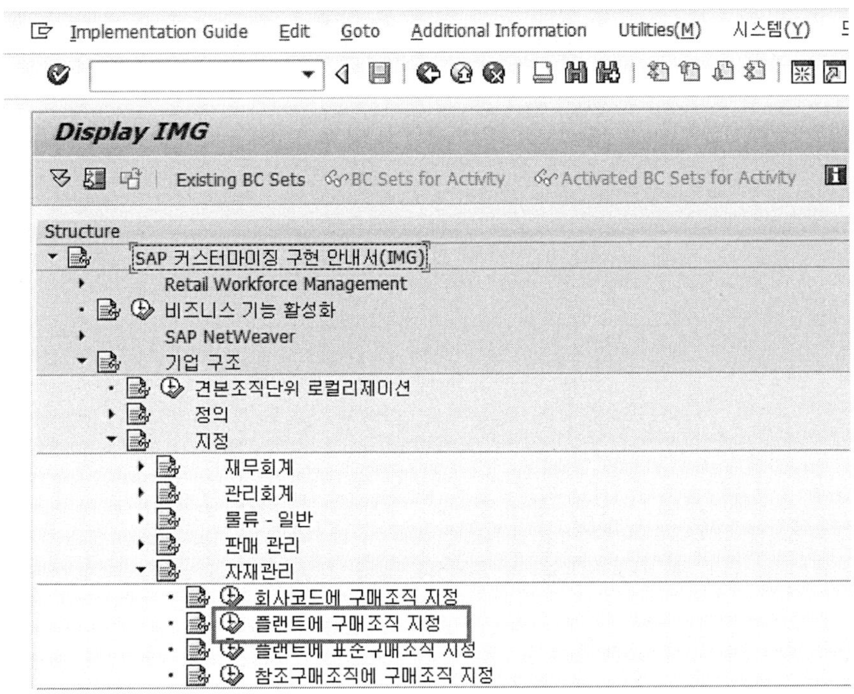

〔플랜트에 구매조직 지정 클릭〕

〔신규 엔트리 클릭〕

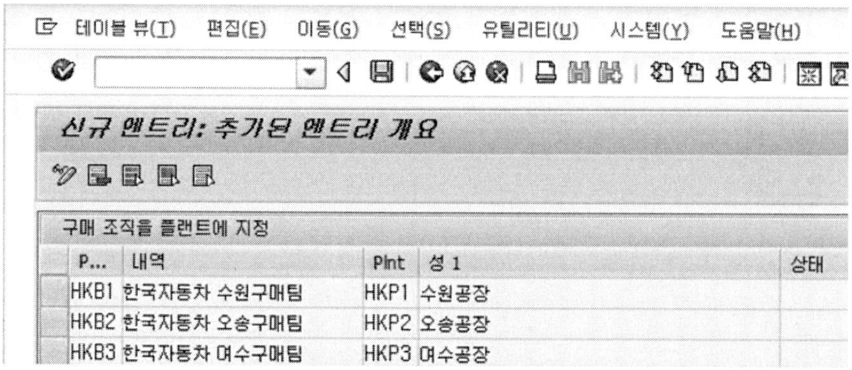

〔구매조직과 플랜트 입력 후 저장〕

8. 구매그룹

구매 그룹, 운영 체제는, 전략적으로 기능을 둘 다 수행할 수 있다.
구매 그룹의 주요 기능은 마스터 데이터 및 컨트롤 데이터를 유지하는 것이다.

SAP 화면보기 ▽

▼ 구매그룹 생성하기

- 메뉴 경로

툴 ⇨ 커스터마이징 ⇨ SPRO - 프로젝트 실행 ⇨ SAP 참조 IMG ⇨ 자재관리(Materials Management) ⇨ 구매(Purchasing) ⇨ 구매그룹 생성(Create Purchasing Groups)

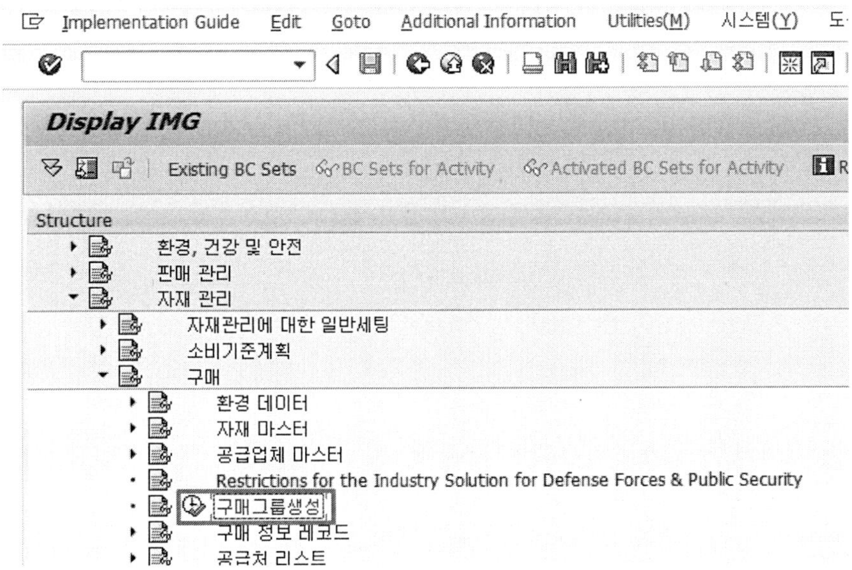

[구매그룹생성 클릭]

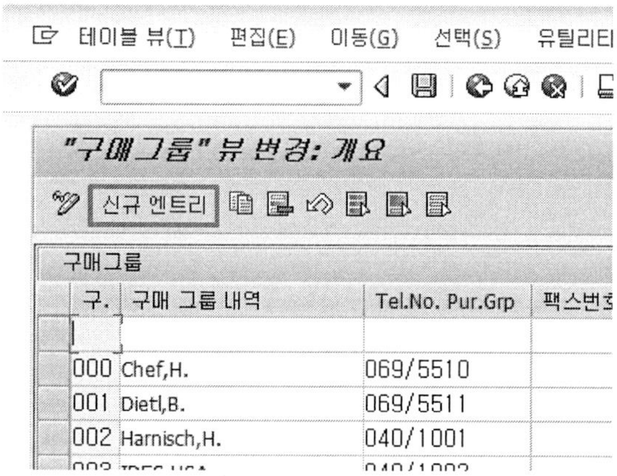

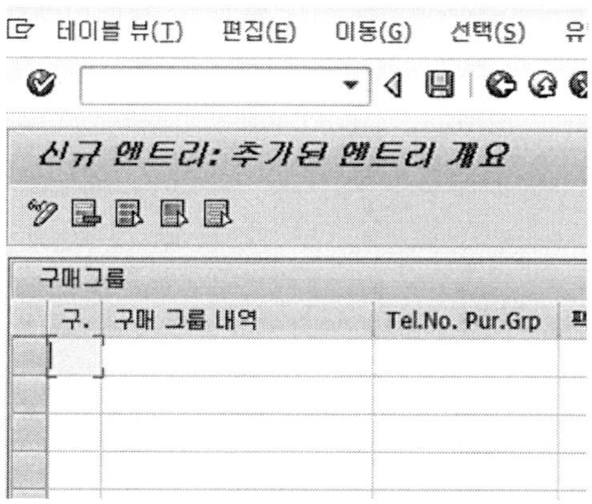

〔신규 엔트리 클릭 내용 입력 후 저장〕

〔구매 그룹 변경 : 개요〕

9. 자재그룹 생성

SAP 화면보기 ▽

▼ **자재그룹(Material Group) 생성**

- 메뉴 경로

툴 ⇨ 커스터마이징 ⇨ SPRO - 프로젝트 실행 ⇨SAP 참조 IMG ⇨ 물류-일반(Logistics-General) ⇨ 자재 마스터(Material Master) ⇨ 키 필드 세팅(Settings for Key Fields) ⇨ 자재그룹정의(Define Material Groups)

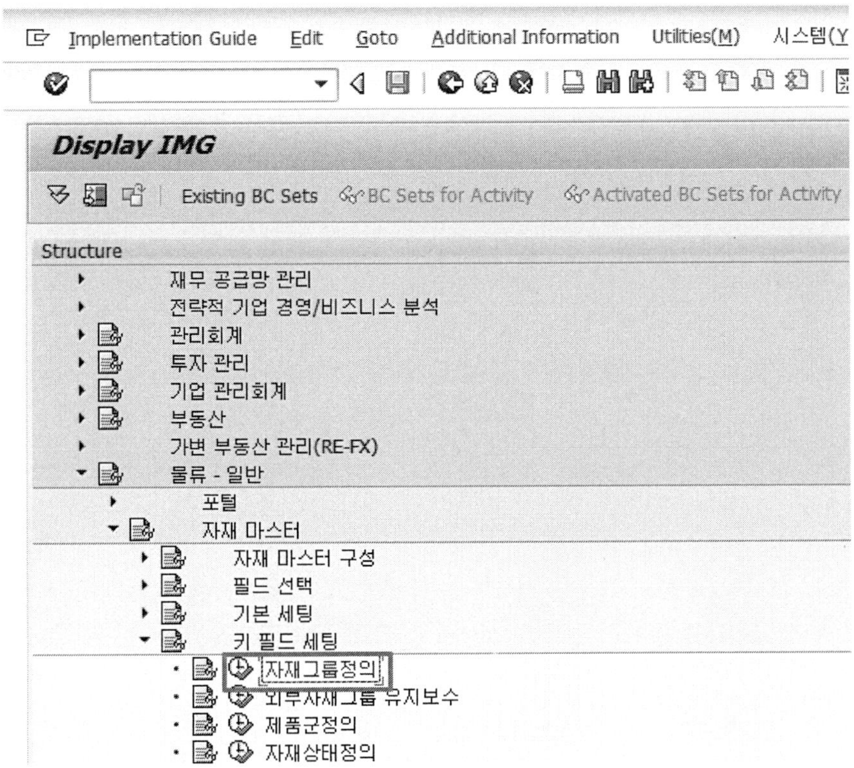

〔자재그룹 정의 클릭〕

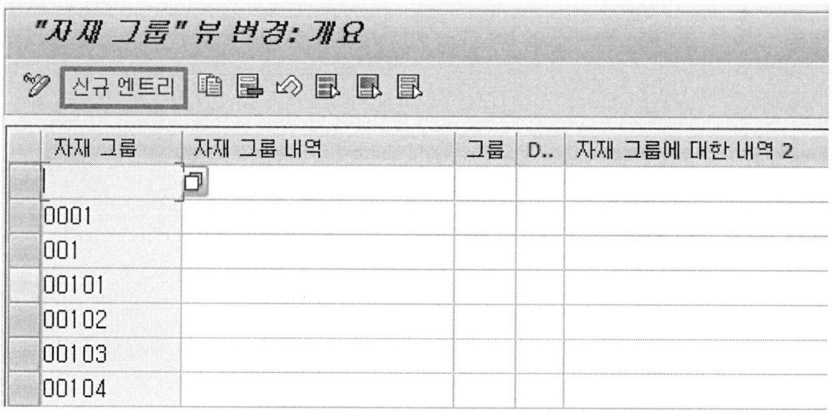

〔신규 엔트리 클릭 및 내용 입력 후 저장〕

〔자재그룹 변경 : 개요〕

〔자재그룹에 들어갈 자재 마스터〕

1. 자동차 브레이크 : 브레이크 디스크, 더스트 커버, 허브 베어링, 볼트
2. 자동차 핸들 : 클락션, 버튼(음향 크기, 전화 응답)
3. 자동차 차세 : 휠, 너트, 볼트
4. 자동차 시트 : 가죽, 커버, 스프링

위와 같이 충북 자동차 조직 구조에 대해서 기본적인 세팅을 해 보았다.

10. MRP 관리자 생성(Create MRP Controller)

앞으로 자재 생성과 4장의 실습을 위해서 미리 MRP 관리자를 생성한다.

SAP 화면보기 ▽

▼ MRP 관리자 생성

- 메뉴 경로

툴 ⇨ 커스터마이징 ⇨ IMG ⇨ SPRO-프로젝트실행 ⇨ SAP 참조 IMG ⇨자재 관리(Materials Management) ⇨ 소비 기준 계획(Consumption Based Planning) ⇨ 플랜트 매개변수(Plant parameters) ⇨ 플랜트 매개변수에 대한 전체유지보수(Carry Out Overall Maintenance of Plant Parameters)

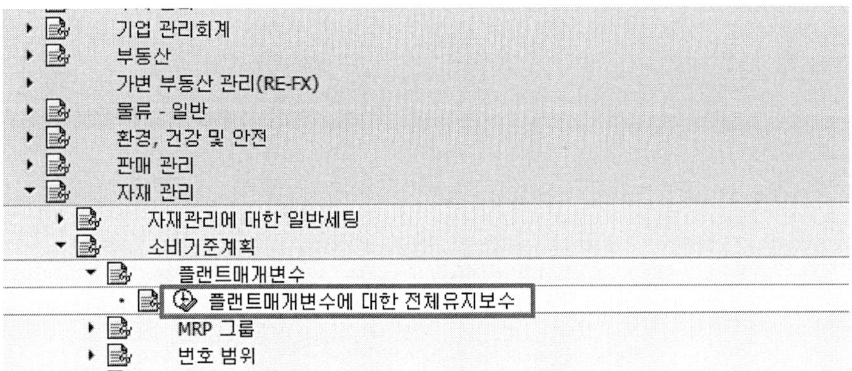

〔플랜트매개변수에 대한 전체유지보수 선택〕

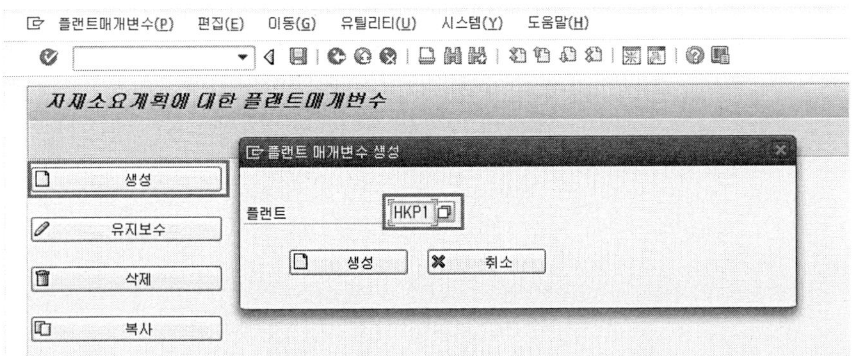

〔생성 아이콘을 선택 후 플랜트 입력〕

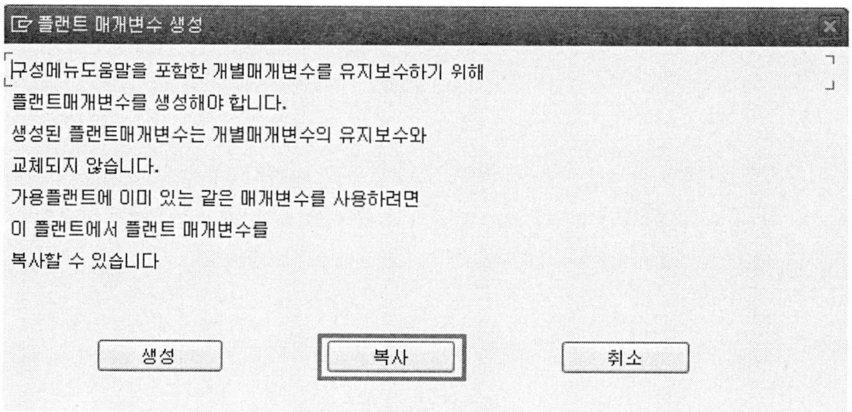

〔복사 아이콘 선택〕

〔표준 플랜트인 1000번을 HKP1복사〕

〔유지보수 아이콘 선택 후 플랜트 입력〕

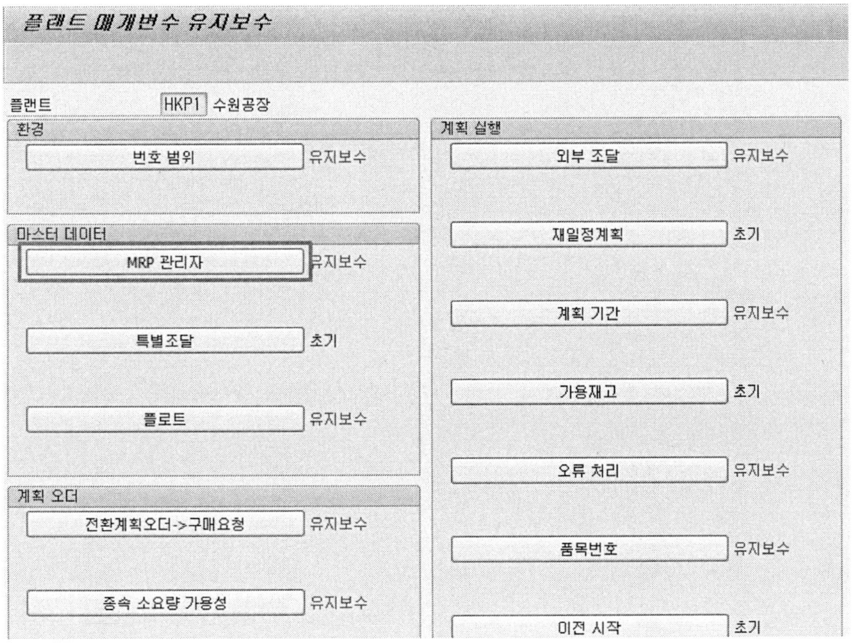

〔MRP 관리자 선택〕

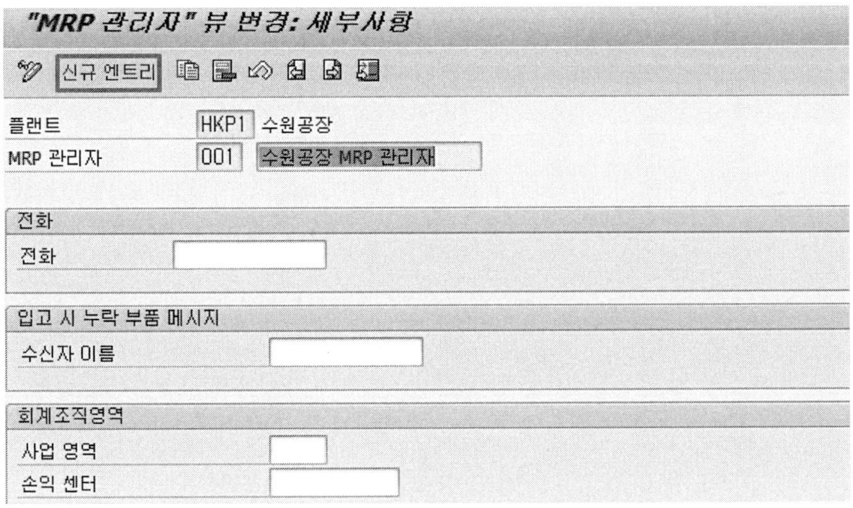

〔신규 엔트리 선택 후 필수 값 입력 및 저장〕

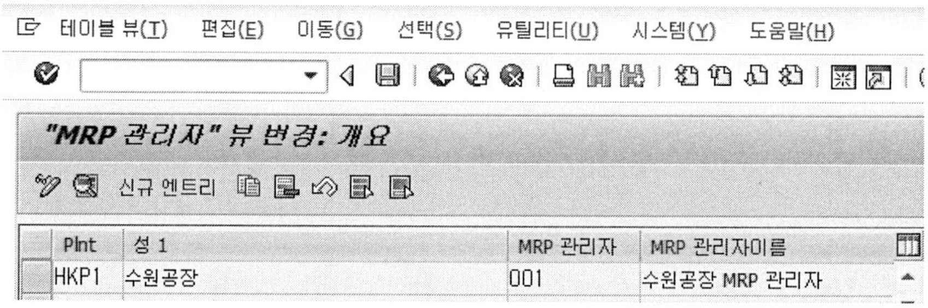

〔MRP 관리자 변경 : 개요〕

▶ 구매 문서 (Purchasing Document)

구매 발주 시 사용되는 문서들은 다음과 같다.

- 구매요청서(Purchase Requisition)
  재화나 용역의 구매가 필요함을 구매부서에 통지하는 기업내부문서
- 견적의뢰서(Request For Quotation)
  잠재 공급업체에게 견적 제출을 요구하는 문서
- 견적서 (Quotation)
  공급업체가 견적 내역을 기재하여 제출한 문서
- 구매 오더 (Purchase Order)
  특정자재를 공급해 줄 것 또는 특정 서비스를 제공할 것을 주문하는 것

▶ 구매문서의 조직구조

구매요청서를 제외한 구매문서는 헤더(Header)와 개별항목(Item)으로 구성되어 있다. 문서의 헤더는 품목별 내용과는 관련 없는 일반적인 정보들을 포함한다. 예를 들어, 발주서의 경우 전표번호, 공급업체, 가격조건, 통화 등을 포함한다. 문서의 개별항목(Item)은 구매한 자재나 서비스에 대한 세부적인 데이터를 가지고 있다. 예를 들어, 자재번호, 납기일, 개별 세부내용, 주문 수량 등이 있다.

구매오더를 중심으로 구매문서의 구조를 살펴보면 다음과 같다.

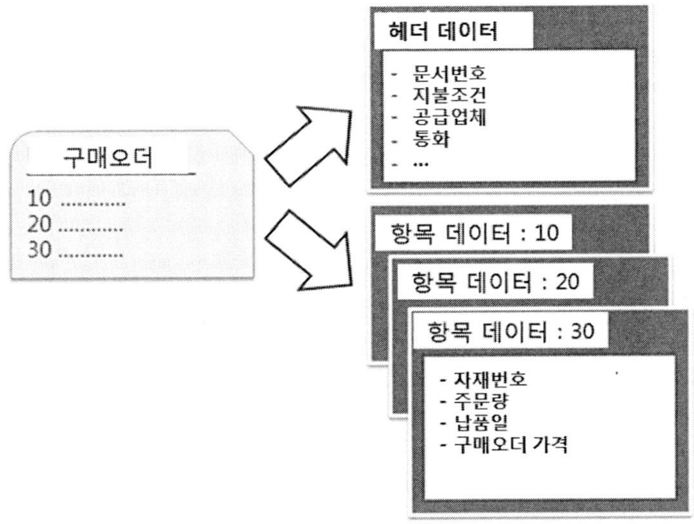

〔그림 1-3〕 구매오더의 문서 구조

▶ 구매 오더(Purchase Order)

자재납품을 공급업체에게 요청하는 구매발주 문서로 어떠한 공급업체(Vendor)에게 어떠한 물품을 구매할 것인가에 대한 내용이다. 즉 구매오더는 업체에게 어떤 상품이나 서비스를 언급된 가격에 공급해 주길 요구하는 공식적인 문서인 것이다. 구매오더는 기본적으로 구매담당자가 직접 작성하거나 구매요청서나 견적의뢰서 등을 참고하여 작성할 수 있다. 이때 구매오더는 마스터 데이터를 참조하여 생성된다.

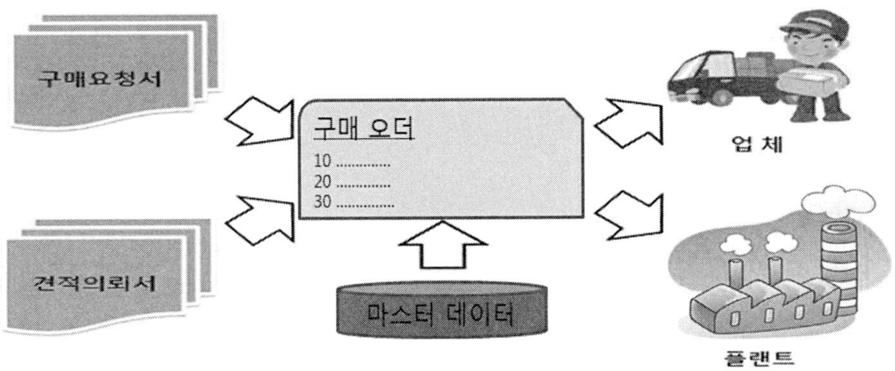

〔그림 1-4〕 구매오더(Purchase Order)

구매오더 발행 및 진행 방법은 다음 그림과 같이 이루어진다.

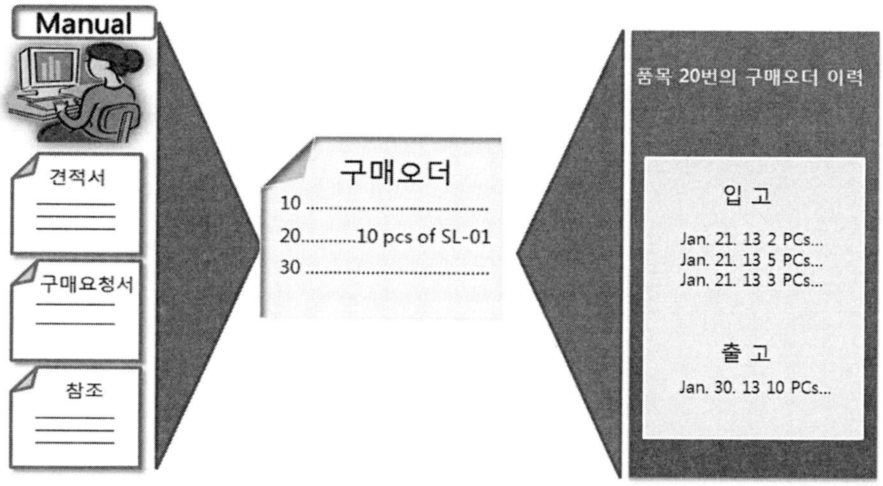

〔그림 1-5〕 구매오더 발행 방법

구매오더를 발행하기 위해서는 각 부서에서 직접 기입하거나 생산, 영업, 설비관리 등에서 신청한 구매요청을 구매오더(PO)로 전환하는 방법과 견적서를 참조해서 구매오더(PO)로 전환하는 방법 그리고 다른 구매오더(PO)를 복사해서 만들 수 있다. 하나의 구매오더에는 여러 개의 품목이 지정될 수 있다. 왜냐하면 한 업체에서 여러 개의 품목을 구매할 경우 업체별로 구매오더를 관리할 필요성이 있기 때문에 한 구매오더에 여러 개의 품목을 지정해 놓는다. 또한 각 품목별로 이력을 관리할 수 있다. 예를 들어 품목A 10개를 발주했을 경우, 이 품목 A에 대한 입고를 서로 다른 날에 2개, 5개, 3개로 나누어 분할입고 되었다고 하면, 비록 세금계산서 상에는 계산서 발급 날짜에 맞추어 품목 A 10개가 한 번에 입고된 것으로 처리되어 있을지라도 구매발주에 관한 이력인 구매오더 이력(Purchase Order History)을 살펴보면 위와 같이 3번 분할 입고한 사실을 알 수 있다.

▷연습문제

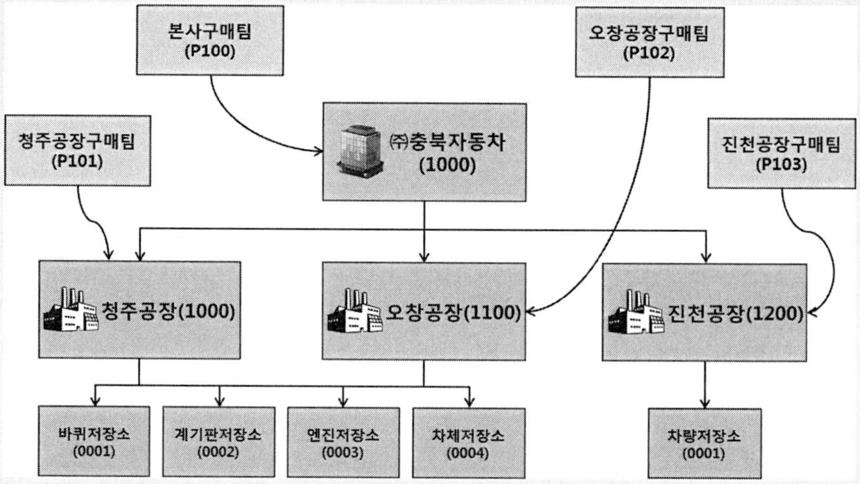

〔그림1〕 충북자동차 조직구조

1 ▸ 회사 코드(Company Code) 생성하기

〈 실습내용 〉

위 조직 구조에 맞는 회사 코드(Company Code)를 생성한다.

❶ 툴 ⇨ 커스터마이징 ⇨ SPRO - 프로젝트 실행 ⇨ 기업구조 ⇨ 정의 ⇨ 재무회계 ⇨ 회사정의

❷ 회사정의로 들어가서 1000번 회사를 참조해 회사를 생성하라.

회사 이름 (Company Name)	
도시 (City)	
언어 (Language Key)	
통화 (Currency)	

2 ▸ 플랜트 생성하기

〈 실습내용 〉

플랜트(Plant)를 생성한다.

❶ 툴 ⇨ 커스터마이징 ⇨ SPRO - 프로젝트 실행 ⇨ 기업 구조 ⇨ 정의 ⇨ 물류 일반 ⇨ 플랜트 정의, 복사, 삭제, 점검

❷ 플랜트 정의로 들어가서 1000번 회사를 복사하여 플랜트를 생성하라.

플랜트 (Plant) #1	
플랜트 (Plant) #2	

3 ▸ 회사코드에 플랜트에 지정하기

〈 실습내용 〉

회사코드에 플랜트에 지정한다.

❶ 툴 ⇨ 커스터마이징 ⇨ SPRO - 프로젝트 실행 ⇨ 기업 구조 ⇨ 지정 ⇨ 물류 일반 ⇨ 회사코드에 플랜트 지정

❷ 2번에서 생성한 플랜트 1000번을 1번에서 생성한 회사코드에 지정하라.

4 ▸ 플랜트에 저장위치 할당하기

〈 실습내용 〉

플랜트에 저장위치를 할당한다.

❶ 툴 ⇨ 커스터마이징 ⇨ SPRO - 프로젝트 실행 ⇨ 기업구조 ⇨ 정의 ⇨ 자재관리 ⇨ 저장위치 유지보수

❷ 위에서 생성한 플랜트 코드를 입력 후 타이어 저장소, 핸들 저장소, 엔진 저장소를 생성하라

5 ▸ 구매오더 프로세스의 조달과정 8단계를 나열하고 세부내용을 설명하라.

제2장 ▷ 입고

- 학습목표 ▷ 보류재고(Blocked Stock)와 품질검사재고(QI Stock)의 입고 이해하기
▷ 구매오더를 이용한 자동 입고 실행하기
▷ 자재의 유효 기간 관리와 자재 단위 이해하기
▷ 자재이동에 따른 시스템 세팅 사항 이해하기

1. 입고

- **구매오더와 관련 없는 입고**

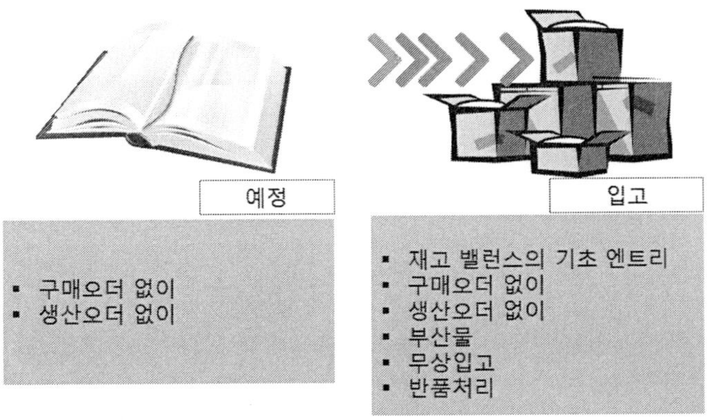

〔그림 2-1〕 구매오더(PO) 없는 입고

입고는 기초재고(Initial entry), 구매오더나 생산오더 없이, 부산물, 무상입고, 반품처리 등의 다양한 형태로 이루어질 수 있다. 이 모든 형태의 입고가 구매오더 없이 입고되는 것들이다.

- **보류재고(Blocked Stock) 입고**

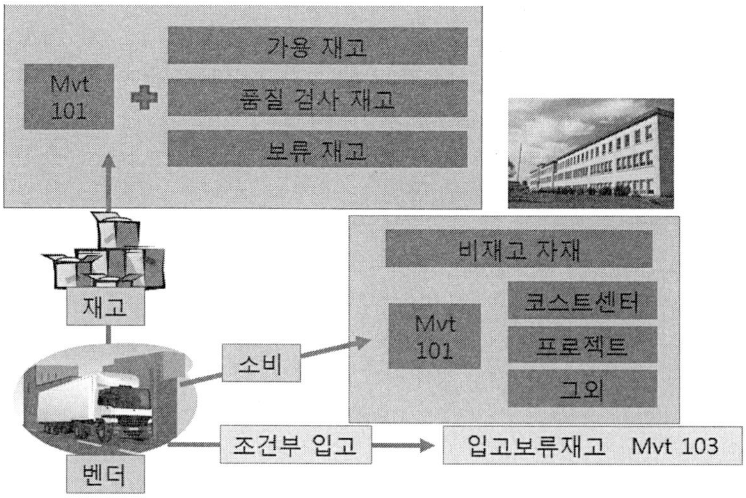

〔그림 2-2〕 보류재고(Blocked Stock)입고

공급업체(Vender)가 어떤 물건을 납품해 오면 입고유형은 가용재고(Unrestricted-use stock), 품질검사재고(Stock in quality inspection), 보류재고(Blocked stock)가 있다. 입고보류재고(GR blocked stock)는 공급업체(Vendor)가 납품할 때 입고 담당자가 지금 현재 물건을 입고로 잡아야 될지 모를 경우 조건부 입고(Conditional acceptance)를 할 수 있다. 즉 입고하여 수량만 입고로 지정하고 실제 금액은 아직 보류상태로 남겨 놓는다. 이러한 자재들을 가입고 상태라고 한다. 보류재고(blocked stock)로 입고된 재고는 아직 가입고 상태이므로 사용이 불가능하다. 소비(Consumption)로 처리 되는 것은 재고자산으로 관리되는 것이 아니라 비용으로 치리되는 것이다.

• **보류재고 릴리즈(Blocked Stock Release)**

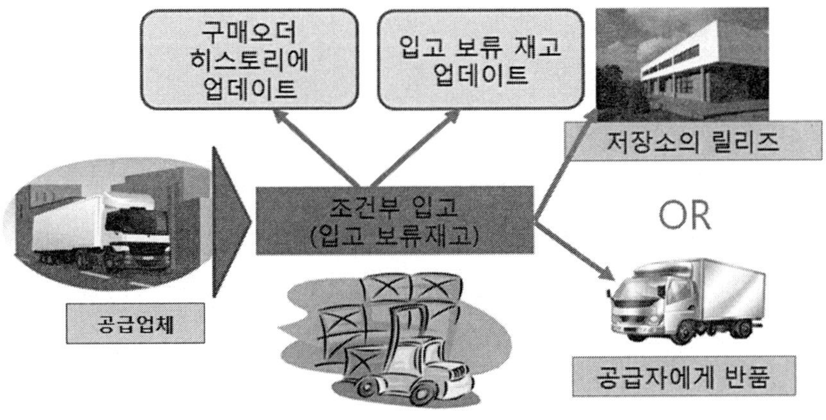

〔그림 2-3〕 보류재고 릴리즈(Blocked Stock Release)

조건부 입고(Conditional acceptance)는 가용재고로 전환을 하던지 공급업체에게 다시 반품을 하던지 해야 한다. 조건부 입고 상태에 있는 자재는 현재 가입고 상태이므로 사용할 수 없다. 따라서 가용재고가 되기 위해서는 추가적으로 릴리즈(Release)라는 단계가 필요하다. 입고 보류재고(GR blocked stock)는 구매오더 히스토리(Purchase order history)에 업데이트가 되고 보류재고(blocked stock) 수량 역시 업데이트가 된다. 즉 회계장부 상으로만 업데이트가 되지 않을 뿐 나머지는 일반재고와 유사하다.

SAP 화면보기 ▽

▼ 입고에 앞서 구매오더 생성하기

- **메뉴 경로**

물류(Logistics) ⇨ 자재관리(Material Management) ⇨ 구매(Purchasing) ⇨ 구매오더(Purchase Order) ⇨ 생성(Create) ⇨ ME21N-벤더 / 공급업체(Vendor/Supplying Plant Known)

- **T-code : ME21N**

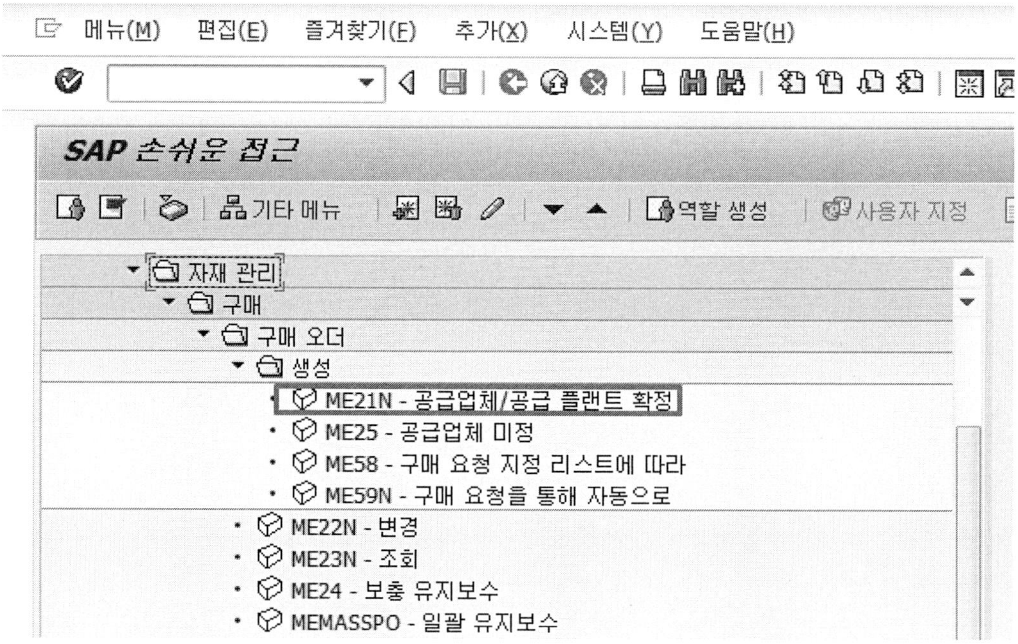

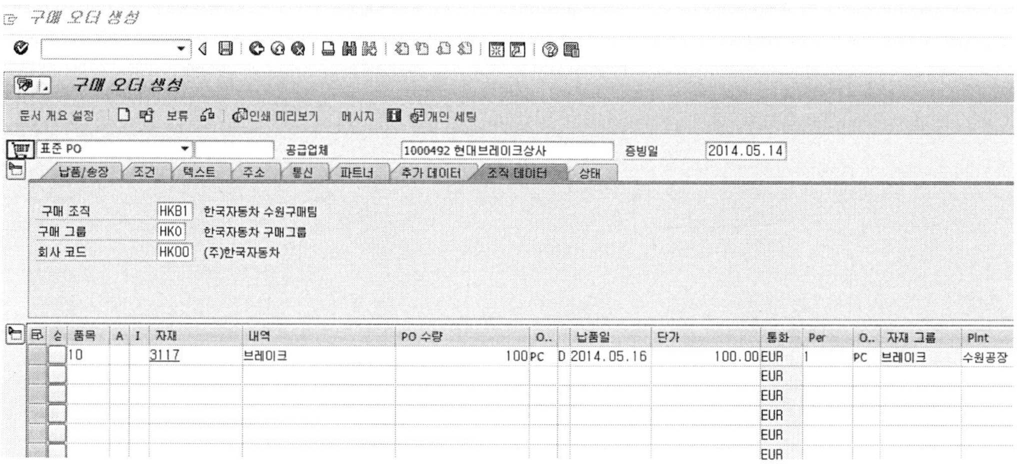

위의 화면과 같이 구매오더를 생성한다.

▼ 보류재고(Blocked Stock) 입고

- 메뉴 경로

물류(Logistics) ⇨ 자재관리(Material Management) ⇨ 재고 관리(Inventory Management) ⇨ 자재 이동 (Good movement) ⇨ 자재 이동(Goods Movement (MIGO))

- T-code : MIGO

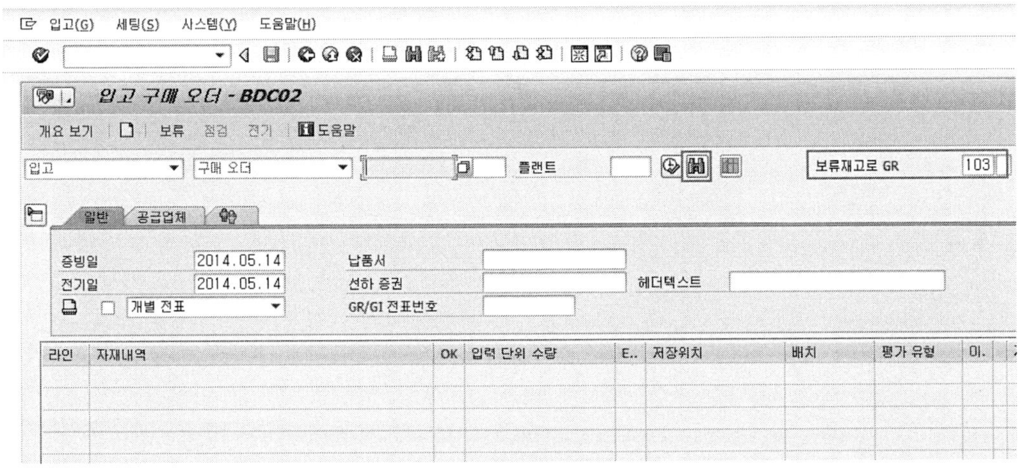

제일 먼저 이동유형을 103 입력한다. 우선 공급업체를 검색하여 구매오더 번호를 살펴본다. 여기서 버튼을 눌러서 아래와 같이 입고를 하려고 하는 자재의 공급업체를 찾는다.

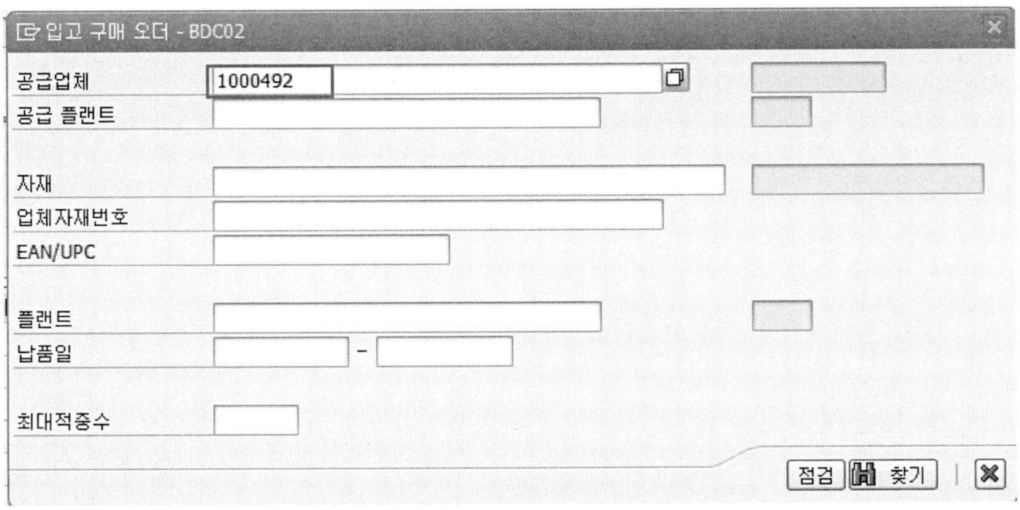

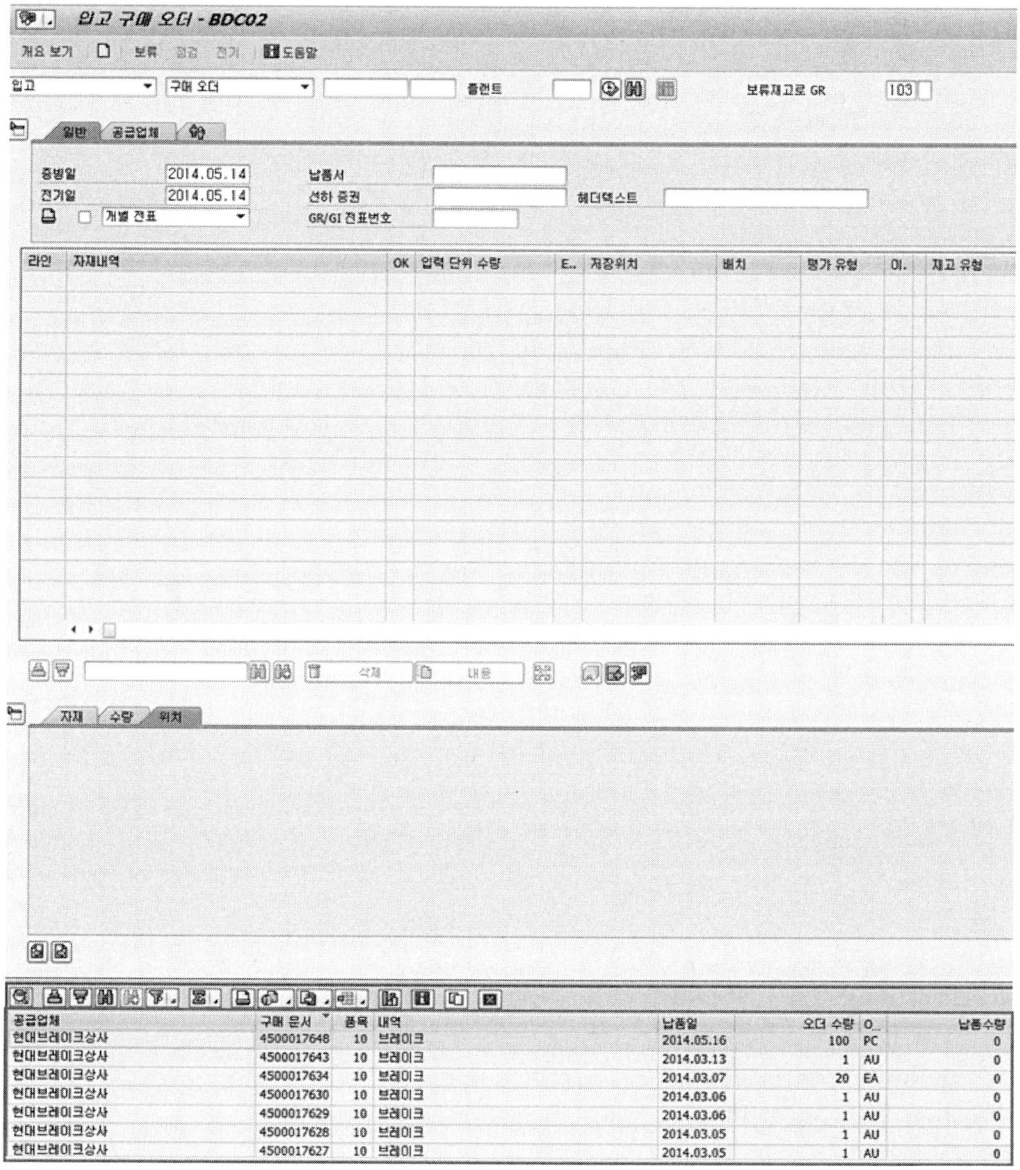

하단에 공급업체에 따른 구매오더 문서들이 나타나면 그 중 입고를 수행할 것을 선택한다. 선택한 라인을 더블클릭하면 다음과 같이 구매오더의 내역을 보여준다.

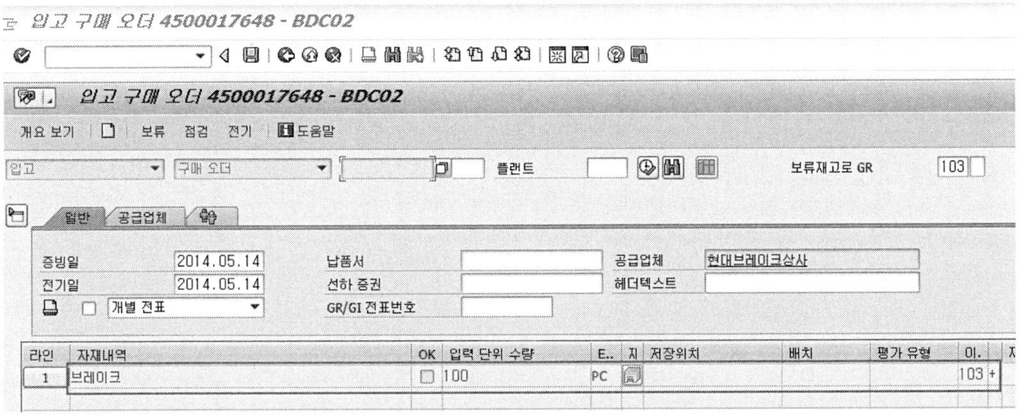

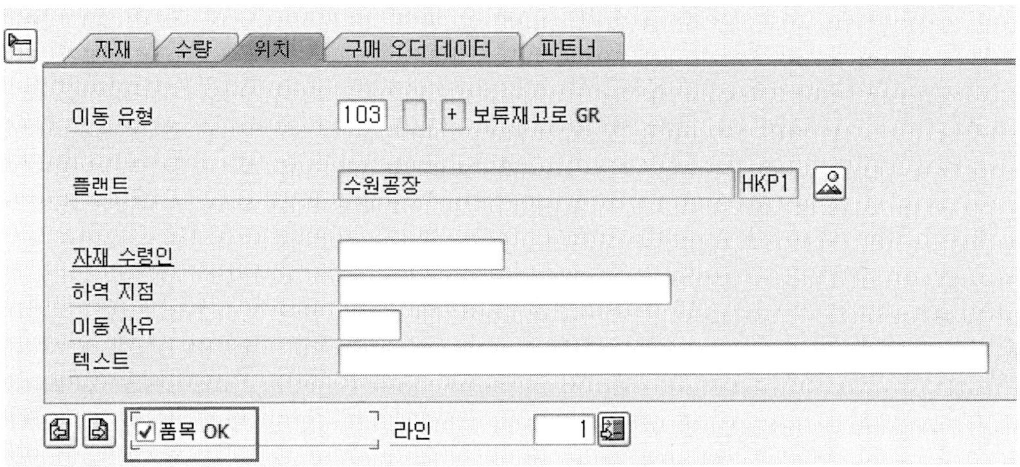

나타난 화면의 자재 내역을 확인하고 품목 OK을 체크 한 후 저장 버튼을 눌러 전기한다.

한편, 비재고 자재(Non-stock item)의 경우를 제외하고 아래의 메뉴로 가서 재고상태가 변경된 것을 재고 개요(Stock Overview) 형식으로 볼 수 있다.

▼ **재고개요(Stock Overview)**

- 메뉴 경로

물류(Logistics) ⇨ 자재 관리(Material Management) ⇨ 재고 관리(Inventory Management) ⇨ 환경(Environment) ⇨ 재고(Stock) ⇨ MMBE -재고 개요(Stock Overview)

- T-code: MMBE

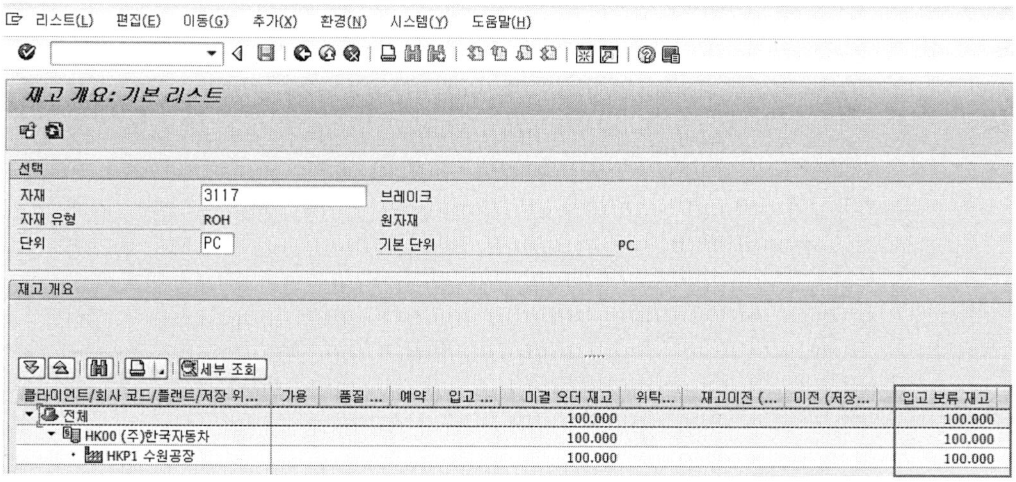

▼ **보류재고 릴리즈(Blocked Stock Release)**

- 메뉴 경로

물류(Logistics) ⇨ 자재관리(Material Management) ⇨ 재고 관리(Inventory Management) ⇨ 자재 이동 (Good movement) ⇨ 자재 이동(Goods Movement (MIGO))

- T-code : MIGO

입고화면과 동일한 화면(MIGO)에서 진행된다. 입고보류재고(GR Blocked Stock)의 상태를 아래와 같이 입고보유재고 릴리즈(Release GR Blocked Stock)상태로 전환하고 입고문서를 입력한다.

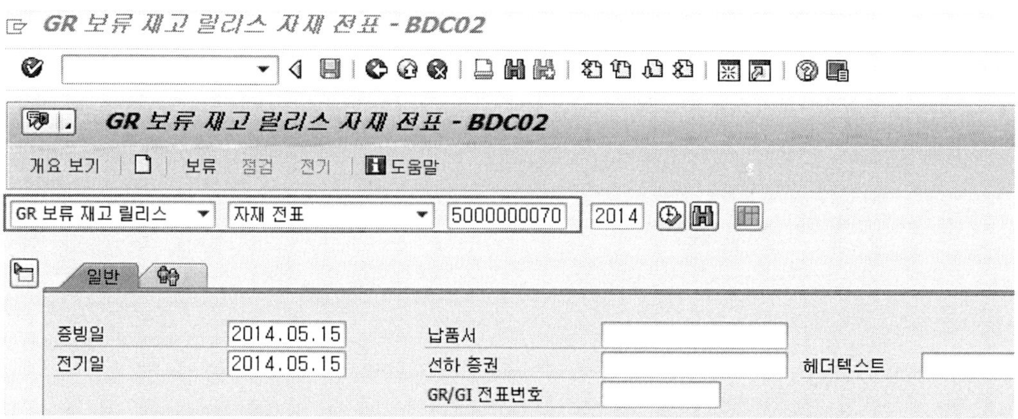

위의 화면에서 엔터를 눌러 위 입고문서를 참조를 하게 되면 아래와 같이 자동 입력된 화면이 나타난다.

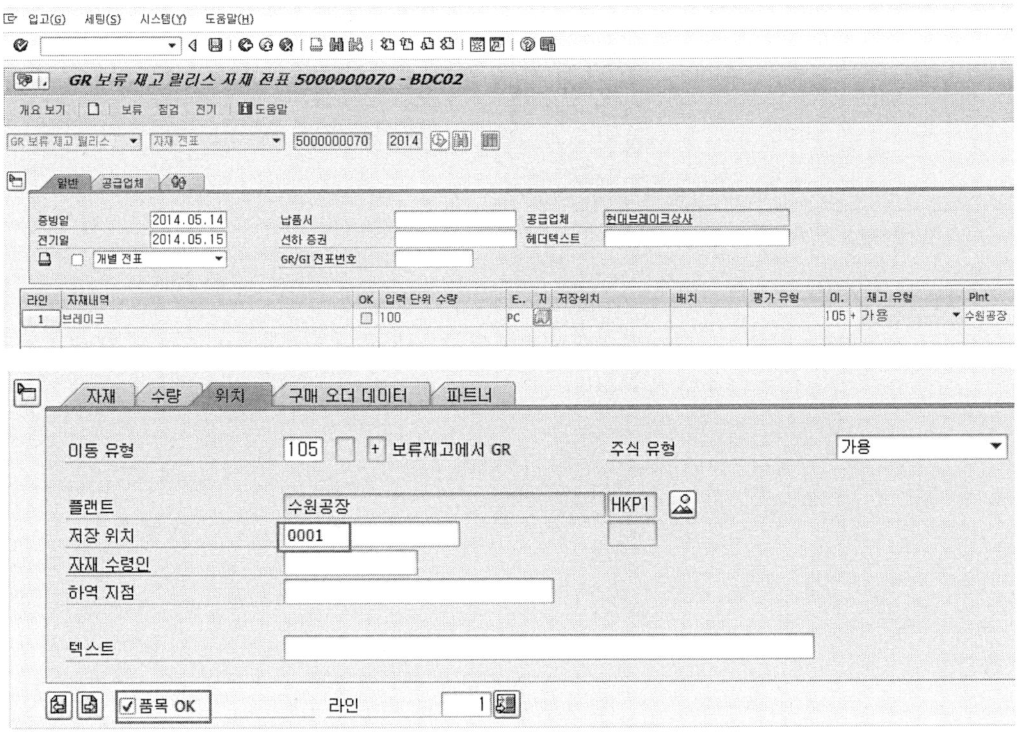

입고와 달리 릴리즈(Release)는 저장 위치(storage location)을 설정해준다. 확인 후 품목 OK에 체크를 하고 저장(저장 아이콘)을 클릭하여 전기한다.

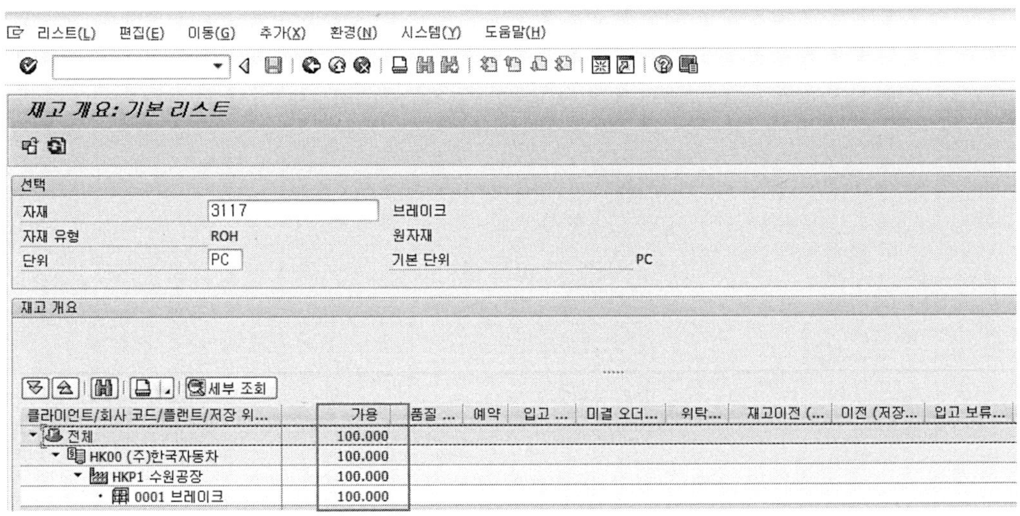

재고개요 조회를 통해 입고보류재고였던 자재가 가용재고로 전환된 것을 확인할 수 있다.

- **품질검사재고(Quality Inspection Stock) 입고**

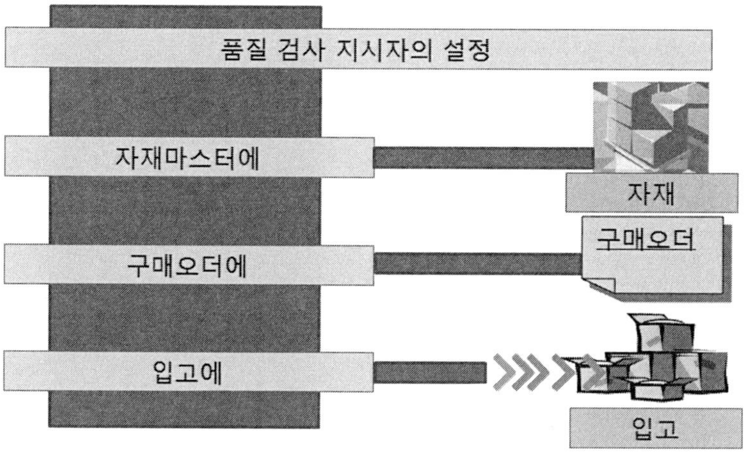

〔그림 2-4〕 품질검사재고(Quality Inspection Stock) 입고

일반적으로 입고를 잡을 때 품질검사재고(QI Stock)로 잡는 경우가 있다.

① 자재마스터 상에 자재유형이 품질검사가 필요한 경우 설정한다.

② 일정 공급업체를 통해 입고된 자재를 품질검사가 필요한 경우 구매오더에 설정한다.

③ 자재가 외관상으로 손상을 입었을 경우 입고시 자재에 대한 품질검사 내역이 없어도 입고 할 때 품질검사가 가능하다.

SAP 화면보기 ▽

▼ 자재마스터 상에 품질검사 설정

- 메뉴 경로

물류(Logistics) ⇨ 자재관리(Material Manaement) ⇨ 자재마스터(Material Master) ⇨ 자재(Material) ⇨ 변경(Change) ⇨ MM02-즉시(Immediately)

- T-code : MM02

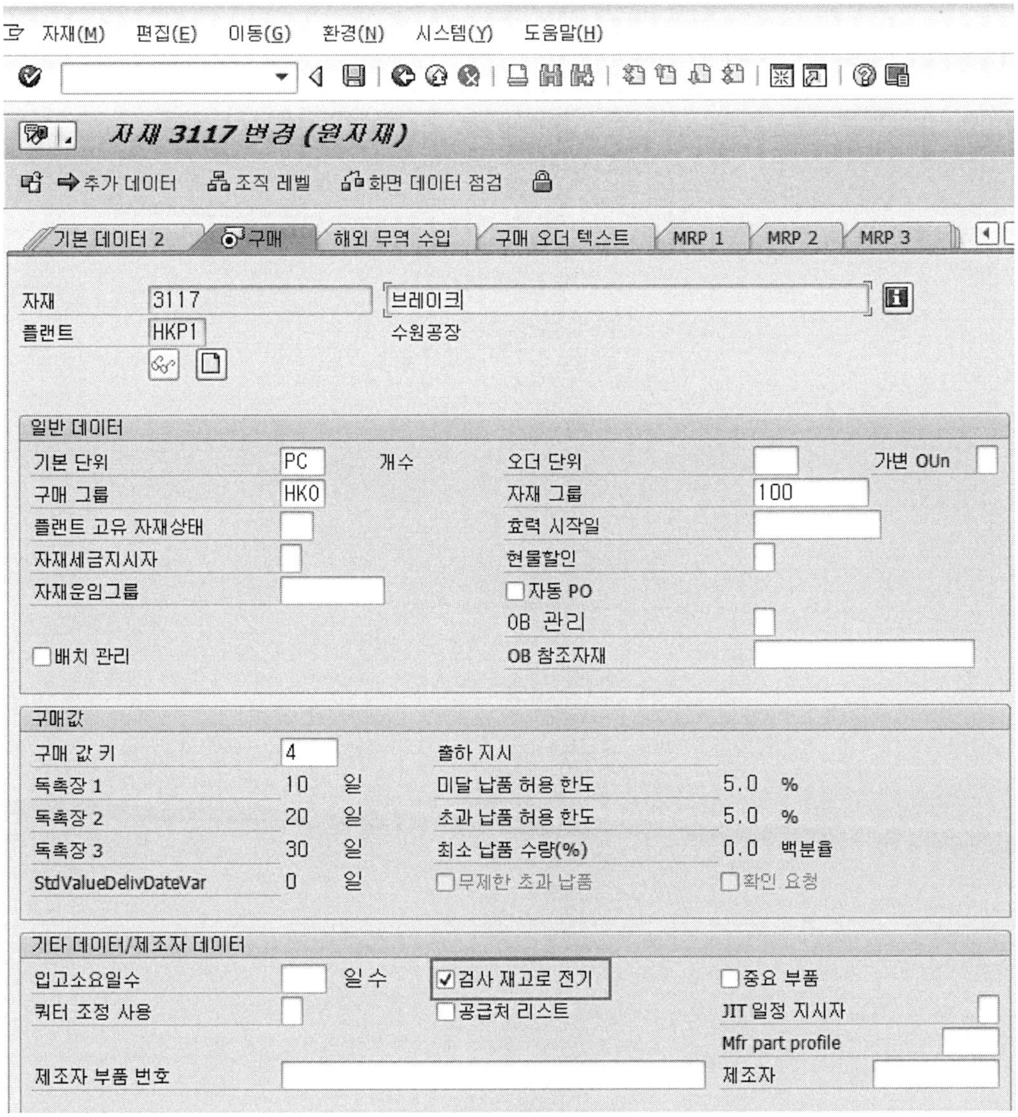

자재마스터에 품질검사재고(QI-stock)를 설정

구매오더에 품질검사(QI-stock)를 설정

• **품질검사**

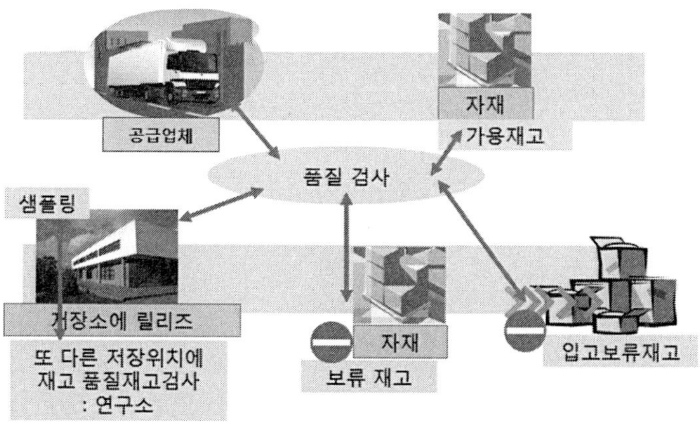

〔그림 2-5〕 품질검사

위 그림은 품질검사재고(QI-stock)로 입고를 잡은 다음 추가적으로 변경될 수 있는 품질검사에 대한 내용이다. 품질검사는 반품, 가용재고, 샘플링 처리 등으로 상태가 변경될 수 있다. 하지만 품질검사재고(QI-stock)의 상태에서 보류재고(Blocked stock)나 입고보류재고(GR Blocked stock)로는 전환될 수 없다. 즉 품질검사재고(QI-stock)에서는 가용재고나 공급업체(Vendor)에게 반품하거나 샘플링을 해야지만 전체적인 과정이 끝난다고 볼 수가 있다.

- **차후납품(Subsequent delivery)을 이용한 입고**

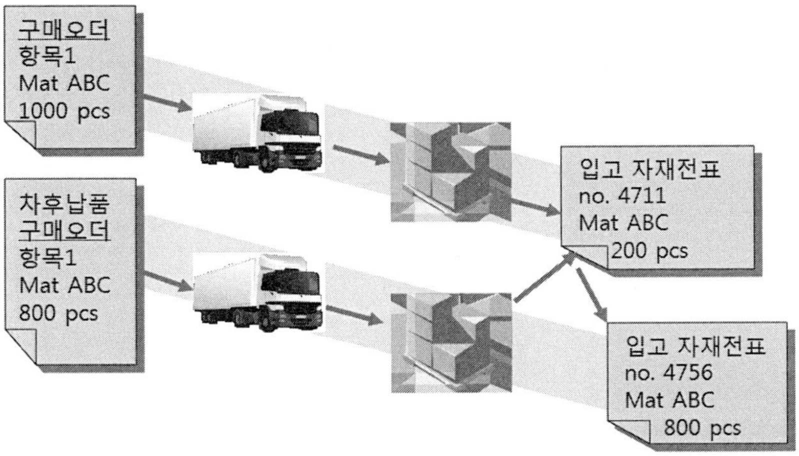

〔그림 2-6〕 차후납품(subsequent delivery)을 이용한 입고

위의 그림은 구매오더(PO)를 이용 하는 것이 아니라 차후납품(subsequent delivery)을 이용해서 입고를 잡을 수 있다는 사실을 설명하는 것이다. 예를 들어 품목 1000개로 구매오더(PO)를 발주를 하고 입고를 200개로 자재전표를 생성 하였다고 가정 하였을 때 남은 800개의 추가적인 입고를 차후납품(Subsequent delivery)을 이용해서 입고전기를 수행하면 편리하다.

SAP 화면보기 ▽

▼ 차후납품(subsequent delivery)을 위한 구매오더

- 메뉴 경로

물류(Logistics) ⇨ 자재관리(Material Management) ⇨ 구매(Purchasing) ⇨ 구매오더(Purchase Order) ⇨ 생성(Create) ⇨ ME21N-벤더 / 공급업체(Vendor/ Supplying Plant Known)

- T-code : ME21N

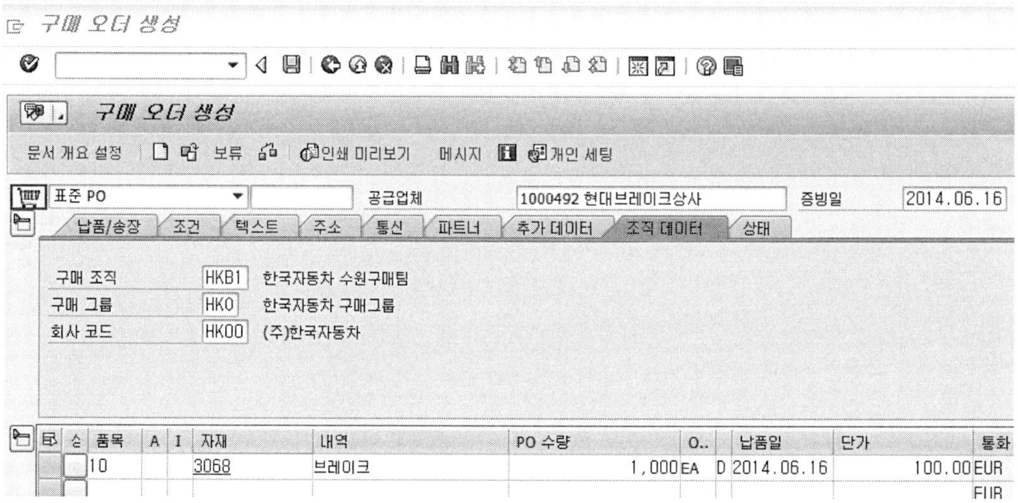

▼ 구매오더를 이용한 입고(GR) 문서를 생성해보자. (1000개 중 200개)

- 메뉴 경로

물류(Logistics) ⇨ 자재 관리(Material Management) ⇨ 재고 관리(Inventory Management) ⇨ 자재 이동(Goods Movement) ⇨ MIGO-자재 이동(MIGO)

- T-code : MIGO

오더수량 1000개 중 200개만 입고시킨다.

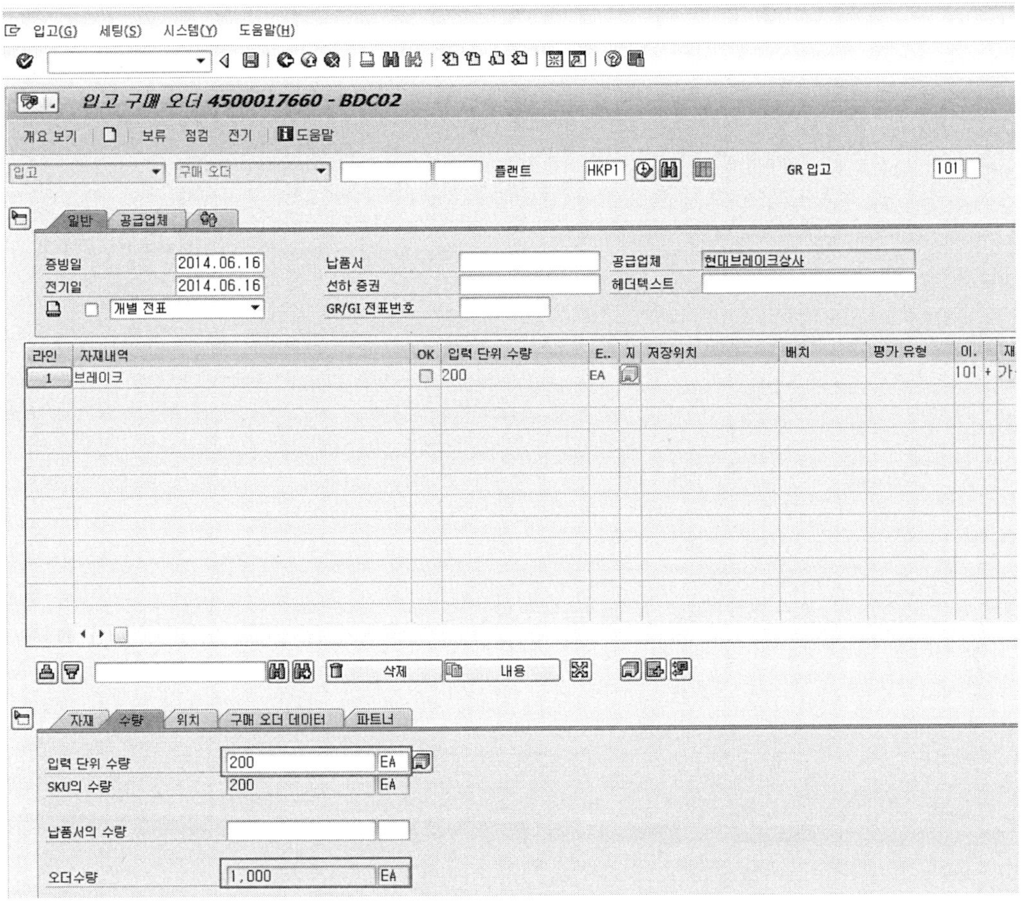

▼ 차후납품(subsequent delivery)

- 메뉴 경로

물류(Logistics) ⇨ 자재관리(Material Management) ⇨ 재고 관리(Inventory Management) ⇨ 자재 이동 (Good movement) ⇨ 자재 이동(Goods Movement (MIGO))

- T-code : MIGO

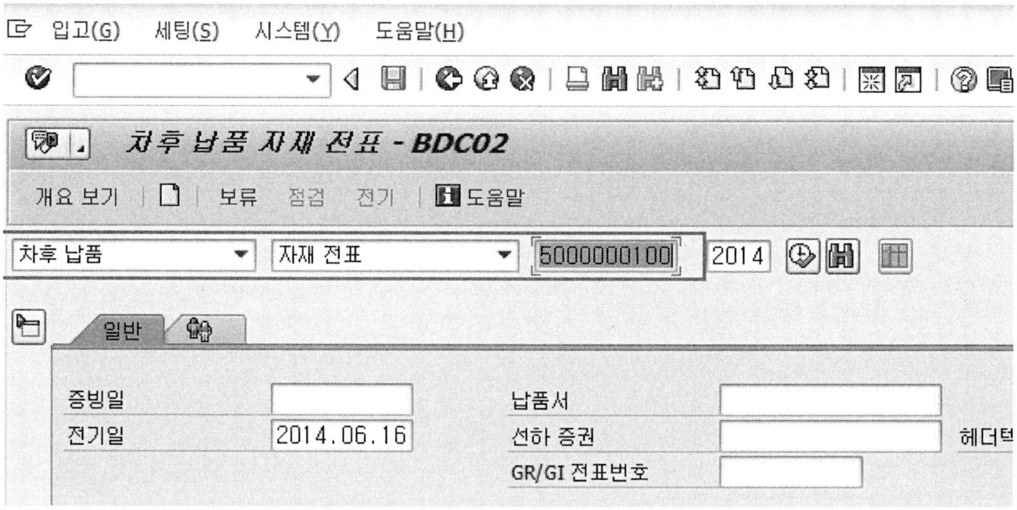

입고형태를 차후납품(subsequency delivery)으로 선택한 후 앞에서 생성한 자재전표 번호를 입력하면 아래 그림과 같이 총 수량과 남은 수량을 확인하여 보다 쉽게 입고를 진행할 수 있다.

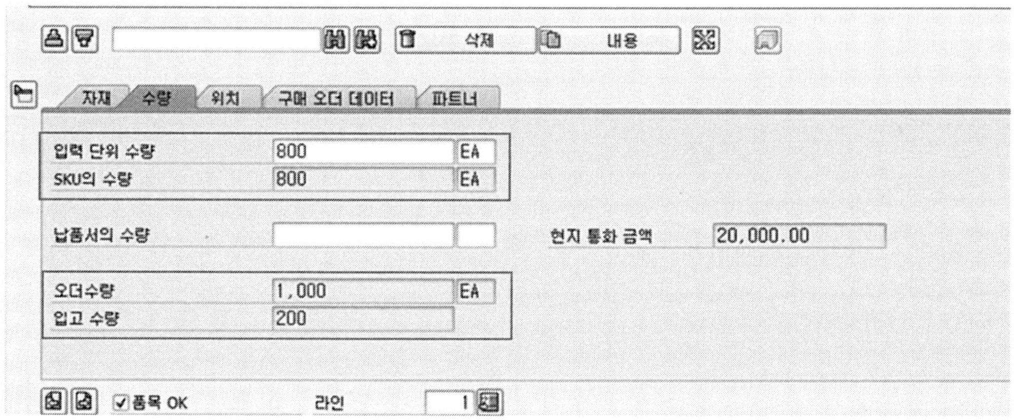

2. 입고와 관련된 IMG 세팅

- **납품 완료 지시자(Delivery Complete Indicator)**

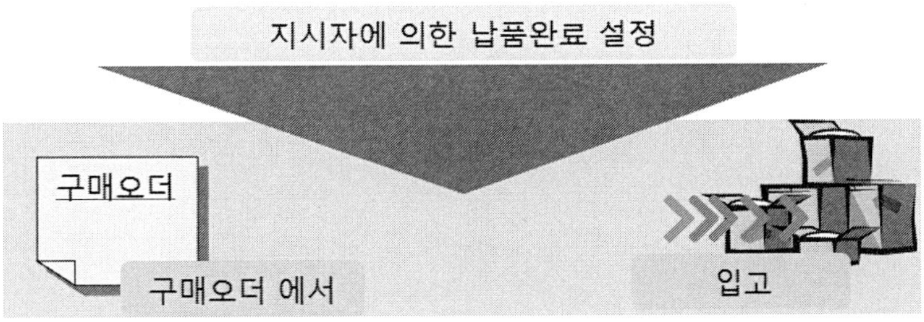

〔그림 2-7〕 납품 완료 지시자(Delivery Complete Indicator)

일반적으로 입고처리를 할 때 구매오더(PO)와 입고(GR)수량을 비교하는데 예를 들어 구매오더(PO)가 1000개이고, 입고(GR)를 400개만 수행한다 하였을 때 남은 600개를 더 입고를 할 것인지 아니면 이 구매오더(PO)가 끝났을 지를 설정 하는 것이 납품완료 지시자(Delivery Complete Indicator)이다. 예를 들어 구매오더(PO)는 1000개를 발주 하였지만 입고(GR)할 수량은 900개로 설정 했을 때 납품업체가 더 이상 납품을 하지 않는다고 확인 될 때 이 구매오더(PO)는 종료(CLOSE)된다. 이렇게 종료가 되면 이 구매오더(PO)에서 100개가 들어오지 않았지만 더 이상 들어오지 않는 것으로 간주 할 수 있다는 예외적인 프로세스를 수행 할 수 있다.

SAP 화면보기 ▽

▼ **납품완료지시자(Delivery Complete Indicator) 설정**

- 메뉴 경로

물류(Logistics) ⇨ 자재관리(Material Management) ⇨ 재고 관리(Inventory Management) ⇨ 자재 이동 (Good movement) ⇨ 자재 이동(Goods Movement (MIGO))

- T-code : MIGO

입고화면을 보면 아래와 같이 납품완료지시자(Delivery Complete Indicator)를 볼 수 있다. 납품완료지시자(Delivery Complete Indicator)가 "설정"으로 지정이 되면 구매오더 보다 수량이 적게 입고하여도 그 구매오더는 종료(CLOSE)가 된다.

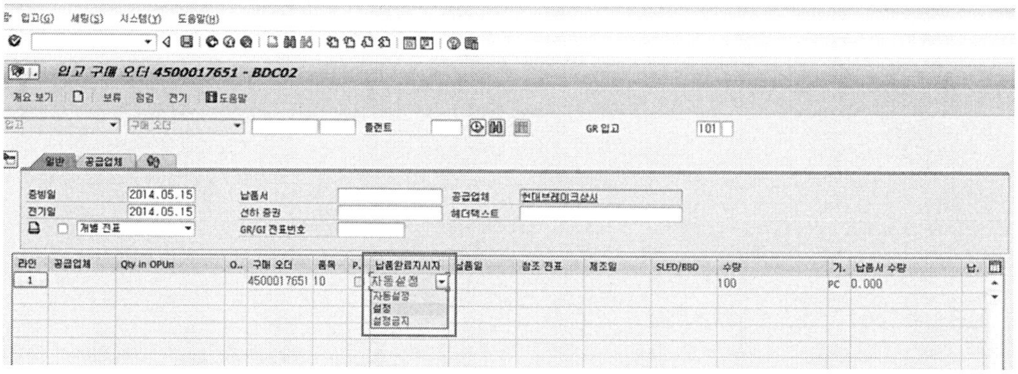

- **미달납품과 초과납품(Under Delivery and Over delivery)**

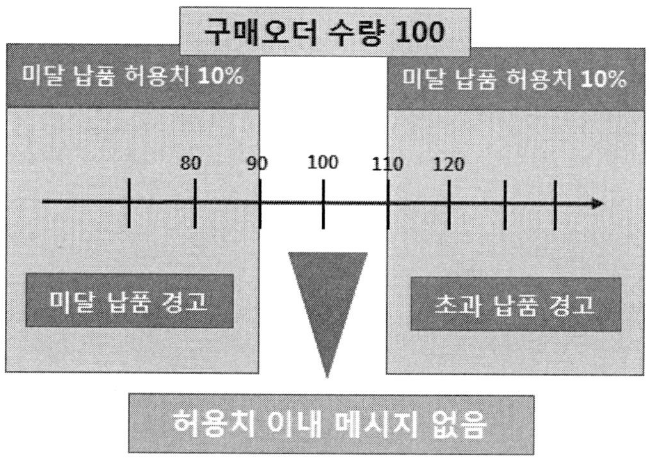

〔그림 2-8〕 미달납품과 초과납품(Under Delivery and Over delivery)

자재마스터에서 미달납품(Under delivery)과 초과납품(Over delivery)을 관리할 수 있다. 구매오더(PO)를 100개 냈다고 했을 때 미달납품 허용치(Under delivery tolerance)와 초과납품 허용치(Over delivery tolerance)를 10%로 줬다고 했을 때 90개를 납품을 하면 허용지(tolerance)범위 안에 들기 때문에 10개에 대해서는 더 이상 추가적인 납품이 없을 것이라고 인식한다. 이러한 인식이 MRP를 수행할 때 현재 구매오더(PO)에 대해서 종료(Closing)를 할 것이냐 의 기준이 되며, 그에 따라 미달납품(Under deliver), 초과납품(Over deliver) 등이 결정된다.

앞의 그림에서는 초과납품(Over deliver)은 110개까지는 상관없지만 110을 넘기면 초과납품 오류(Over delivery error)를 발생한다. 그래서 미달납품(Under delivery)은 에러가 발생하지 않지만 초과납품(Over delivery)은 에러가 발생하여 더 이상 입고 할 수 없도록 한다.

이러한 납품 허용(delivery tolerance)을 세팅할 경우 커스터마이징(Customizing)과 어플리케이션(Application)부분으로 나뉘어 져 있는데 먼저 커스터마이징(Customizing)에서는 허용한도(tolerance limits)라는 키값을 만들고 자재마스터(material mater)에 키값을 할당한다. 또 납품 완료 지시자 설정(Set delivery complete indicator)라는 설정 지시자가 있는데 이것을 세팅하게 되면 자동으로 허용한도(tolerance limits)를 체크해서 그 안에 들어올 경우 자동으로 체크 해 주겠다는 것이다.

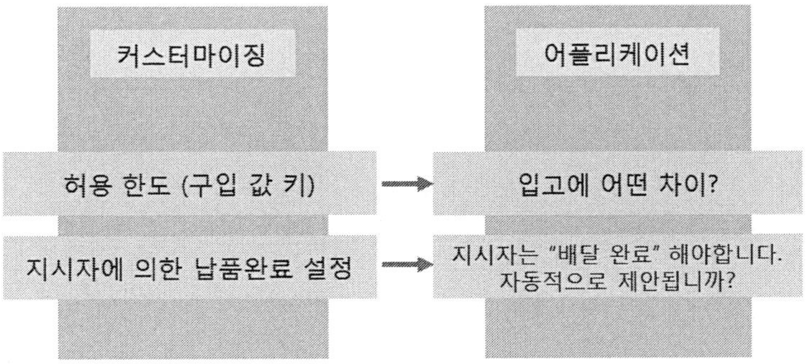

〔그림 2-9〕 허용한도(Delivery tolerance) 세팅

▼ **납품완료지시자(Delivery Complete Indicator)**

- 메뉴 경로

IMG ⇨ 자재관리 (Material Management) ⇨ 재고관리 및 재고실사(Inventory Management and Physical Inventory) ⇨ 입고(Good Receipt) ⇨ "납품완료"지시자 설정(Set "Delivery Completed" Indicator)

- T-code : SPRO

아래와 같이 플랜트 별로 납품완료 지시자(Delivery Completed indicator)를 설정해 줄 수 있다.

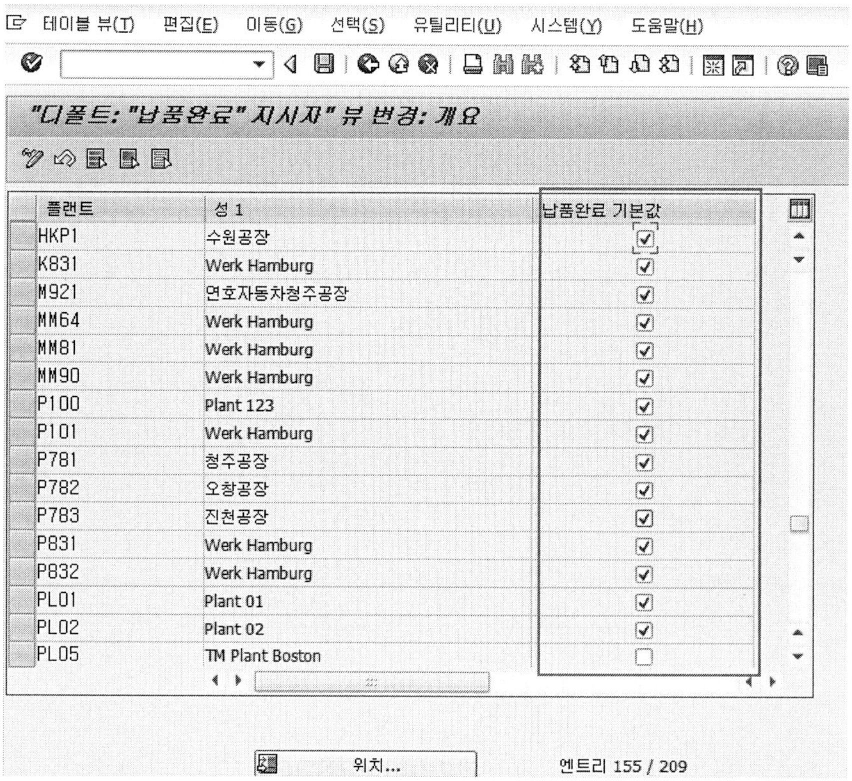

- **오더가격 수량차이(Order Price quantity variance)**

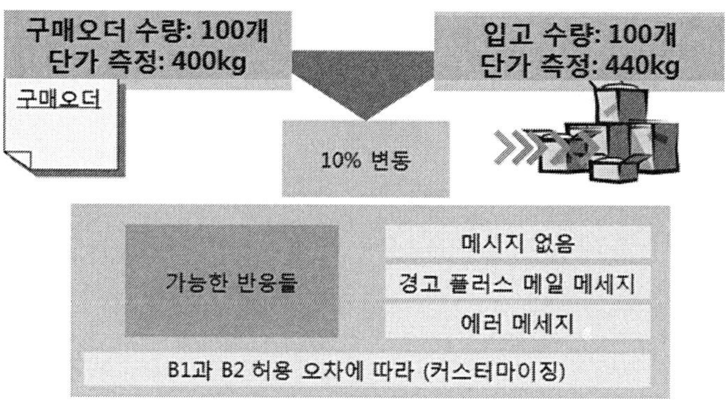

〔그림 2-10〕 오더가격 수량차이(Order Price quantity variance)

구매오더를 100개를 발주하였다고 가정했을 때 단가의 측정은 Kg당으로 책정한다고 하여 400kg의 단가가 책정되었다. 그런데 입고가 되었는데 납품 수량(Quantity delivered)은 100개가 맞고 단가 측정(Order price)은 440kg이다. 그래서 입고수량과 실제 입고수량은 동일하지만 단가 계산 단위의 차이가 발생하였다. 이럴 때를 오더가격 수량차이

(Order Price quantity variance)가 발생하였다고 한다.

이러한 상황이 발생 했을 때 가능한 조치방법은 메시지 없음(No Message), 경고 및 메일 메시지(Warning), 에러 메시지(Error Message)를 낼 수 있도록 커스터마이징(Customizing)한다. 위의 그림을 보면 B1과 B2의 허용한도에 따라 (Dependent on B1 and B2 tolerances)인데 B1과 B2의 허용한도(tolerance limits)를 어떻게 세팅하느냐에 따라 메시지 없음(No Message), 경고 및 메일 메시지(Warning), 에러 메시지(Error Message)로 처리될 수 있다.

IMG 세팅으로 가서 B1과 B2의 허용한도 설정에 관하여 살펴보기로 한다.

- **오더가격 수량차이(Order Price quantity variance) 설정**
  - **메뉴 경로**

IMG ⇨ 자재관리 (Material Management) ⇨ 재고관리 및 재고실사(Inventory Management and Physical Inventory) ⇨ 입고(Good Receipt) ⇨ 허용한도 설정(Set Tolerance limits)

  - **T-code : SPRO**

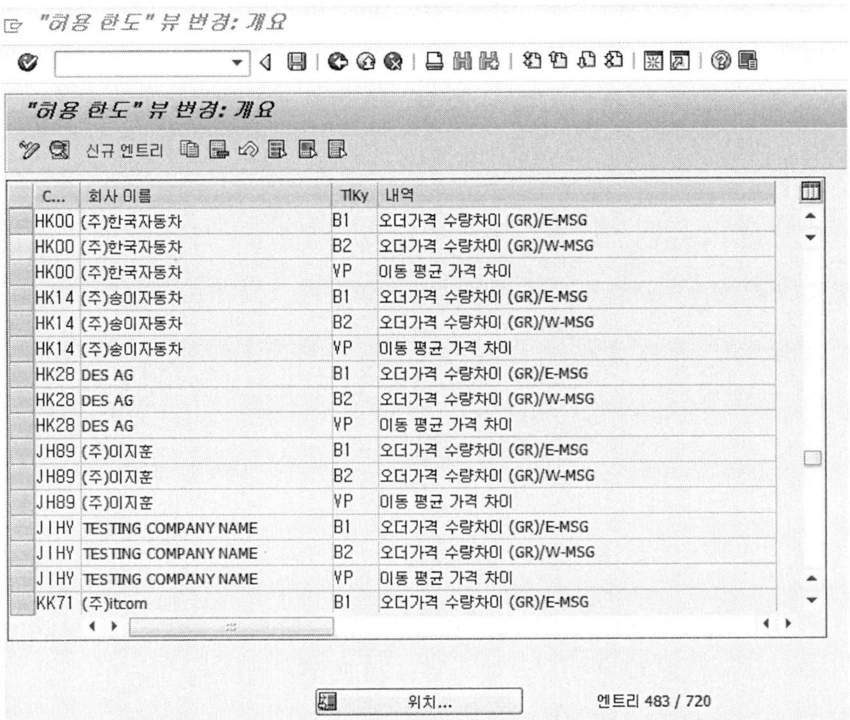

C...	회사 이름	TlKy	내역
HK00	(주)한국자동차	B1	오더가격 수량차이 (GR)/E-MSG
HK00	(주)한국자동차	B2	오더가격 수량차이 (GR)/W-MSG
HK00	(주)한국자동차	VP	이동 평균 가격 차이
HK14	(주)송이자동차	B1	오더가격 수량차이 (GR)/E-MSG
HK14	(주)송이자동차	B2	오더가격 수량차이 (GR)/W-MSG
HK14	(주)송이자동차	VP	이동 평균 가격 차이
HK28	DES AG	B1	오더가격 수량차이 (GR)/E-MSG
HK28	DES AG	B2	오더가격 수량차이 (GR)/W-MSG
HK28	DES AG	VP	이동 평균 가격 차이
JH89	(주)이지훈	B1	오더가격 수량차이 (GR)/E-MSG
JH89	(주)이지훈	B2	오더가격 수량차이 (GR)/W-MSG
JH89	(주)이지훈	VP	이동 평균 가격 차이
JIHY	TESTING COMPANY NAME	B1	오더가격 수량차이 (GR)/E-MSG
JIHY	TESTING COMPANY NAME	B2	오더가격 수량차이 (GR)/W-MSG
JIHY	TESTING COMPANY NAME	VP	이동 평균 가격 차이
KK71	(주)itcom	B1	오더가격 수량차이 (GR)/E-MSG

허용 한도(Tolerance limits)에서 보면 각 회사코드별로 한도(Tolerance) 값들을 정의해 놓았다. 회사코드 HK00 대해서 살펴보도록 하자. 에러 메시지인 회사코드HK00번의

B1의 화면이다. 하한 상한 각 각 50%의 허용한도를 넘을 경우 에러 메시지를 나타내도록 한 설정 값이다.

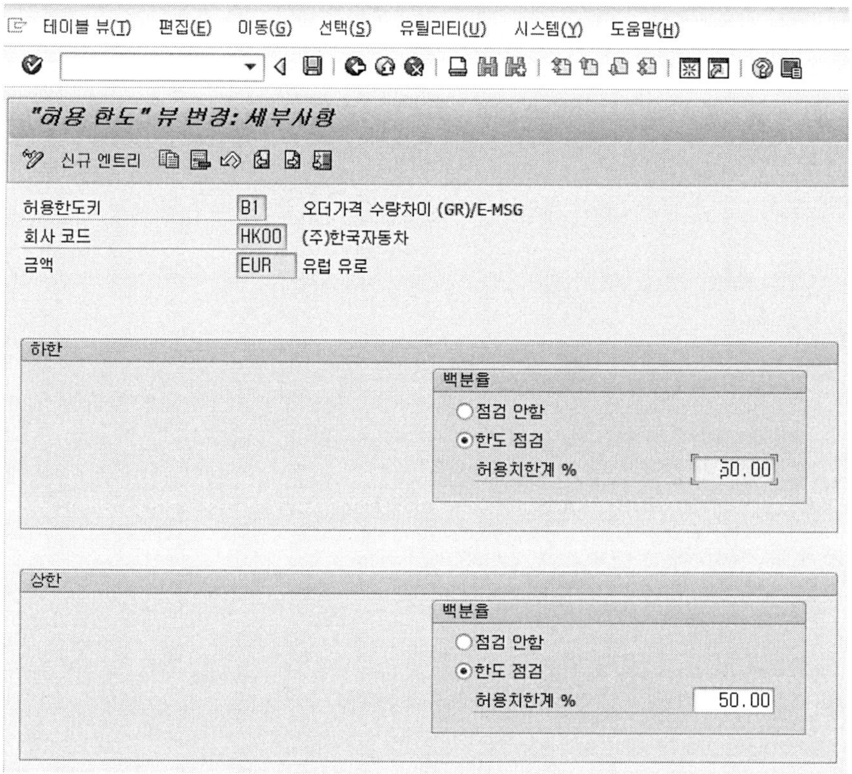

아래 그림은 B2 경고 메시지이다. B1 /B2를 통해서 회사코드 HK00의 오더가격 수량차이(Order Price quantity variance)를 관리할 수 있다. 하한 상한 각 각 20%의 허용한도를 넘을 경우 경고 메시지를 나타내도록 한 설정 값이다.

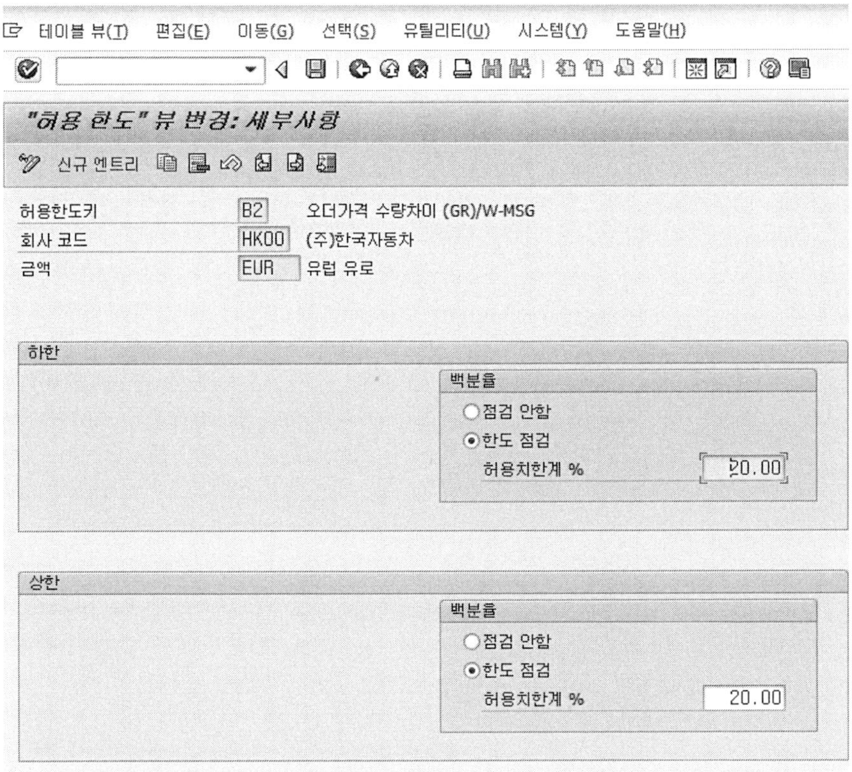

- **반품에 대한 처리 옵션(Option for Carrying Out a Return Delivery)**

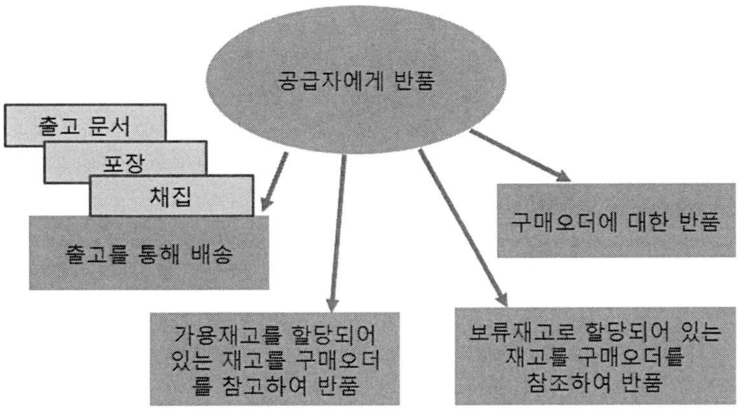

〔그림 2-11〕 반품 처리 옵션 (Option for Carrying Out a Return Delivery)

공급업체에 반품(Return Delivery)하는 경우에는 구매오더(PO)에 대해서 반품(Return)하는 경우, 보류재고(blocked stock)로 할당되어 있는 재고를 구매오더(PO)를 참조해서 반품(Return)하는 경우, 가용재고로 할당되어 있는 재고를 구매오더(PO)를 참고하여 반품(Return)하는 경우가 있다. SD에서 보면 배송기능(via shipping Function)이 추가되어 공급업체에 반품(Return delivery)을 처리할 경우가 있는데 이 경우에는 우리가 공급업체에게 대차를 내서 반품(Return)을 한다고 할 경우 배송기능을 통해서 반품(Return)이 가능하다.

• **취소전기와 반품(Reversal and Return Deliveries)**

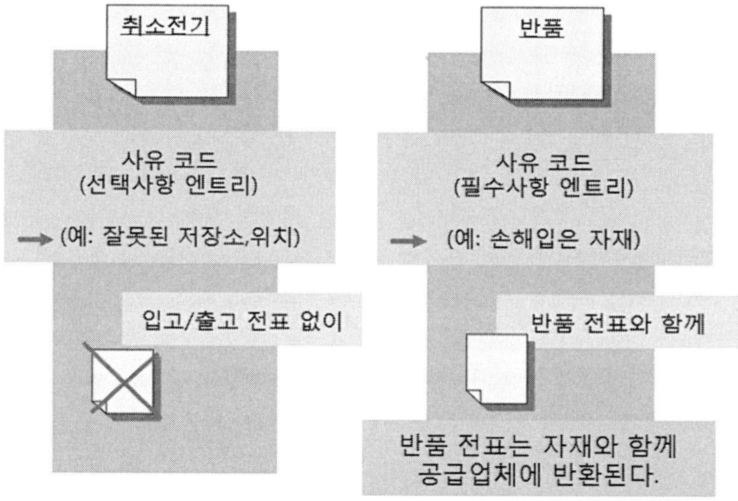

〔그림 2-12〕 취소전기와 반품

취소전기(Reversal)는 정상적으로 입고가 된 재고에 대하여 취소를 한다는 것이고, 반품(Return Deliveries)은 업체에게 실제 반품 한 품목을 말한다. 취소전기(Reversal)는 전산적인 실수에 의해서 취소하는 것이고 반품(Return delivery)은 실제로 물건이 나쁘거나 업체가 좋지 않을 경우 등의 이유에 의해서 반품하는 것을 말한다. 취소전기(Reversal) 기능을 쓰는 경우 사유코드(Reason for movement)가 선택사항(Optional)으로 되어 있지만 반품(Return delivery)은 필수입력(mandatory)으로 되어 꼭 입력되어 있어야 한다.

▼ 반품(Return delivery) 처리 화면보기

- 메뉴 경로

물류(Logistics) ⇨ 자재관리(Material Management) ⇨ 재고 관리(Inventory Management) ⇨ 자재 이동 (Good movement) ⇨ 자재 이동(Goods Movement (MIGO))

- T-code : MIGO

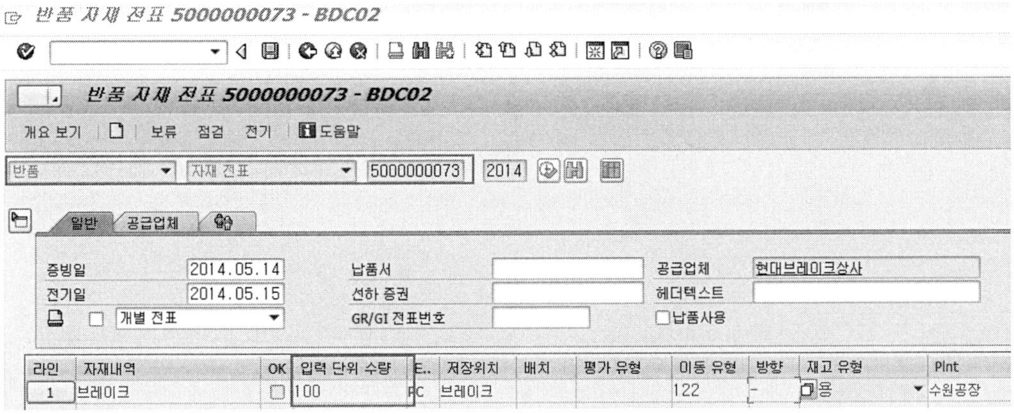

반품(Return delivery)을 선택하고 자재문서(Material document) 번호를 입력한 후 엔터를 누른다. 반품할 자재내역이 나타나면 총 입고 수량 중 반품할 자재 수량을 확인한 후 이상이 없으면 전기한다.

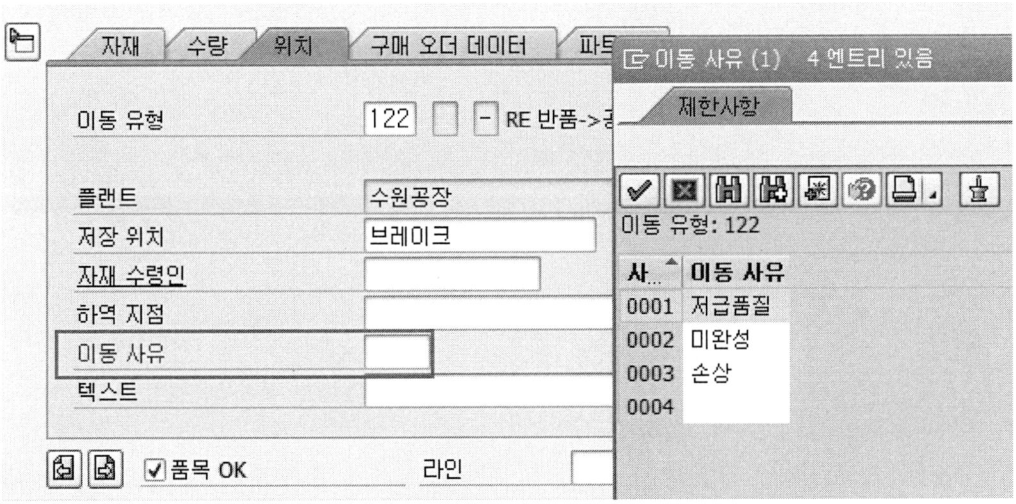

반품(Return Deliveries)은 이동사유를 필수적으로 입력해 주어야 한다.

- **반품용 구매오더(Return Purchase Order)**

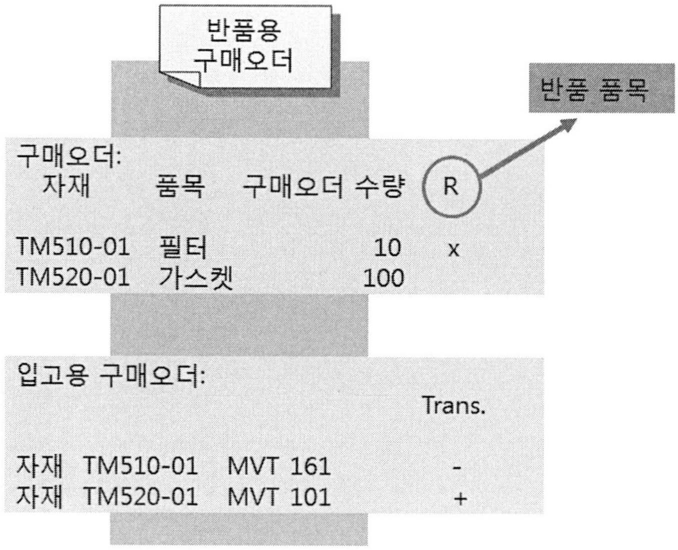

〔그림 2-13〕 반품용 구매오더(Return Purchase Order)

회사의 창고 안에 어느 시점에 들어와 있는지 모르는 자재(Material)를 반품할 경우에는 구매오더(PO)에 의해서 반품 처리를 할 수 없으므로 구매오더(PO)자체를 신규로 생성해서 그 구매오더(PO)에 의해 반품(Return)하는 방법으로 처리한다. 구매오더(PO)를 생성할 때 위 그림의 R이라는 반품 품목(Return indicator)에 체크가 되어 있을 때 이 구매오더(PO)는 정상적인 구매오더(PO)가 아니라 반품용 구매오더(Return PO)라는 것이다.

반품용 구매오더(Return PO)를 생성하고 나서는 T-code : MIGO에서 입고처리를 해야만 반품처리가 된다.

그래서 반품(Return delivery)과 구매오더(PO)를 이용한 반품(Return)의 이동 유형(Mvmt. type)의 차이가 있는데 실제 반품용 구매오더(Return PO)를 발주하고 반품(Return) 한 경우에는 이동 유형(Mvmt. type)은 161번을 사용한다.

▼ 반품용 구매오더(Return PO) 화면보기

- 메뉴 경로

물류(Logistics) ⇨ 자재관리(Material Management) ⇨ 구매(Purchasing) ⇨ 구매오더(Purchasing order) ⇨ 생성(Create) ⇨ ME21N-공급업체/공급 플랜트 확정(Vendor/Supplying Plant Known)

- T-code : ME21N

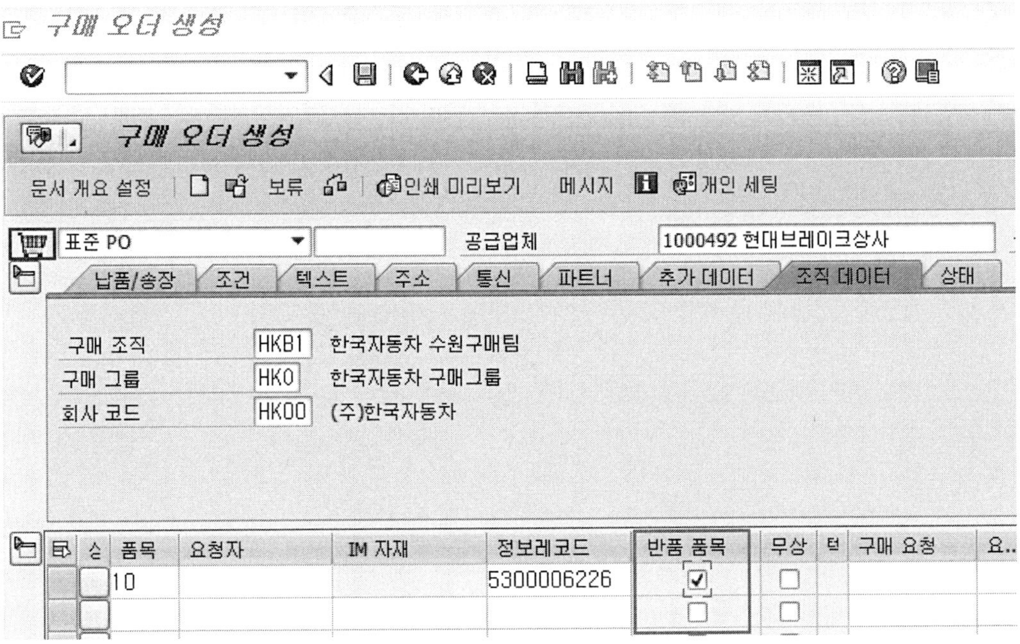

▼ **반품용 구매오더(Return delivery) 처리 화면보기**

- 메뉴 경로

> 물류(Logistics) ⇨ 자재관리(Material Management) ⇨ 재고 관리(Inventory Management) ⇨ 자재 이동 (Good movement) ⇨ 자재 이동(Goods Movement (MIGO))

- T-code : MIGO

생성한 구매오더를 입력하고 GR 입고 유형은 101번으로 설정한다.

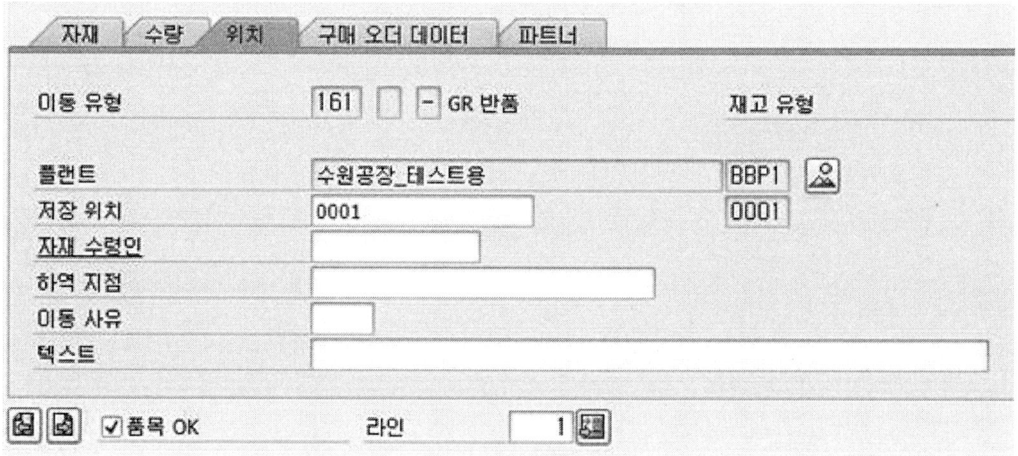

나타난 화면의 자재 내역을 확인하고 품목 OK을 체크 한 후 저장 버튼을 눌러 전기한다.

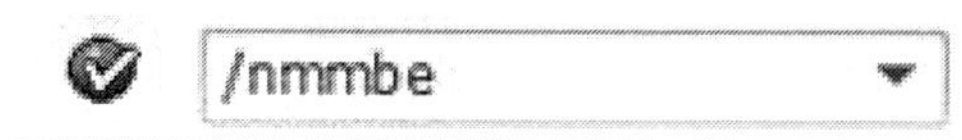

커맨드 창에서 "/nmmbe" 입력후 반품처리되어 줄어든 재고 수량을 확인한다.

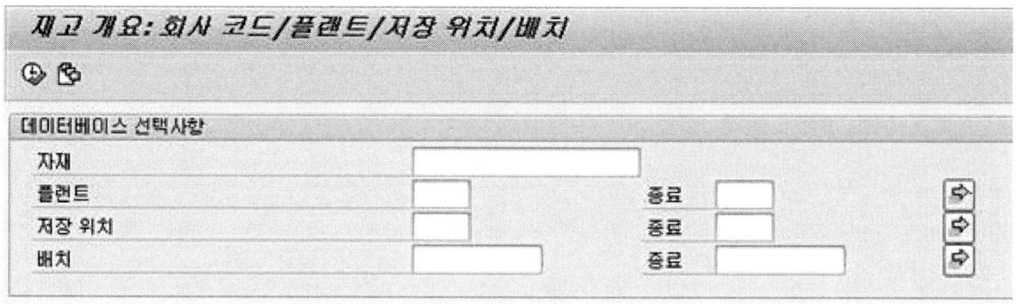

3. 창고보관 유효기간 (Shelf Life Expiration Date)

- **창고보관 유효기간 (Shelf Life Expiration Date) 설정**

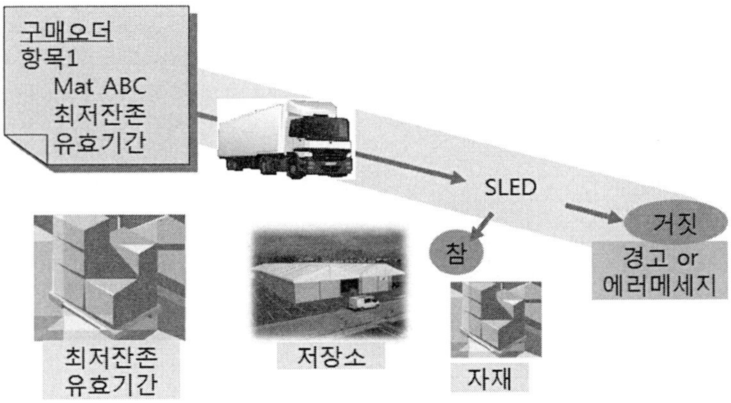

(그림 2-14) 유효기간

구매오더(PO)에 잔존창고보관 유효기간(remaining shelf life)이라는 필드가 있는데 이 필드는 자재마스터(Material master)에서도 관리가 된다. 최저잔존유효기간(min. remaining shelf life)은 최소 창고보관 유효기간을 말하는데 최소 보관유효기간이 얼마 이상 남아 있어야 되는가를 관리하게 된다. 구매오더(PO)에 자재마스터(material master) 값이 그대로 할당이 되고 이 구매오더(PO)에 의해서 입고를 하게 되면 시스템이 체크를 하게 되어 정상적으로 유효기간의 안쪽이면 오케이를 띄우고 아닐 경우 경고(Warning), 에러(Error)를 띄우게 된다.

▼ 창고보관 유효기간 (Shelf Life Expiration Date) 설정

- 메뉴 경로

물류(Logistics) ⇨ 자재 관리(Material Management) ⇨ 자재 마스터(Material Master) ⇨ 자재 (Material) ⇨ 변경(Change) ⇨ MM02-즉시(Immediately)

- T-code : MM02

뷰는 일반 플랜트 데이터/ 저장소 1(general plant data/ storage)을 선택한다.

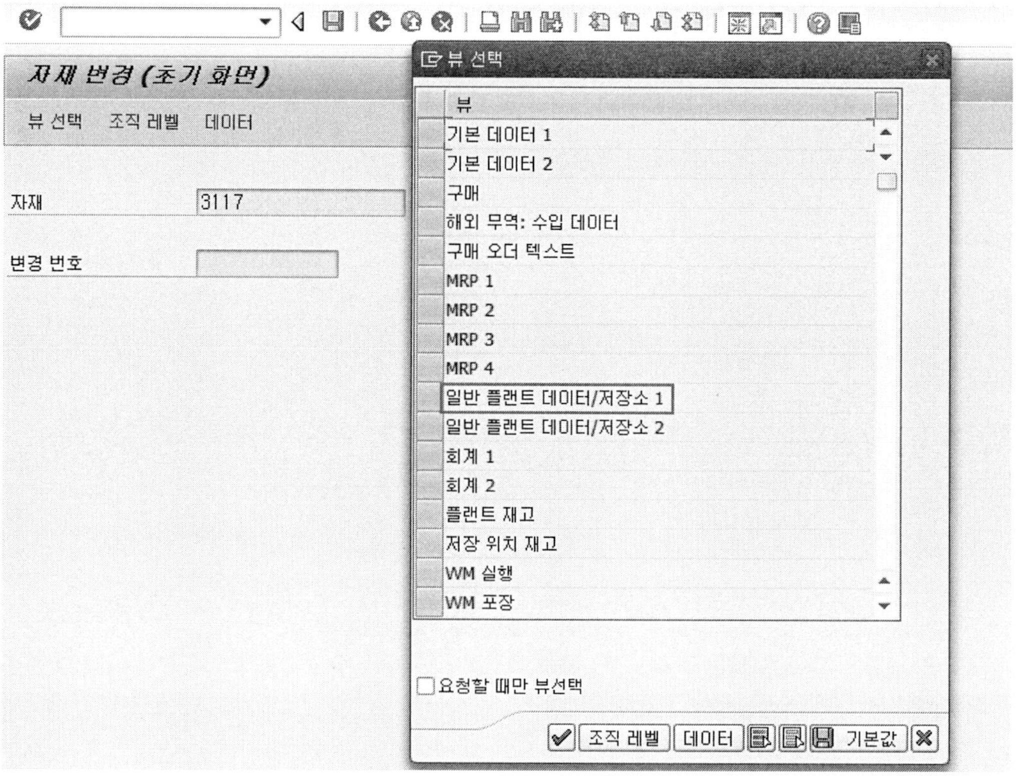

자재 변경 (초기 화면)
뷰 선택 조직 레벨 데이터
자재 3117
변경 번호
뷰 선택
뷰
기본 데이터 1
기본 데이터 2
구매
해외 무역: 수입 데이터
구매 오더 텍스트
MRP 1
MRP 2
MRP 3
MRP 4
일반 플랜트 데이터/저장소 1
일반 플랜트 데이터/저장소 2
회계 1
회계 2
플랜트 재고
저장 위치 재고
WM 실행
WM 포장
요청할 때만 뷰선택
조직 레벨
데이터
기본값

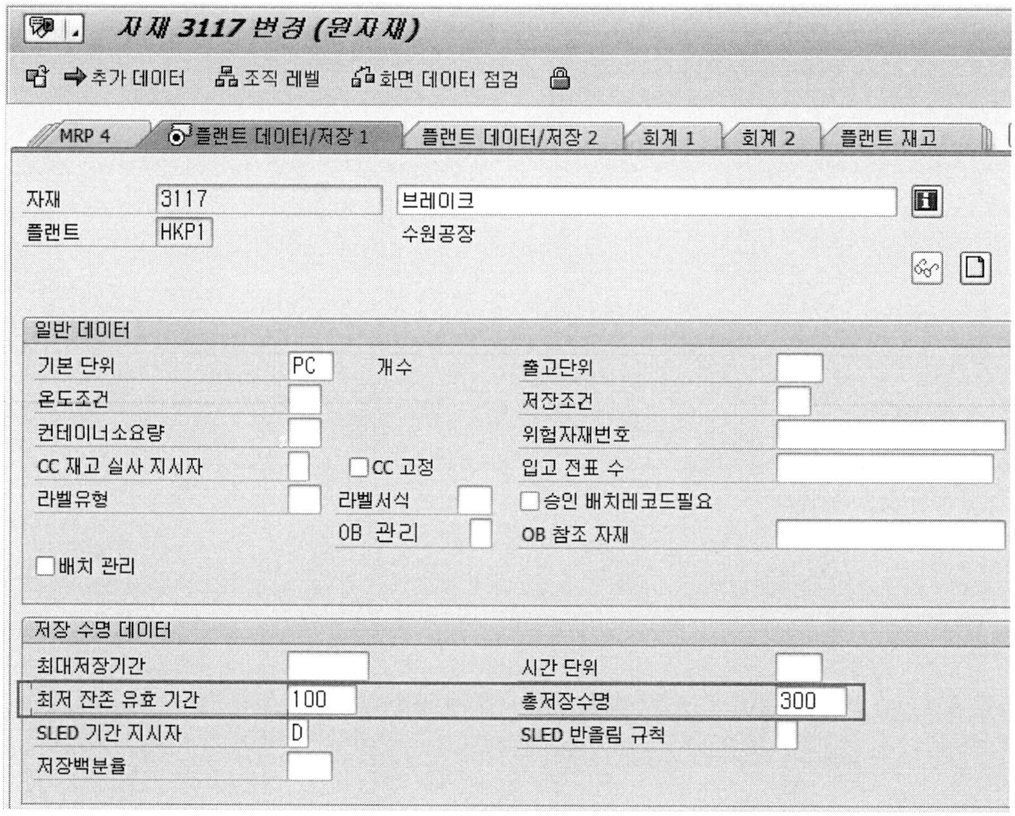

자재 3117 변경 (원자재)
추가 데이터 조직 레벨 화면 데이터 점검
MRP 4
플랜트 데이터/저장 1
플랜트 데이터/저장 2
회계 1
회계 2
플랜트 재고
자재 3117 브레이크
플랜트 HKP1 수원공장
일반 데이터
기본 단위 PC 개수
출고단위
온도조건
저장조건
컨테이너소요량
위험자재번호
CC 재고 실사 지시자
CC 고정
입고 전표 수
라벨유형
라벨서식
승인 배치레코드필요
OB 관리
OB 참조 자재
배치 관리
저장 수명 데이터
최대저장기간
시간 단위
최저 잔존 유효 기간 100
총저장수명 300
SLED 기간 지시자 D
SLED 반올림 규칙
저장백분율

총 저장유효기간은 300일이며 입고 시 최저 잔존 유효기간이 100일 이상 남아 있어야 한다는 의미의 자재내역이다.

- **입고 기한(Latest Acceptable Goods Receipt Date)**

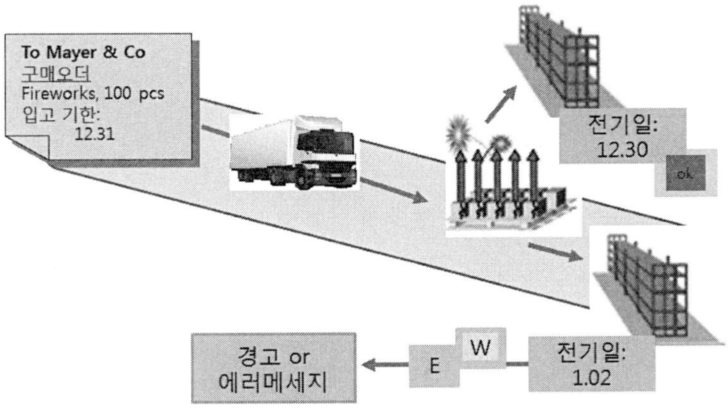

[그림 2-15] 입고기한(Latest Acceptable Goods Receipt Date)

이 기능은 구매오더(PO)를 발주 할 때 최대한 지시한 기한 이전에는 입고를 잡아야 한다는 것이다. 예를 들어 12월 31일 이후에는 입고가 되어도 쓸모가 없을 경우 12월 31일 이전에는 반드시 입고가 되어야 한다는 것을 관리하는 기능이다.

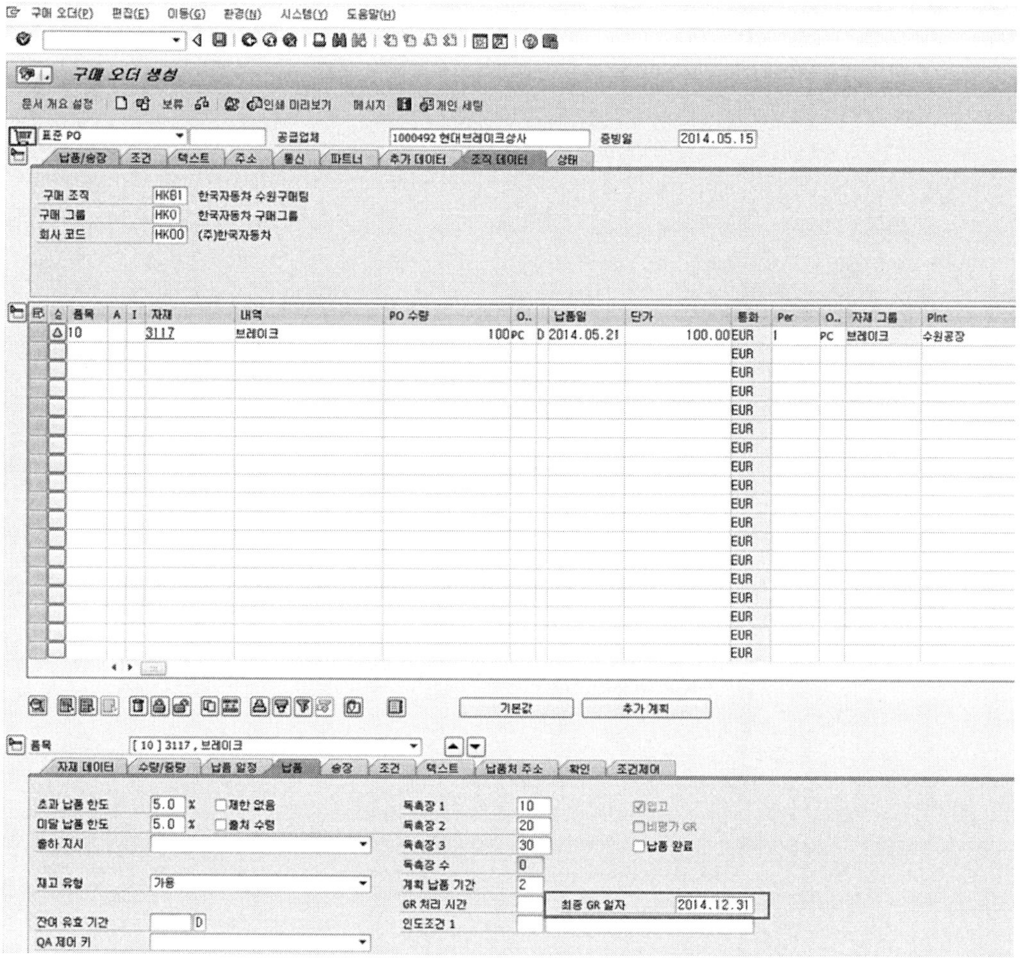

최종 입고일자를 입력하고 구매오더(PO)생성하게 되면, 최종 입고일자를 지난 후에 입고를 진행 할 경우 시스템 세팅에 따라 에러(Error) 또는 경고(Warning)를 나타나게 하는 기능이다. 이 때 메시지 번호를 알아야 하는데 발생하는 메시지 번호는 M7/163이다.

이것은 IMG 세팅화면 시스템 메시지(System Messages) 화면에서 설정해 주어야 하며, 트랜잭션 코드는 OMCQ이다.

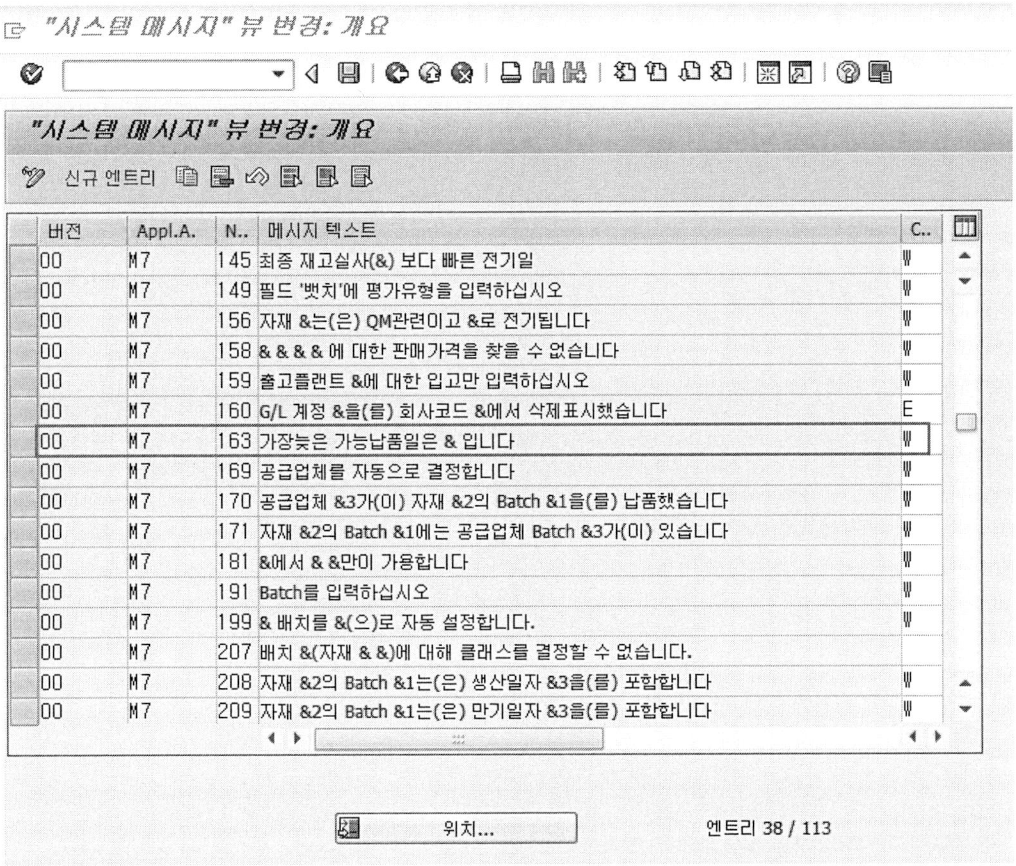

4. 단위 (Units of Entry)

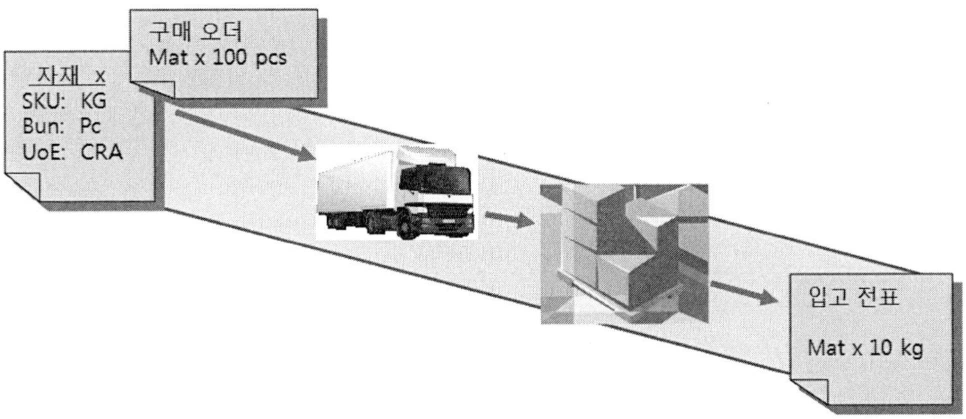

〔그림 2-16〕 단위(Units of Entry)

하나의 단위만 쓰는 것이 아니라 여러 개의 단위를 유저가 정의해서 쓸 수가 있는 것이다. 예를 들어 kg, PCs, CRA 계산식에 의해서 관리 할 수 있다. 자재 마스터에 가보면 SKU(재고 유지단위), BUn(기본 단위), UoE(실제 entry를 처리하는 단위)등등 여러 개의 단위를 관리 할 수 있으며 이렇게 관리하는 단위는 입고 시 자동으로 규칙에 의해서 단위 변환이 가능하다.

- **단위 (Units of Entry) 설정**

- 메뉴 경로

물류(Logistics) ⇨ 자재 관리(Material Management) ⇨ 자재 마스터(Material Master) ⇨ 자재 (Material) ⇨ 변경(Change) ⇨ MM02-즉시(Immediately)

- T-code : MM02

뷰1. 기본 데이터1 (Basic data1) : 기본측정단위

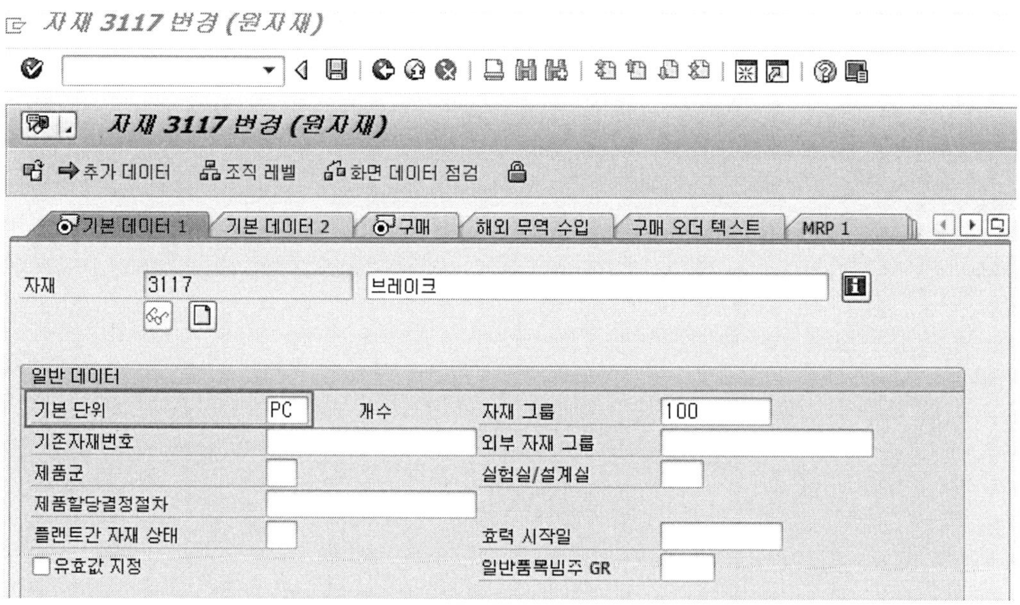

뷰2. 구매(Purchasing): 주문 단위

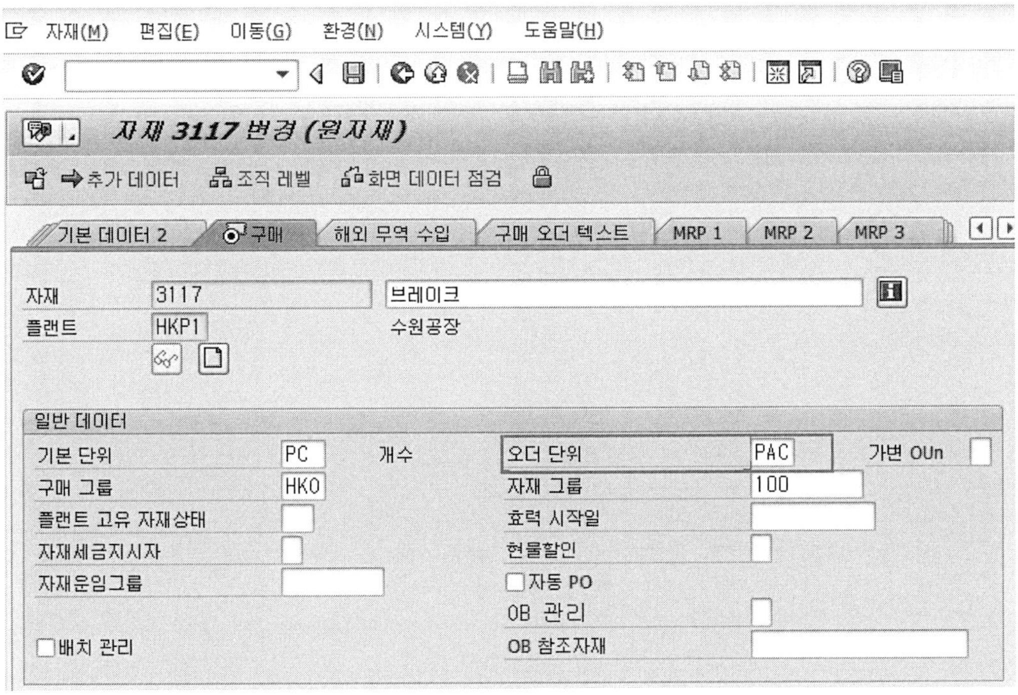

뷰3. 플랜트 데이터 1 / 저장(Plant data/stor. 1): 출고 단위

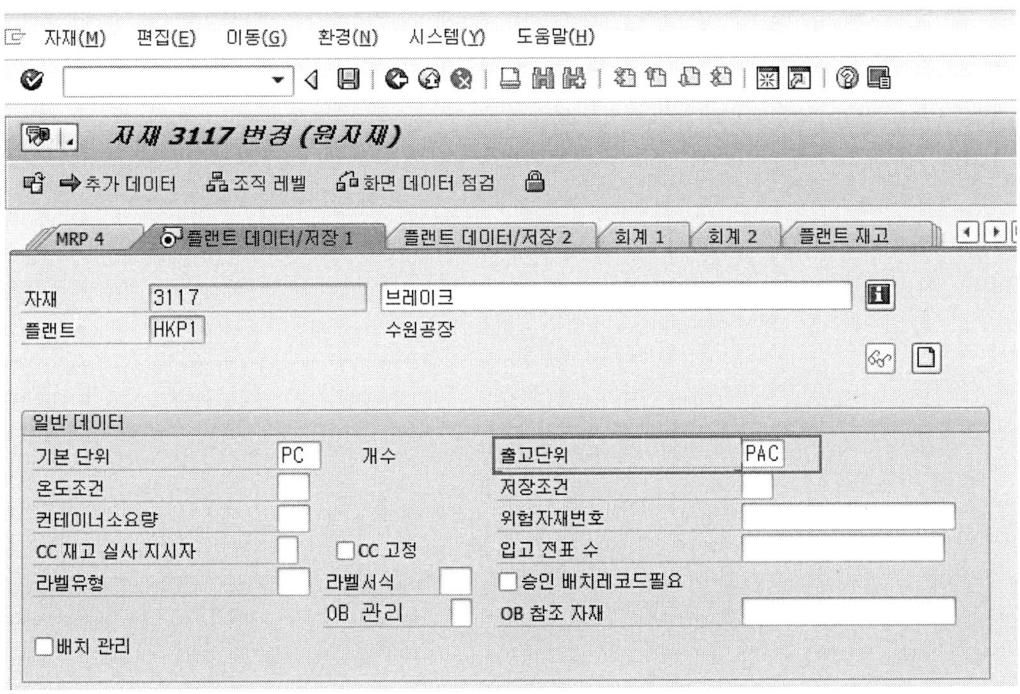

자재마스터의 뷰별로 자재의 단위를 설정할 수 있다.

또한 [➡추가 데이터] 버튼을 클릭하여 기본단위(Base unit of measure)에 대한 각 단위들의 환산계수를 입력할 수 있다.

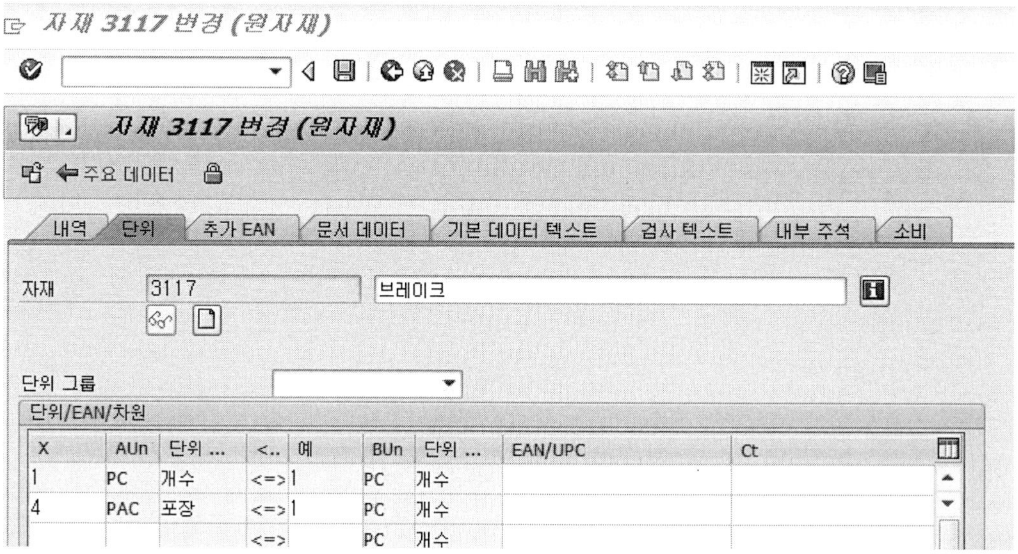

제3장 ▷ 예약과 출고

- 학습목표

▷ 예약(Reservation)을 생성해보고 예약(Reservation)에 의해서 입출 생성하기

▷ 피킹 리스트(Picking list)를 생성하기

▷ 특별재고 출고(Special Goods Issue)에 의한 특별한 출고 실행해보기

▷ 계획 자재이동/비계획 자재이동(Planned movement/unplanned movement)에 대해 이해하기

▷ 재고 결정 규칙(Stock Determination Rule) 설정하기

▷ 마이너스 재고(Negative stock) 세팅하기

1. 예약 (Reservation)

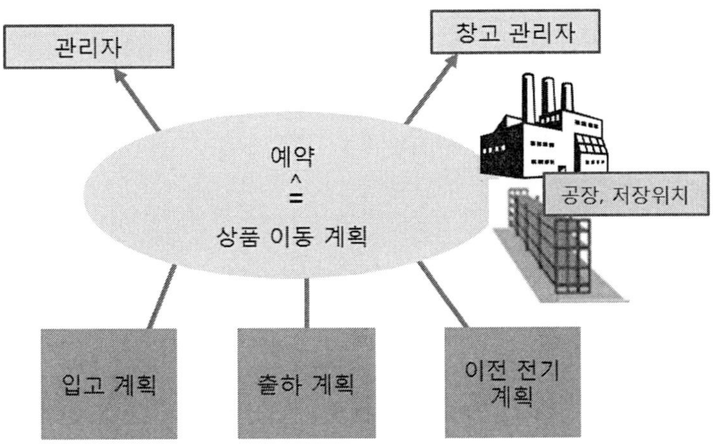

〔그림 3-1〕 예약(Reservations)

예약(Reservation)이란 창고 담당자나 또는 MRP 관리자(MRP controller)에게 향후 필요한 날짜에 출고를 하겠다고 예약을 하는 것이다. 입고 계획(Planning of a receipt)은 미래의 특정 날짜에 입고될 것들을 미리 관리자(Controller) 또는 창고 관리자(Warehouse manager)에게 예약을 하는 것이고, 출하 계획(Planning of an Issue)은 미래 특정 날짜에 출고를 할 예정이므로 이 예약(Reservation)을 이용해서 재고를 관리한다는 것이다. 이전전기 계획(Planning of a transfer posting)은 사업장간 이전도 예약 형태로 관리 할 수 있다는 것이다. 예약(Reservation)은 향후 입고가 얼마이고 출고가 얼마인지를 계산하기 때문에 어느 시점에서는 이 재고의 가용여부를 파악 할 수가 있다는 것이다. 따라서 예약(Reservation)은 향후 발생될 것들을 미리 문서화해서 계획(Planning)할 때 미리 이러한 것들을 감안할 수 있도록 하기 위한 하나의 기초적인 문서이다.

- **예약 구조(Reservation Structure)**

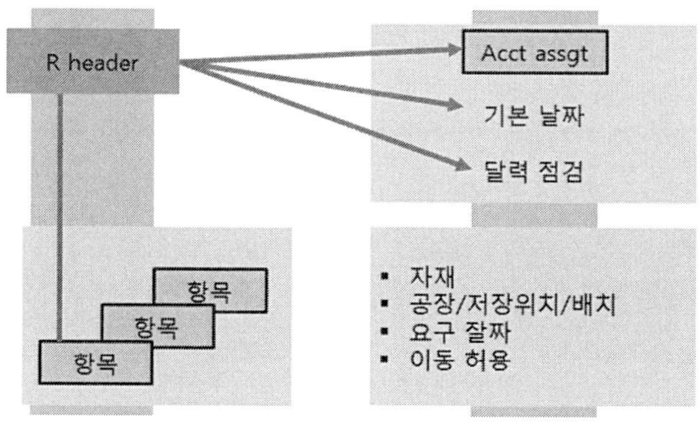

〔그림 3-2〕 예약 구조(Reservation Structure)

예약(Reservation) 문서의 구조는 헤더(header)와 아이템(item)으로 구성되어 있다. 헤더 데이터(Header data)에는 계정(acct, assgt)들이 연결되어 있다. 예를 들어 비용이라 하면 어떤 비용 계정으로 출고를 할 것인지 미리 예약하기 때문에 계정이 필요하다. 기본 날짜(Base date)는 향후 미래의 날짜를 나타낸다. 달력 점검(Check calender)은 내가 원하는 형태의 달력(Calendar)을 이용해서 체크 여부를 헤더 데이터(Header data)에서 관리하는 것을 말한다. 아이템 데이터(Item data)는 각각의 자재(Material) 계정이므로 자재마스터(Material master)의 데이터가 참조되고 플랜트, 창고(Plant storage location)는 어느 플랜트(Plant)에서, 그리고 어느 창고(Storage Location)에서 출고할 것인지를 예약하는 것이다. 요구 날짜(Requirement date)는 품목(Item)별로 날짜가 틀리기 때문에 필요하다. 이동 허용(Movement allowed)은 예를 들어 6개월 후 예약을 한다면 그전에 입출을 허용 할 필요가 없게 된다. 이 이동 허용(Movement allowed)이라는 지시자(Indicator)를 관리하는 것은 후에 SAP화면을 통해서 알아보도록 한다.

• **예약 생성(Create Reservation)**

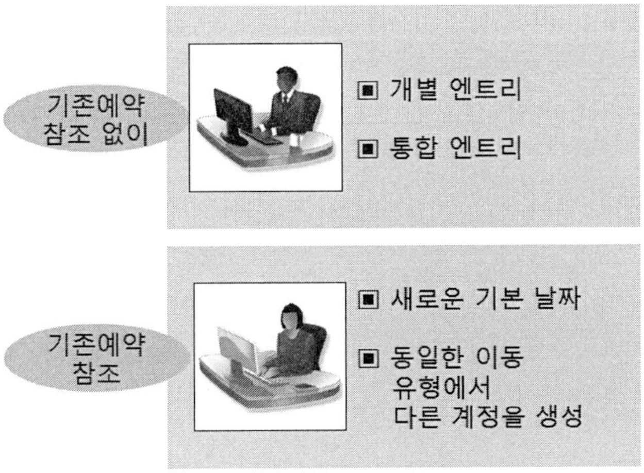

〔그림 3-3〕 예약 생성(Create Reservation)

예약(Reservation) 생성 시 참조문서 없이(without reference) 혹은 기존 예약을 참조(with reference) 하면서 생성을 할 수 있다. 또한 개별로 생성할 수 있는 개별 엔트리(Individual entry)의 방법과 대량으로 생성할 수 있는 통합 엔트리(Collective entry)의 방식이 있다. 기존 예약을 참조(with reference)하는 방식은 다른 예약번호를 참조하여 복사하는 방법이다. 이 때 반드시 새로운 기본 날짜(Base date)가 필요하며, 동일한 이동 유형(Movement type)에서 다른 계정을 설정할 수도 있다.

SAP 화면보기 ▽

▼ 예약 구조(Reservation Structure)

- 메뉴 경로

물류(Logistics) ⇨ 자재관리(Material Management) ⇨ 재고관리(Inventory management) ⇨ 예약 (Reservation) ⇨ 생성 (Create(MB21))

- T-code : MB21

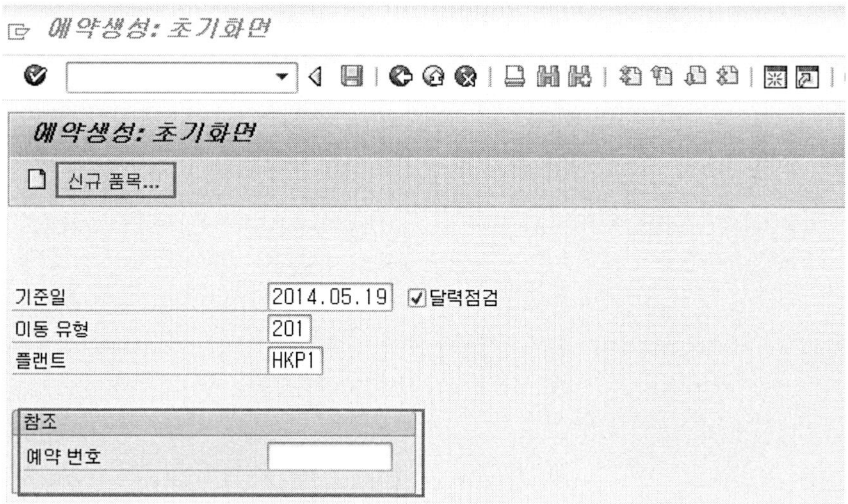

빈칸에 예약번호(Reservation NO.)를 입력하면 기존 예약을 복사(With reference)한다는 의미이고 빈값으로 두면 복사하지 않고 생성(Without reference)된다.

신규 품목... 버튼을 누를 경우 한 개의 자재 품목(material item)만 입력할 수 있으며 이것이 개별입력(Individual entry)이다.

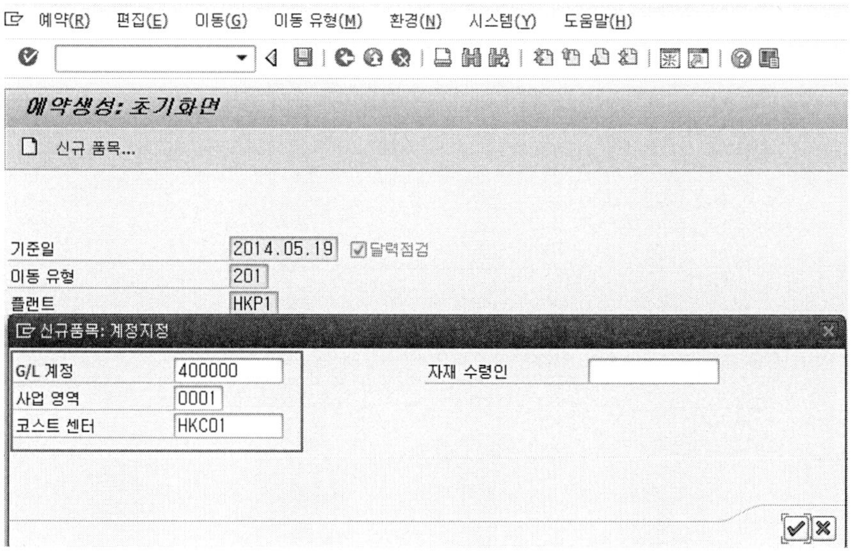

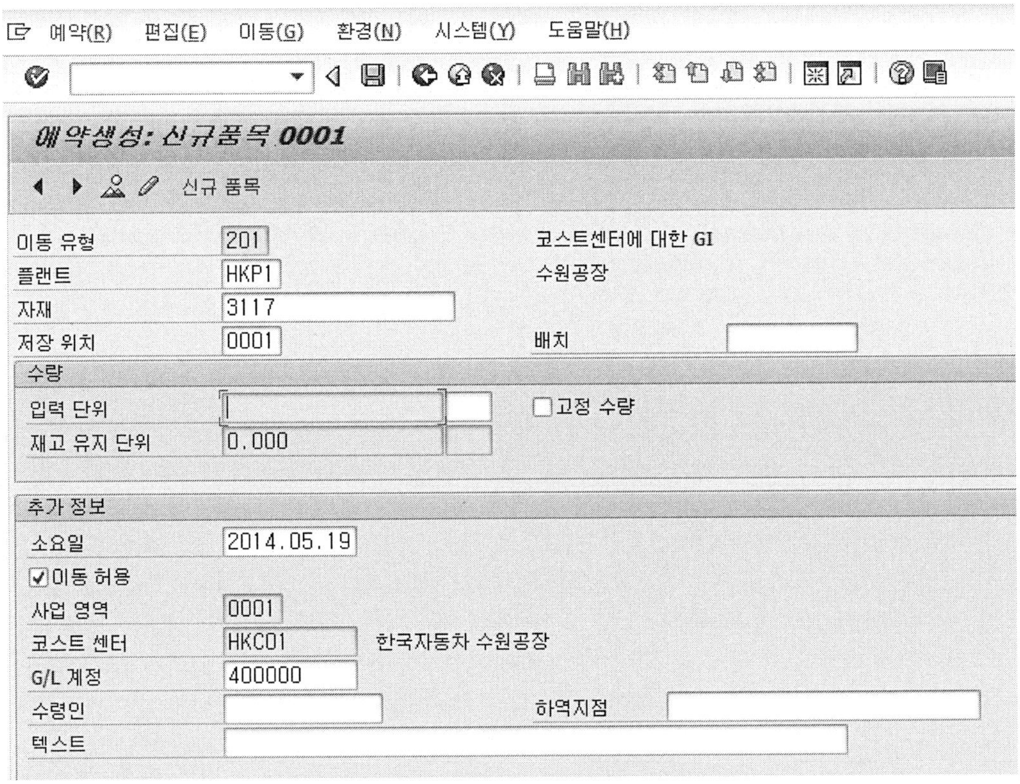

□버튼을 눌러서 아래와 같이 복수의 품목(Item)을 입력 할 수 있는 통합 입력(Collective entry)을 할 수 있다.

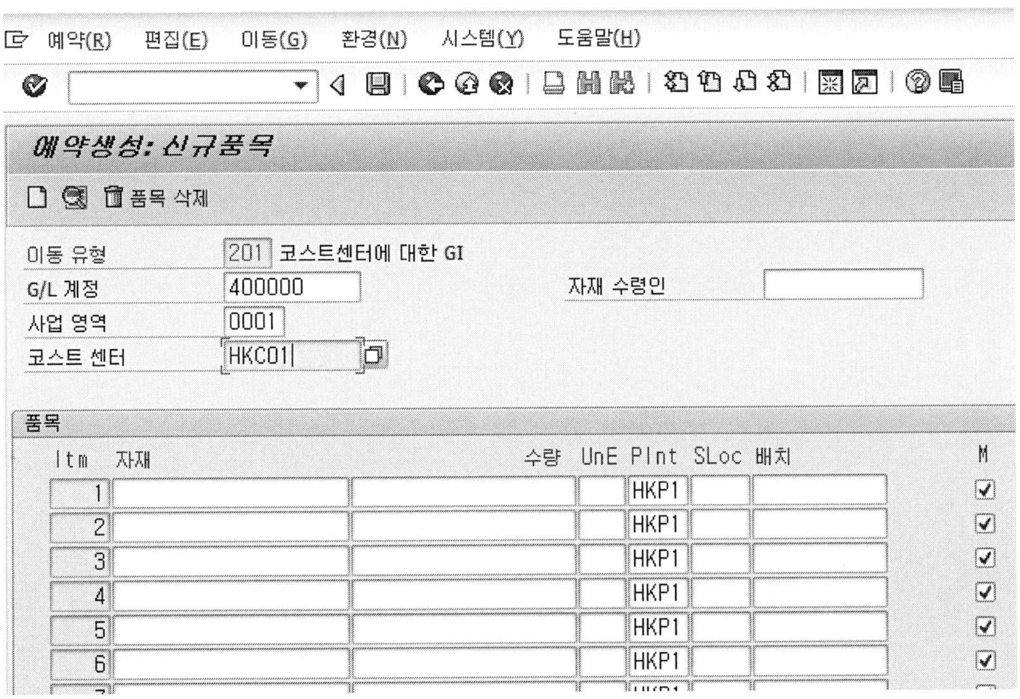

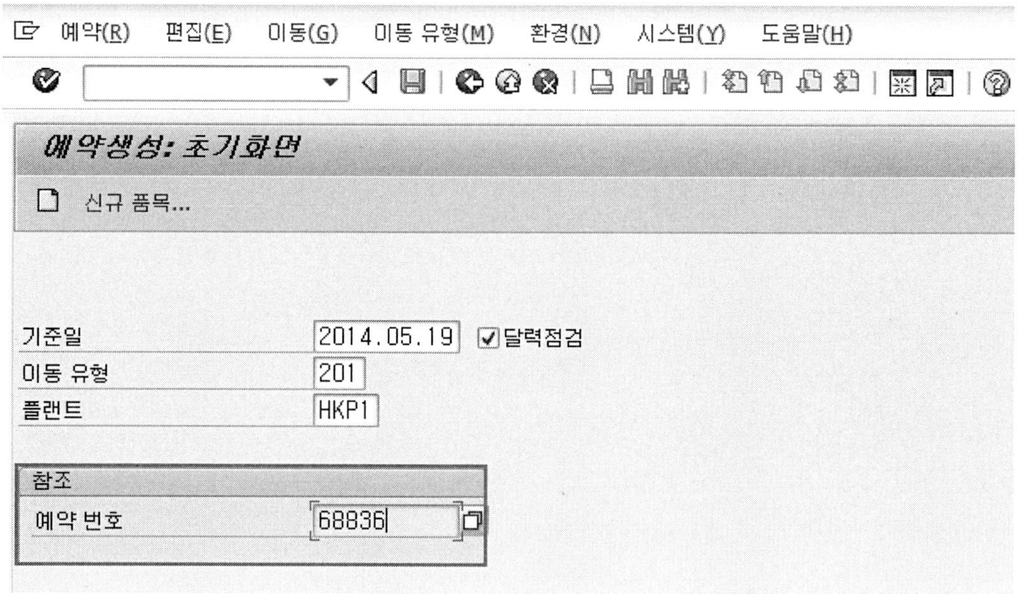

계속해서 복사(Copy)하고자 하는 예약(Reservation)을 복사해보자.
다시 처음 화면으로 돌아가서 예약번호를 입력한 후 엔터를 누른다.

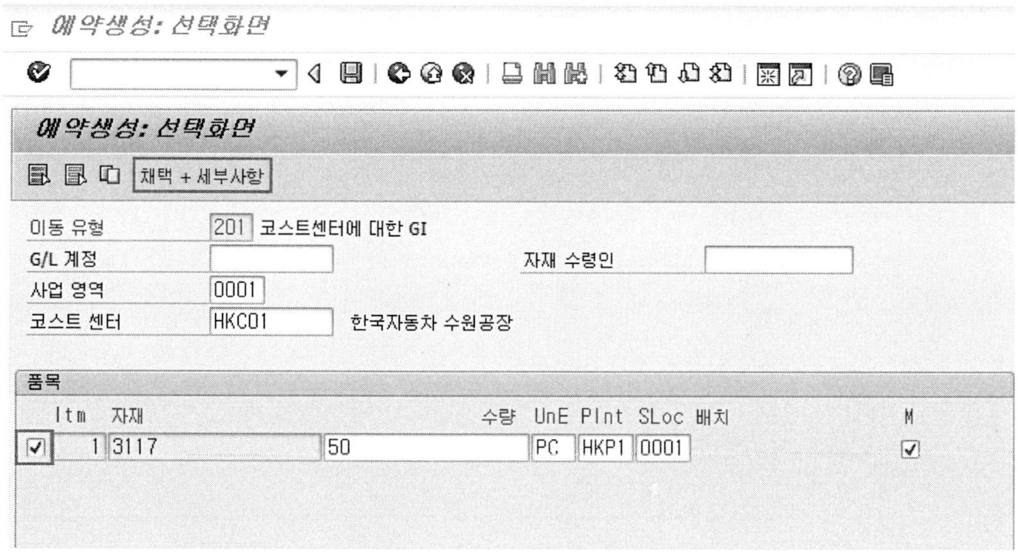

해당 품목들을 선택한 후 채택 + 세부사항 버튼을 누른다.

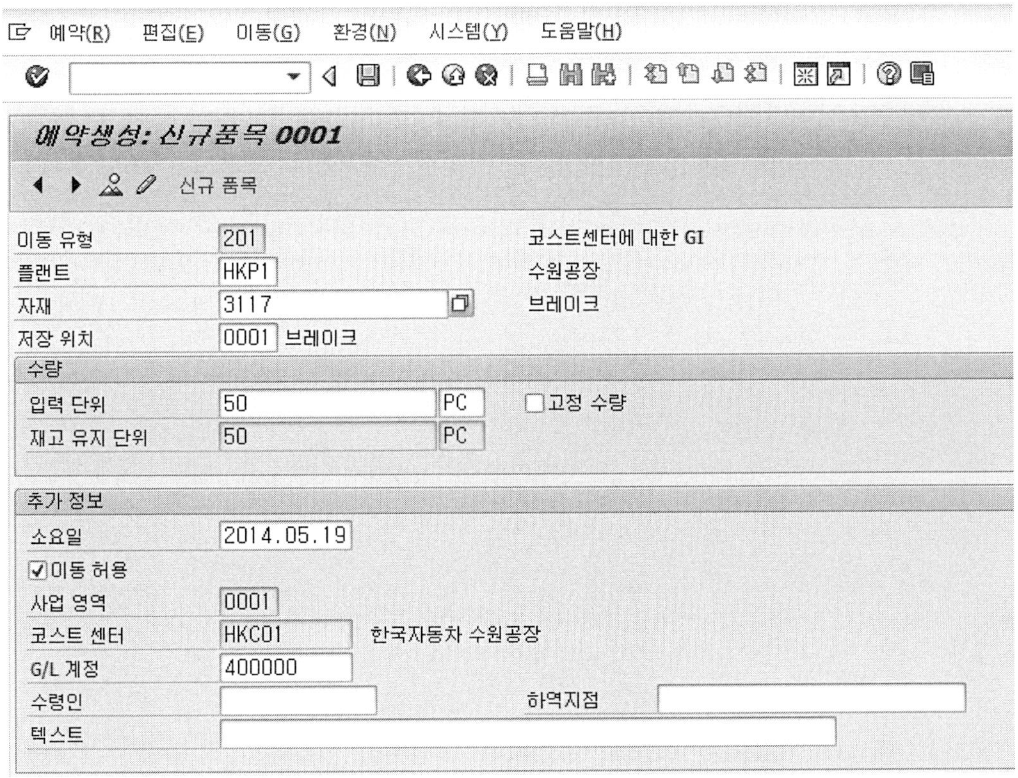

신규 예약(New Reservation)을 복사(Enter)한다. 소요일(Requirement date)을 확인하고 엔터를 치면 개요(Overview)화면으로 돌아온다.

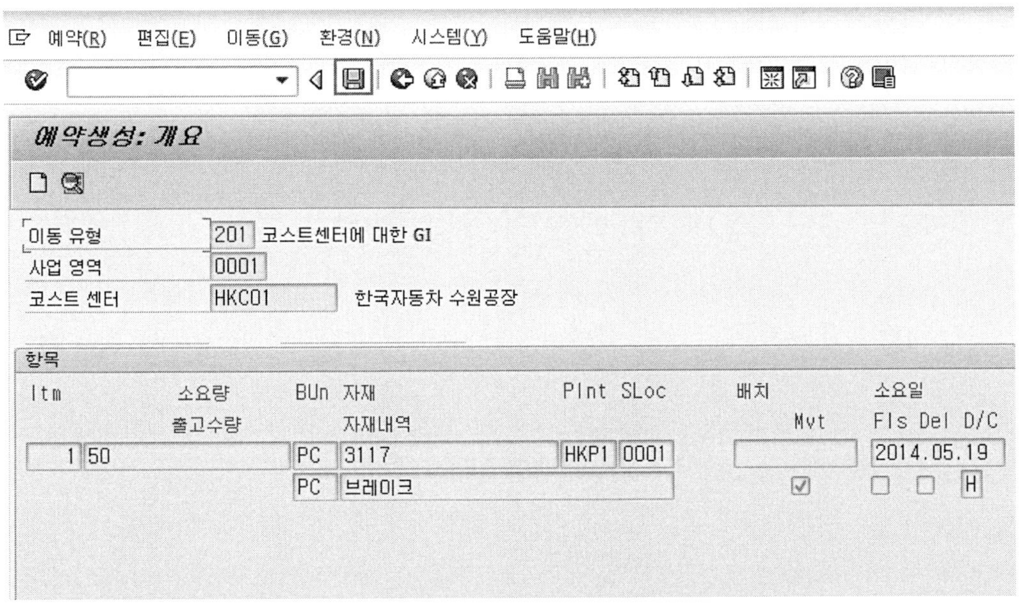

저장 버튼을 눌러 예약을 생성한다. 이와 같이 기존 예약을 참조하여 생성하면 좀 더 간

편하게 예약(Reservation)을 생성할 수 있다.

2. 동적 가용성 점검 (Dynamic Availability Check)

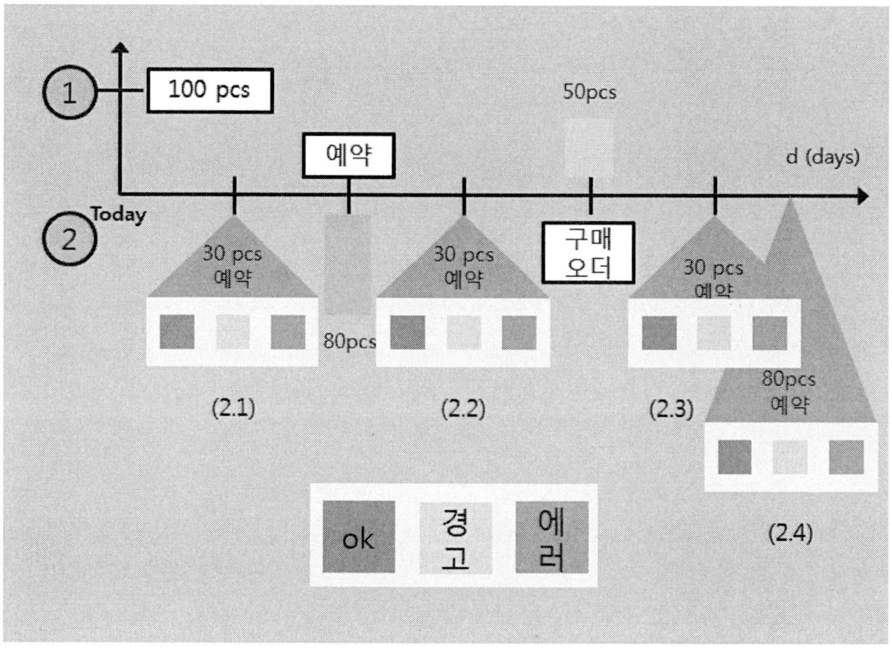

〔그림 3-4〕 동적 가용성 점검(Dynamic Availability Check)

사실 재고관리의 가장 중요한 목적은 재고가 언제 얼마만큼 들어오고, 언제 얼마만큼 나가서 가용재고가 그중 얼마만큼 있는가를 일별로 관리하는 것이 가장 좋은 재고관리방법이다.

그래서 SAP에서는 동적 가용성 점검(Dynamic Availability Check) 기능을 예약(Reservation)기능 중의 하나로 지원하고 있다.

예를 들어 오늘 날짜에 100개의 재고가 있고, 이틀 후에 80개의 예약(Reservation)이 생성되어 있고, 4일 후에 생산오더에 의해서 50개가 입고될 예정으로 되어있다고 했을 때, 이러한 현상 하에서 예약(Reservation)을 신규로 생성하면 어떤 반응이 일어날 지를 시스템에 의해서 미리 시뮬레이션 하는 것이다. 하루 뒤에 30개를 출고하겠다고 했을 경우는 재고(100개)보다 출고 예정량(80+30=110개)이 많기 때문에 시스템은 경고(Warning) 또는 에러(Error)를 낸다. 5일 뒤에는 추가로 50개가 입고되므로 경고(Warning)나 에러(Error)가 뜨지 않는다.

• **동적 가용성 점검(Dynamic Availability Check) (2)**

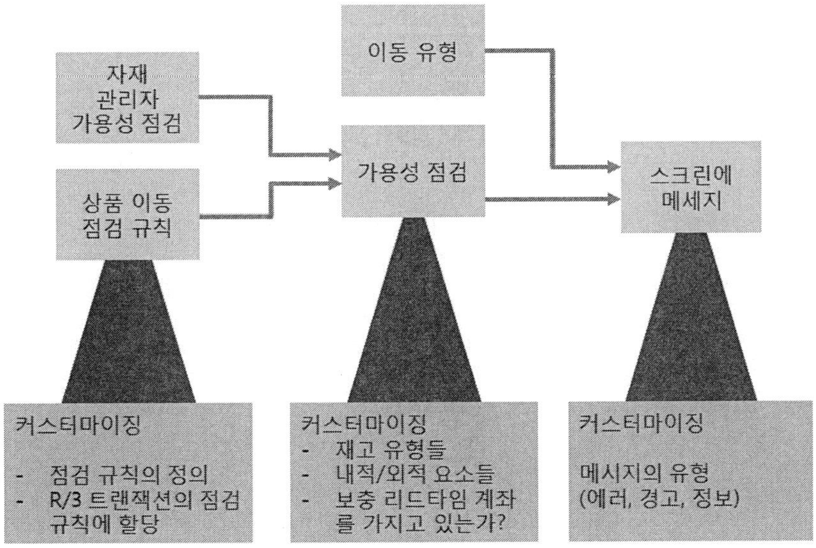

〔그림 3-5〕 동적 가용성 점검(Dynamic Availability Check) (2)

동적 가용성 점검(Dynamic Availability Check)은 어떠한 형태로 세팅을 하고 어떠한 형태로 구성되어 있는지를 알아본다. 제일 먼저 자재 마스터(material master)에 가용성 점검 지시자(Availability Check indicator)를 설정하고, 그 다음에 트랜잭션 코드(Transaction code)별로 점검 규칙(Checking rule)을 연결해주고 점검 규칙(Checking rule)과 점검 그룹(Checking group)사이에 실제 점검 파라메터(Check parameters)를 관리할지 설정하고, 그 다음에 메시지 타입(Message type)은 그 과정에서 문제가 발생할 경우에 에러(Error) 또는 경고(Warning)을 나타낼 것인가 하는, 메시지 타입에 따라 결정해 주는 추가적인 사항이 필요하다.

여기까지 커스터마이징(Customizing)을 하면 동적 가용성 점검(Dynamic Availability Check)에 대한 설정이 끝나고, 재고가 가용하지 않다고 할 때 경고(Warning)이나 에러(Error)메시지를 나타내는데, 이러한 부분들은 커스터마이징(Customizing)에서 메시지 타입(Message type)별로 관리를 한다.

SAP 화면보기 ▽

▼ 동적 가용성 점검(Dynamic Availability Check)

- 메뉴 경로

물류(Logistics) ⇨ 자재관리(Material Management) ⇨ 자재 마스터(Material Master) ⇨ 자재 (Material) ⇨ 조회 (Display)

- T-code : MM02

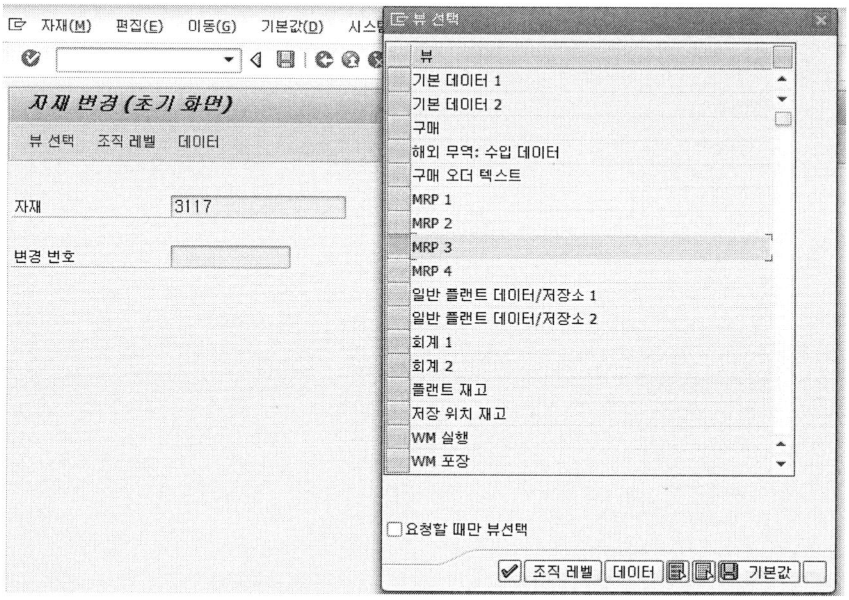

자재(Material)번호를 입력하고 뷰 선택(Select view(s)를 클릭한 후, MRP3을 선택하고 엔터를 누른다.

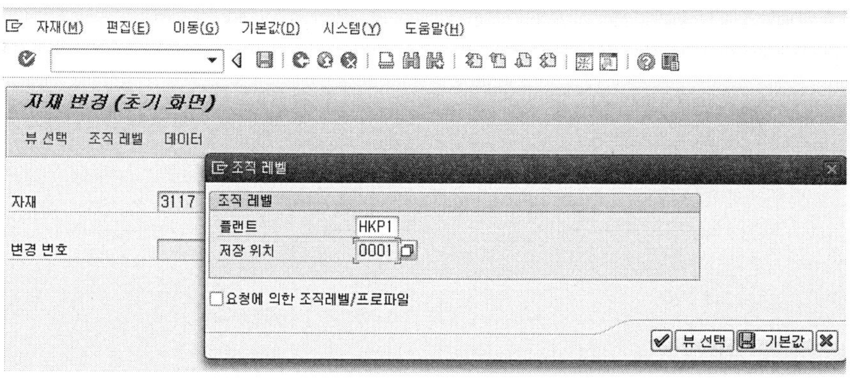

플랜트(Plant)와 저장위치를 입력하고 엔터를 누른다.

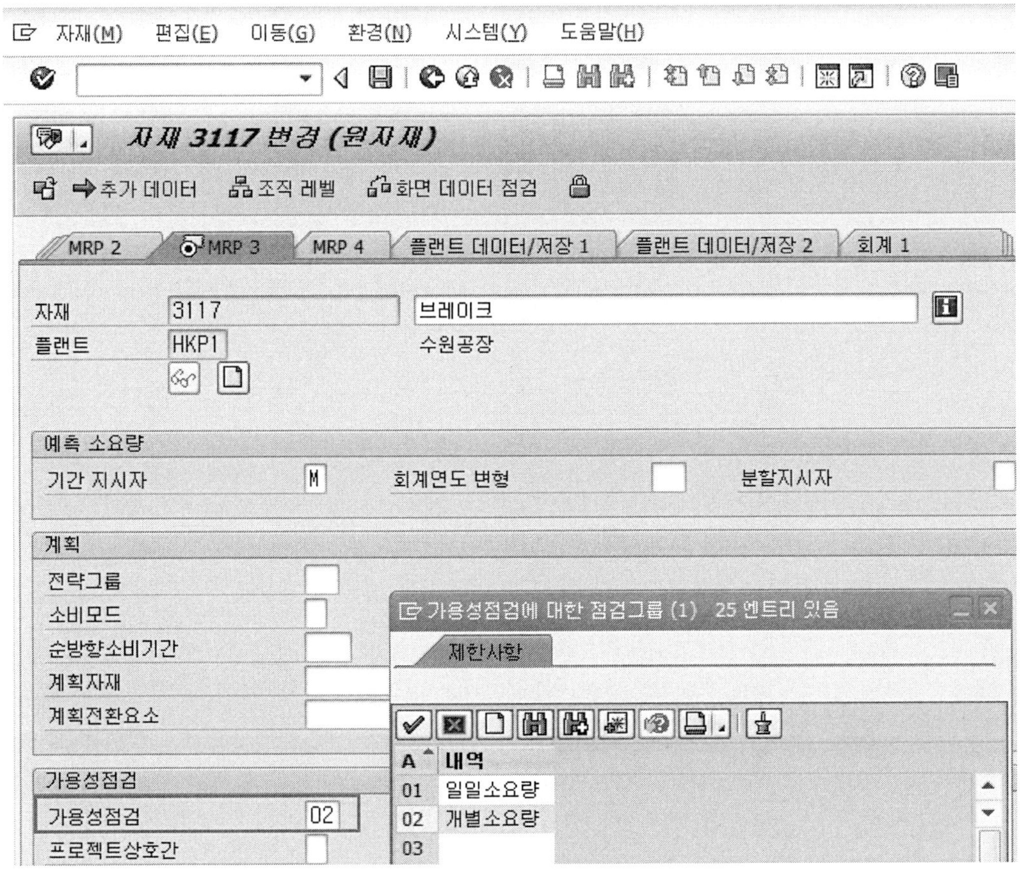

가용성점검에서 확인 화면 클릭 가용성 점검에 02번이 등록되어 있다면 개별소요량으로 관리하겠다는 것이 된다.

▼ IMG를 통한 동적 가용성 점검 세팅

- 메뉴 경로

툴 ⇨ 커스터마이징 ⇨ SPRO - 프로젝트 실행 ⇨ SAP 참조 IMG ⇨ 자재 관리(Material Management) ⇨ 재고관리 및 재고실사(Inventory Management and Physical Inventory) ⇨ 예약(Reservation) ⇨ 동적 가용성점검 설정(Set Dynamic availability)

- T-code : SPRO

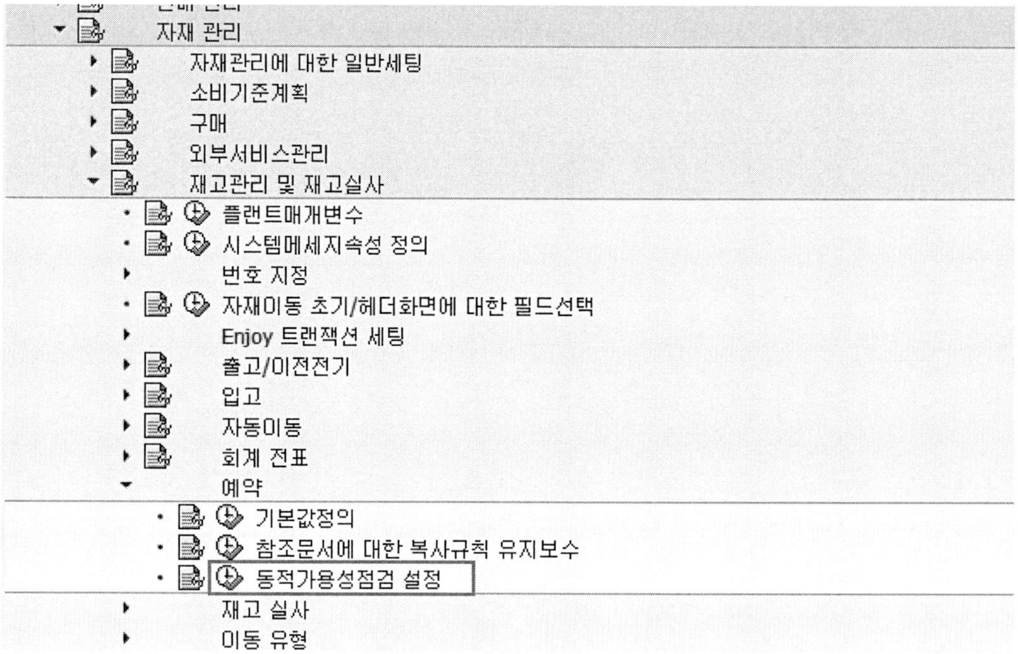

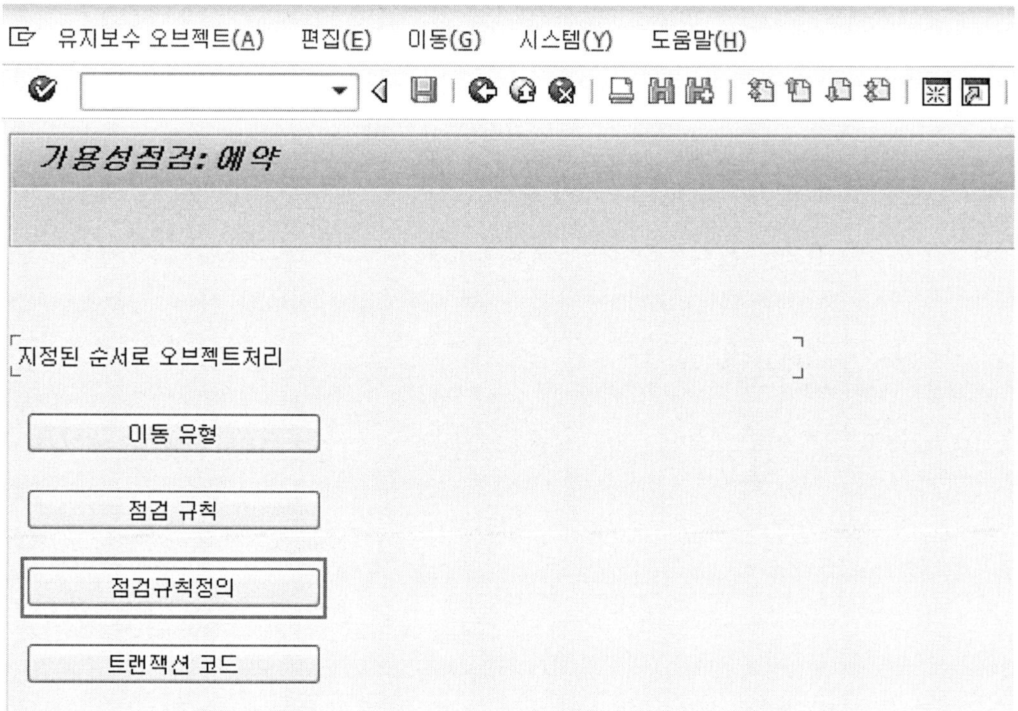

점검규칙정의를 클릭한다.

가용성 점검 그룹(예: 02)과 점검규칙(예: 01)이 만났을 때 구체적인 값을 갖는다.

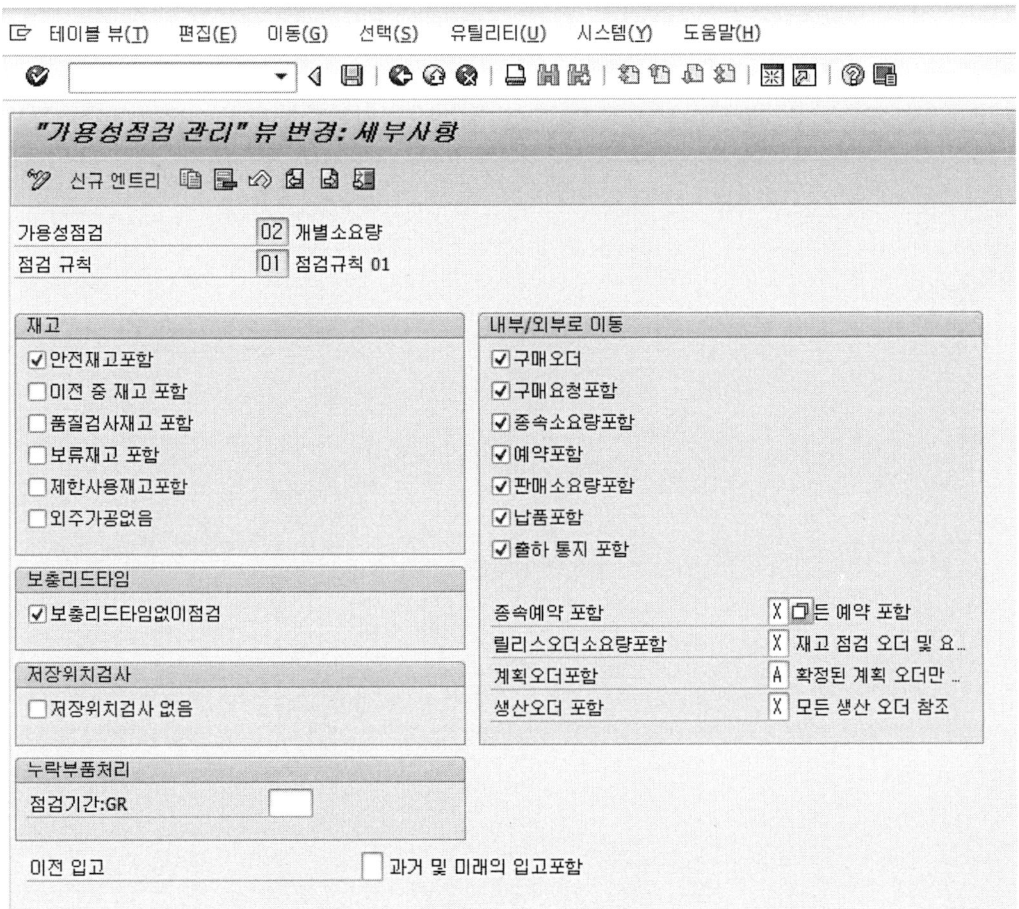

상세보기로 들어가면 (확대경 클릭) 관리하고자 하는 항목을 선택하여 커스터마이징(Customizing) 작업을 할 수 있다

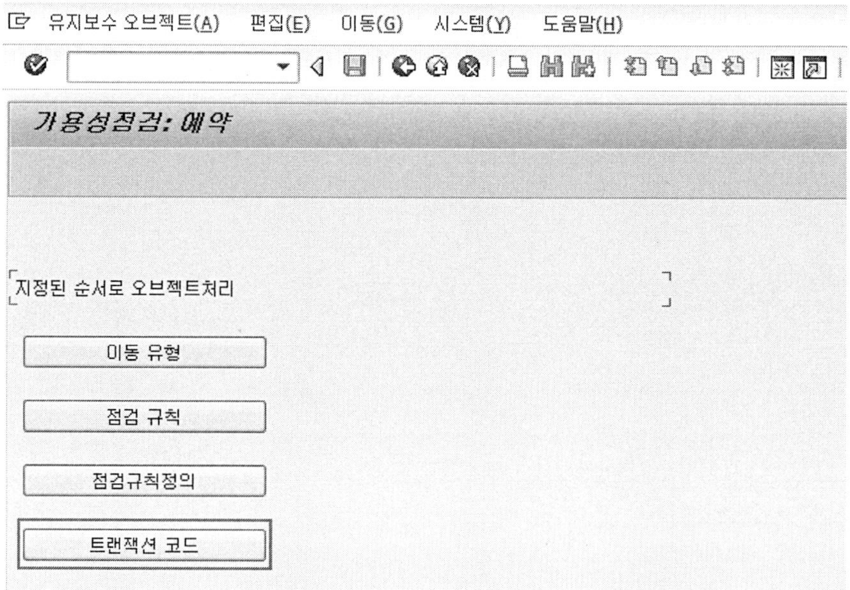

계속해서 트랜잭션 코드를 클릭해보자.

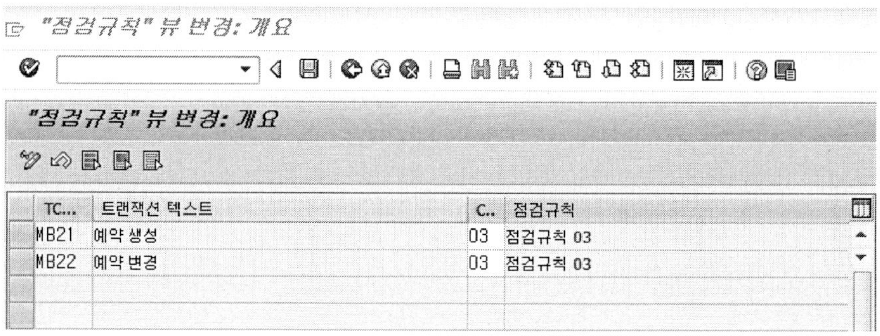

트랜잭션 코드(예:MB22)를 입력하면 점검규칙 03이 결정된다.

이번에는 메시지 타입(Message type)을 커스터마이징(Customizing)하는 방법에 대해서 IMG화면을 통해서 알아보도록 하자.

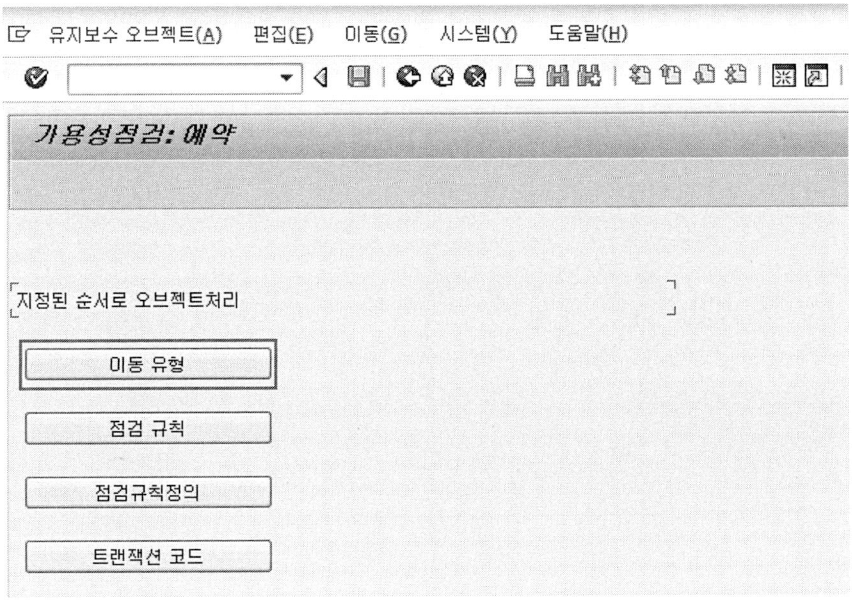

이동유형을 클릭한다.

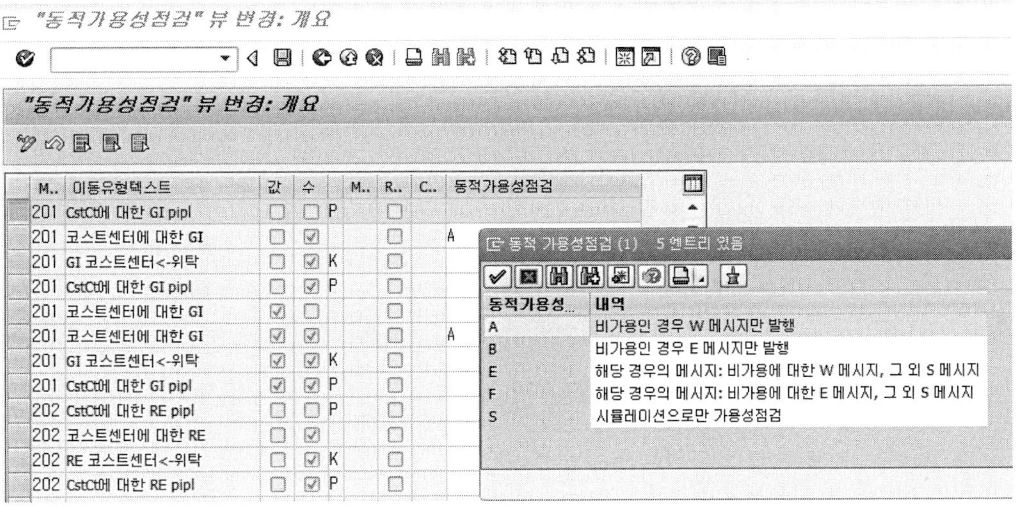

이동 유형별로 동적 가용성 점검(Dynamic avail. check)을 결정(A,B,C,E,F,S 중 선택)하면 원하는 형태로 관리할 수 있게 된다.

3. 누락부품 정보(Information About Missing Parts)

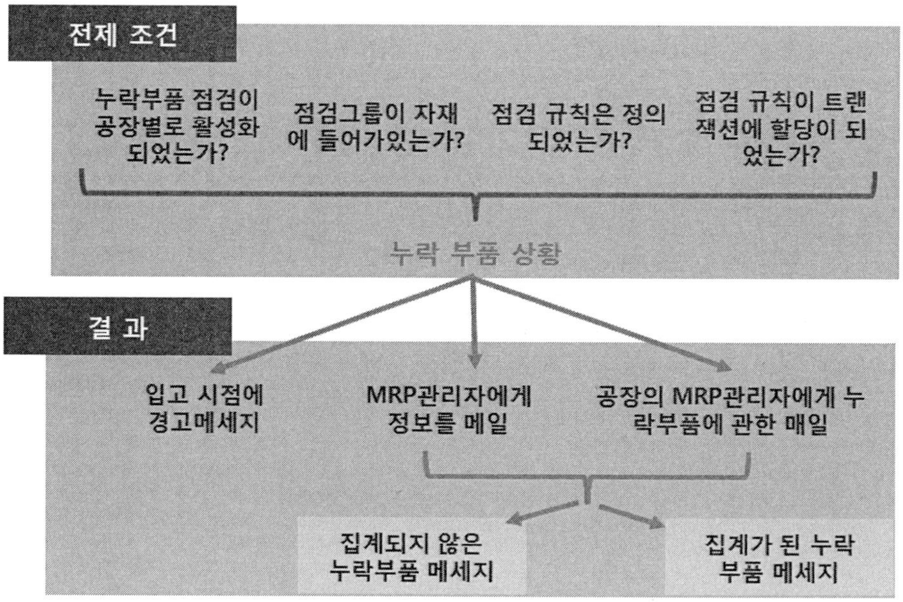

〔그림 3-6〕 누락부품 정보(Information About Missing Parts)

견본품이나 부족(Shortage)이 발생되었을 경우에, 예를 들어 자재가 입고가 된다거나 추가적인 기타 입고가 발생되면 이 입고정보를 자동적으로 알려 준다면 효과적인 재고관리가 된다. SAP에서는 누락부품(Missing part)에 대한 정보를 제공하는 기능이 있다.

이는 동적 가용성 점검(Dynamic Availability Check)에 관련된 사항들이 기본적으로 세팅되어 있어야한다. 즉 자재마스터(Material master)의 점검그룹(Checking group)이 들어가 있어야 되고, 또 점검규칙(Checking rule)과 점검그룹(Checking group) 간에 관련된 파라메터(Parameter)도 설정되어 있어야 하고, 점검규칙(Checking rule)이 트랜잭션(Transaction)에 연결이 되어있고, 거기에 더하여 누락부품 점검(Missing parts check)이라고 하는 것이 플랜트(Plant)별로 활성화(Activation)할 수 있도록 설정 하는데, 이것이 전제조건(Prerequisites)이다. 이러한 전제조건(Prerequisites)이 모두 세팅이 되어 있으면 만약 견본품 또는 부족(Shortage)의 상태에서 자재가 입고되면, 입고시점에 경고(Warning) 메시지를 보내거나, MRP관리자에게 정보를 메일로 보낼 수 있어 효과적이고 합리적인 재고관리를 할 수 있게 된다.

앞에서 점검그룹(Checking group), 점검규칙정의(Checking rule define)와 점검규칙 할당(Checking rule assignment)에 대해서는 이미 설명했기 때문에 누락부품 점검(Missing parts check)에 대해서만 IMG에서 확인해 보자.

SAP 화면보기 ▽

▼ 누락부품 정보(Information About Missing Parts)

- **메뉴 경로**

> 툴 ⇨ 커스터마이징 ⇨ SPRO - 프로젝트 실행 ⇨ SAP 참조 IMG ⇨ 자재 관리(Material Management) ⇨ 재고관리 및 재고실사(Inventory Management and Physical Inventory) ⇨ 입고(Goods Receipt) 〉 누락부품점검설정(Set Missing Parts check)

- **T-code : SPRO**

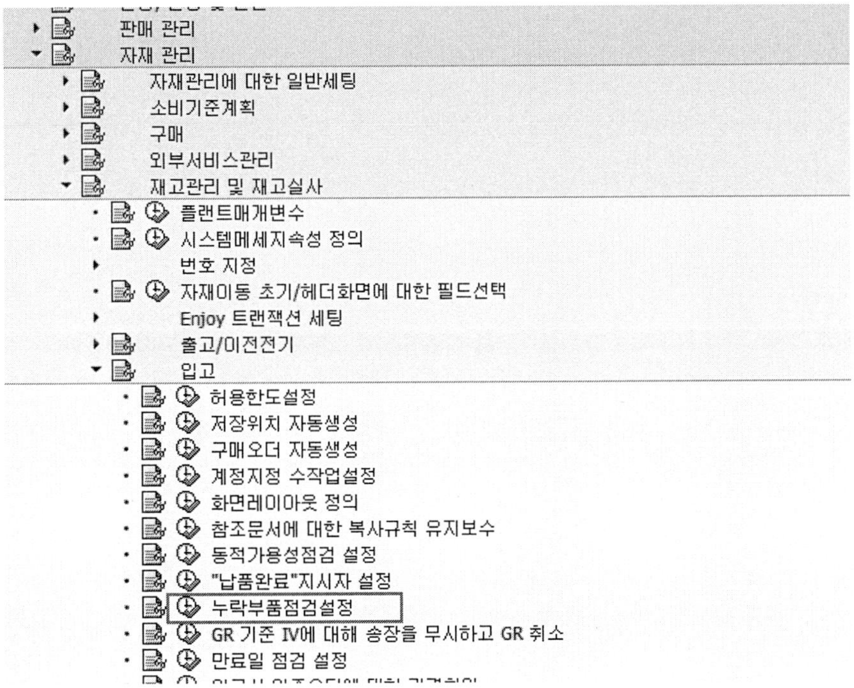

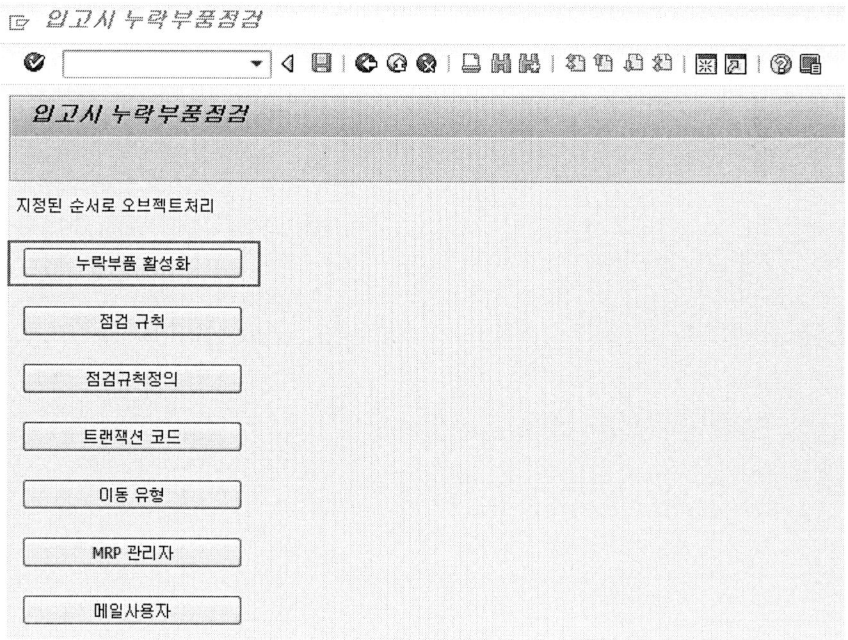

누락부품 활성화 버튼을 클릭.

예를 들어 HKP1번 플랜트(Plant)에 누락부품 활성화(Miss. parts active)가 체크되어 있다면 동적 가용성 점검(Dynamic Avail. Check)을 하는 자재(Material)들이 부족(Shortage) 또는 누락부품(Missing parts)이 발생되었을 때, 추가적인 입고가 발생되면 경고(Warning) 메세지 또는 MRP 관리자(MRP controller)에게 메일을 보내도록 시스템에서 결정되어 있다.

4. 예약 관리 (Reservation Management)

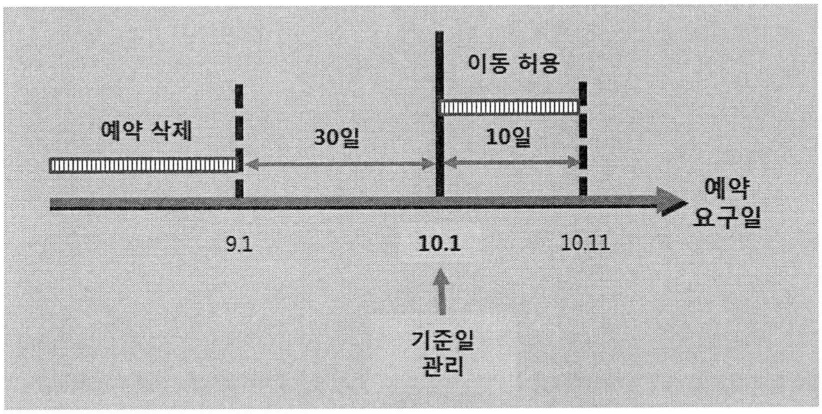

〔그림 3-7〕 예약 관리(Reservation management)

예약(Reservation)이라는 것은 향후에 발생 될 일을 문서로 만들어 놓은 것인데, 경우에 따라 그 문서는 없어 질 수도 있고, 날짜가 변경되는 일이 발생 할 수도 있다. 그래서 이러한 예약(Reservation)을 관리할 필요가 반드시 발생한다. 예약(Reservation)을 생성해 놓고 추가적인 출고를 하지 않을 때 삭제할 수 있는 기능이 필요하게 된다. 이러한 것을 전체적으로 관리하는 것이 예약관리(Reservation Management)라는 것이다. SAP에서는 예약관리 프로그램(Reservation Management Program)을 제공하고 있다. 또한 이동허용(Movement allowed) 필드를 예약 프로그램(Reservation program)에서 자동으로 활성화(Activation) 할 수 있다.

예를 들어 10월 1일 날 출고 예약이 생성이 되어 있는데 오늘이 9월 1일인 경우 미리 10월 달에 생성된 예약(Reservation)을 출고가용 여부를 묻고 만약 가용하지 못하게 한다면 예약(Reservation) 생성 시 이동허용(Movement allowed)을 활성화(Active)하지 않고 예약 프로그램(Reservation program)을 통하여 10월 1일으로 자동으로 체크를 하는 기능이다.

SAP 화면보기 ▽

▼ 예약 관리(Reservation management)

- 메뉴 경로

물류(Logistics) ⇨ 자재관리(Material Management) ⇨ 재고 관리(Inventory Management) ⇨ 예약 (Reservation) ⇨ 관리자 (Administer)

- T-code : MBVR

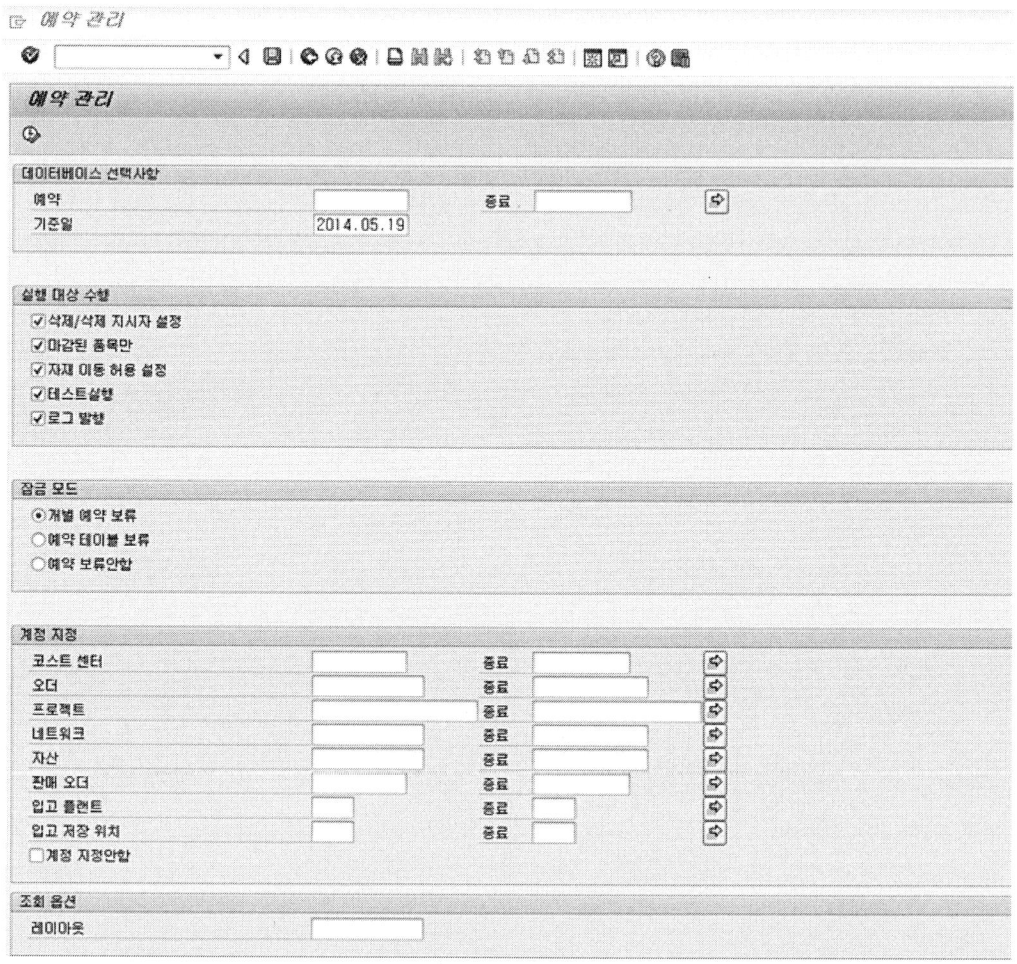

담당자가 매일 한번 씩 프로그램을 수행시킬 수 있고 설정에 의해서 시스템이 자동으로 프로그램을 수행 시켜서 관련된 예약(Reservation)을 삭제하고, 관련된 예약 이동(Reservation Movement)을 허용(Allowed) 시켜주는 작업을 할 수 있게 된다.

- **예약 설정(Setting for Reservation)**

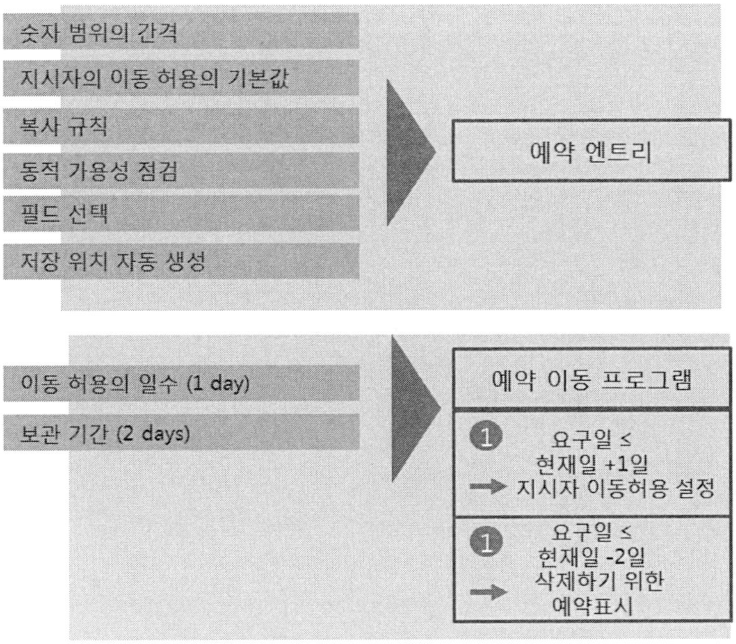

〔그림 3-8〕 예약 설정(Setting for Reservation)

프로그램은 담당자가 매일 수행 시킬 수도 있고, 또는 시스템이 자동적으로 관련된 예약(Reservation)을 삭제하거나, 관련된 예약(Reservation)의 이동 허용(Movement allowed) 작업을 할 것이다. 다만 이 기능은 사람이 매뉴얼로 생성한 예약(Reservation)만을 대상으로 한다.

SAP 화면보기 ▽

▼ 예약 세팅(Reservation Setting) (1)

- 메뉴 경로

툴 ⇨ 커스터마이징 ⇨ SPRO - 프로젝트 실행 ⇨ SAP 참조 IMG ⇨ 자재 관리(Material Management) ⇨ 재고관리 및 재고실사(Inventory Management and Physical Inventory) ⇨ 번호 지정(Number assignment) ⇨ 예약에 대한 번호지정정의 (Define number assignment for reservation)

- T-code : SPRO

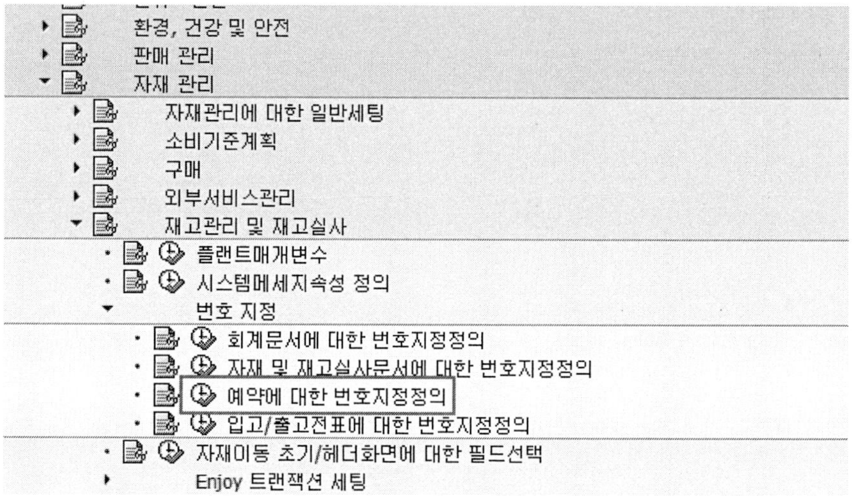

화면에서 [예약/종속Rqt번호범위] 클릭, 화면에서 01번이라는 번호범위(NO. range)를 사용하는 것을 확인하고, 되돌아가서 [간격] 클릭해보면,

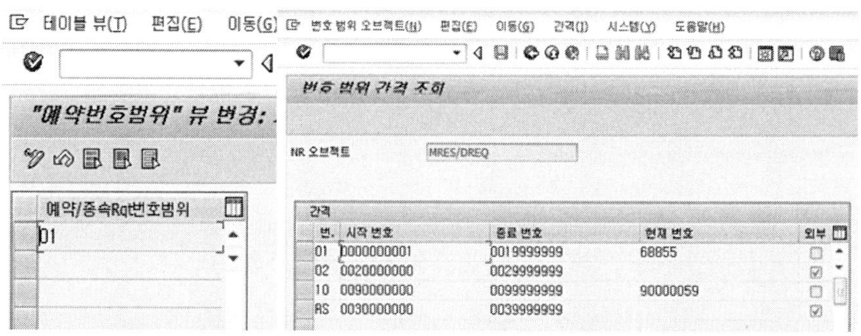

사용하는 번호범위 간격(NO. range Interval)을 화면과 같이 관리하고 있는 것을 확인할 수 있다.

▶ 예약 세팅(Reservation Setting) (2)

- 메뉴 경로

툴 ⇨ 커스터마이징 ⇨ SPRO - 프로젝트 실행 ⇨ SAP 참조 IMG ⇨ 자재 관리(Material Management) ⇨ 재고관리 및 재고실사(Inventory Management and Physical Inventory) ⇨ 예약 (Reservation) ⇨ 기본값 정의 (Define Default Value)

- T-code : SPRO

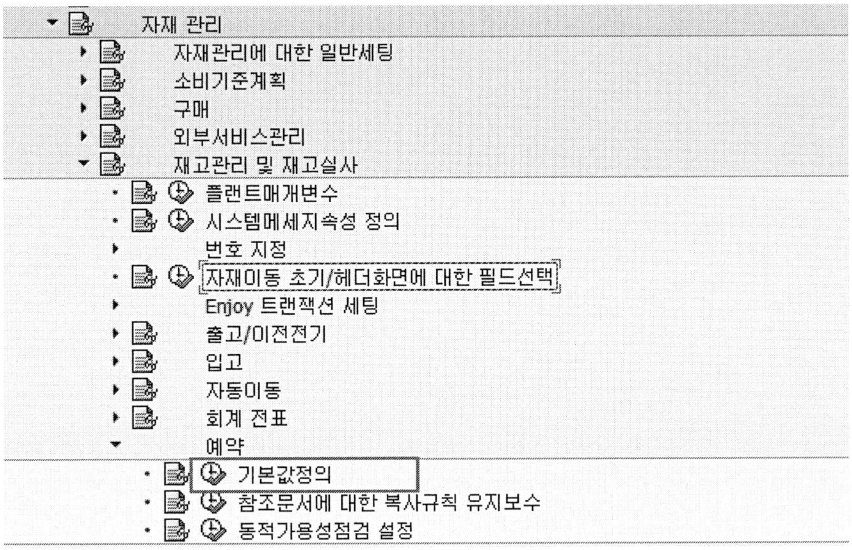

플랜트(Plant)별로 기본 값(Default value)을 정의 하도록 지원하고 있다.
플랜트(Plant)를 클릭하면

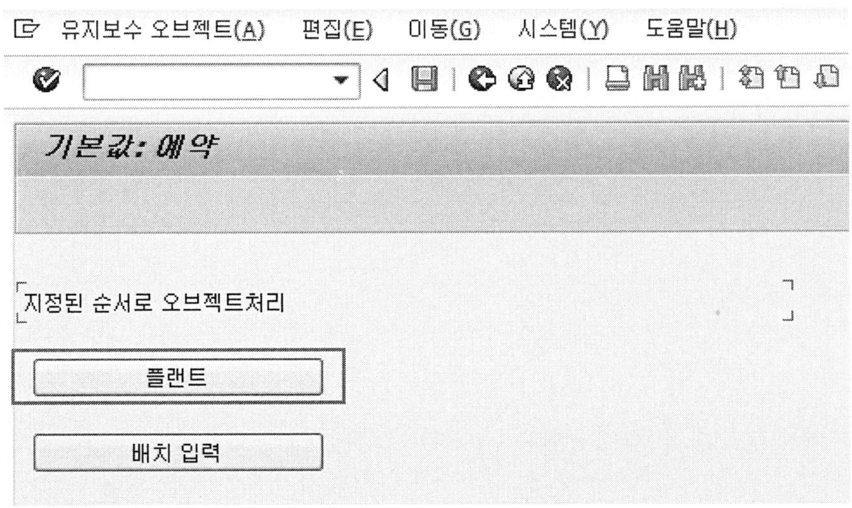

이동 허용(Movement allowed)의 수행 여부(Mvt), 이동일을 며칠 전부터 실행할 것인지와 예약(Reservation)이 지나고 며칠 후부터 삭제(Rete)할 것인지를 정의 할 수 있다.

5. 피킹 리스트 (Creating a Picking List)

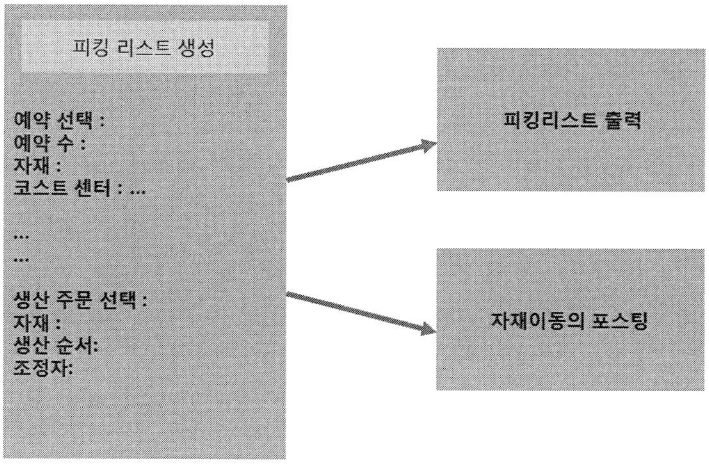

〔그림 3-9〕 피킹 리스트 생성(Creating a Picking List)

예약(Reservation)을 관리해서 종합적으로 리스트화를 한 다음에 출고를 실행하는 리포트(Report)가 필요한데 이 리포트를 피킹 리스트(Picking List)라고 한다. SAP에서는 내가 원하는 조건에 의해서 예약(Reservation)을 리스트업한 후 이것을 이용해서 실제 프린트를 한다 던지 자재이동(Goods movement)을 수행하는 기능이다.

SAP 화면보기 ▽

▼ 피킹 리스트 생성(Creating a Picking List)

- 메뉴 경로

물류(Logistics) ⇨ 자재관리(Material Management) ⇨ 재고 관리 (Inventory management) ⇨ 예약 (Reservation) ⇨ 피킹 (Picking)

- T-code : MB26

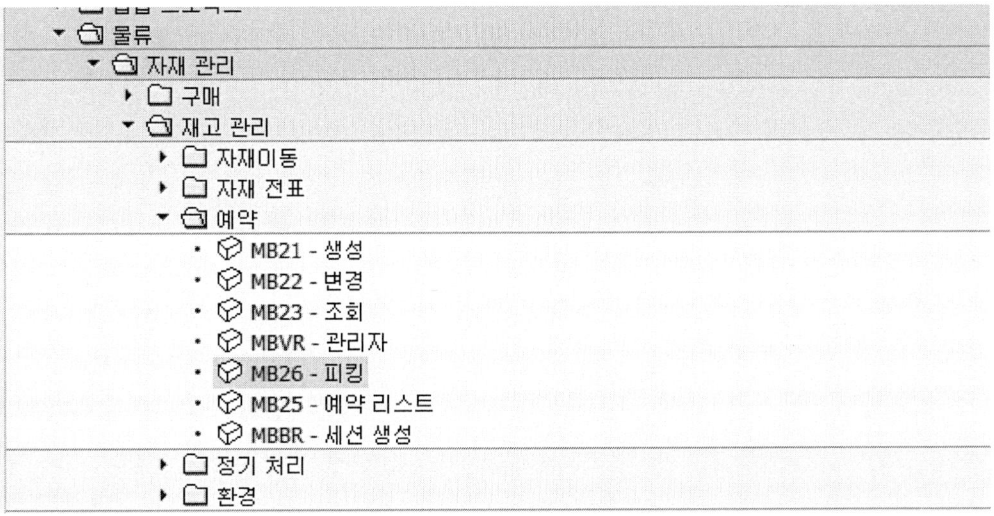

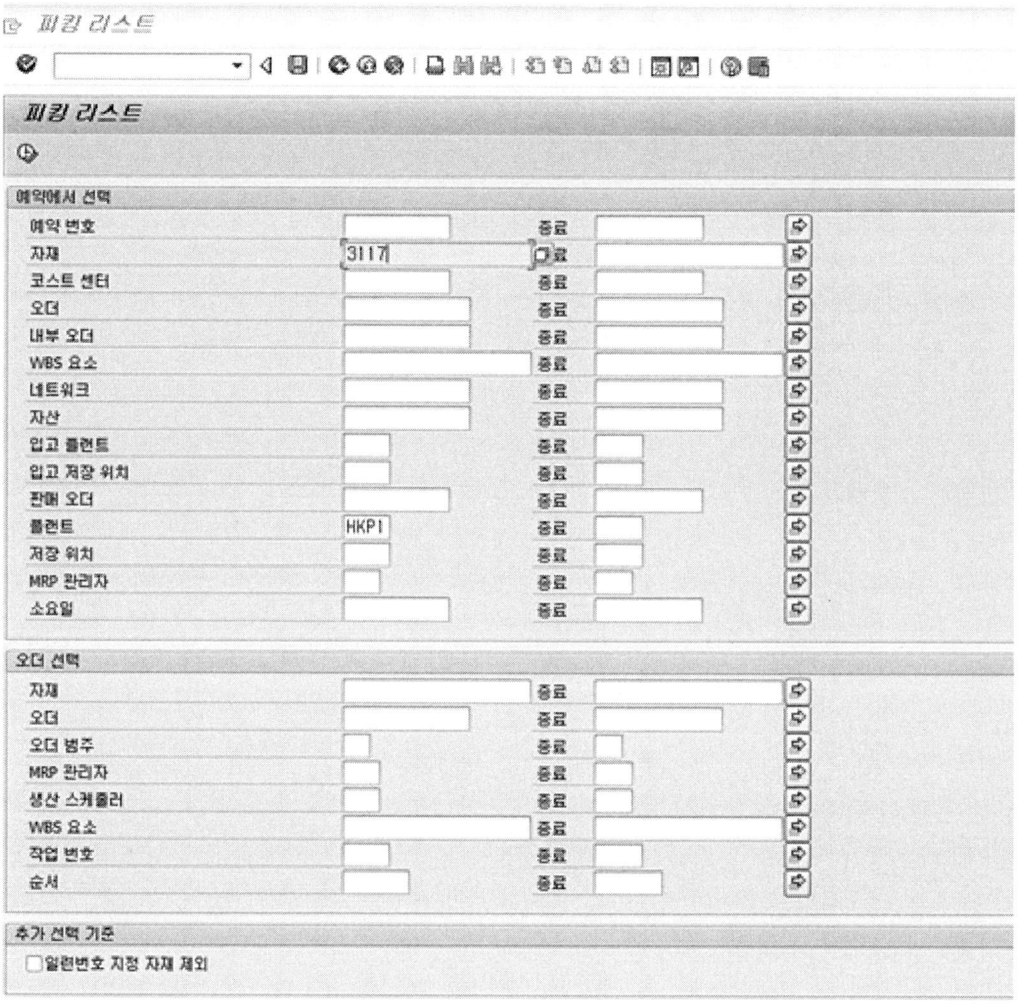

내가 원하는 예약(Reservation)을 선택하는 파라미터들이 있는데, 여기서 플랜트(Plant)의 자재(Material) 3117에 관련된 예약(Reservation)에 대해서 상세조회 해보자.

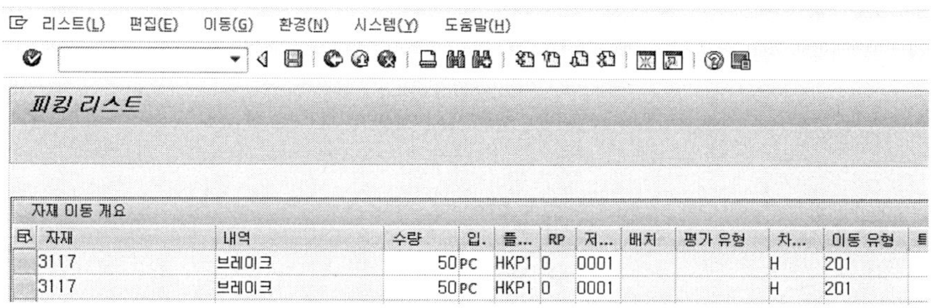

창고 담당자가 특정한 날자, 특정한 자재(Material)에 대해서 출고 예약이 얼마만큼 있는지, 재고 결정(Stock determination) 클릭하고 프린트하면 피킹 리스트(Picking List)가 출력되고, 저장을 하게 되면 피킹 리스트(Picking List)에 의해서 자동출고를 할 수 있

는 화면이다.

지금까지 배운 것을 실제로 예약(Reservation)을 만들어 보고 예약(Reservation)에 의해서 입고를 해 보고, 또 피킹 리스트(Picking list)에 의해서 출고를 해보기로 하자.

SAP 화면보기 ▽

▼ 예약(Reservation) 생성 관리

- 메뉴 경로

물류(Logistics) ⇨ 자재관리(Material Management) ⇨ 재고 관리 (Inventory management) ⇨ 예약 (Reservation) ⇨ 생성 (Create)

- T-code : MB21

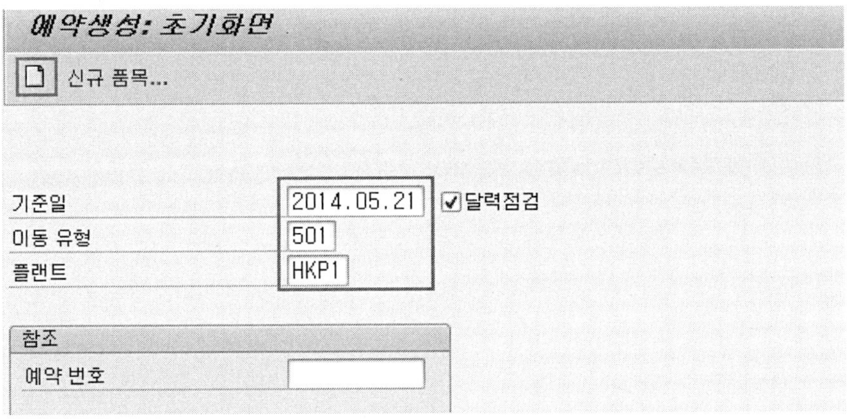

먼저 입고에 예약(Reservation)을 생성해보자.

1. 필요한 미래의 날짜를 입력한다.
2. 이동 유형(Movement type)을 입력한다.(예: 기타입고 501을 입력)
3. 플랜트(Plant)를 입력한다.

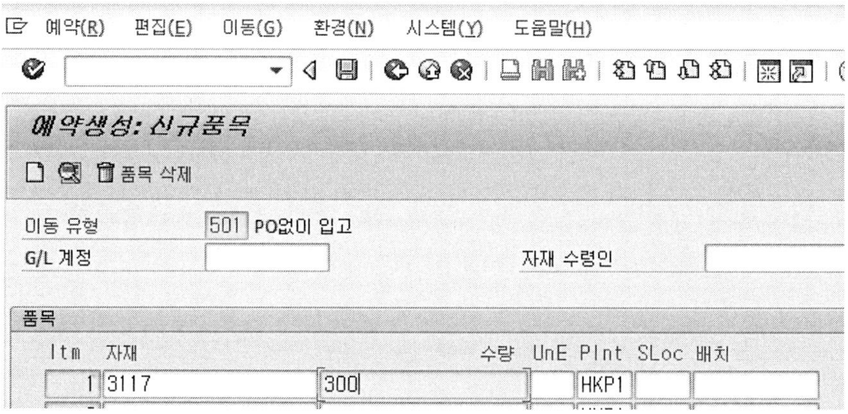

플랜트에 자재 3117를 300개의 예약을 입력하고 엔터를 클릭한다.
(예약이 생성된 화면)

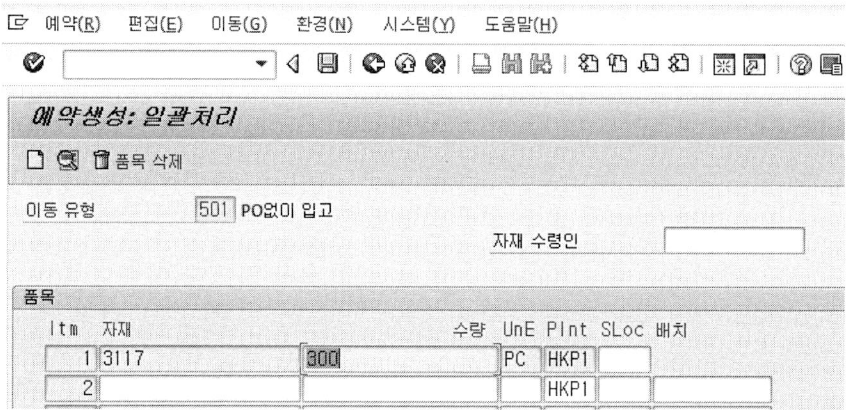

저장하면 예약이 완료된다.

다음에 출고 예약(Reservation)을 생성해보자. 출고 예약도 동일한 화면에서 처리 되는데 출고 예약 날짜와 이동명이 달라진다.

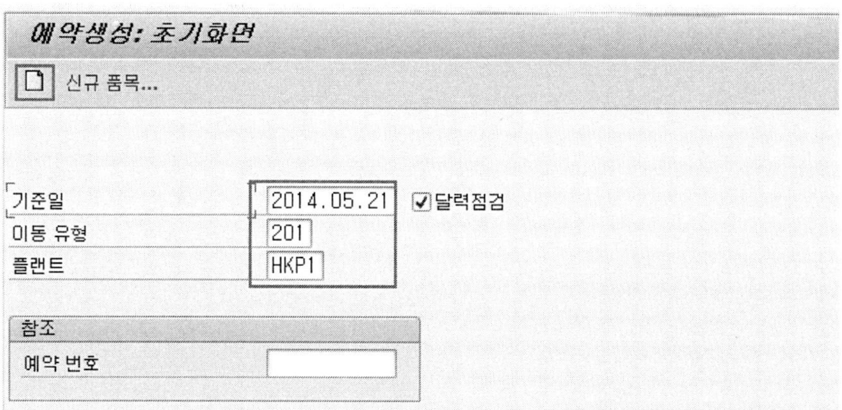

기준일(Base Date)와 이동 명을 입력한다.

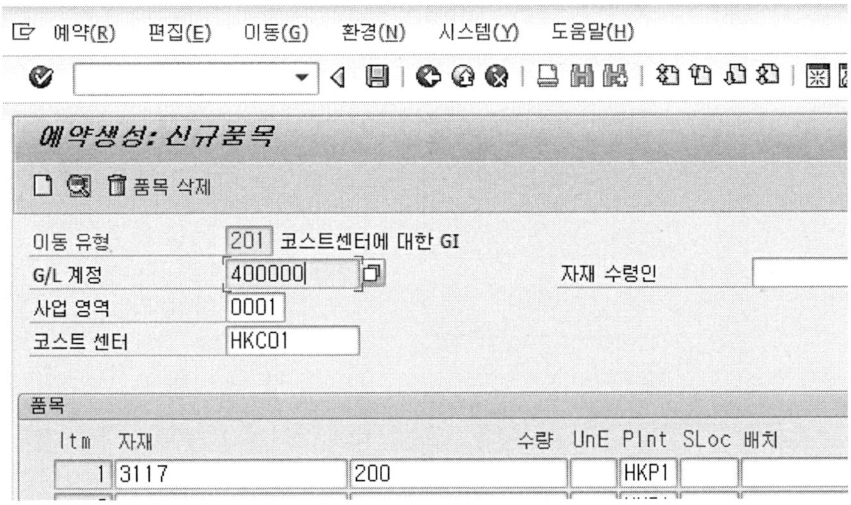

코스트 센터(Cost center)를 입력하고, 확인하여 이상이 없으면 저장을 하면 예약이 생성된다.

SAP 화면보기 ▽

▼ 생성된 예약(Reservation)에 대해서 실제로 입출고를 발생시켜본다.

- 메뉴 경로

물류(Logistics) ⇨ 자재관리(Material Management) ⇨ 재고 관리 (Inventory management) ⇨ 예약 (Reservation) ⇨ 피킹 (Picking)

- T-code : MB26

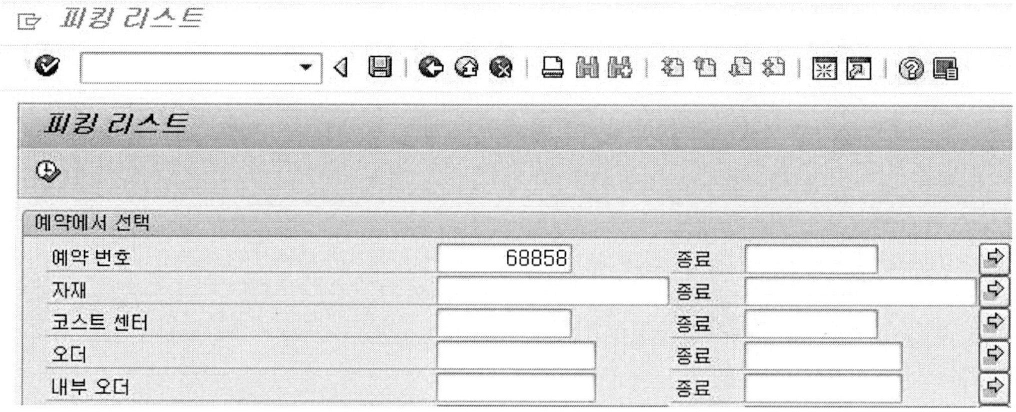

입고 예약(Reservation) 이동유형 501 혹은 이동유형 201을 선택하고 해당 수량에 대해서 입고/출고 처리를 한다. 이때 반드시 주의해야 할 것은 입출고를 일으키지 않는 예약(Reservation)은 삭제해야 한다. 삭제해야할 항목을 선택하고 하단의 을 클릭하면 삭제되어, 입고를 해야 될 예약(Reservation)만 보이게 된다.

입고하고자 하는 품목을 선택하고 저장위치를 입력 후 저장을 하면 자동으로 자재 이동(Goods Movement)이 처리된다.

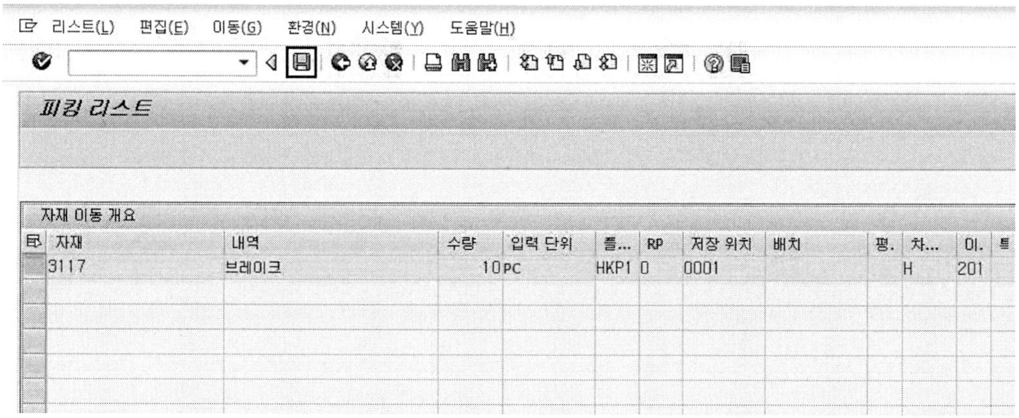

6. 자재 출고 (Goods Issues)

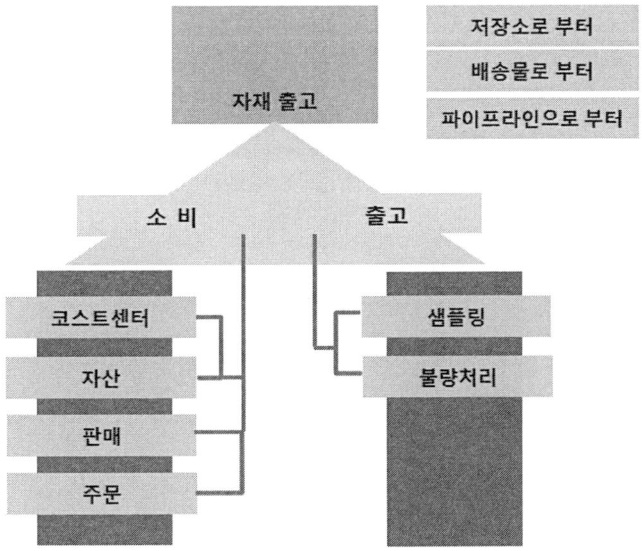

〔그림 3-10〕 자재 출고(Goods issues)

자재 출고(Goods issues)는 그림과 같이 크게 2가지로 볼 수 있다. 한 가지는 비용으로 처리하는 소비(Consumption)로 코스트 객체(Cost Object)가 필요하게 된다. 코스트 객체(Cost Object)에는 코스트 센터(Cost center), 자산(Asset), 판매(Sales), 주문(Order) 등의 소비(Consumption) 출고가 있고, 다음은 샘플링(Sampling), 불량처리(Scrapping)를 하는 출고로, 비용성이기 보다는 어떤 계정에 의해서 처리하는 것으로, 예를 들어 경상연구 개발비를 출고 처리할 때 샘플링(Sampling)이나, 폐기 처리하는 불량처리(Scrapping)로 나누어져 있다.

그래서 자재 출고(Good Issue)는 코스트 객체(Cost Object)에 의해서 처리하는 부문과 타 모듈에 의해서 샘플링(Sampling) 또는 불량처리(Scrapping) 처리하는 두 가지 형태로 나뉘어져있다고 생각하면 된다.

• **자재 출고 트랜잭션**

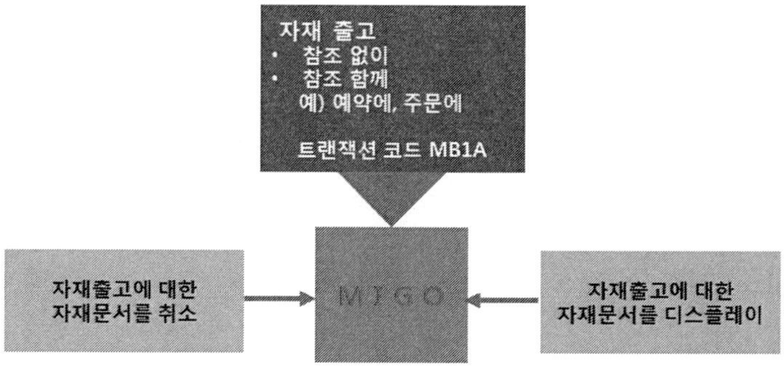

〔그림 3-11〕 Enjoy Transaction for Goods Issue

자재출고(Good Issue)는 트랜잭션 코드(Transaction code) MIGO를 이용하여 자재출고(Goods Issue)를 처리하고 그 외에 자재출고(Good Issue)에 대해 자재문서(Material documents)를 취소(Cancel)할 수 있는 기능과 자재문서(Material documents)를 조회(Display)할 수 있는 기능이 추가적으로 MIGO에 제공된다.

그래서 MIGO에서 자재출고(Goods issue)라고하면 기존의 문서를 참조 복사(With reference)하는 방식이 가능하고, 그렇지 않은 참조하지 않고 생성(Without reference)의 방식도 가능하다. 또한, 트랜잭션 코드(Transaction code) MB1A 또한 다른 자재 출고(Good Issue) 기능을 처리할 수 있다.

• **자재출고 입력(Entering Goods Issues)**

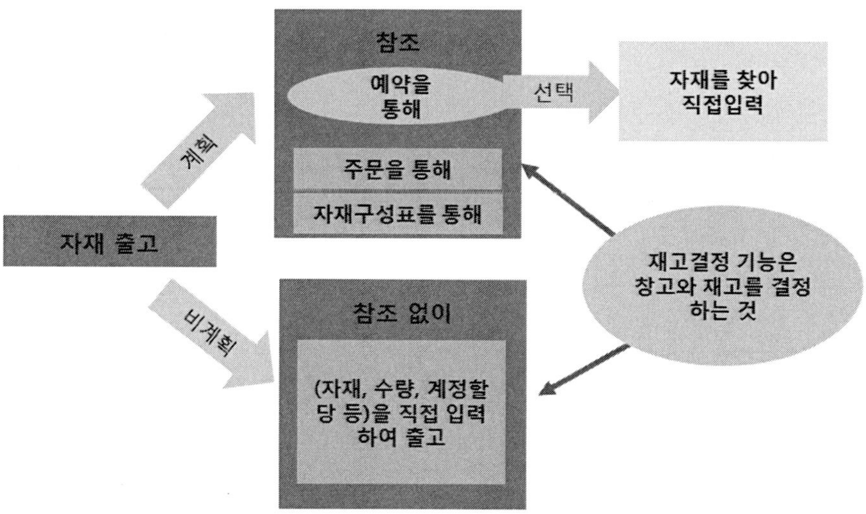

〔그림 3-12〕 자재출고 입력(Entering Goods Issues)

자재 출고(Goods issue)는 기본적으로 계획(Planned)과 비계획(Unplanned)으로 나뉜다. 계획된 자재출고(Planned Goods issue)는 참조(Reference)할 문서(Document)가 있는 것을 말한다. 즉 언제 출고를 하겠다고 미리 문서를 만들어 놓은 것이다. 예약(Reservation), 오더(Order), 자재구성표(BOM: Bill of material)를 통해 출고를 하겠다는 것이다. 비계획(Unplanned)는 참조(Reference)가 없는 것을 말하는 것으로, 자재(Material), 수량(Quantity), 계정할당(Account assignment)등을 직접 입력하여 출고하는 것을 말한다. 이러한 출고를 하기 위해서는 반드시 창고(Storage location)를 입력해야한다. 그래서 출고하는 기능의 또 한 가지는 재고 결정(Stock determination)이라는 규칙(Rule)이다. 계획(Planned)이나 비계획(Unplanned)는 모두 재고 결정(Stock determination)이라는 기능을 이용할 수 있으며 재고 결정(Stock determination)기능은 창고(Storage location)를 자동으로 결정을 해주는 것으로 창고(Storage location) 일수도 있고 재고 유형(Stock type)일 수도 있다.

7. 재고 결정 (Stock Determination)

• **재고 결정의 어플리케이션 영역(Application Areas of Stock Determination)**

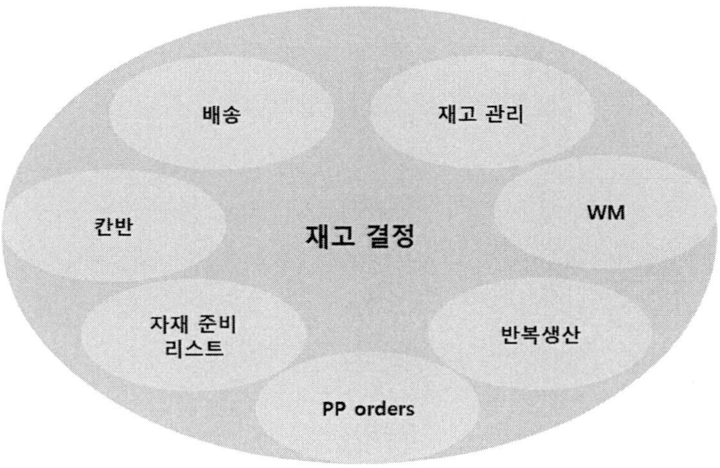

〔그림 3-13〕 재고 결정의 어플리케이션 영역(Application Areas of Stock Determination)

재고 결정(Stock determination)의 기능은 재고관리 모듈(Inventory management), 창고관리모듈(Warehouse Management), 생산모듈의 반복생산(Repetitive manufacturing)과 생산오더, 자재 준비 리스트(Material staging list, 칸반(Kanban), 납품(Delivery)등등 여러 모듈에서 사용된다. 사용자가 저장 위치를 일일이 입력할 필요

없이 재고 결정(Stock determination) 기능이 자동으로 결정을 해주기 때문에 여러 모듈에서 이 기능을 사용한다.

• **재고 결정(Stock Determination) 설정사항**

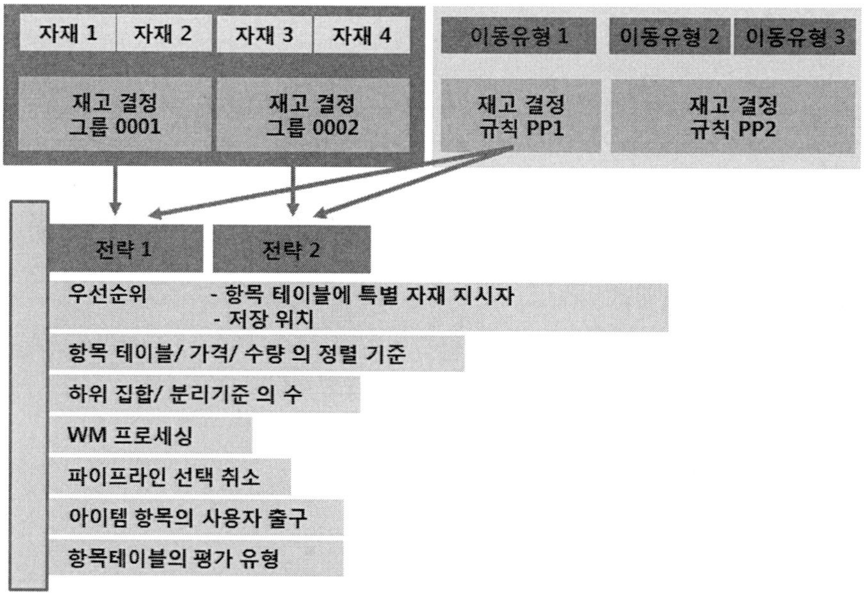

〔그림 3-14〕 재고 결정(Stock Determination)

자재 마스터(Material master)에 재고 결정(Stock Determination)이라는 그룹이 있고, Application(이동유형)에 재고결정 규칙 (Stock Determination rule)이 있다. 재고 결정(Stock Determination)의 그룹과 Application rule간에 결정 기준을 유지시킬 수 있도록 설정 되어 있다. MM에서의 재고관리 Application은 이동유형에 의해서 재고 결정규칙(Stock Determination rule)이 결정된다. 입출을 일으킬 때 이동유형을 먼저 입력하여 재고 결정규칙(Stock Determination rule)이 무엇인지 결정된다. 그리고 자재(Material)를 입력하여 재고 결정(Stock Determination)그룹이 무엇인지 결정이 된다.

그래서 두 개의 그룹과 규칙 간에 어떠한 재고를 결정하는지 두 관계 사이에 설정이 되어 있다.

8. MIGO 커스터마이징 설정 (Customizing Setting for MIGO)

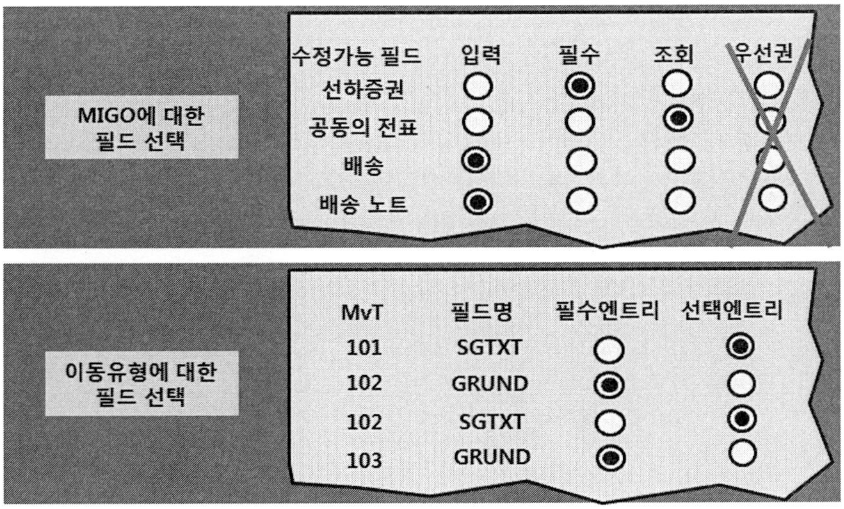

〔그림 3-15〕 MIGO 커스터마이징(Customizing Setting for MIGO) (1)

MIGO에 대한 세팅 사항 중 필드 선택(Field selection)이란 것이 있다. 이것은 MIGO의 입고와 출고 화면에는 여러 개의 필드가 있는데, 각각의 필드는 필수입력사항, 숨기기, 선택입력사항으로 설정가능하다. 그리고 이동 유형(Movement type)에 대한 필드 선택(Field selection)을 별도로 수행할 수도 있다.

예를 들어 이동 유형(Movement type)이 101 때, 필드명 "SGTXT"는 선택 입력사항으로 하는 것이고, 또 102 일 때 필드명 "GROUND"이 반드시 들어갈 수 있도록 필수입력 사항으로 설정 할 수도 있다는 것이다. 이렇게 각각의 필드는 이동유형 별로 제어할 수 있다.

SAP 화면보기 ▽

▼ MIGO 커스터마이징 설정(Customizing Setting for MIGO) (1)

- 메뉴 경로

툴 ⇨ 커스터마이징 ⇨ SPRO - 프로젝트 실행 ⇨ SAP 참조 IMG ⇨ 자재 관리(Material Management) ⇨ 재고관리 및 재고실사(Inventory Management and Physical Inventory) ⇨ Enjoy 트랜잭션 세팅(Setting for Enjoy Transactions) ⇨ MIGO 필드 선택(Field Selection for MIGO)

- T-code : SPRO

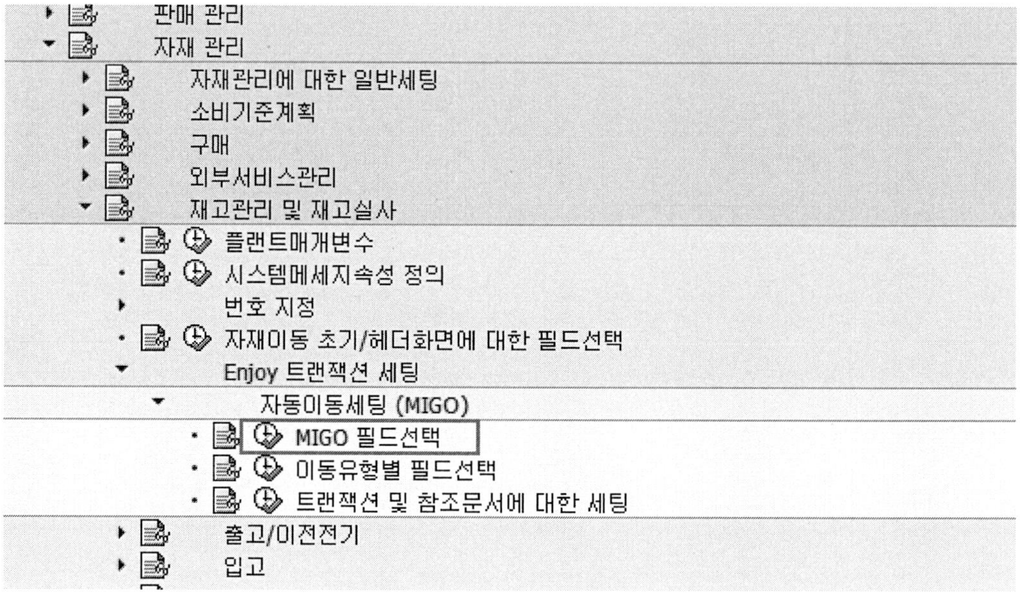

MIGO 트랜잭션(Transaction)에서 사용되는 필드들에 대한 정의를 할 수 있다. MIGO 필드에 있는 속성치가 변동되어 현업담당자의 업무를 지원하게 된다.

계속해서 뒤로 가기 버튼을 누른 후 MIGO 필드선택 메뉴 바로 아래에 있는 이동유형별 필드선택(Field Selection per Mvt Type)을 클릭하자.

이동유형(Movement type) 별로 별도로 필드선택(Filed Selection)을 정할 수 있다.

- **MIGO 커스터마이징(Customizing Setting for MIGO) (2)**

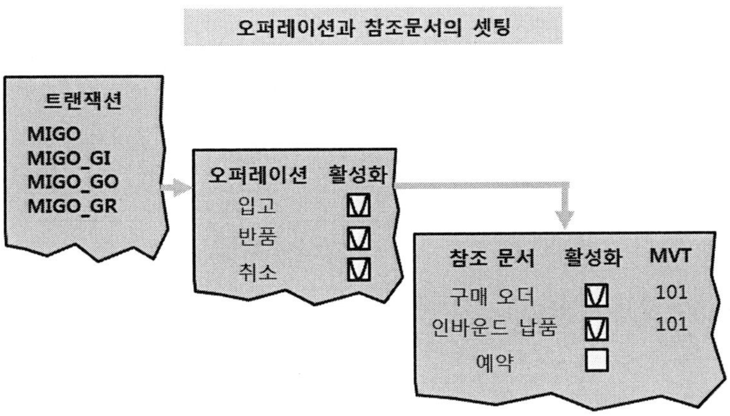

〔그림 3-16〕 MIGO 커스터마이징(Customizing Setting for MIGO) (2)

위의 그림에서 오퍼레이션(Operation)별로 참조문서(Reference document)를 포함하고 있는데, 각각의 참조문서(Reference document)에 대해서는 어떻게 화면을 구성할지를 말해주고 있다. 각각의 트랜잭션(Transaction: MIGO, MIGO-GI, MIGO-GO, MIGO-GR)별로 어떠한 오퍼레이션을 관리할지 결정한다. 그리고 각각의 오퍼레이션 별로는 참조문서(Reference document)에 대해서 활성화(Active)를 할 수 있다.

예를 들어 MIGO에 있어서 자재입고(Goods receipt)에 대해서 참조문서(Reference

document)를 현재는 예약(Reservation)이 없는데 이것을 체크하게 되면 자재입고(Goods receipt)라는 입고전표도 참조문서(Reference document)에 의해서 처리할 수 있다는 것이다.

SAP 화면보기 ▽

▼ MIGO 커스터마이징 설정(Customizing Setting for MIGO) (2)

- 메뉴 경로

툴 ⇨ 커스터마이징 ⇨ SPRO - 프로젝트 실행 ⇨ SAP 참조 IMG ⇨ 자재 관리(Material Management) ⇨ 재고관리 및 재고실사(Inventory Management and Physical Inventory) ⇨ Enjoy 트랜잭션 세팅(Setting for Enjoy Transactions) ⇨ 트랜잭션 및 참조문서에 대한 세팅(Setting for Transaction and Reference Documents)

- T-code : SPRO

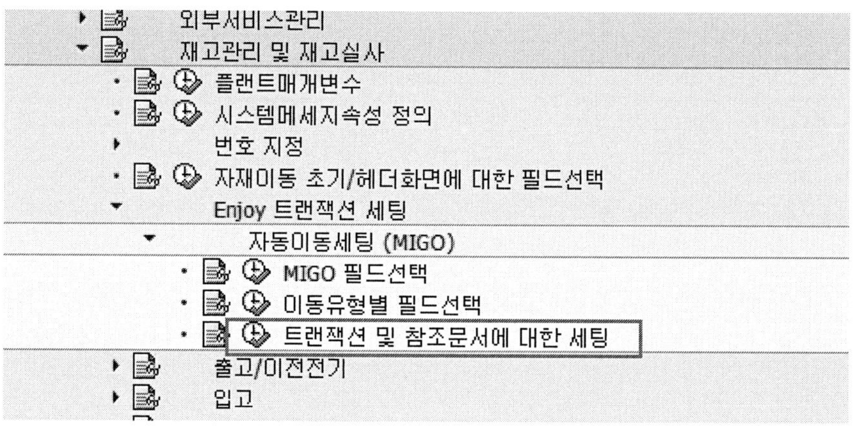

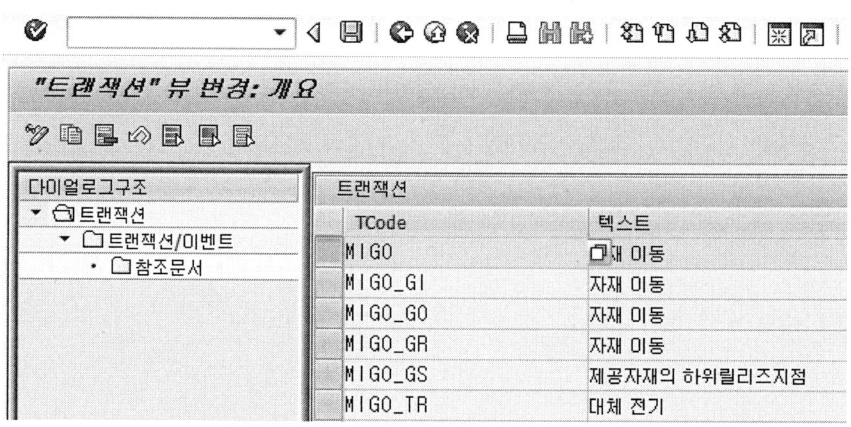

어떤 트랜잭션 코드를 사용할 것인가를 선택하고(예: MIGO 선택) 트랜잭션/이벤트를 더블클릭하면,

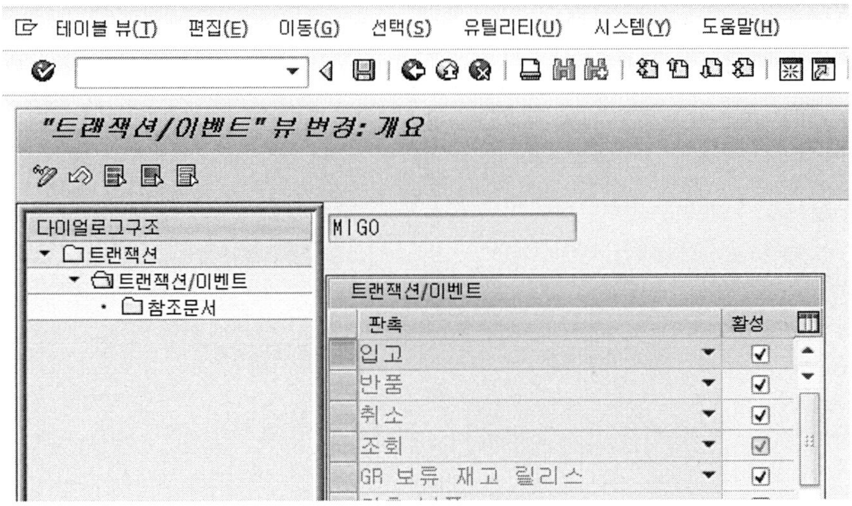

MIGO에서 허용하는 트랜잭션/이벤트들을 볼 수 있다. 필요한 트랜잭션(예: Goods Receipt)을 선택한 다음 참조문서(Reference document)를 더블클릭하면,

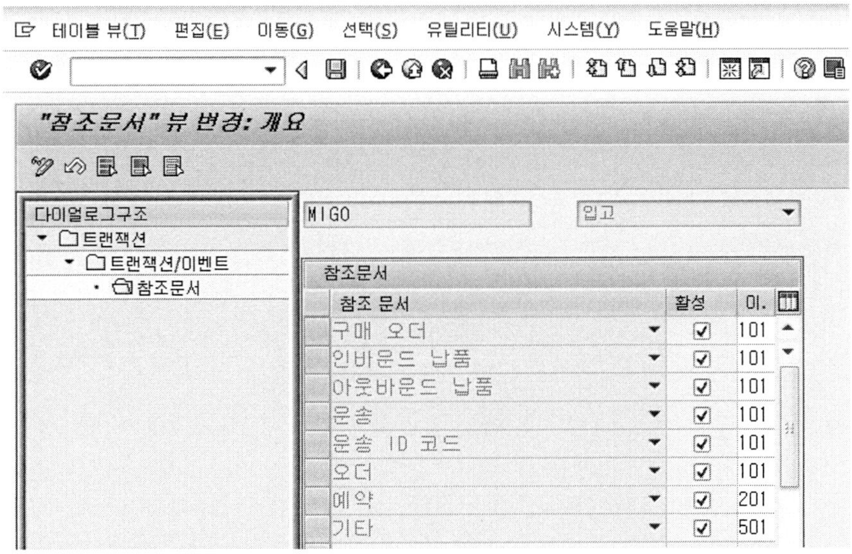

어떤 참조문서(Reference Document)를 허용하겠다는 것을 설정할 수 있는 기능을 지원하고 있어 사용자의 편의를 제공하고 있다.

9. 마이너스 재고 (Negative Stocks)

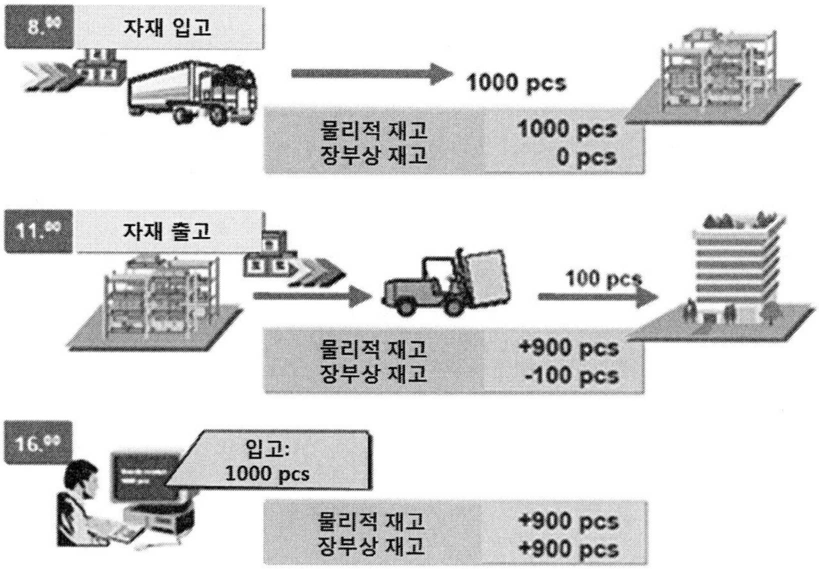

〔그림 3-17〕 마이너스 재고(Negative Stocks)

SAP에서는 마이너스 재고(Negative stocks)를 지원하고는 있으나 사용해서는 안 될 기능중의 하나이다. 더 이상 방법이 없는 어쩔 수 없는 상황에서는 쓸 수 있지만 굳이 그럴 필요가 없는 상황에서는 쓸 필요가 없다. 마이너스 재고(Negative Stock)를 허용한 다음 정상적으로 재고 정리를 하는 것이 매우 힘들기 때문이다.

그림에서 설명해 보자. 8시에 입고가 되어 실물은 1000개가 있으나 전산은 아직 입력처리를 못한 상황에서, 11시에 100개를 출고하게 되면 실물은 900개가 되고 장부상에는 -100개가 된다. 그 후 16시가 되어 입고를 잡으면 이렇게 정상적으로 처리가 될 것이다.

일일단위로 정리가 된다면 마이너스 재고(Negative stocks)를 사용해도 크게 무리가 없지만 월말에 정산이 이루어지는 상황에서는 거의 정리할 수 없는 경우가 많다. 만약 마이너스 재고(Negative Stock)를 쓰더라도 월말에는 반드시 이 마이너스 재고(Negative stock)를 "0"으로 만들어서 마감해야한다.

• **마이너스 재고 설정(Setting for Negative Stocks)**

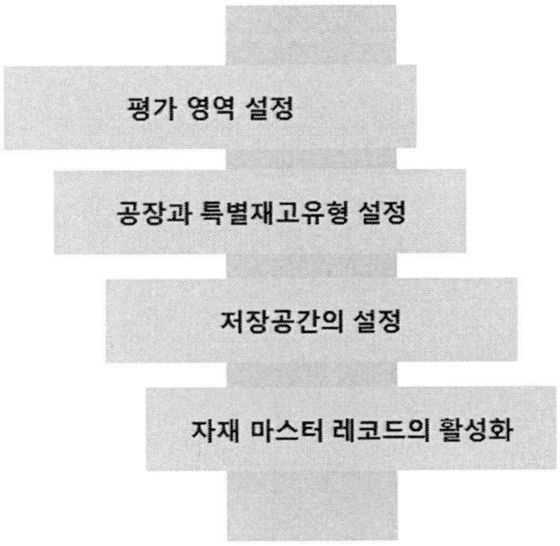

〔그림 3-18〕 마이너스 재고 설정(Setting for Negative Stocks)

제일 먼저 평가 영역(Valuation area)에서 네거티브 트랜잭션(Negative transaction)을 설정한다. 다음으로, 특별재고(Special stock)와 플랜트(Plant)별로 마이너스 재고(Negative stock)를 관리할 것인지 말 것인지를 결정한다. 그리고 창고(Storage location) 레벨별로 마이너스 재고(Negative stock)를 관리 할 것인지를 결정한다. 최종적으로 자재 마스터(Material master)에 마이너스 재고(Negative stock)의 세팅이 되어 있어야한다. 이러한 조건들이 다 충족되어야 하며 반드시 모두 다 같이 세팅이 되어 있어야 한다. 그만큼 마이너스 재고(Negative stock)는 중요한 사항이기 때문이다.

SAP 화면보기 ▽

▼ 마이너스 재고(Negative stock)를 위한 설정사항

- 메뉴 경로

툴 ⇨ 커스터마이징 ⇨ SPRO - 프로젝트 실행 ⇨ SAP 참조 IMG ⇨ 자재 관리(Material Management) ⇨ 재고관리 및 재고실사(Inventory Management and Physical Inventory) ⇨ 출고/이전전기 (Goods Issue/Transfer Postings) ⇨ 마이너스재고 허용 (Allow Negative Stocks))

- T-code : SPRO

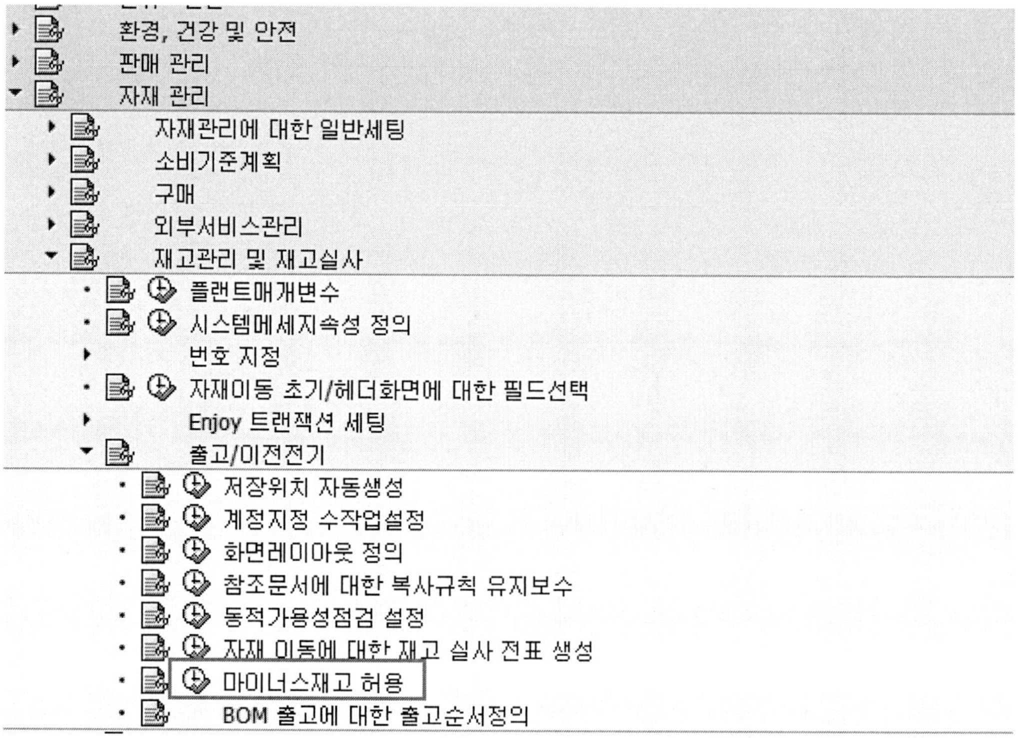

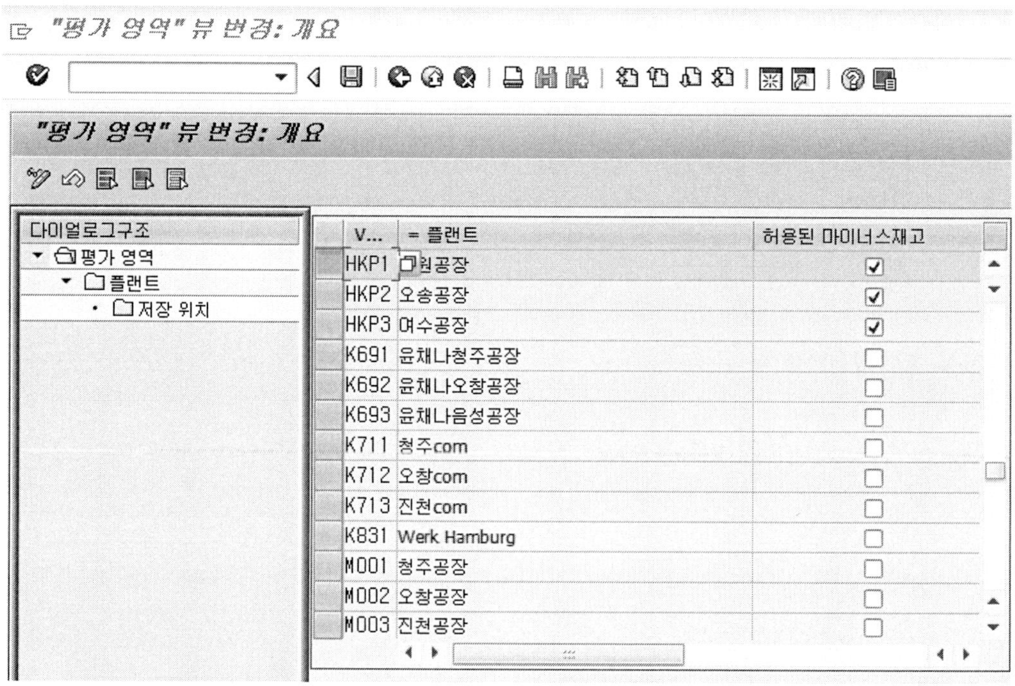

먼저 평가영역(Valuation area)을 선택하고 평가영역(Valuation area)별로 마이너스 재고(Negative stocks) 여부를 결정하고, 플랜트(Plant)를 더블클릭하여,

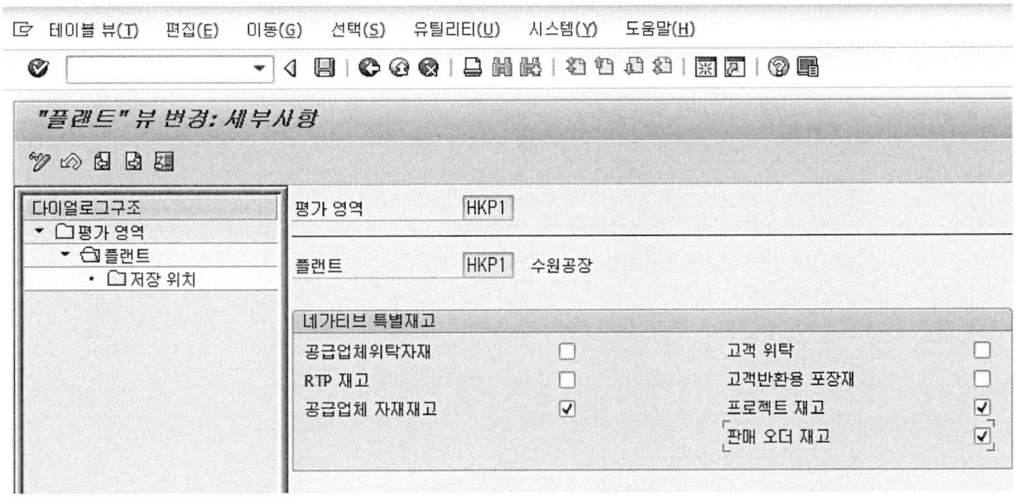

플랜트(Plant)별로 관리할 상세한 마이너스 재고(Negative stocks)를 결정한 다음에 저장 위치(Storage location)를 클릭하여, 저장 위치(Storage Location)별로 마이너스 재고(Negative stocks)의 적용여부를 결정한다.

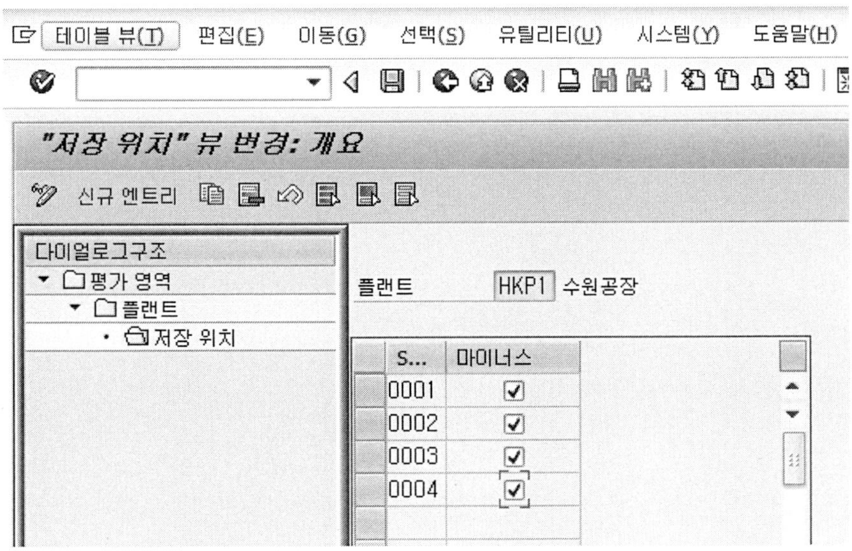

이 3가지 작업이 끝나면 (3가지가 반드시 되어 있어야 한다.)

계속해서 커맨드 창에서 "/nmm02" 입력 후 자재마스터를 세팅한다.

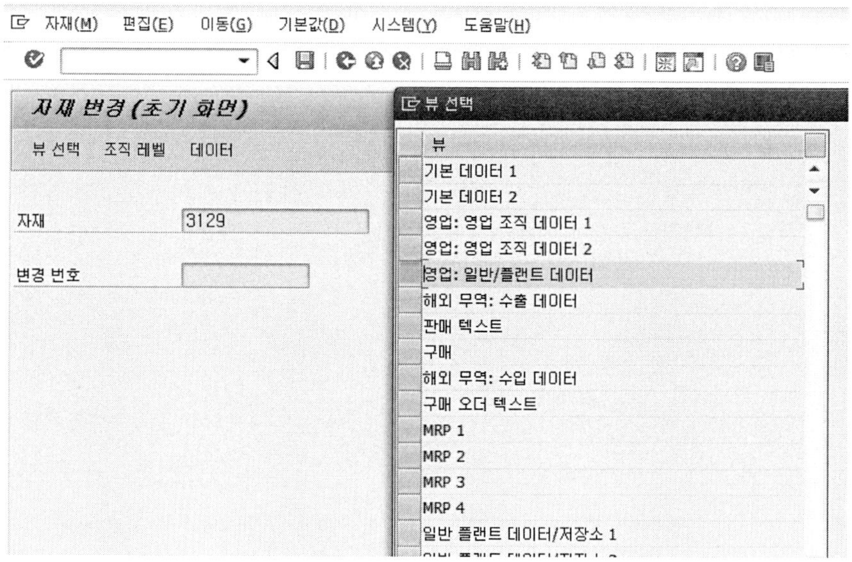

자재 (Material) 번호를 입력하고 영업: 일반/플랜트 데이터를 선택한다.
아래 화면으로 들어간 다음,

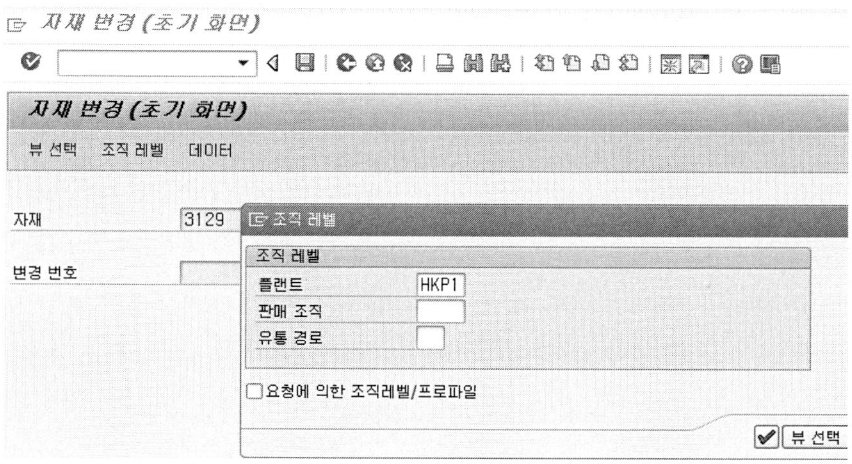

플랜트(Plant)를 입력하고 엔터를 누르면,

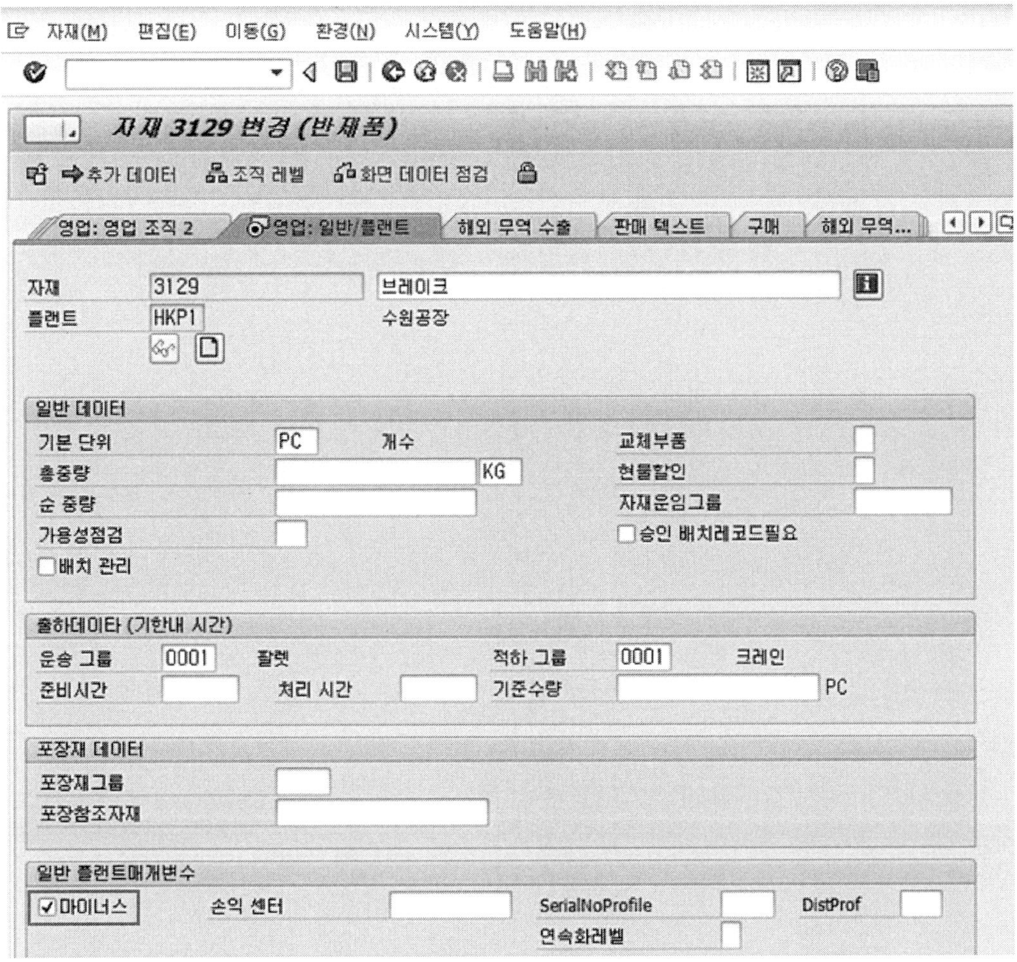

화면하단의 마이너스를 선택하면 전체적으로 마이너스 재고(Negative Stocks)를 허용할 수 있도록 시스템설정이 끝나게 된다.

10. 재고 이전 / 이전 전기 (Stock Transfer / Transfer Posting)

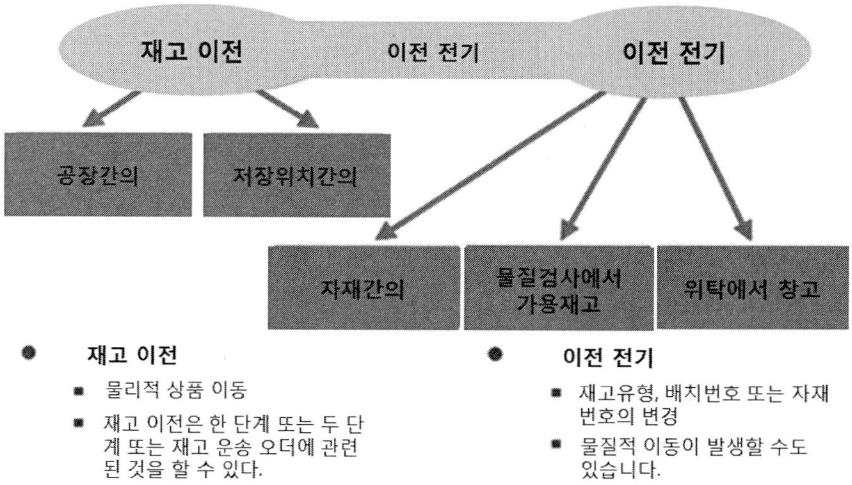

〔그림 3-19〕 재고 이전/이전 전기(Stock Transfer/ Transfer Posting)

재고 이전(Stock transfer)과 이전 전기(Transfer Posting)의 차이점에 대해서 알아보자.

플랜트 사이(Plant to Plant)의 이전 또는 저장 위치사이에(Storage to Storage)일어나는 이전을 재고이전(Stock Transfer)라고 한다. 즉 물리적으로 실물이 이전 하는 것을 말하고 한 단계(One step) 또는 두 단계(Two step)로 처리 하는 것을 지원한다. 그래서 재고이전(Stock transfer)은 실질적인 재고 이동이다.

이전전기(Transfer Posting)는 실물보다 논리적인 움직임이 많다. 자재사이의(Material to material)의 이전전기는 자재(Material)가 시간의 흐름에 따라 속성이나 값어치가 변하는 것, 품질검사에서 가용재고(Quality inspec. to unres-use stock)는 실물이 움직이지 않고 재고(Stock)의 형태만 바뀌는 것, 위탁에서 창고(Consignment to warehouse)는 창고에 있는 재고이지만 재고의 소유만 바뀌는 것을 의미한다. 기본적으로 재고 유형(Stock type)이나 자재번호(Material number)를 변경하는 형태이다.

11. 재고 이전 (Stock Transfer)

• **재고 이전 유형(Stock Transfer types)**

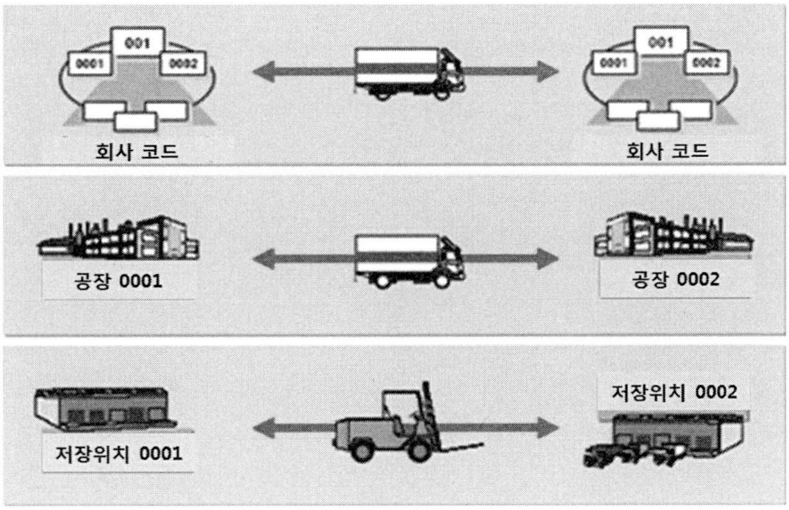

〔그림 3-20〕 재고 이전 유형(Stock Transfer types)

재고 이전 유형(Stock transfer type)은 다음의 3가지가 있다.
- 회사코드(Company code)간의 이전(Transfer).
- 플랜트(Plant)간의 이전(Transfer).
- 저장위치(Storage location)간의 이전.

• **저장위치간의 이전 - 한 단계 프로시저(Stor.Loc To Stor.Loc - one step Procedure)**

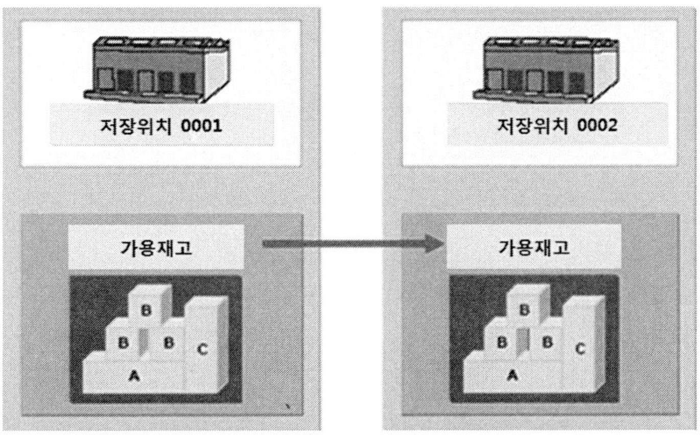

〔그림 3-21〕 저장위치간의 이전 - 한 단계 프로시저
(Stor.Loc To Stor.Loc - one step Procedure)

저장위치(Storage location)는 일반적으로 창고를 이야기하기 때문에 창고 간 이전으로 보면 된다. 한 단계(One step)이기 때문에 0001창고에서 출고함과 동시에 0002창고로 바로 입고되는 형태를 말한다. 예를 들어 하나의 영역 안에 저장위치가 복수개가 있는 경우, 저장 위치 간의 이동에 많은 시간이 차지하지 않을 경우 쓰인다. 물론 저장위치(Storage location) 간에도 두 단계 과정(Two step procedure)이 쓰이긴 한다. 이럴 경우에는 0001에서 출고를 한 후(one step) 0002에서 입고를 해주는(two step) 과정으로 입고 거리가 멀 경우에는 Two step이 쓰인다.

SAP 화면보기 ▽

▼ 저장위치간의 이전 – 한 단계 프로시저(Stor.Loc To Stor.Loc – one step Procedure

- 메뉴 경로

물류(Logistics) ⇨ 자재관리(Material Management) ⇨ 재고 관리 (Inventory management) ⇨ 자재 이동 (Goods Movement) ⇨ 대체전기 (Transfer Posting)

- T-code : MB1B

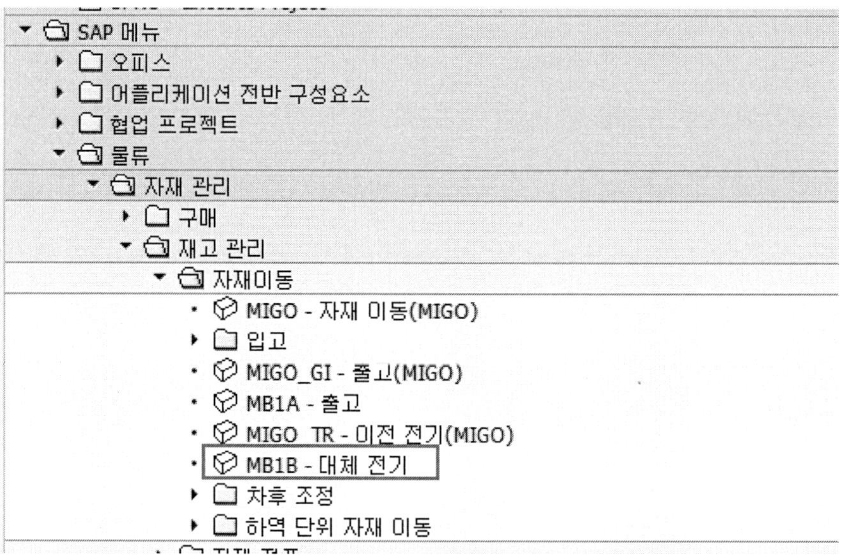

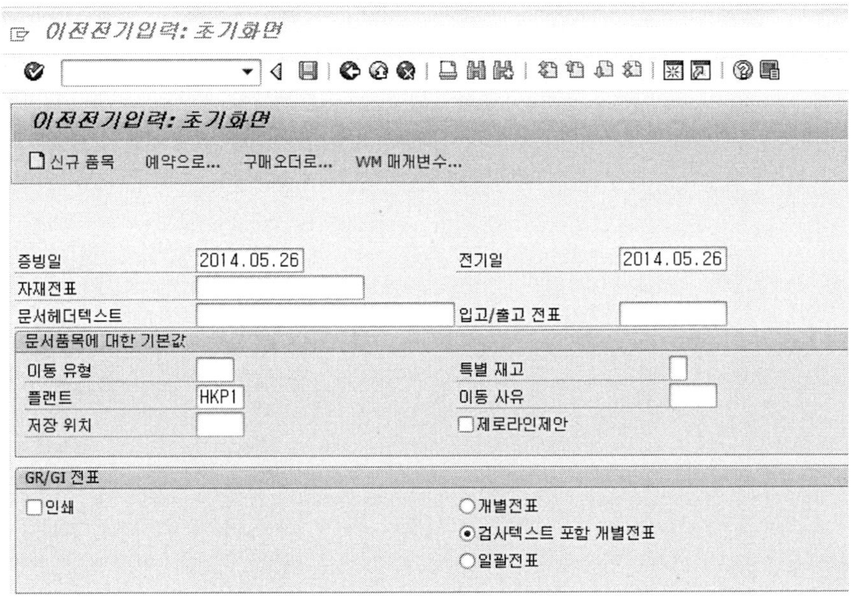

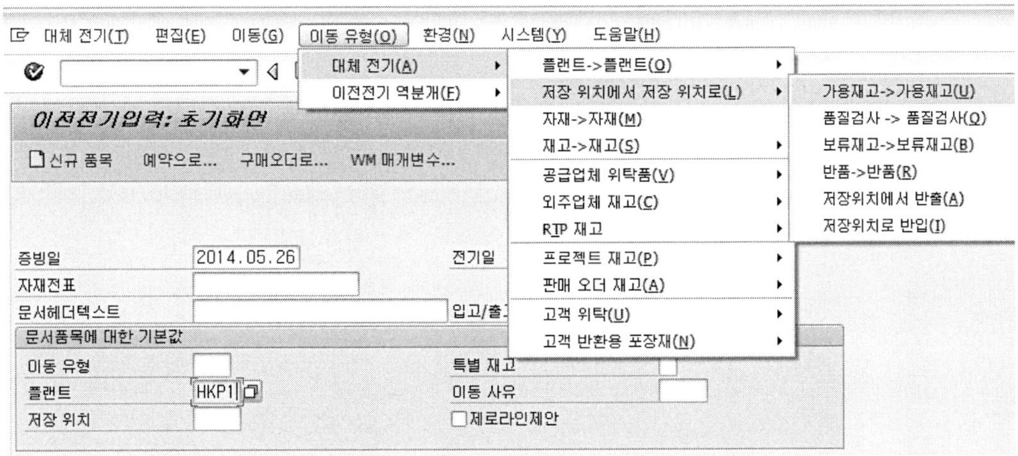

화면에서 보이는 메뉴 “가용재고 → 가용재고” 가 한 단계(One Step)이다. “저장위치에서 반출”을 선택하면 이동유형(Movement type) 311번으로 출고작업을 해야 하고, (화면 참조) “저장위치로 반입”을 선택하면 이동유형(Movement type) 315번으로 입고작업을 해야 한다는 것이다.

“가용재고 → 가용재고”을 선택한 후

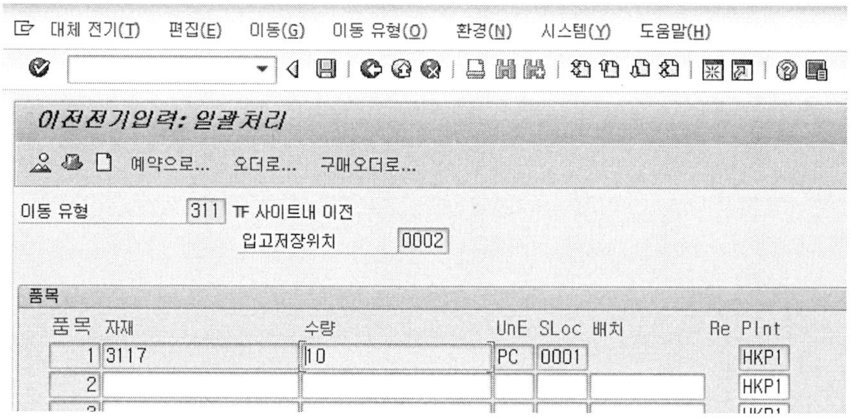

입고저장위치, 품목자재, 수량, 저장위치(기존의 저장위치)를 입력하고 엔터를 치고 저장을 누르면, 시스템에서 유효성 검사를 수행한다. 마지막으로 [저장]버튼을 누르면 이전 전기가 완료된다.

이때 저장위치 사이의(Storage Location to Storage Location)의 이전이기 때문에 재고자산의 변동, 즉 회계의 변동은 없다.

- **플랜트간의 이전 - 두 단계(Plant to Plant - Two step Procedure)**

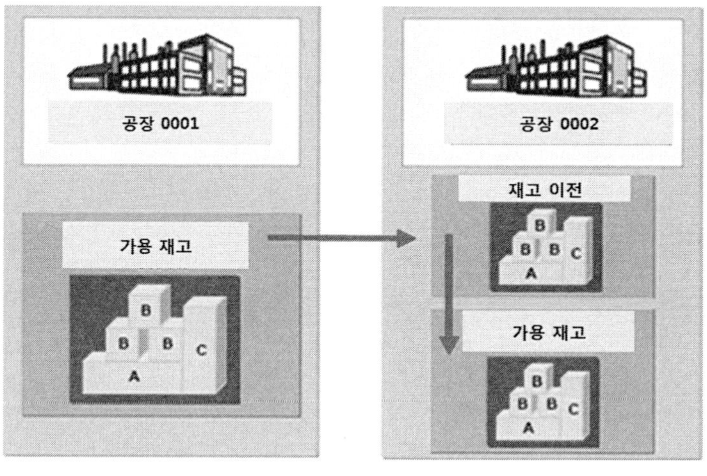

〔그림 3-22〕 플랜트간의 이전 - 두 단계(Plant to Plant - Two step Procedure)

두 단계(Two step)이라 함은 플랜트 0001에서 출고 작업 후에 플랜트 0002에서 입고 작업을 수행하는 것이다. 즉 출고와 입고가 독립적으로 작업이 일어나기 때문에 두 단계 프로시져(Two step procedure)라고 한다. SAP에서는 기본적으로 플랜트간의 이동은 대부분 두 단계(Two step)방식을 쓰도록 지원하고 있다. 물론 두 개의 플랜트가 아주 가까운 거리일 경우는 한 단계(One step)방식을 쓰는 경우도 있다. 그러나 일반적으로 거리가 가

깝지 않을 뿐더러 재고도 다르게 쓰이기 때문에 두 단계(Two step) 방식을 쓴다.

SAP 화면보기 ▽

▼ 플랜트간의 이전 – 두 단계 프로시져(Plant to Plant – Two step Procedure)

- 메뉴 경로

물류(Logistics) ⇨ 자재관리(Material Management) ⇨ 재고 관리 (Inventory management) ⇨ 자재 이동 (Goods Movement) ⇨ 대체전기 (Transfer Posting)

- T-code : MB1B

"반출 → 플랜트"(출고)와 "플랜트로 반입"(입고)의 2단계로 입출고 작업을 한다. 먼저 "반출 → 플랜트"를 선택해보자. 혹은 이동유형에 303을 입력하고 엔터를 눌러도 같다.

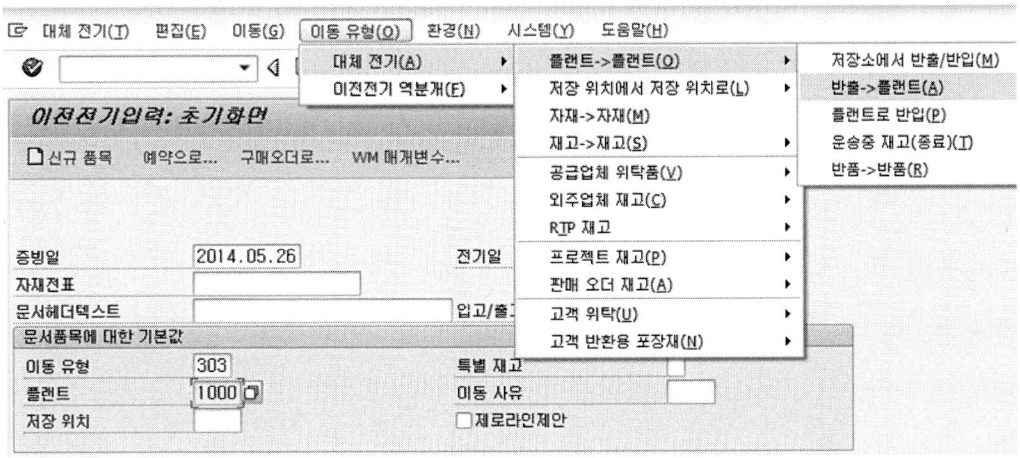

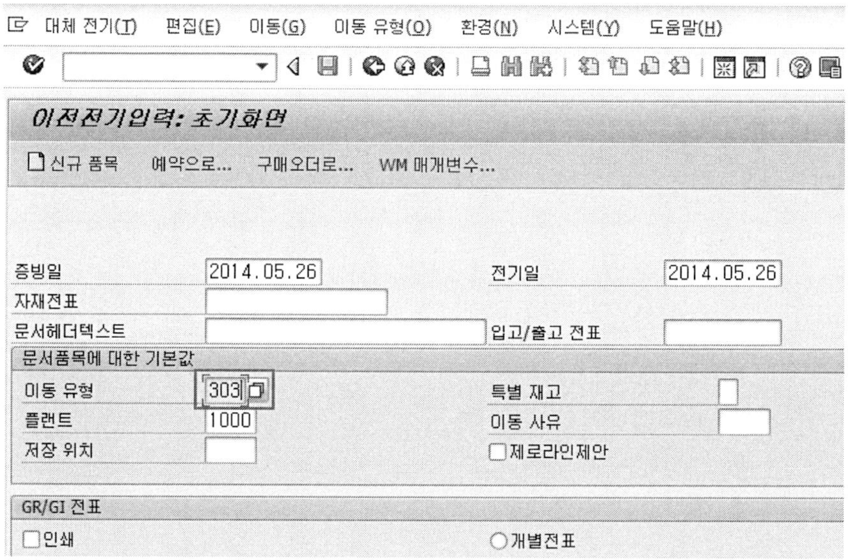

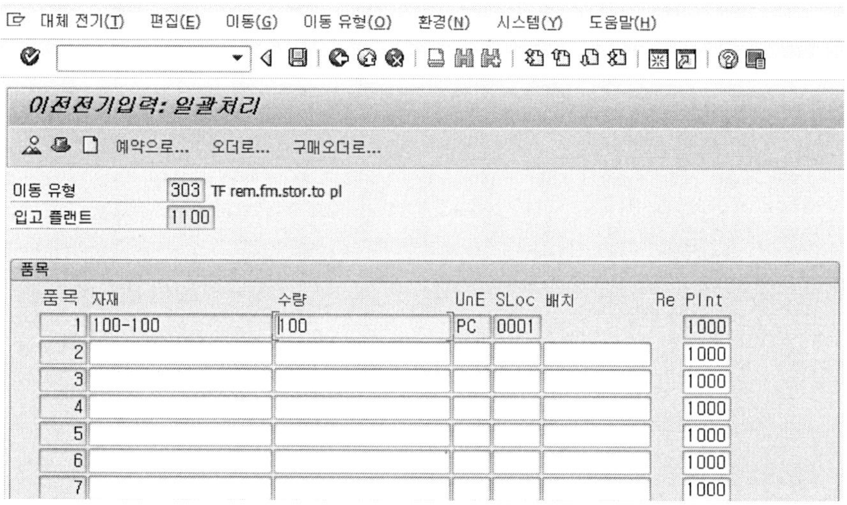

입고 플랜트, 입고 저장위치, 품목 자재, 수량, 저장위치(SLoc)를 입력하고 엔터를 누르고 저장버튼을 누르면 이전전기는 끝난다. 다만 플랜트 1000에서 출고는 완료되지만 플랜트 1100에서는 이동 중 재고로 되기 때문에 입고작업을 해야만 된다.

이때 플랜트간의 이동이기 때문에 재고자산의 변동, 즉 회계의 변동이 일어난다.

이동 중 재고를 입고 처리해보자. 처음 화면으로 돌아간 후 "플랜트로 반입"을 선택하고 다음의 화면으로 이동한다. 이동유형은 305번이다.

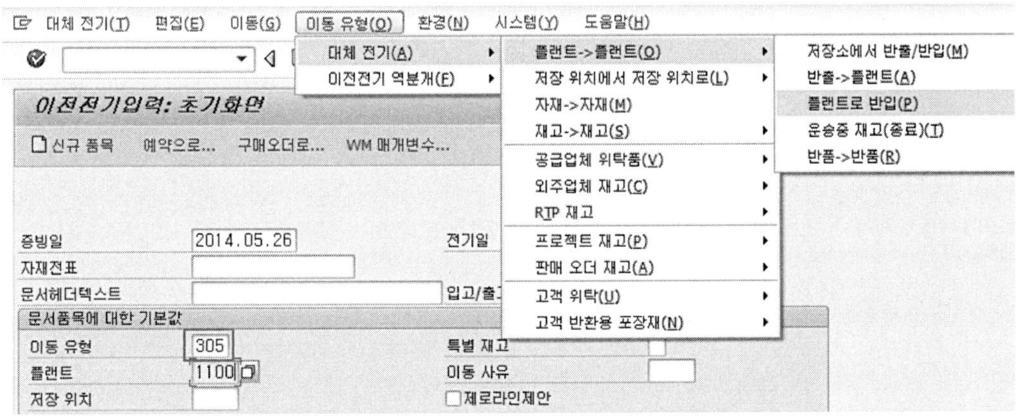

품목 자재, 수량, 저장위치, 플랜트를 입력하고 엔터를 누른 후 저장버튼을 눌러야 이동 중 재고의 입고처리가 완료된다.

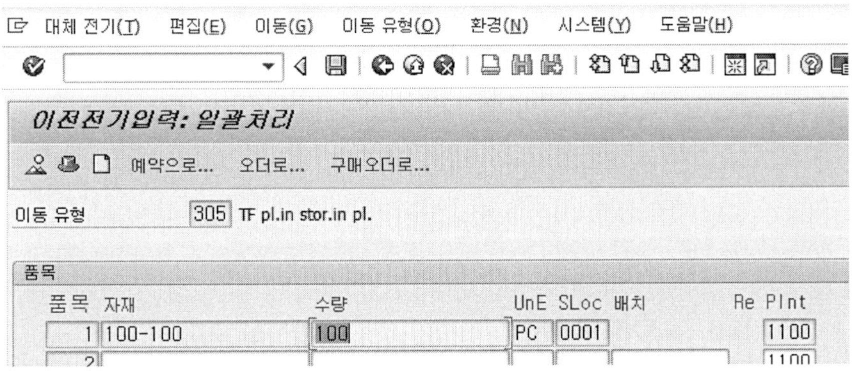

트랜잭션 코드 MB51에서 해당 이전전기 문서를 확인할 수 있다.

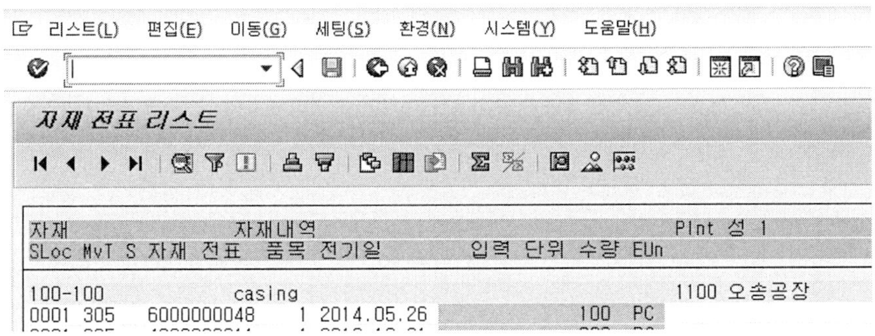

더블클릭하여 자재문서를 조회하여 보자.

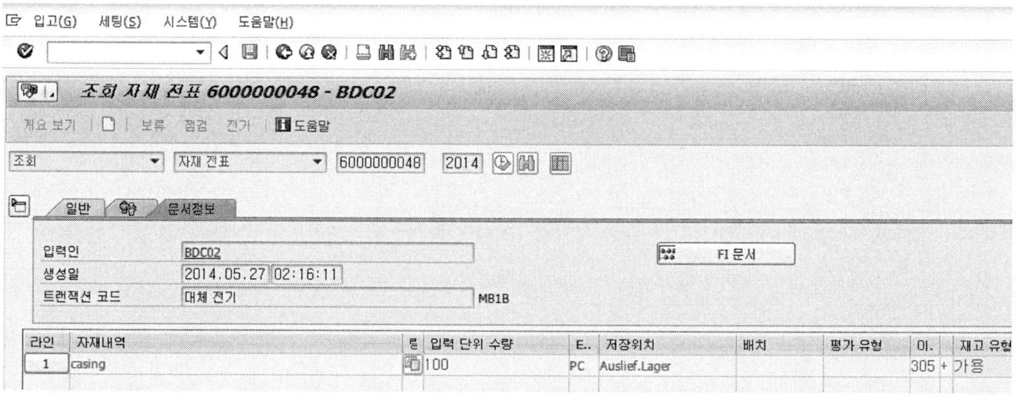

이때 회계문서는 출고공장에서 이미 처리하였기 때문에 발생하지 않는다.

- **재고 전송 오더 : 두 단계 프로시저(Stock Transport Order : Two-step Procedure)**

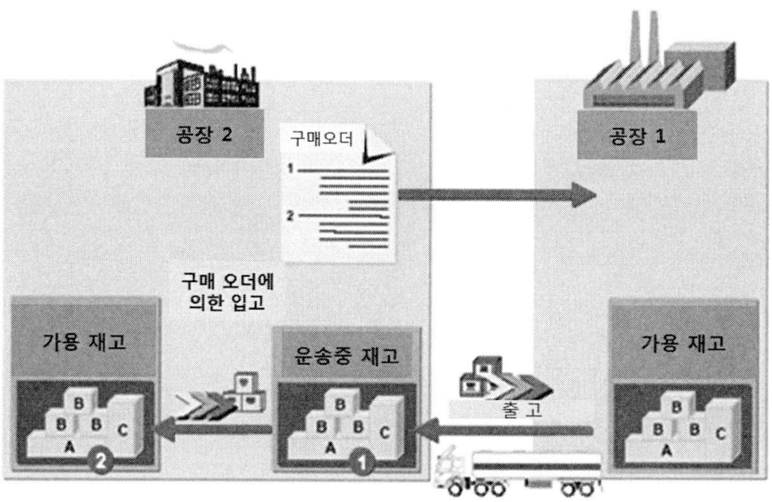

(그림 3-23) 재고 전송 오더 : 두 단계 프로시저
(Stock Transport Order : Two-step Procedure)

플랜트 간 이전(Transport)이긴 하지만 이번에는 오더(Order)를 사용하는 경우에 대해서 알아보자. 공장간 이전에 구매오더(Purchase Order)를 발주해서, 플랜트2에서 플랜트1로 구매를 하는 것처럼 구매 오더를 전달하면 플랜트1은 출고를 한다. 그러므로 가용 재고(Unrestricted-use stock)에서 출고(Goods issue)를 함과 동시에 플랜트2에서 운송중 재고(Stock in transit)로 넘어가게 되며, 이 운송 중 재고는 실제 플랜트2번에서는 입고처리를 하여야만 가용 재고가 된다.

SAP 화면보기 ▽

▼ 플랜트간의 이전 - 두 단계 프로시저(Plant to Plant - Two step Procedure)

- 메뉴 경로

물류(Logistics) ⇨ 자재관리(Material Management) ⇨ 구매 (Purchasing) ⇨ 구매 오더 (Puschase Order) ⇨ 생성 (Create) ⇨ 공급업체/공급 플랜트 확정(Vendor/Supplying Plant Known)

- T-code : ME21N

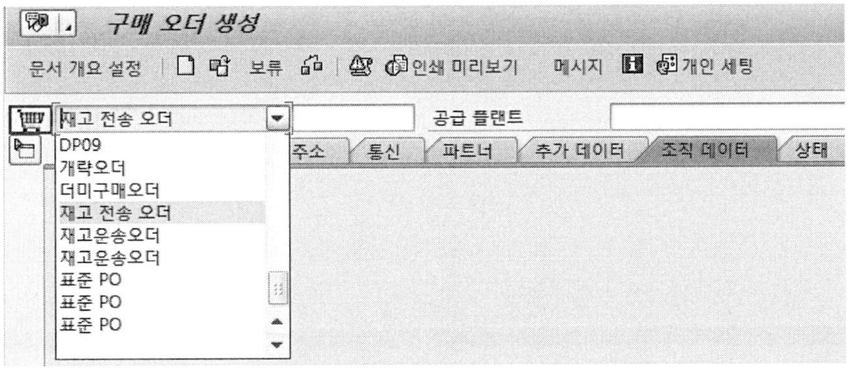

상기 화면에서 오더의 형태를 바꾸어 준다. 공장 간 오더처리인 "재고 전송 오더"를 선택한다.

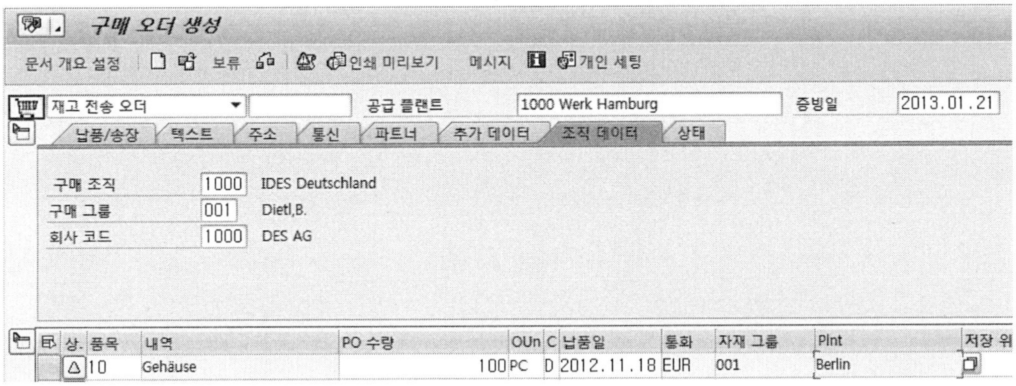

여기에 공급 플랜트, 구매 조직, 구매 그룹, 회사코드를 입력하고 품목(Item) 개요의 하부 화면(Sub-screen)에서 자재, 구매 오더(PO) 수량, 플랜트를 입력하고, 저장을 하면 구매오더 번호가 생성되는데 이것이 재고 전송 오더(Stock transport order)이다.

SAP 화면보기 ▽

▼ 플랜트간의 이전 - 두 단계 프로시저(Plant to Plant - Two step Procedure)

- 메뉴 경로

물류(Logistics) ⇨ 자재관리(Material Management) ⇨ 재고 관리 (Inventory management) ⇨ 자재 이동 (Goods Movement) ⇨ 대체전기 (Transfer Posting)

- T-code : MB1B

(주문을 받은 공장에서의 출고 작업도 마찬가지로 이전 전기에서 처리하게 된다.)

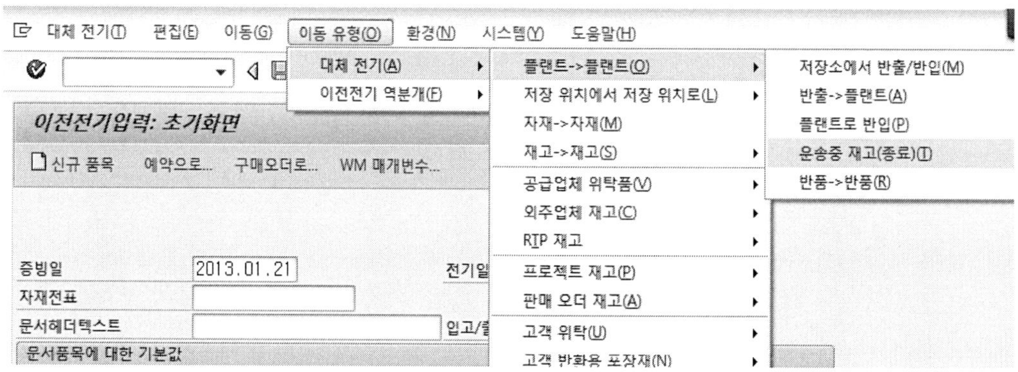

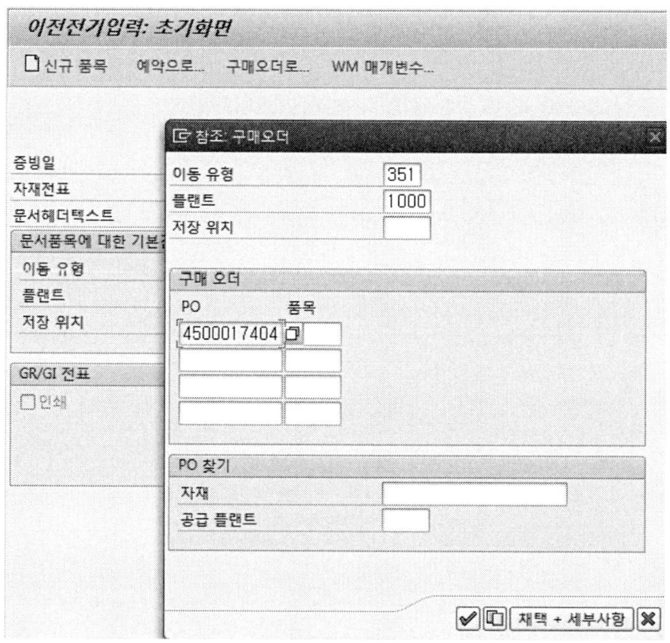

운송 중 재고를 선택하고 다음 화면에서 엔터를 치면 나타나는 아래 화면에서 내용을 입력하고 확인을 치면 아래와 같은 화면이 나타난다.

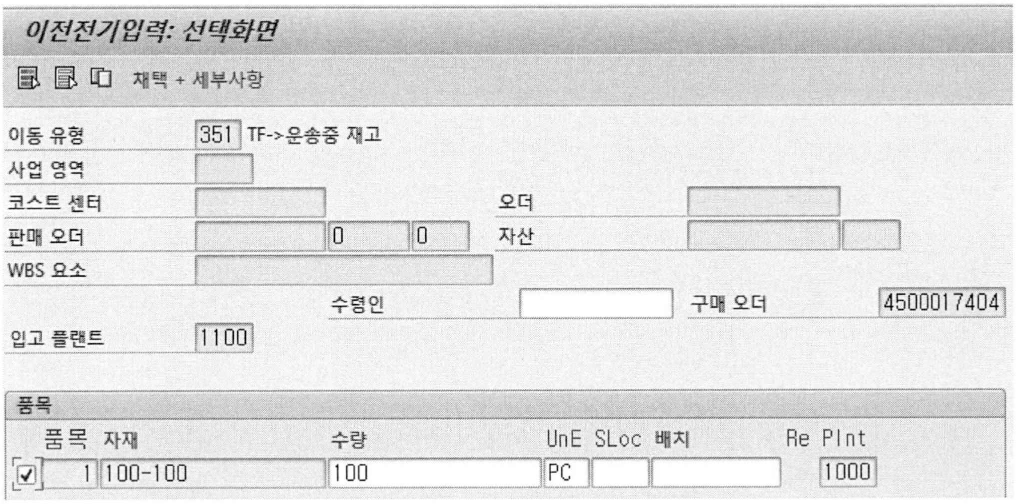

구매오더(PO)로부터 참조되어 관련된 데이터를 볼 수 있다. 여기서 품목별로 선택을 하여 저장 버튼을 누르면 재고 이전 전기가 완료된다. 플랜트 1000으로 부터의 출고가 이루어진 상황이 되었다.

한편, "채택 + 세부사항"버튼을 클릭하여 품목별로 다음과 같이 세부사항을 볼 수 있다.

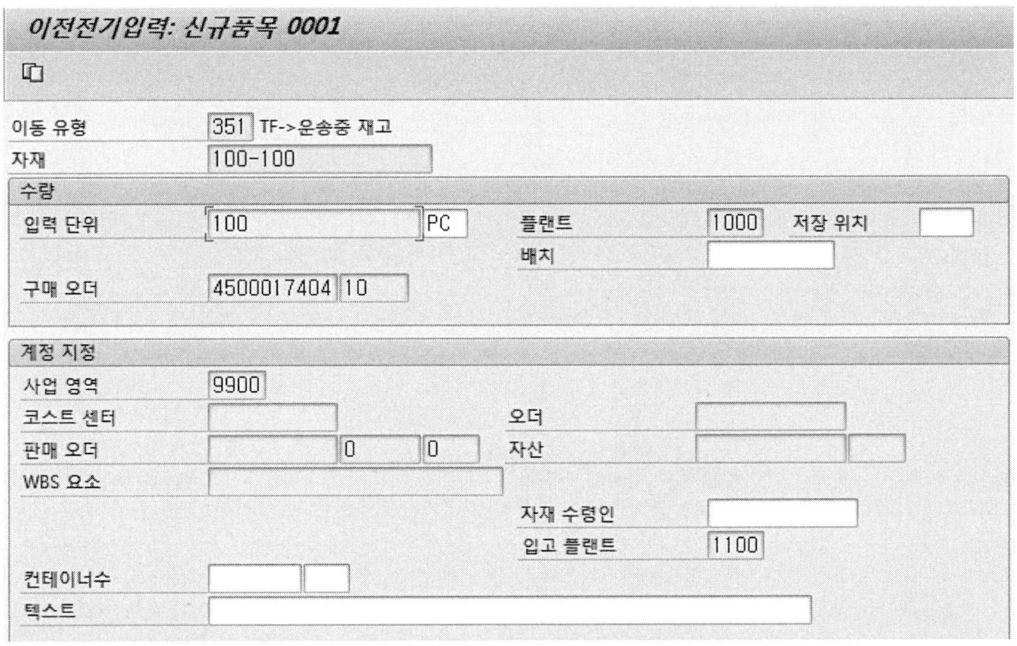

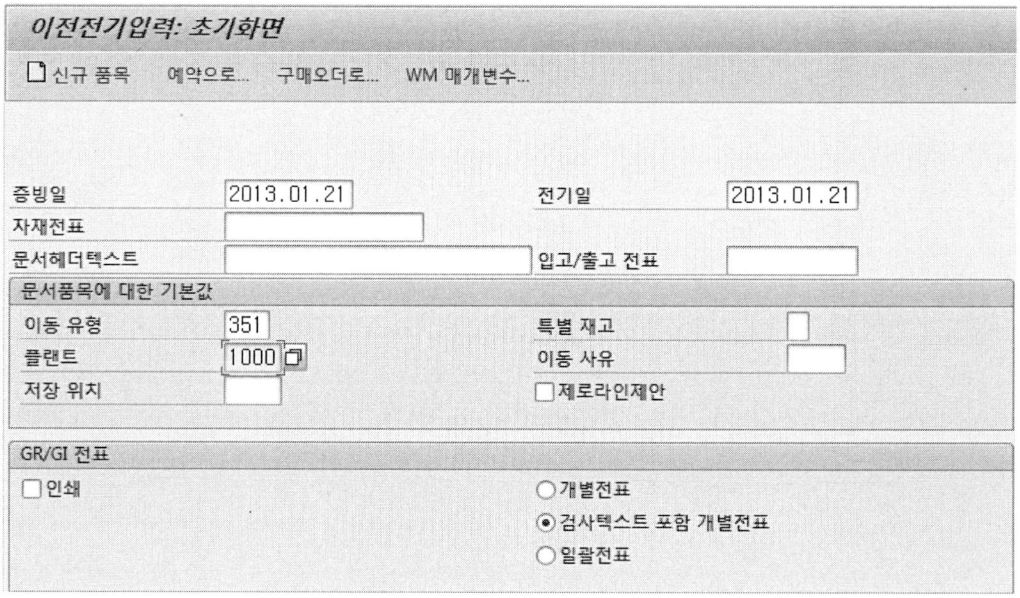
이전전기입력: 초기화면
신규 품목 예약으로... 구매오더로... WM 매개변수...
증빙일 2013.01.21
전기일 2013.01.21
자재전표
문서헤더텍스트
입고/출고 전표
문서품목에 대한 기본값
이동 유형 351
특별 재고
플랜트 1000
이동 사유
저장 위치
제로라인제안
GR/GI 전표
인쇄
개별전표
검사텍스트 포함 개별전표
일괄전표

두 번째 단계에서는 출고단계(1단계)에서 회계적으로 정리된다. 플랜트 1000에서 출고처리를 하면 플랜트 1100에 바로 입고 처리가 되는 것이 아니고 운송중재고로 재고가 할당된다. 따라서 플랜트 1100에서 동일한 요령으로 입고처리 작업을 해야 가용재고가 된다.

- **재고 전송 오더 : 한 단계 프로시저(Stock Transport Order : One-step Procedure)**

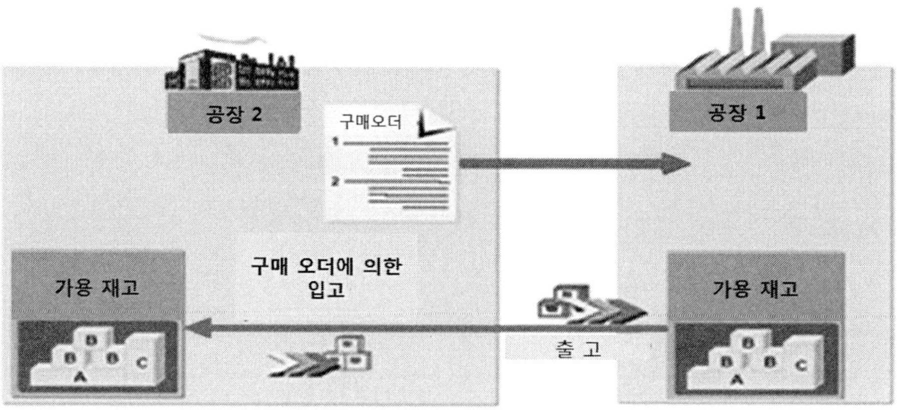

〔그림 3-24〕 재고 전송 오더 : 한 단계 프로시저

(Stock Transport Order : One-step Procedure)

구매오더(PO)를 발주하는 것은 앞서 다루었던 두 단계 프로시저와 동일하다. 플랜트2에서 구매오더(PO)를 내면 플랜트1에서 출고를 하는데 이때 출고와 동시에 플랜트2에서 도 입고가 실시간으로 이뤄진다. 이와 같이 입출고가 동시에 이루어지기 때문에 한 단계 프로시져라고 한다. 이러한 기능은 MM의 영역에서는 사용할 수는 없고 SD의 영역에서 사용할 수 있는데 이때 납품(Delivery)기능을 써야만 가능하다. 즉 플랜트1에서의 출고(Goods issue)는 SD의 납품(Delivery) 기능을 사용해야지만 한 단계 프로시져가 가능하다. 이러한 경우는 반드시 MRP에서 공장간 이전도 포함시키겠다면 오더(Order)형태를 띄운다. 그리고 공장간 거리가 매우 가까울 경우에도 이 기능이 쓰이기도 한다.

- **자재 간 이전(Material to material)**

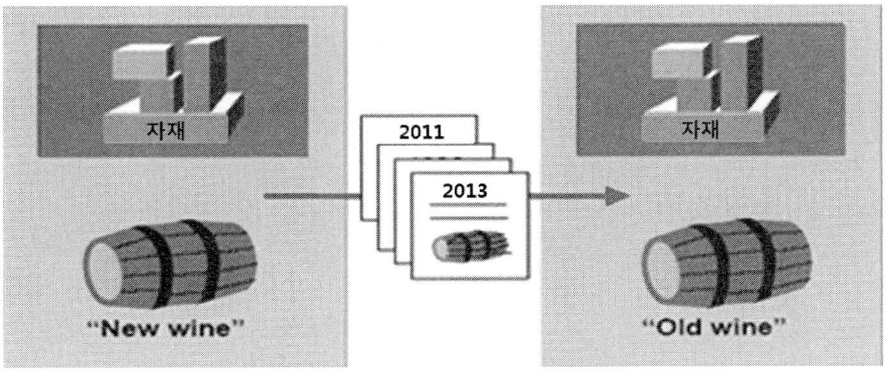

〔그림 3-25〕 자재 간 이전(Material to material)

자재 간 이전(Material to Material)은 상당이 재미있고 생소한 기능이다. 예를 들어, 와인의 경우는 숙성 년도에 따라 자재(Material)의 단가와 수량이 달라진다. 때문에 하나의 자재코드(Material code)로는 관리할 수 없다. 그래서 기존의 자재(Old material)는 새로운 자재(New material)로 변경되어야 하는데, 이러한 프로세스를 지원하는 기능을 SAP에서는 자재 간 이전(Material to material, 혹은 M to M)이라고 한다. 그러나 기본단위가 반드시 동일해야만 사용이 가능하다는 제한사항이 있음에 주의할 필요가 있다. (예, kg to kg, l to l, ...)

SAP 화면보기 ▽

▼ 자재 간 이전(Material to material)

- 메뉴 경로

물류(Logistics) ⇨ 자재관리(Material Management) ⇨ 재고 관리 (Inventory management) ⇨ 자재 이동 (Goods Movement) ⇨ 대체전기 (Transfer Posting)

- T-code : MB1B

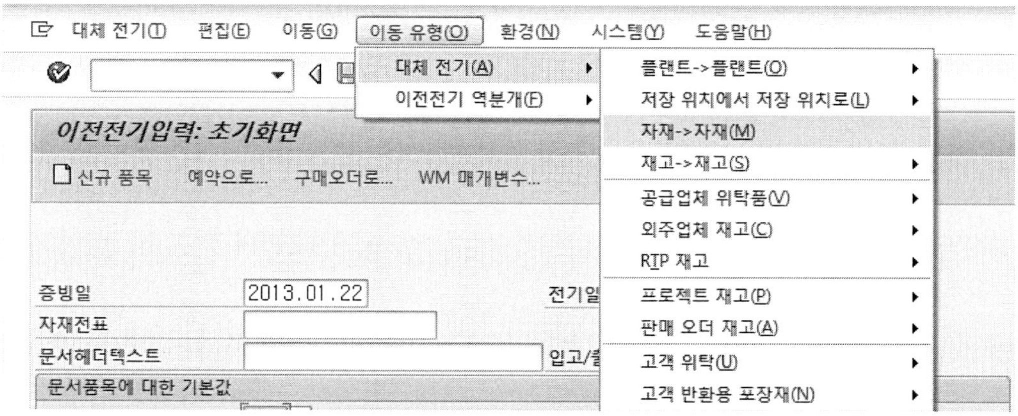

"자재 → 자재"를 선택. 이동유형은 309번으로 자동으로 입력된다.

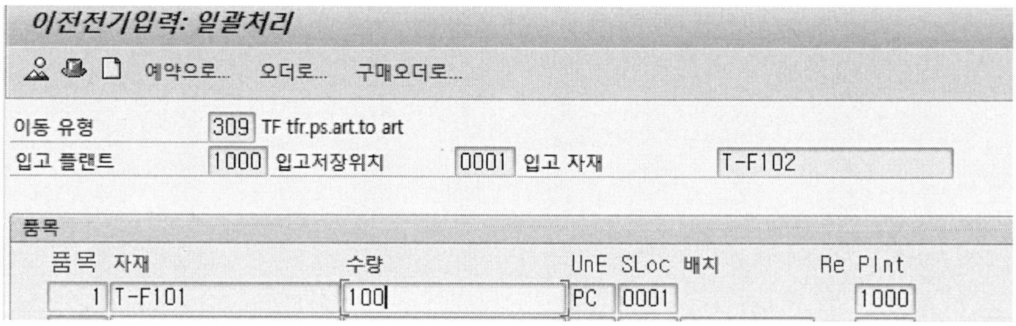

위와 같이 각 파라미터에 값을 입력한다. 저장 버튼을 누르고 다시 첫 화면으로 이동하여 이전 전기된 자재문서를 확인한다.

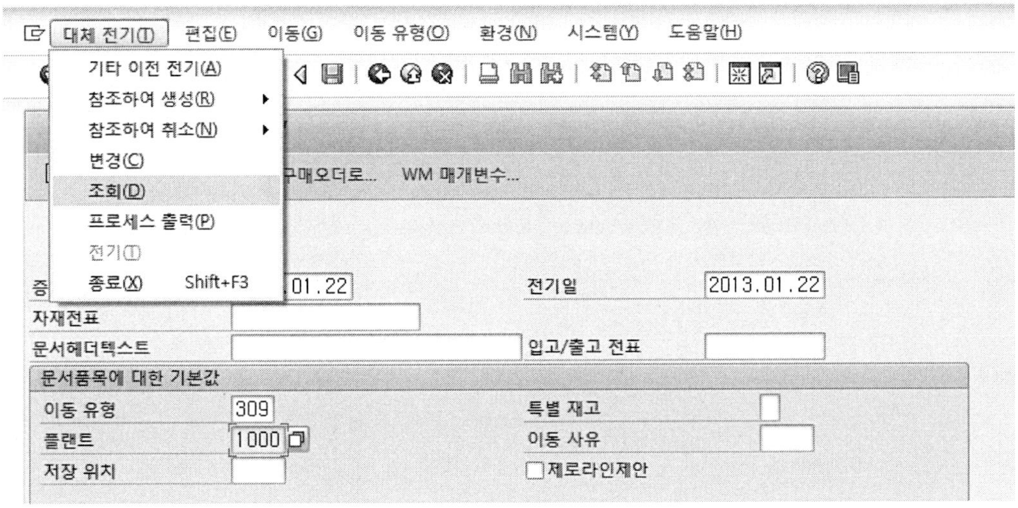

화면과 같이 메뉴에서 조회를 선택한다.

방금 생성된 자재전표가 자동으로 화면에 입력되는 것을 볼 수 있다.

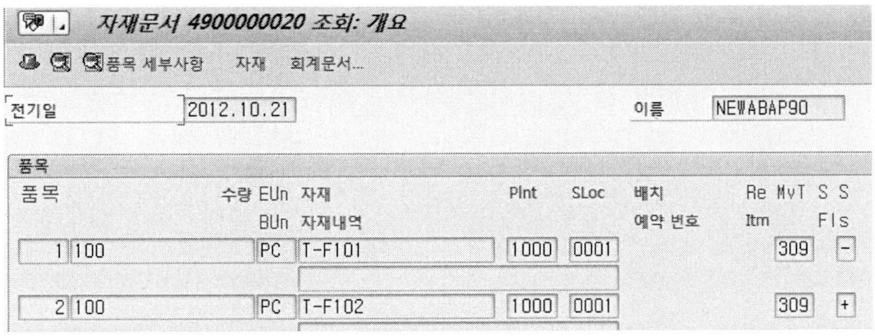

자재 T-F101이 100개가 출고되고 자재 T-F102 100개가 입고된 것을 확인할 수 있다. 이때 회계문서도 생성된다.

• 재고 유형 : 자재 이동 (Stock type : Goods movements)

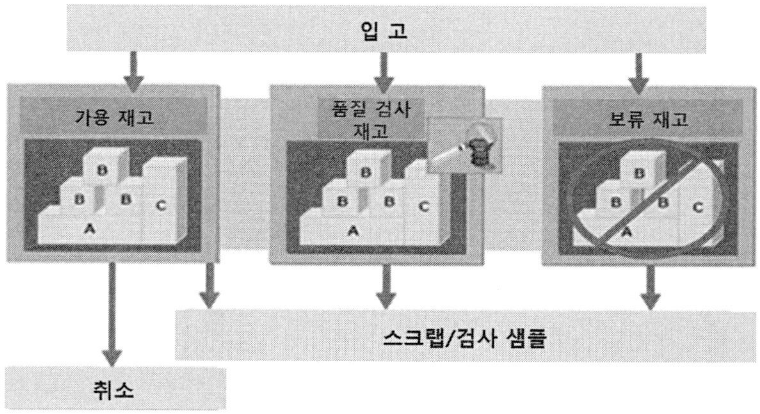

〔그림 3-26〕 재고 유형 : 자재 이동(Stock type : Goods movements)

구매오더에 의해서 입고를 처리할 때 가용재고(Unrestricted-use)로 입고도 할 수 있지만 품질 검사 재고(Stock in QI)나 보류 재고(Blocked stock)로 입고가 가능하다. 이렇게 여러 가지 형태로 입고를 하기 때문에 반드시 재고유형(Stock type)을 변경하는 이동이 필요하다.

예를 들어 가용재고를 출고하거나, 보류 재고(Blocked stock)를 품질검사 재고 (Stock in QI)로 바꾸는 등의 이동이 이전 전기(Transfer posting)중의 하나이다.

12. 재고 유형 : 이전 전기 (Stock Type : Transfer Posting)

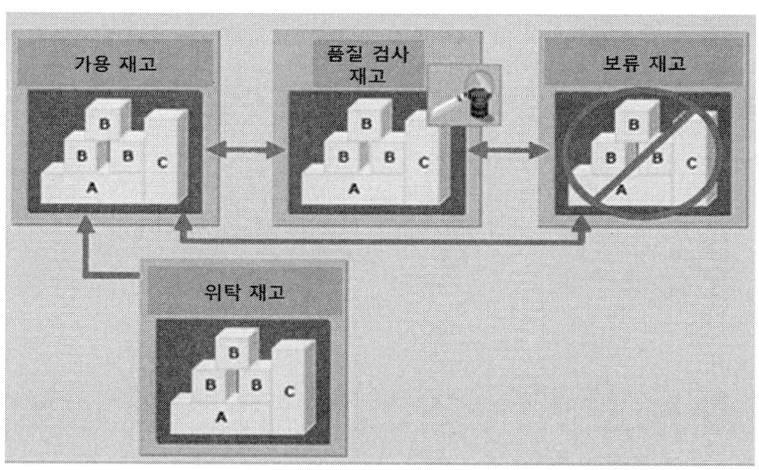

〔그림 3-27〕 재고 유형 : 이전 전기(Stock type : Transfer posting)

재고 유형(Stock type)을 바꾸는 것 역시 이전 전기(Transfer posting) 중 하나이다. 즉 가용재고에서 품질검사재고로, 품질검사재고에서 보류재고로, 가용재고에서 보류재고로, 또 위탁재고에서 가용재고로 변형 되는 것을 이전 전기(Transfer Posting)를 통하여 할 수 있다. 그림에서 화살표가 양 방향이라는 것은 서로 상호 작용한다는 것이다. 구매오더(PO)를 발주하여 보류 재고로 입고한 후 가용재고로 재고 유형을 변경하여 이전전기를 하는 실습해 보자.

SAP 화면보기 ▽

▼ SAP 화면보기: 이전 전기(Stock type : Transfer posting)

- 메뉴 경로

물류(Logistics) ⇨ 자재관리(Material Management) ⇨ 구매 (Purchasing) ⇨ 구매 오더 (Puschase Order) ⇨ 생성 (Create) ⇨ 공급업체/공급 플랜트 확정(Vendor/Supplying Plant Known)

- T-code : ME21N

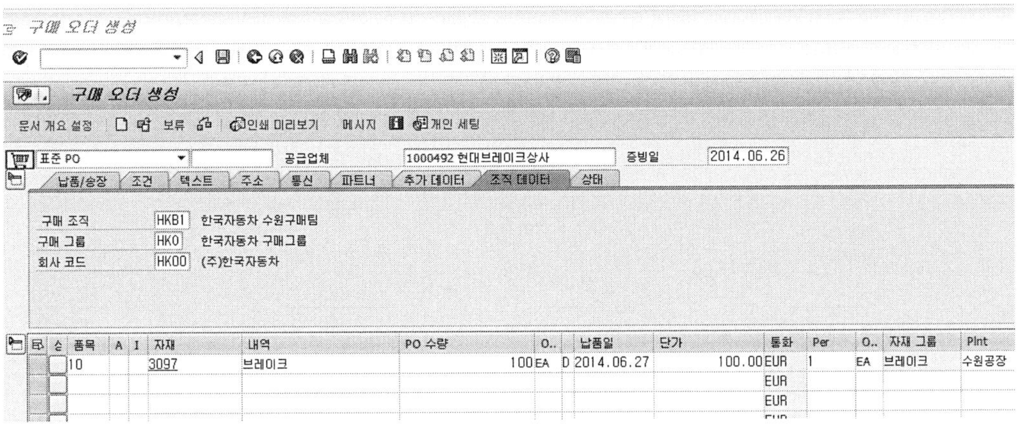

공급업체, 구매조직, 구매그룹, 회사코드, 자재번호, 수량, 플랜트 등을 입력하고 엔터를 누르면 나머지 관련정보는 자동으로 입력된다.

저장버튼을 눌러 화면 하단에 위와 같이 구매오더가 발주되는 것을 확인한다.

계속해서 발주한 구매오더를 통하여 보류재고(Blocked stock)로 입고한다.

▼ 보류재고(Blocked stock)로 입고

- 메뉴 경로

물류(Logistics) ⇨ 자재관리(Material Management) ⇨ 재고 관리(Inventory Management) ⇨ 자재 이동 (Good movement) ⇨ 자재 출고(Good Issue) (MIGO))

- T-code : MIGO

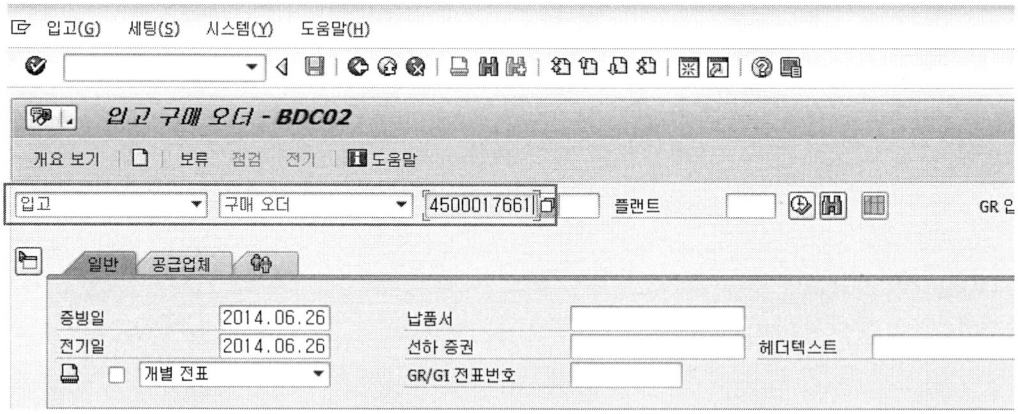

화면에서 보이는 드롭다운 박스를 입고 - 구매오더로 설정하고 각자 발주하였던 구매오더 번호를 입력한다.

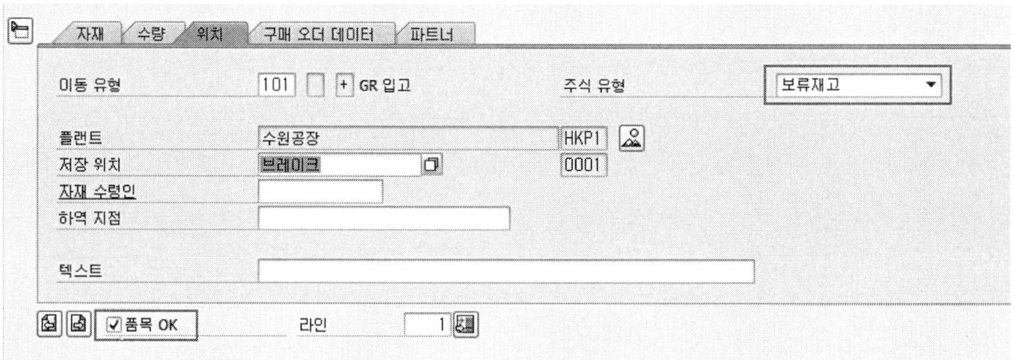

세부항목의 스크린에서 위의 화면과 같이 주식 유형을 보류재고로 설정하고 품목 OK 지시자를 활성화 한 다음 저장버튼을 눌러서 구매오더로부터 입고한다.

입고를 확인하기 위하여 재고 개요 트랜잭션을 커맨드 창에 입력하고 실행한다.

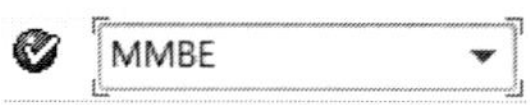

자재 번호를 입력하고 실행하면 아래와 같은 화면이 나타난다.

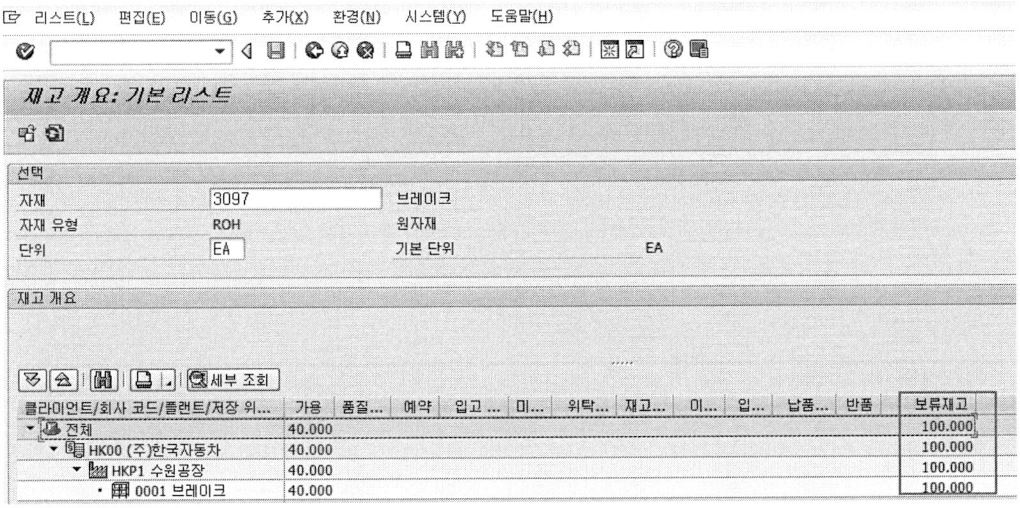

보류재고로 입고가 된 것을 확인 할 수 있다.

마지막 작업으로 대체 전기 트랜잭션을 수행하기 위하여 커맨드 창에 MB1B를 실행한다.

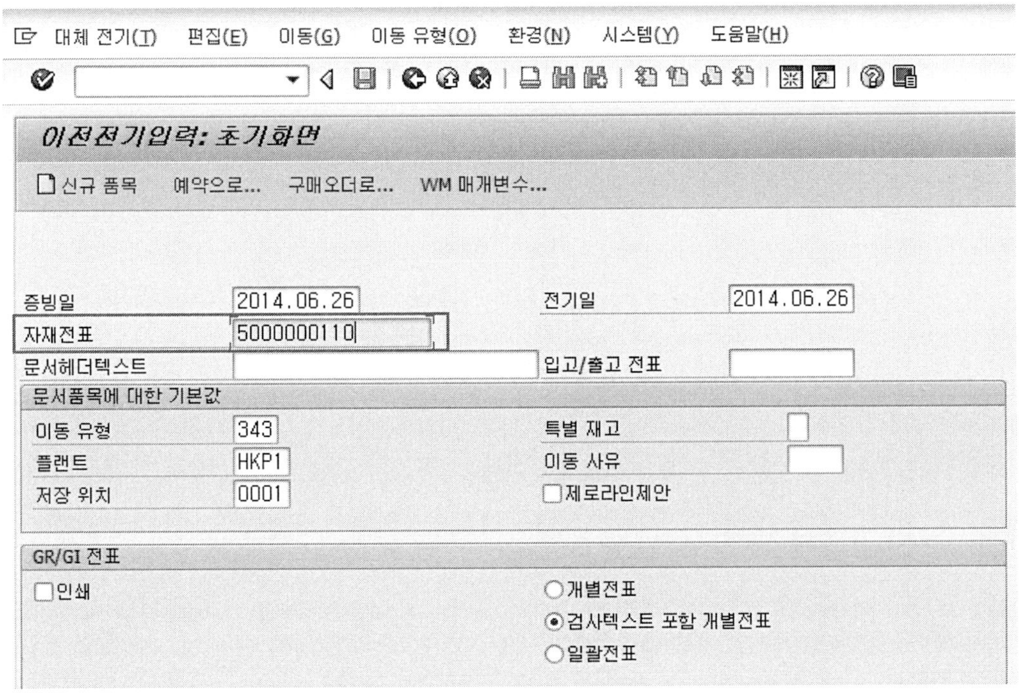

보류재고로 입고한 자재 번호를 입력한다.

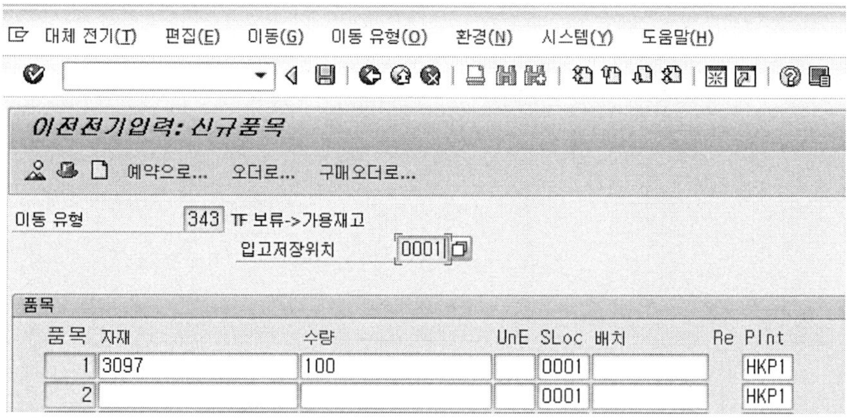

이동유형은 343번으로 자동으로 입력된다.

파라미터 값들을 입력하고 저장 버튼을 눌러 이전전기를 완료한다.

이 수행활동은 재고 유형(Stock type)만 변경되기 때문에 회계문서는 발생되지 않는다.

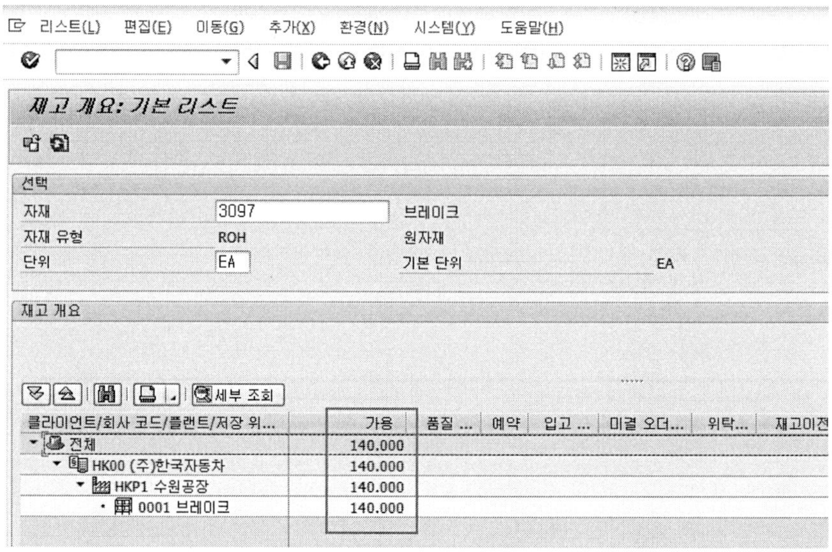

재고 조회 하면을 통해 보류재고가 가용재고로 이전된 것을 확인할 수 있다.

제4장 ▷ 특별자재관리

- 학습목표 ▷ 분할평가(Split Valuation) 자재에 대한 조달 프로세스 이해하기
  ▷ Returnable transport packaging의 기능 이해하기
  ▷ 위탁재고의 가격관리 이해하기
  ▷ 위탁재고의 조달 프로세스 이해하기
  ▷ 위탁재고의 부채 세팅사항 알기

1. 분할평가 (Split Valuation)

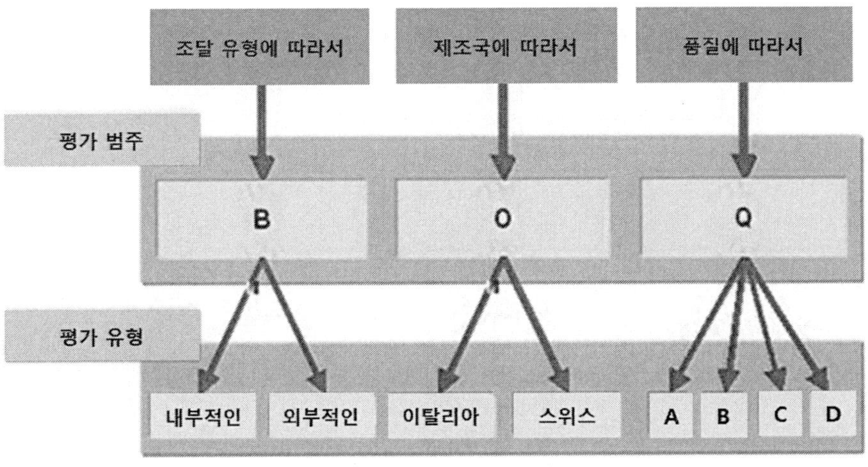

〔그림 4-1〕 분할평가(Split valuation)

분할평가(Split valuation)는 하나의 재고번호 코드를 가지고 다른 기준으로 재고 자산을 표현하겠다는 것이다.

예를 들어 내부에서 생산하는 자재와 구입하는 자재가 동일한 것일 때, 또는 구매하는 국가가 서로 다를 때, 그리고 자재의 품질이 정품인 경우나 비정품인 경우와 같이 등급을 나누는 등의 물리적으로는 동일한 자재이지만 회계적인 기준 (Valuation)에서는 재고자산 평가를 다르게 하겠다는 것이다.

SAP에서 분할평가(Split valuation)를 설정한다면 자재이동이 발생할 경우 자재 번호 외에 추가로 평가 유형(Valuation type)을 입력하여야 한다. 또한, 전제조건으로 우선 자재가 어떠한 평가유형(Valuation type)의 유형을 가지고 있는지 결정하고 다음으로 평가범주(Valuation category)를 설정을 한다. 평가범주(Valuation category)는 분할평가(Split valuation)의 사용여부를 결정하는 기준 값이다. 그림에서와 같이 평가범주(Valuation category)가 B일 경우는 조달 유형(Type)에 따라, O는 원산지, Q는 제품의 질로 나누어 관리를 한다는 내용이다. 평가유형(Valuation type)은 최종적으로 자재의 평가를 나누는 기준이 된다고 이해하면 되겠다.

SAP 화면보기 ▽

▼ 분할평가의 기준 값(Split valuation의 Key값)

- 메뉴 경로

물류(Logistics) ⇨ 자재관리(Material Management) ⇨ 자재 마스터(Material Master) ⇨ 자재(Material)⇨ 조회(Display) ⇨ MM03-현재 조회(Display Current)

- T-code : MM03

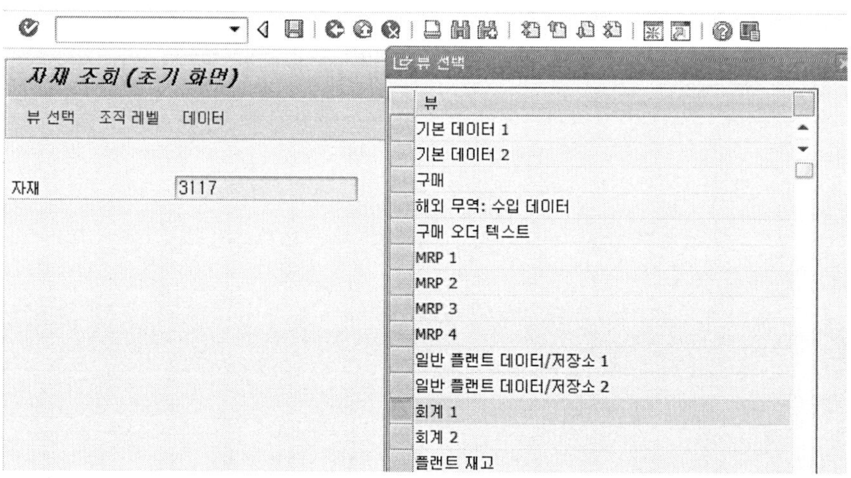

자재번호를 입력하고 회계1 뷰를 선택한다.

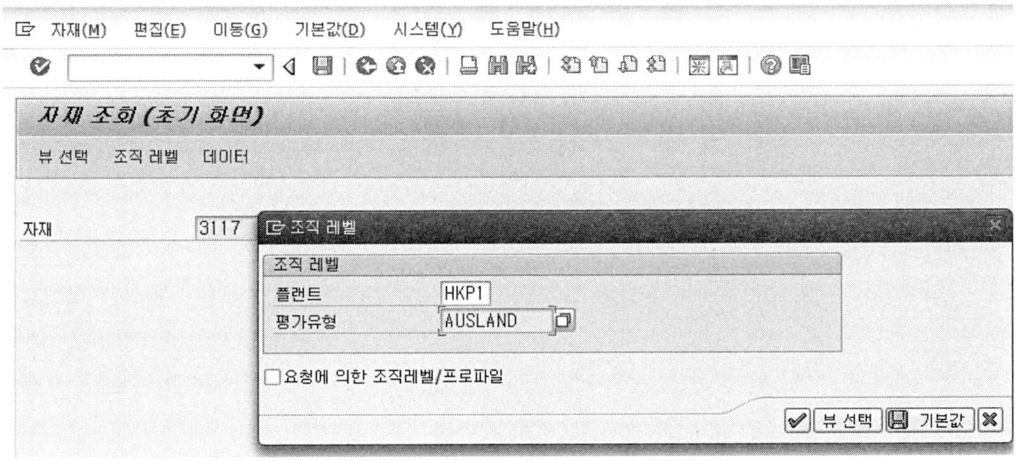

플랜트를 입력하고, 평가유형에(AUSLAND, INLAND)을 선택하고 클릭한다.

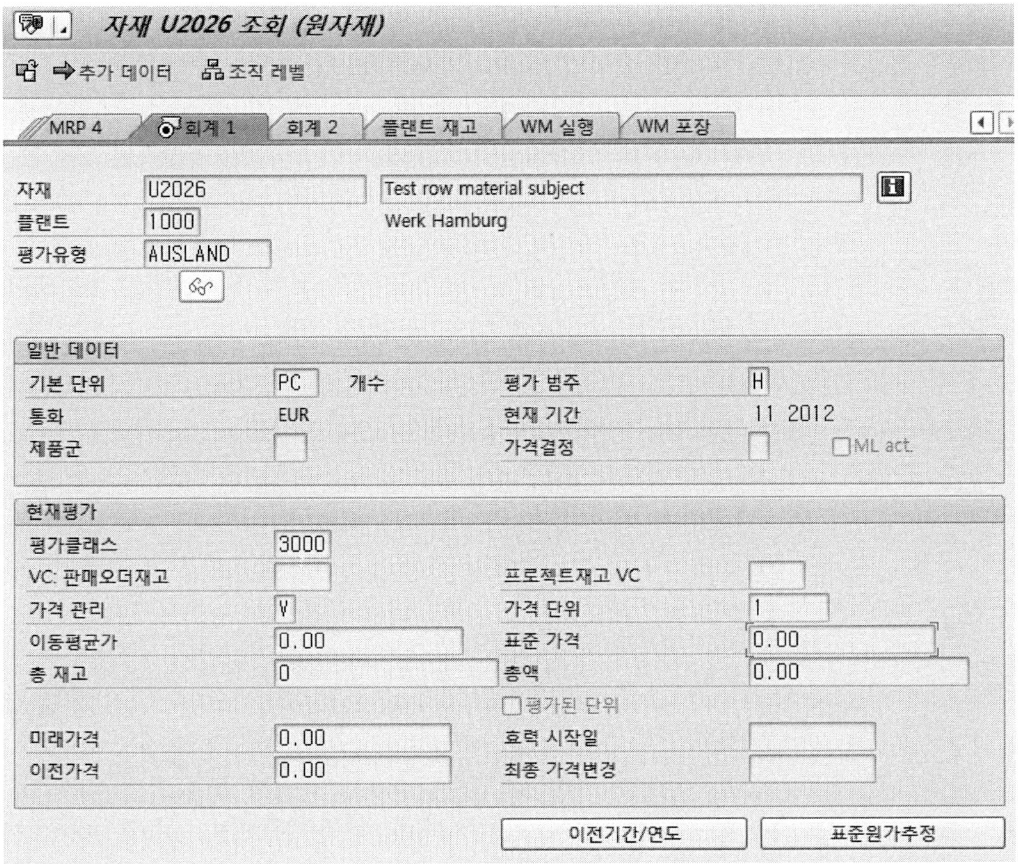

평가유형 AUSLAND를 선택했을 경우의 화면으로 평가 범주(Valuation category)는

분할평가(Split valuation)를 사용할지 여부를 결정하는 것임으로 H(Origin)로 관리하겠다는 것으로 결정되어 있다는 의미이고, 자재(Material) U2026을 플랜트별이 아닌 평가 유형(Valuation type), 이 경우에는 AUSLAND별로 출하를 하고, 가격(Price)은 V로 이동평균가로 관리 하겠다는 의미이다. 평가 유형 INVALID는 AUSLAND와 다르게 관리할 수 있음으로서, 분할평가(Split valuation)를 구현하는 것이다.

- **분할평가 프로시저(The Split Valuation Procedure)**

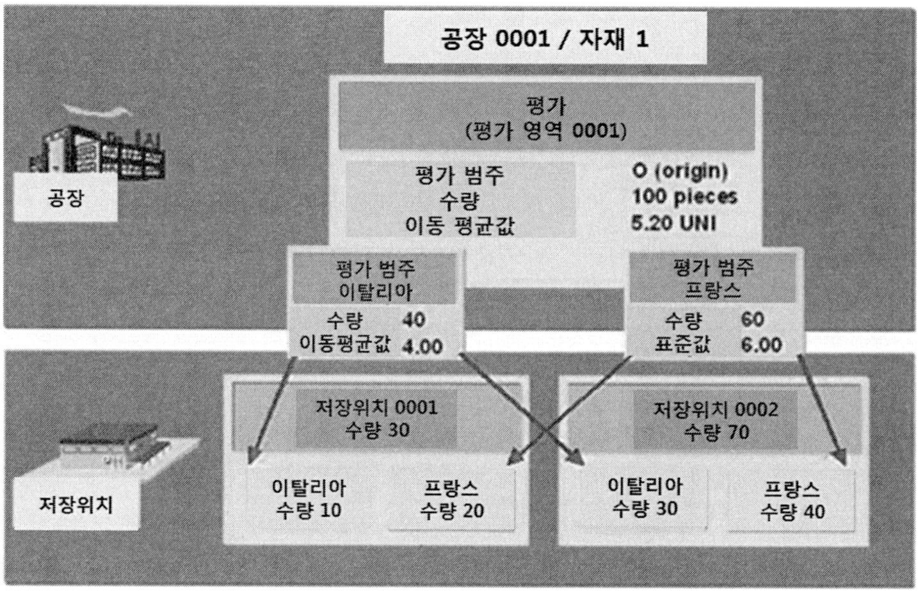

〔그림 4-2〕 분할평가 프로시저(The Split Valuation Procedure)

분할평가 프로시저(Split valuation procedure)를 마스터 측면에서 보도록 하자.

위의 슬라이드 그림에서 플랜트 0001에서 자재 1이 분할평가(Split valuation)을 사용하도록 관리되어 있으면 평가영역(Valuation area) 즉 플랜트영역(Plant area)의 회계(Account) 뷰(View)에서 가격관리(Price control)는 반드시 이동평균값(Moving ave. price)을 사용하여야 한다.

그 이유는 평가영역(Valuation area) 밑의 평가범주(valuation category)를 보면 2개의 평가범주(Italy와 France)가 있는데, 이들 2개 평가범주 값들을 평균을 내어서 갖고 있어야하기 때문에 이동평균값(Moving ave. price) 경우에만 평균값을 내는 것이 가능하기 때문이다. (40X4+60X6=160+360=520/10=5.2) 만약 표준 가격(Standard price)을 사용하면 시스템에서 에러를 내도록 되어 있다.

분할평가(Split valuation)을 사용하면 보다 자세한 재고평가가 가능하게 되지만 자재코드(Material code)외에 추가로 평가 유형(Valuation type)을 반드시 입력해야하기 때문에 사용자 입장에선 부담을 가지게 될 수도 있다.

- **분할평가(Split Valuation)**

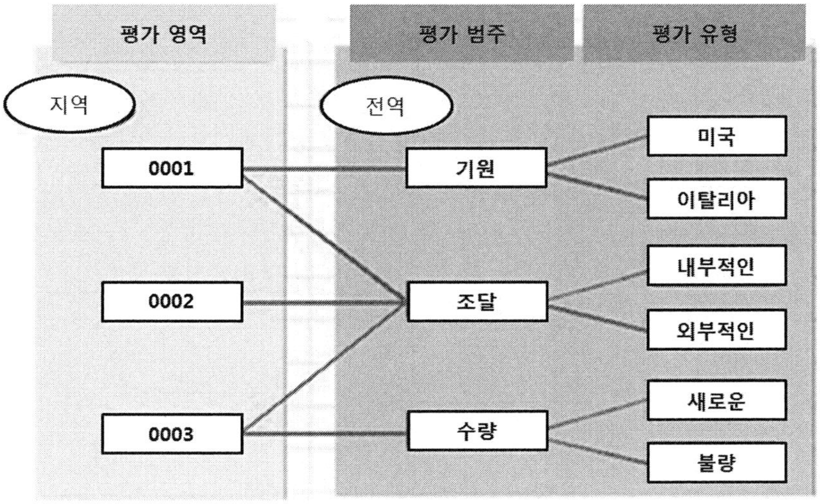

〔그림 4-3〕 분할평가(Split Valuation)

평가 범주(Valuation category)는 특정 자재가 평가유형(Split valuation)를 사용할 것인지 사용하면 어떤 형태의 것을 쓸 것인지 결정하는 것이고, 평가범주(Valuation category)를 쓴다면 그 다음에 실제 평가범주(Valuation category)에서 결정된 실제 값들을 평가유형(Valuation type)에 연결한다고 정의하였다.

이와 같이 평가 영역(Valuation area)과 관계없이 우선적으로 전역(Global Level)에서 평가범주(Valuation category)와 평가유형(Valuation type)이 생성되는데 이것을 전역설정(Global Setting)이라고 한다.

그 다음에 지역(Local level)에서 플랜트별로 어떤 전역(Global level)에서 어떠한 평가범주(Valuation category)를 쓸 것인지를 결정하게 되어 있다.

- **분할평가 설정(Settings for Split Valuation)**

분할평가(Split valuation)의 세팅순서에 대해 알아보자.

우선 할 것은 전역 유형(Global type)의 결정이다. 여기에서는 구매를 허용할 것인지, 생산을 허용할 것인지 등을 결정을 한다. 계정범주참조(Account category reference)는 뒤에 나오므로 그때 함께 공부하기로 하자.

다음으로 전역평가범주(global valuation category)를 결정한다. 생산이나 구매를 할 때 평가범주(Valuation category)에 자동으로 타입을 제안할 것인지를 결정한다.

예를 들어 평가유형(Valuation type)이 한국, 중국, 일본의 원산지로 결정이 되어있다했을 때 평가범주(Valuation category)에 H(Origin)라는 것을 사용해 구매를 중국으로 지정하면 하면 항상 중국 것을 구매할 수 있게 시스템 상 지정되게 하는 기능이다.

다음으로 지역정의(Local definition)를 지정하는 것이다. 즉 플랜트 레벨 별로 어떤 평가범주(Valuation category)를 사용할지를 지정한다.

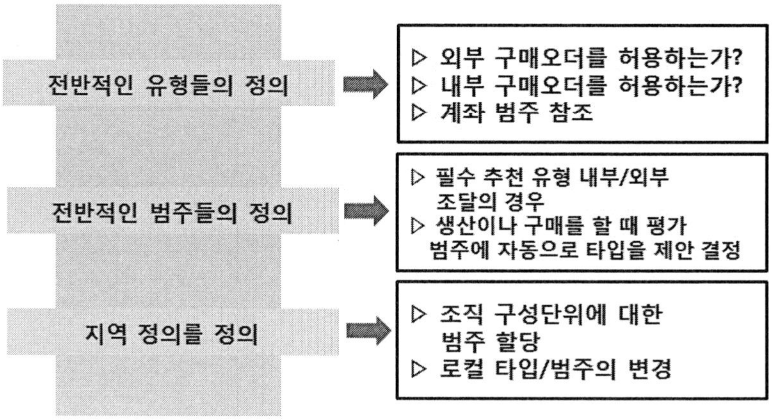

〔그림 4-4〕 분할평가 설정(Settings for Split Valuation)

SAP 화면보기 ▽

▼ 분할평가 설정(Settings for Split Valuation)

- 메뉴 경로

IMG ⇨ 자재 관리(Material Management) ⇨ 평가 및 계정지정(Valuation and Account Assignment) ⇨ 분할평가(Split Valuation) ⇨ 분할평가활성(Active split valuation)

- T-code : SPRO

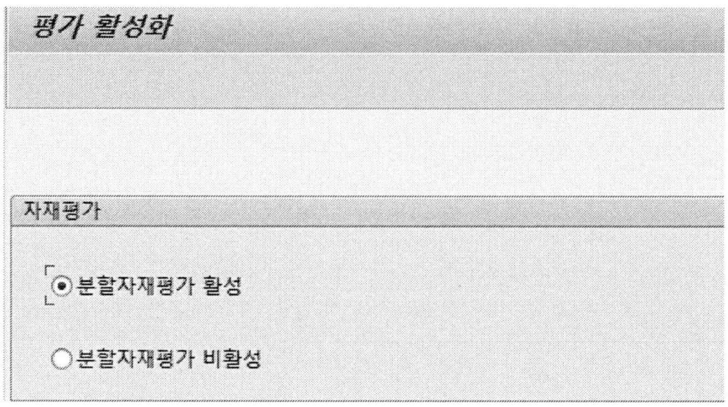

분할자재평가 활성을 선택하면 분할평가(Split valuation) 기능을 활성화한다. 즉 여기에서 분할평가(Split valuation)기능을 사용할 것인지 여부를 결정한다.

뒤로 가기 버튼을 누른 후 메뉴의 바로 아래에 있는 분할평가 구성을 클릭하셔 실행한다.

평가범주(Valuation category)와 평가유형(Valuation type)을 정의하고 할당하는 트랜잭션이다. 전역 유형, 전역 범주, 로컬 정의의 순서로 관리하면 된다. Test라는 전역범주(Global category)에서 Test1, Test2라는 전역유형(Global type)을 가지고 평가영역(Valuation area) 플랜트 0003에만 쓰이는 평가범주(Valuation category) Test를 만드는 실습을 해보자.

전역유형(Global types)을 선택하면 나오는 아래 화면에서, 생성 버튼을 누른다.

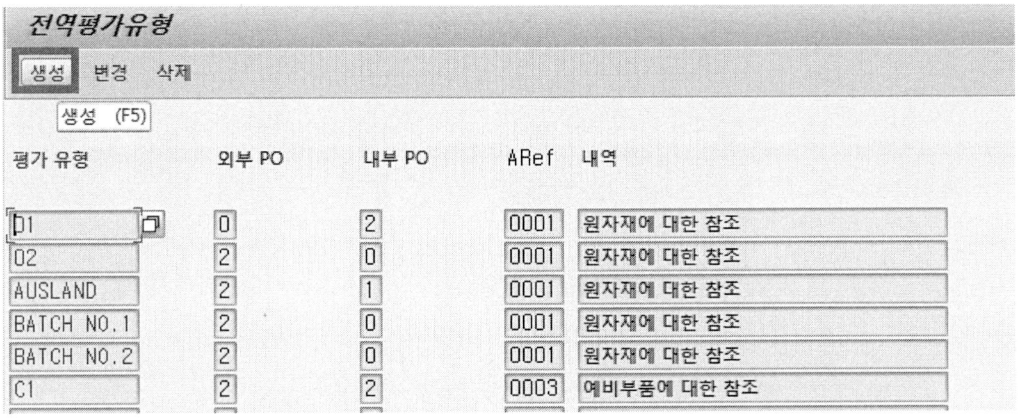

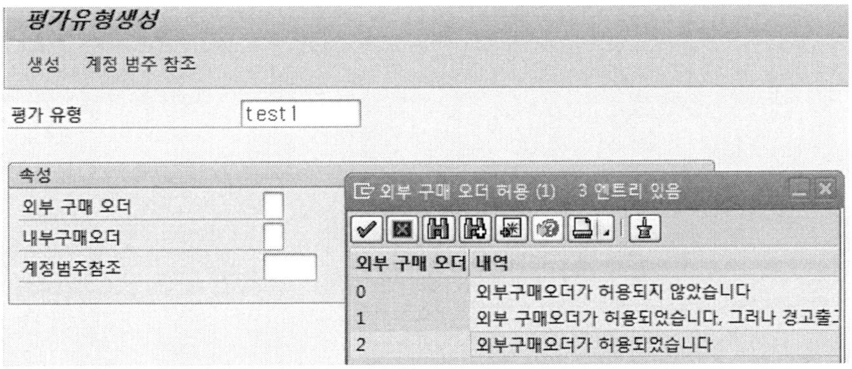

평가유형 test1을 입력하고, 만약 외부구매오더를 허용하겠다면 2를 선택하고 생성 버튼을 누른다. 평가유형 Test2도 동일한 방법으로 실행한다. 이것으로 전역유형(Global types)의 정의가 완료된다.

다음은 전역 범주(Global categories)를 생성해보자.

전역 범주(Global categories)를 선택한다.

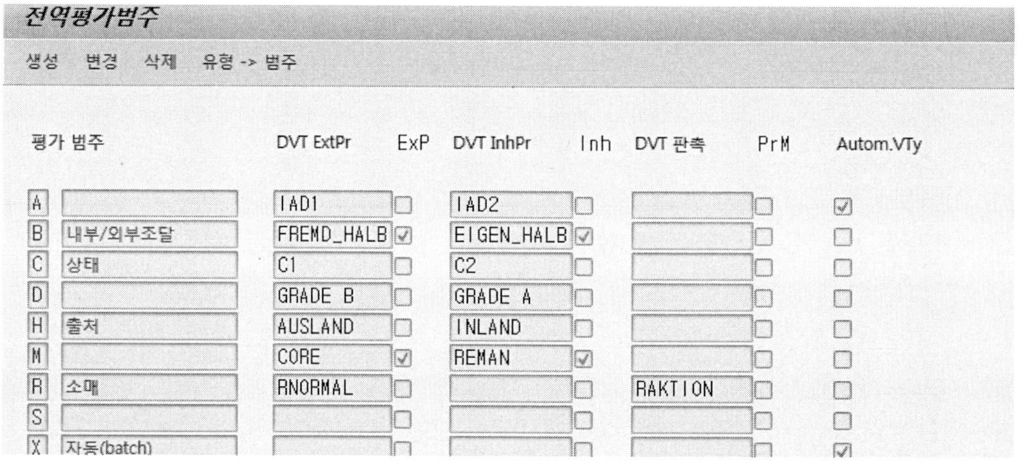

SAP에서 기본적으로 제공된 평가범주가 보인다. 새로운 평가범주를 생성하기 위하여 생성버튼을 누른다.

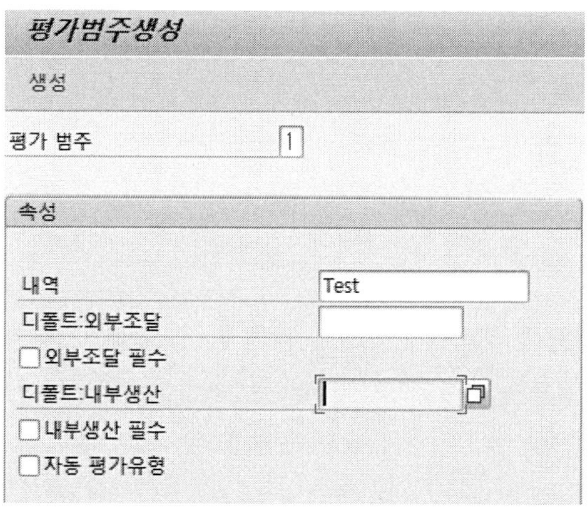

평가범주 1과 Test를 입력하고 생성 버튼을 누르면 평가범주 1의 생성이 완료된다. 외부조달 필수를 체크하면 디폴트 외부조달에서 선택한 것을 변경할 수 없게 되는 기능을 가지

게 된다.

저장하고 다시 뒤로 가기 버튼을 눌러 앞의 화면으로 이동한다.

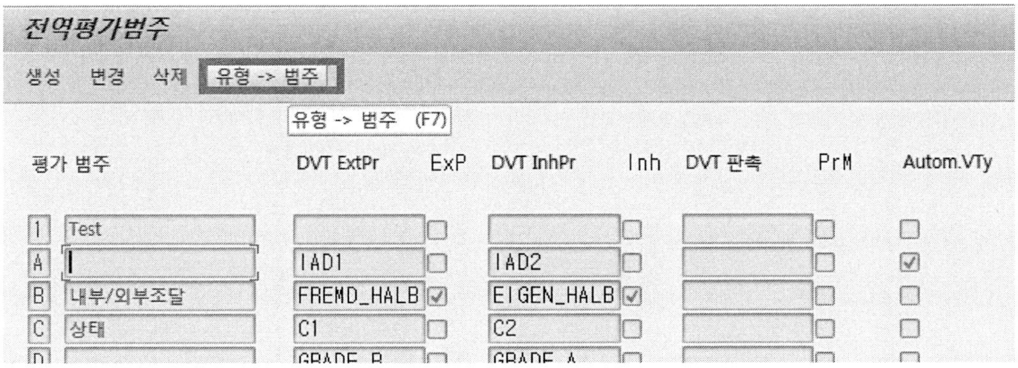

전역 유형 Test1과 Test2가 연결이 되어 있지 않기 때문에 앞서 생성한 전역 유형들을 전역범주에 할당하는 작업이 추가적으로 필요하다. 유형 → 범주 버튼을 누른다.

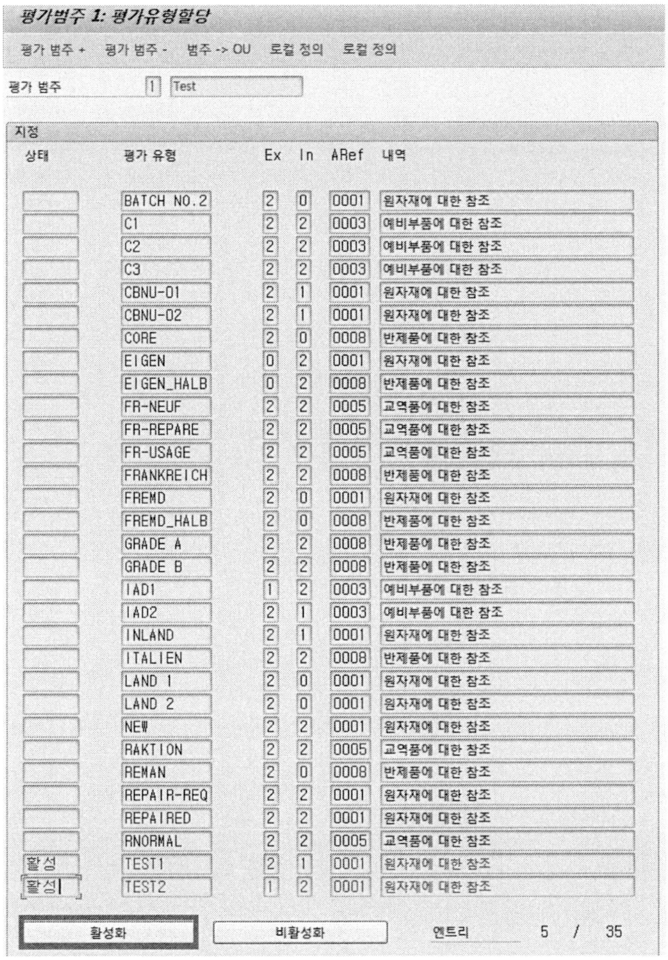

Test1,2를 각각 선택하고 활성화 버튼을 각각 차례로 누르면 할당작업이 완료된다. 혹시 전역유형이 전부 보이지 않는다면 버튼을 눌러 전역유형을 찾는다.

그 다음은 로컬정의(Local definition)를 한다. 다시 첫 화면으로 되돌아가서,

로컬 정의를 클릭하여 특정 플랜트에 전역 범주를 할당하여 보자.

할당하고자 하는 플랜트를 마우스로 선택 후 범주 → OU 버튼을 누른다.

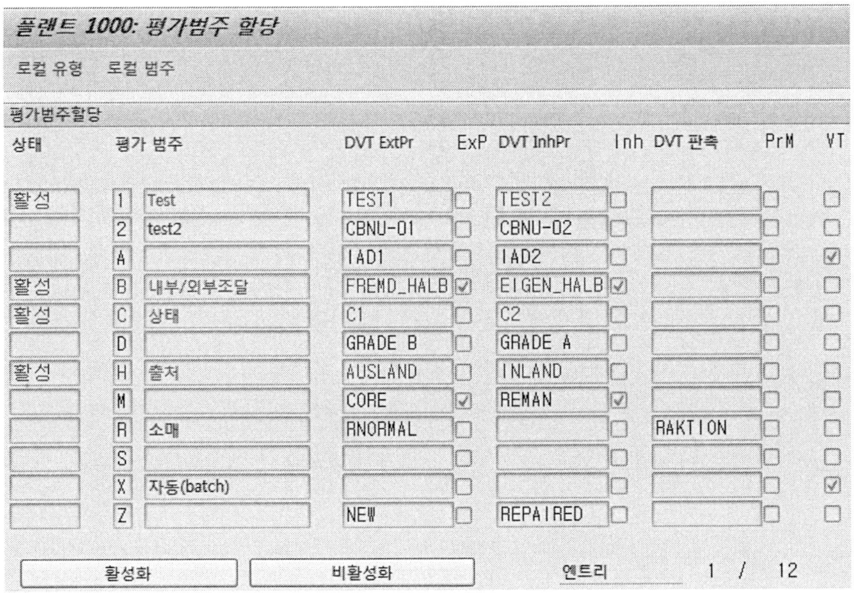

앞서 실습한 평가범주에 마우스 커서를 놓고 활성화 버튼을 누르면 플랜트 1000에 평가범주가 할당이 된다.

로컬 범주 버튼을 클릭하여 확인을 한다.

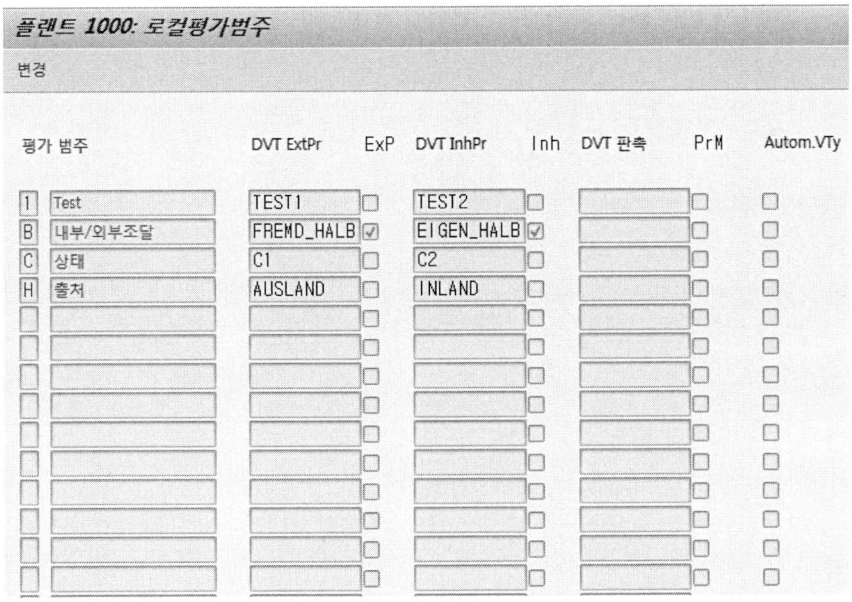

Test가 1이 플랜트 1000에 할당되어 활성화 된 것을 확인할 수 있다.

2. 공급업체 반환용 포장재 (Returnable Transport Packaging)

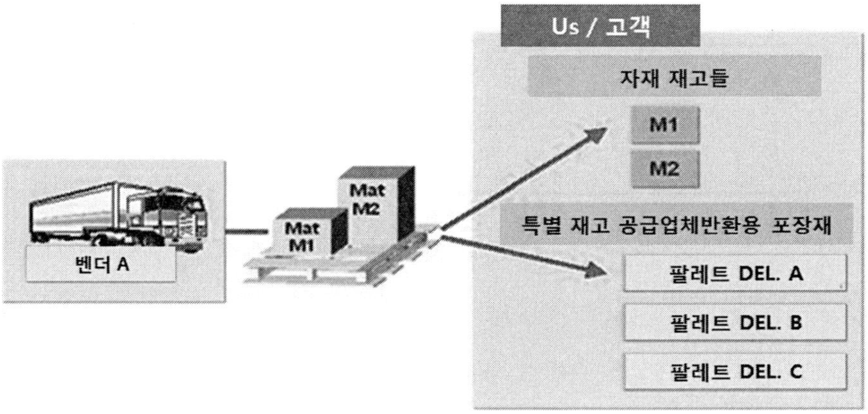

〔그림 4-5〕 공급업체반환용포장재(Returnable Transport Packaging)

공급업체 반환용 포장재(RTP: Returnable transport packaging) 재고에 대해서 알아보기로 하자.

예를 들어 팔레트 재고는 구매를 하는 재고가 아니라, 배송과 납품을 위한 운송수단으로 이용되는 것이므로 이를 관리할 필요가 있다. 사용한 다음에 공급업체 A에게 반송해 주어야 할 재고자산인 것이다. 별도로 구매오더를 발행하지는 않기 때문에 입고 시에 기타(Other)로 입고 처리한다.

그림에서와 같이 일반품목재고(Material stock)는 M1, M2로 실제 재고로 입고 처리되며 특별재고(Special stock) 공급업체 반환용 포장재(RTP)는 공급업체별(A, B, C)로 재고관리를 할 수 있도록 지원하는 기능이다.

SAP 화면보기 ▽

▼ 공급업체반환용포장재(RTP: Returnable Transport Packaging)

- 메뉴 경로

물류(Logistics) ⇨ 자재관리(Material Management) ⇨ 구매(Purchasing) ⇨ 구매오더(Purchase Order) ⇨ 생성(Create) ⇨ ME21N-벤더 / 공급업체(Vendor/Supplying Plant Known)

- T-code : ME21N

구매오더(PO)를 생성한다.

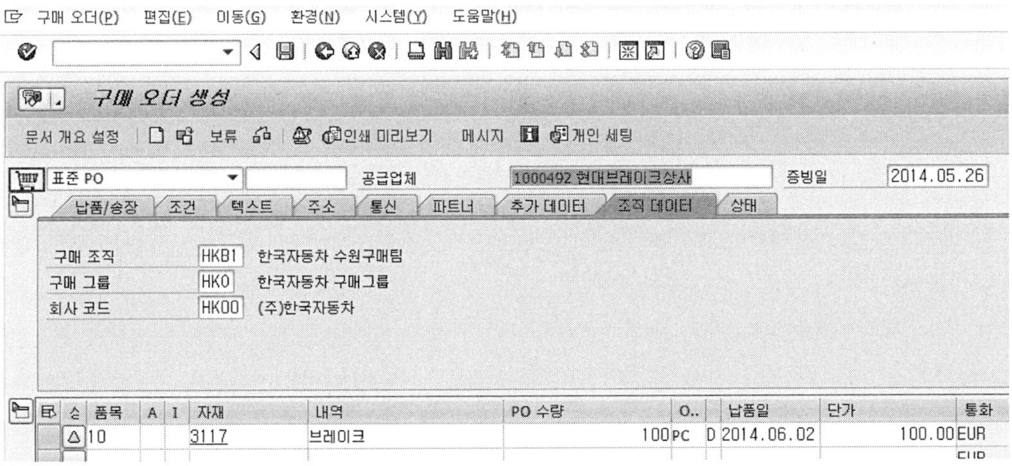

공급업체, 구매조직, 구매 그룹, 회사코드를 입력하고, 품목의 자재번호, 품목 수량, 플랜트를 입력하고 구매오더를 생성한다.

▼ 구매오더에 대해서 입고.

- 메뉴 경로

물류(Logistics) ⇨ 자재 관리(Material Management) ⇨ 재고 관리(Inventory Management) ⇨ 자재 이동(Goods Movement) ⇨ MIGO-자재 이동(MIGO)

- T-code : MIGO

계속해서 발주한 구매오더에 대해서 입고를 한다.

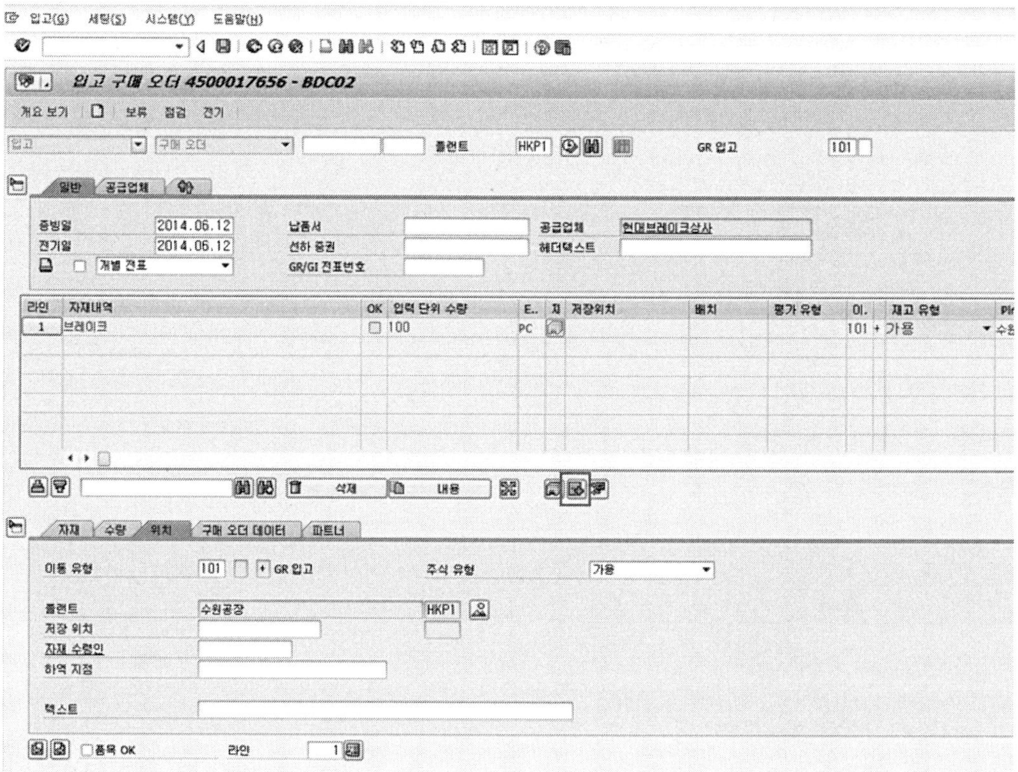

RTP 입고처리를 수행하려면 하단의 버튼을 클릭한다. 아래의 품목 상세 부분이 나타나면 RTP 입고 정보를 다음과 같이 입력한다.

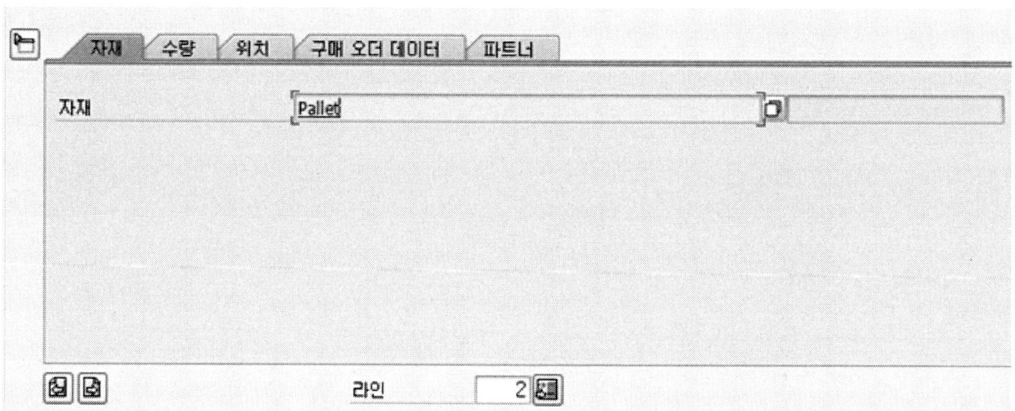

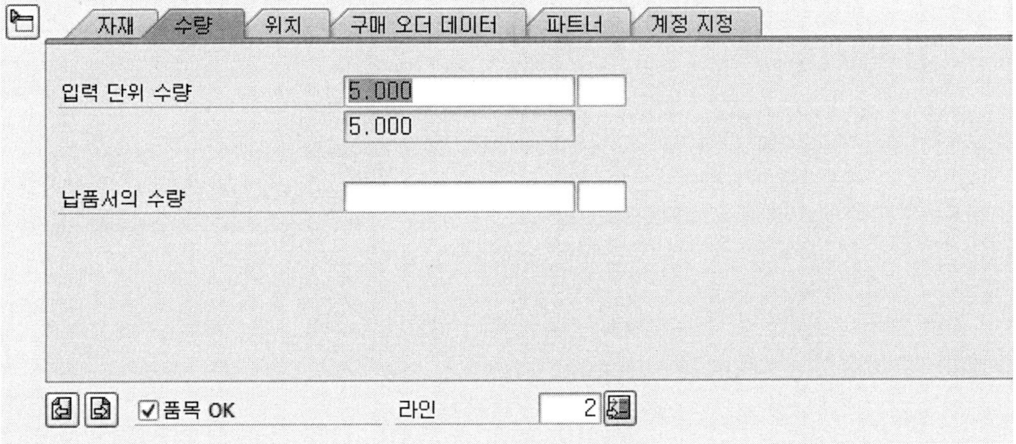

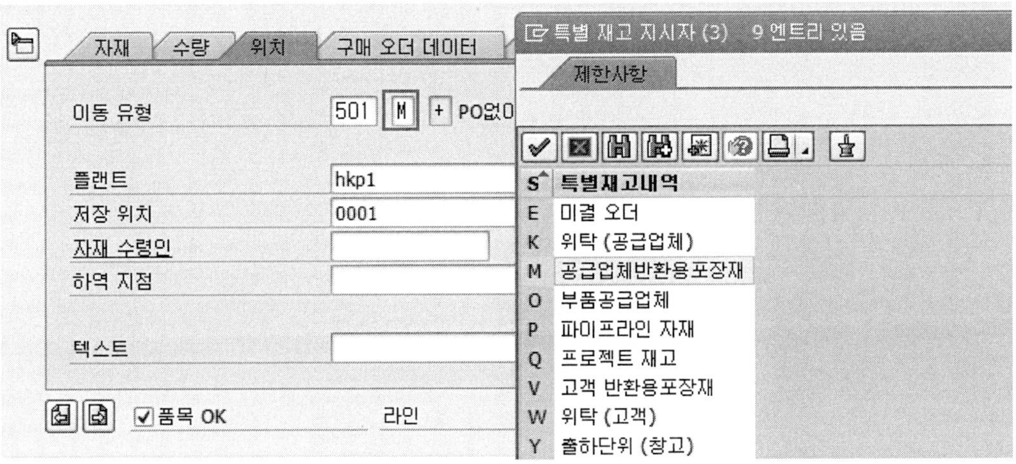

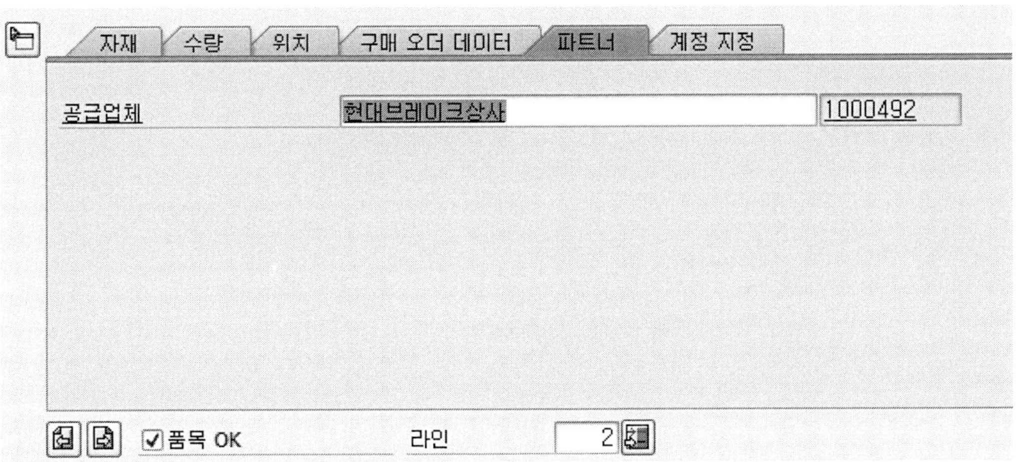

자재이름(pallet), 수량, 저장위치, 플랜트를 입력하는 것은 기존의 입고 방식과 다름이 없다. 이동유형은 자동으로 501번이 입력된다. 여기서 주의해야 할 점은 반드시 특별재고(Special stock) 지시자에 M(공급업체반환용포장재)을 선택하고 공급업체를 입력해야 한다.

품목별로 품목 OK 지시자를 체크하고, 저장버튼을 누르면 입고가 완료된다.

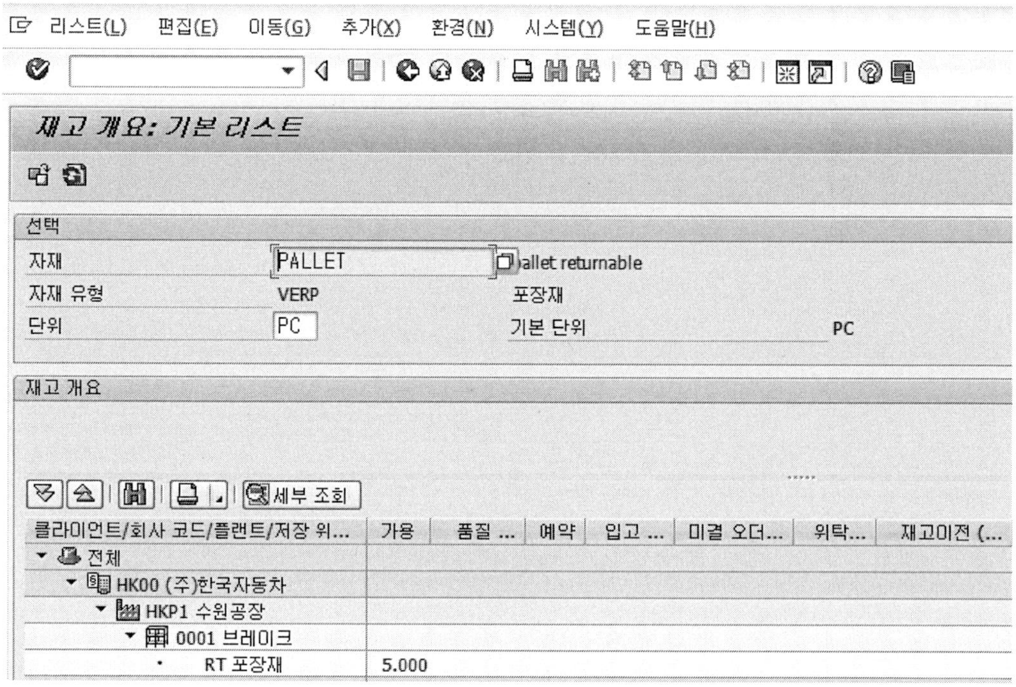

재고 개요 화면을 통해 구매오더 없이 공급업체 반환용 포장재 가용 재고가 늘어난 것을 확인할 수 있다.

3. 위탁 (Consignment)

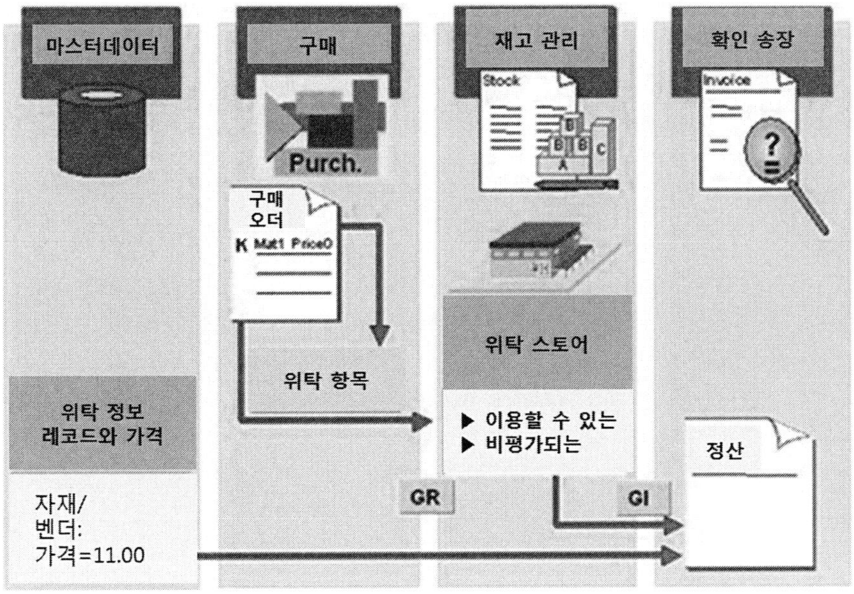

〔그림 4-6〕 공급업체 위탁 품목(Vendor Consignment Goods)

반대의 개념인 고객 위탁 품목(Customer consignment goods)도 있는데 이것은 우리가 공급업체의 역할을 하면 위탁(Consignment)의 형태는 고객 위탁(Customer consignment)이지만 시스템의 자재관리(MM)에서는 공급업체로부터 위탁재고를 받아서 관리하기 때문에 공급업체 위탁(Vendor consignment)이 된다.

먼저 위탁(Consignment)을 관리하기 위해서는 기준 데이터(Master data)가 필요하다. 즉 위탁정보 레코드(Consignment info record)가 별도로 관리되어야 한다는 것이다. 구매(Purchasing)에서 위탁(Consignment)은 특별한 경우기 때문에 품목범주(Item Category) 지시자가 K이다. K는 시스템에서 특정구매품목에 대한 위탁구매의 구분을 인식한다. 위탁재고는 재고관리(Inventory management)에서 입고를 수행하면 가용 가능한 수량은 증가가 되지만 공급업체의 재고자산이기 때문에 재고자산은 증가가 되지 않고 다만 MRP에서는 가용 가능한 재고 수량으로만 보는 것이다. 이것이 기존 일반 프로세스와 다른 점이다.

위탁재고(Consignment)는 입고할 때 재고로 인식되는 것이 아니라, 출고를 할 때 지불(Account Payable)을 하는, 다시 말해서 정산(Settlement)의 대상이다. 월말에 한 달 동안의 사용량을 가지고 부채처리 작업을 추가로 해야 한다.

• **위탁정보 레코드(Consignment Info. Records)**

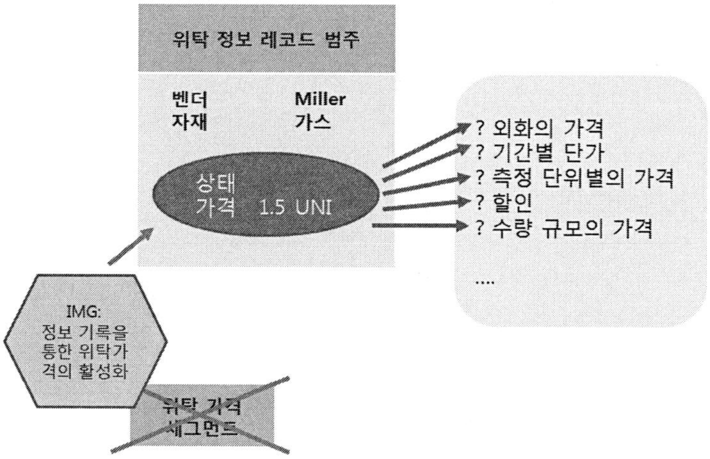

〔그림 4-7〕 위탁정보 레코드(Consignment Info. Records)

그림은 위탁정보 레코드(Consignment info record)가 어떻게 구성되어 있는지를 보여주고 있다. 하지만 위탁정보 레코드가 별도로 존재하는 것은 아니고 정보 레코드(Info record)의 카테고리만 다르기 때문에 정보 레코드(Info record)가 제공하는 모든 기능은 그대로 사용한다.

공급업체(Vendor)와 자재(Material)간에 가격이 얼마인가를 포함하여, 추가적으로 외화인지, 아니면 기간별 단가(Price), 할인(Discount) 등의 단가를 관리할 수 있다. 그렇기 때문에 위탁정보 레코드(Consignment info record)가 먼저 생성되어 있어야 한다.

SAP 화면보기 ▽

▼ 위탁정보 레코드 (Consignment Info. Recprds)

- 메뉴 경로

물류(Logistics) ⇨ 자재관리(Material Management) ⇨ 구매 (Purchasing) ⇨ 마스터 데이터 (Master Data) ⇨ 정보 레코드(Info record) ⇨ ME13-조회(Display)

- T-code : ME13

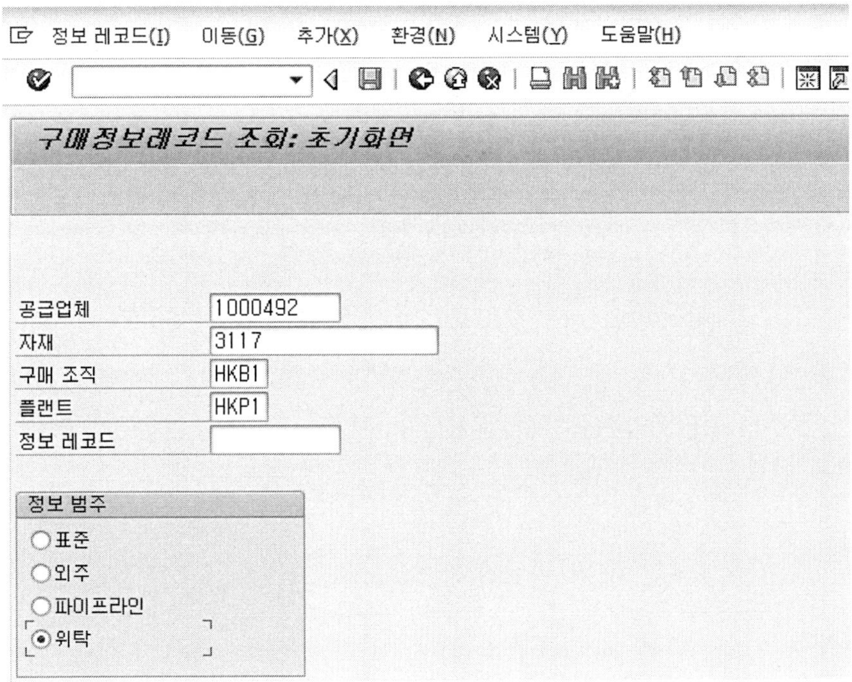

위탁을 선택하고 클릭한다.

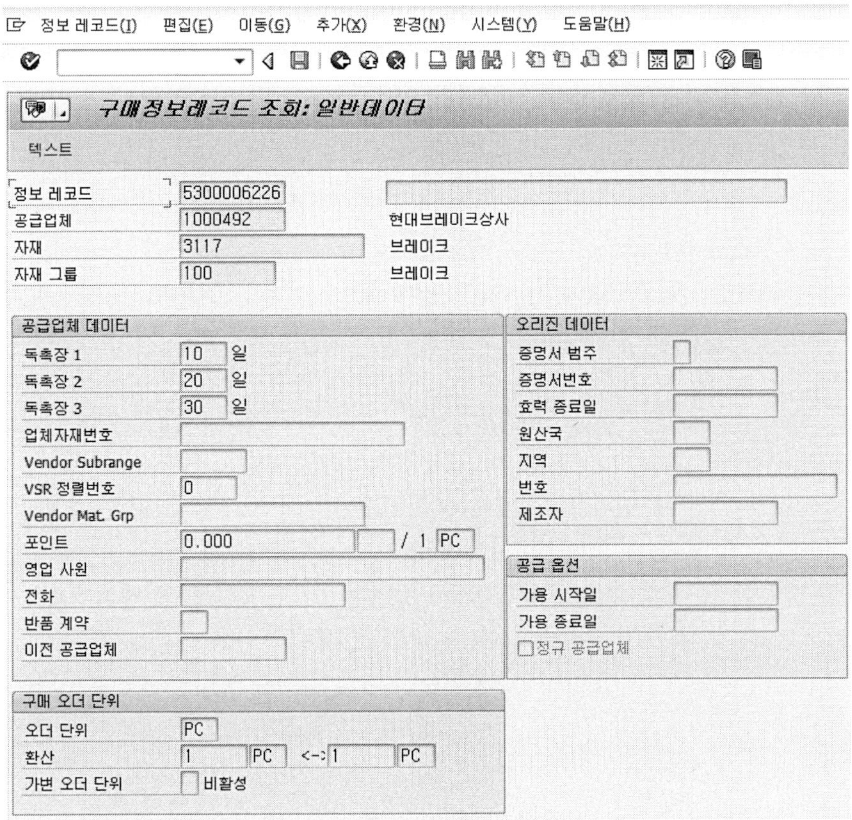

나머지 기능은 정보 레코드(Info record)의 본연의 기능하고 동일하다고 보면 된다.

- **위탁재고 (Consignment Stock)**

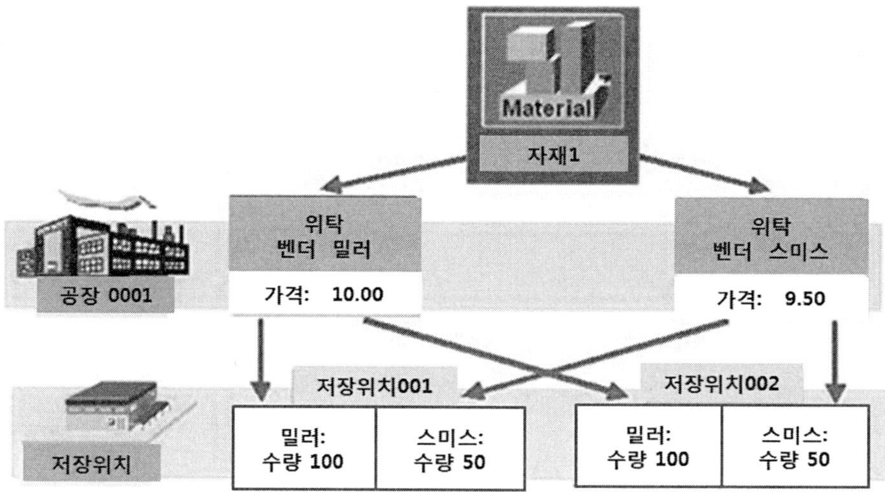

〔그림 4-8〕 위탁재고(Consignment Stock)

예를 들어 자재1이라는 자재(Material)를 이용하는데 이 자재(Material)는 위탁재고로도 관리가 되고 위탁이 아닌 자사의 재고로도 관리될 수 있다.

그리고 위의 그림처럼 공급업체 밀러와 스미스 두 군데로부터 위탁을 받을 수도 있다는 것이고, 그럴 때에 재고도 별도로 관리가 된다는 것이다. 플랜트(Plant)의 저장위치(Storage location)별로 위탁형태로 업체별로 관리가 된다는 것을 알 수가 있다. 공급업체 위탁품목(Vendor Consignment Material)에 의해서 별도로 조회(Reporting) 할 수도 있다.

- **구매에서의 위탁 품목(Consignment Items in Purchasing)**

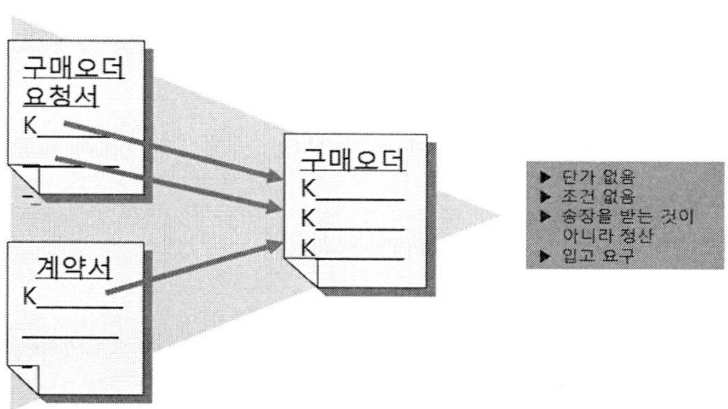

〔그림 4-9〕 구매에서의 위탁 품목(Consignment Items in Purchasing)

구매오더(Purchasing order)에 있어서 위탁(Consignment)의 특징은 품목범주(Item category)가 K이다. 구매오더(PO)에서 위탁품목 보면 품목범주(Item category)에 항상 K가 입력되어 있는 것을 볼 수 있다. 또한 No price(단가 없음), No conditions(조건 없음), No IR(송장을 받는 것이 아니라 정산을 한다는 것) GR required(입고 요구) 등이 있다.

- **위탁재고 입고(Goods Receipts to Consignment stock)**

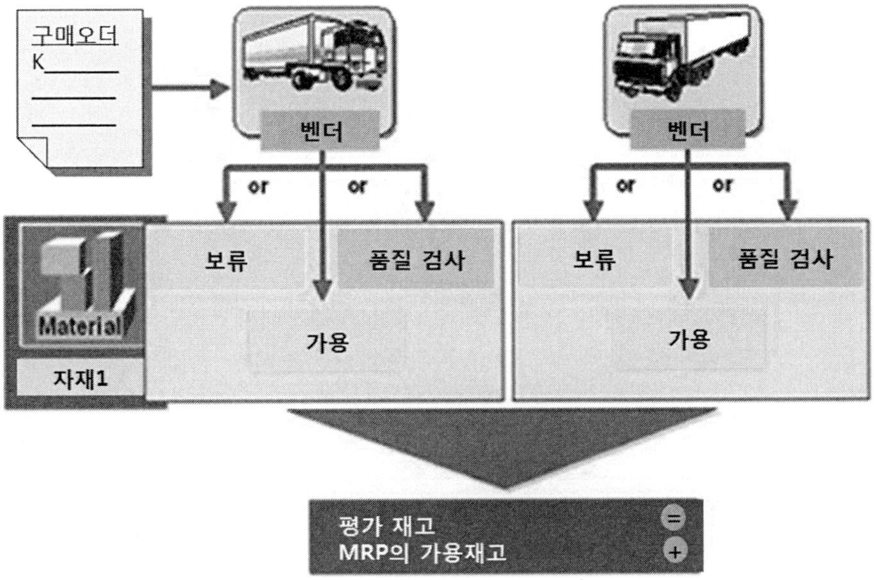

〔그림 4-10〕 위탁재고 입고(Goods Receipts to Consignment stock)

위탁재고(Consignment stock) 입고는 어떻게 처리되는지 알아보자. 공급처(Vendor)로부터 납품이 되었을 때 입고하는 화면은 동일하게 MIGO를 사용한다. 입고하는 재고 유형(Stock type)은 가용(Unrestricted-use), 보류(Blocked), 품질검사(Quality inspection)를 사용할 수 있다. 여기에서 위탁(Consignment)로 입고할 때의 특징은 재고자산은 평가가 안 된다. 즉 회계적인 재고자산의 변동이 없다는 것이다. 그러나 MRP에서 가용재고는 증가한다.

SAP 화면보기 ▽

▼ 위탁재고 입고 (Goods Receipts to Consignment Stock)

- 메뉴 경로

물류(Logistics) ⇨ 자재관리(Material Management) ⇨ 구매(Purchasing) ⇨ 구매오더(Purchase Order) ⇨ 생성(Create) ⇨ ME21N-벤더 / 공급업체(Vendor/ Supplying Plant Known)

- T-code : ME21N

공급업체, 구매조직, 구매 그룹, 회사 코드를 입력하고 품목에서 특별재고 지시자 K (Consignment)와 자재, 수량, 플랜트를 입력하고 엔터키를 누른다.

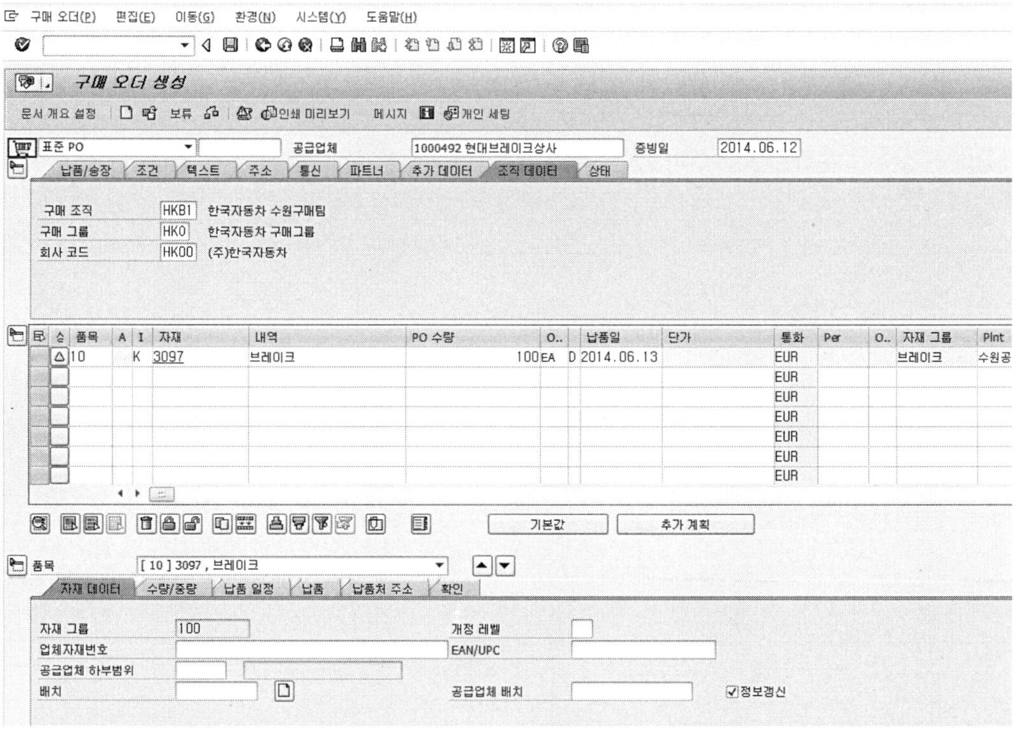

위탁(Consignment)의 특징을 볼 수 있다. 가격(Price)이 없고 조건(Condition)이 없는 정보 레코드(Info record)만 갖고 있다. 저장하면 구매오더(PO)가 생성 된다.

▼ 계속해서 입고처리를 한다.

- 메뉴 경로

물류(Logistics) ⇨ 자재관리(Material Management) ⇨ 재고 관리 (Inventory management) ⇨ 자재 이동 (Goods Movement) ⇨ 자재 이동 (Goods Movement(MIGO))

- T-code : MIGO

앞서 생성하였던 구매오더 번호를 입력하고 엔터를 누른다.

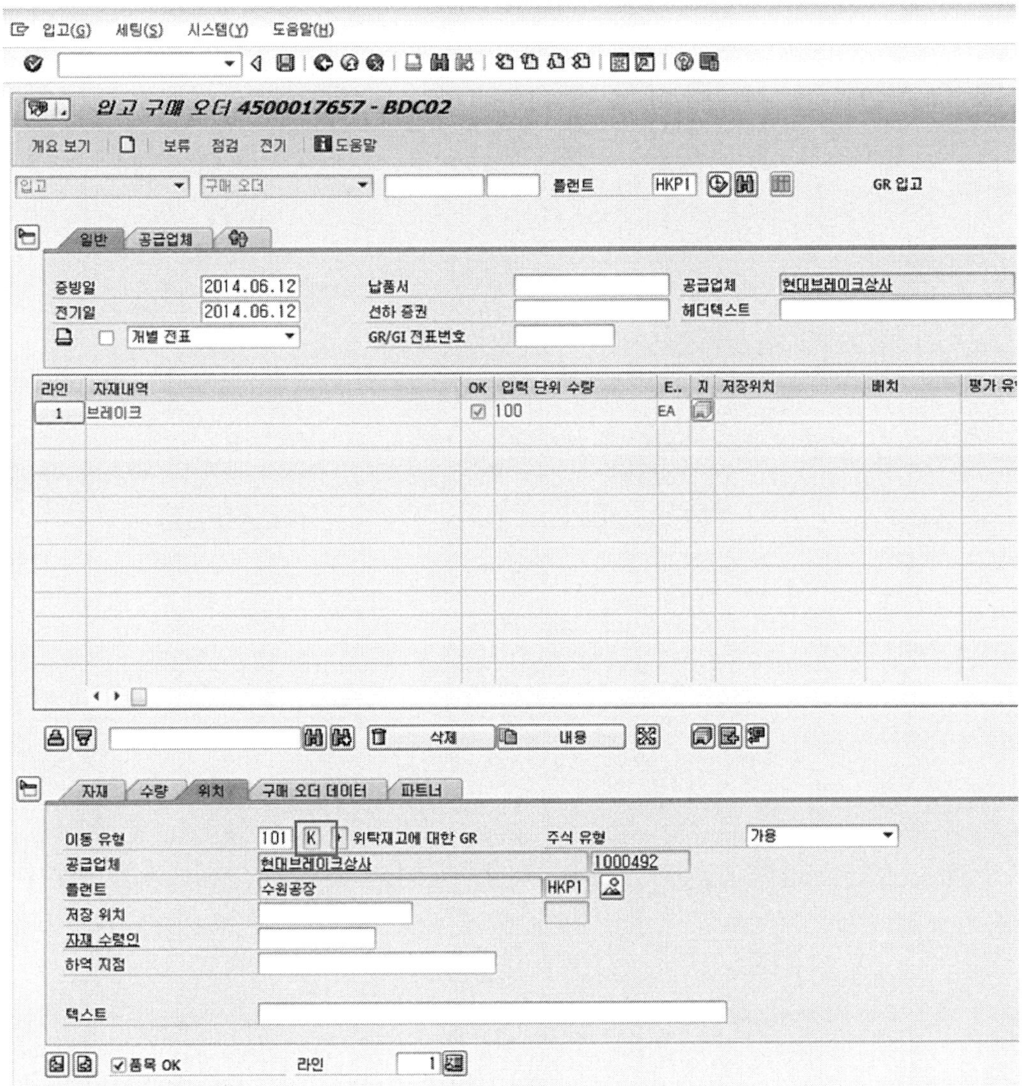

기존의 구매오더들과 특별히 다른 것은 없고 특별재고(Special Stock) 지시자에 K가 표시되어 있는 점만 다른 구매오더와 다른 점이다. 하단의 품목 OK 지시자에 표시하고 저장 버튼을 누르면 입고가 완료된다.

▼ 재고 개요(Stock Overview)를 확인한다.

- 메뉴 경로

물류(Logistics) ⇨ 자재관리(Material Management) ⇨ 재고 관리 (Inventory management) ⇨ 환경 (Environment) ⇨ 재고 (Stock) ⇨ 재고 개요(Stock overview)

- T-code : MMBE

실행버튼을 누른다.

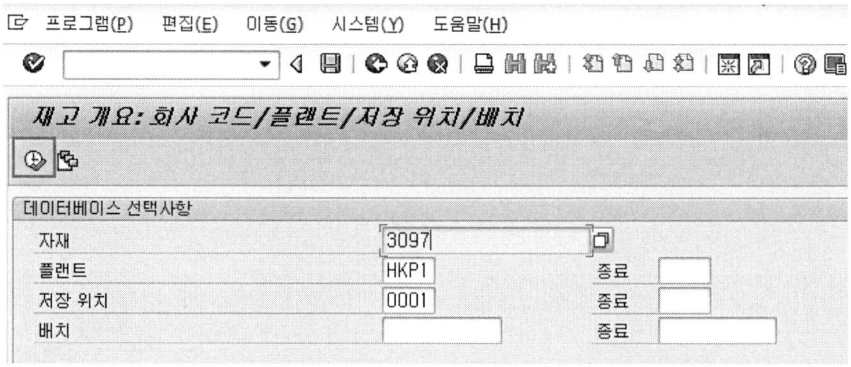

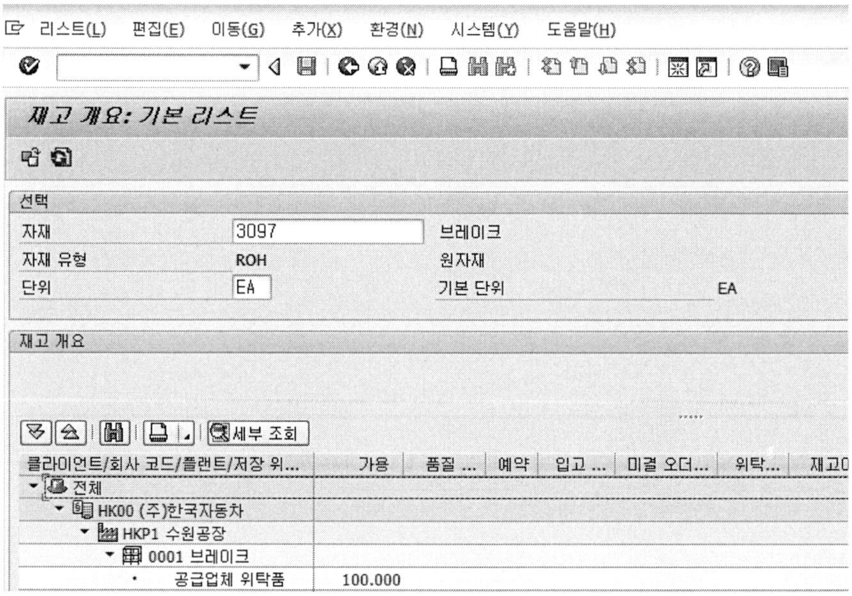

화면을 보면 공급업체 위탁품(Vendor Consignment)으로 100개가 입고되어 있는 것을 확인할 수 있다.

공급업체 위탁품에 더블클릭을 한다.

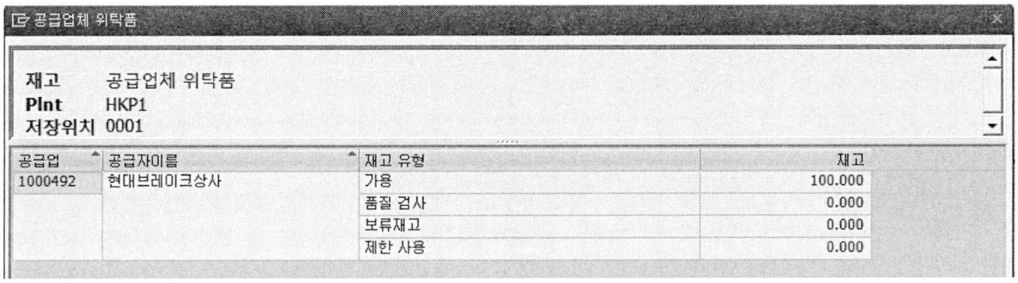

재고 공급업체 위탁품
Plnt HKP1
저장위치 0001

공급업	공급자이름	재고 유형	재고
1000492	현대브레이크상사	가용	100.000
		품질 검사	0.000
		보류재고	0.000
		제한 사용	0.000

어느 공급업체(Vendor)로부터 5개가 입고되었는지를 알 수 있다. 이때 자사의 창고에 입고는 되었지만 회계적으로는 공급업체(Vendor)의 자산이다.

- **위탁재고 전기(Transfer Posting to Consignment stock)**

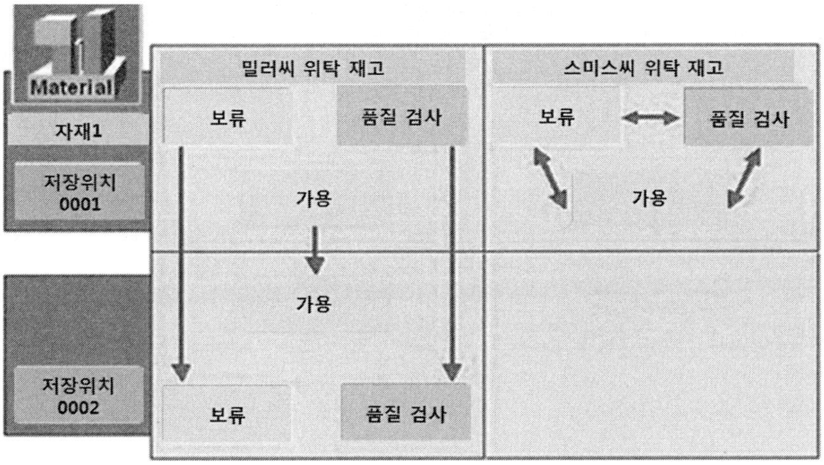

〔그림 4-11〕 위탁재고 전기(Transfer Posting to Consignment stock)

위탁재고(Consignment stock)에서의 이전 전기(Transfer posting)는 어느 정도 가능한지 알아보자.

예를 들어 스미스라는 공급업체(Vendor)의 위탁재고(Consignment stock)의 보류(Blocked)에서 가용(Unrestricted-use)로, 보류(Blocked)에서 품질 검사(Quality insp.)로, 품질검사(Quality insp.)에서 가용(Unrestricted-Use)로 상태를 변경할 수 있다는 것이고, 또 하나는 공급업체 밀러의 위탁재고(Consignment stock)에서 우리의 가용재고(Own stock)로 변환할 수도 있다. 공급업체 위탁재고(Vendor Consignment stocks)일 때는 우리의 재고자산이 아니지만 우리의 가용재고로 전환할 때에는 재고자산이 증가하기 때문에 재고 유형(Stock type)이 바뀌지만 자사의 재고(Own Stock)로 변경도 할 수 있는 기능이 제공된다. 즉 공급업체의 위탁재고(Consignment stock) 타입이 바뀔 수도 있고 우리의 가용재고로도 바꿀 수도 있다.

- **위탁재고 출고(Goods Issues from Consignment)**

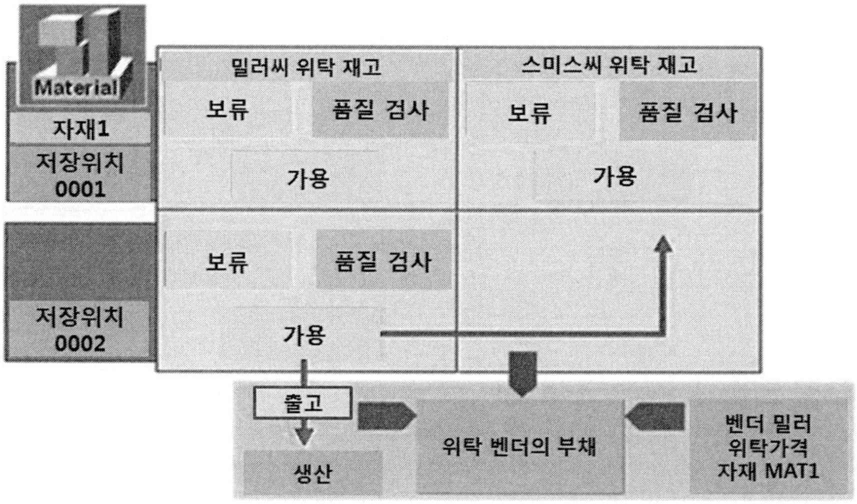

〔그림 4-12〕 위탁재고 출고(Goods Issues from Consignment)

위탁재고(Consignment stock)에서 출고를 한다는 의미와 재고로 설정된다는 의미는 어떤 것인지 알아보자.

그림에서와 같이 위탁재고(Consignment stock)는 가용재고(Unrestricted-use) 상태에서 출고(Goods Issues)를 하여 생산에 투입하게 되면 그 때 부채(Liabilities)가 발생하게 된다. 즉 A/P(Account Payable)라는 금액이 생성되고, 또 위탁 재고를 자사의 재고로 변경할 때도 부채(Liabilities)가 생성되어 관리가 되는데. 이때 부채(Liabilities)는 위탁 정보 레코드(Consignment info record)에 의해서 확정이 된다.

- **위탁재고 부채 정산(Settlement of Consignment Liabilities)**

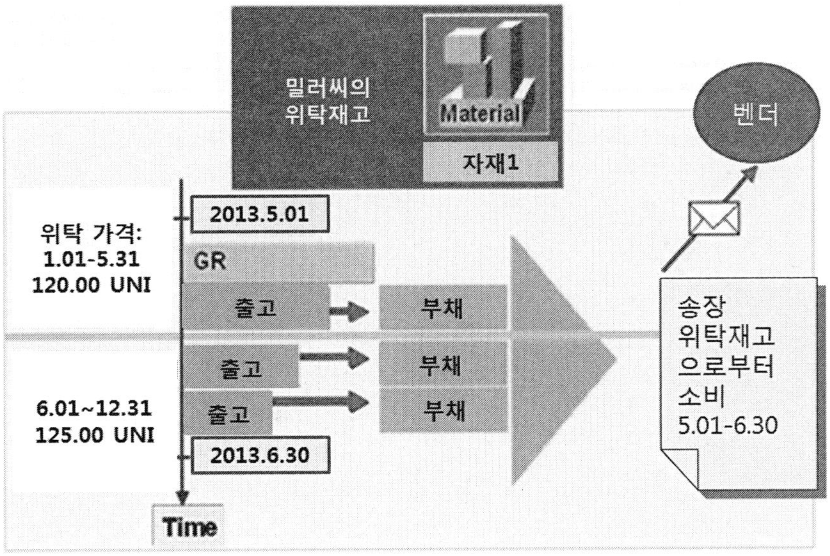

〔그림 4-13〕 위탁재고 부채 정산(Settlement of Consignment Liabilities)

출고(Goods Issues)를 하거나 자사의 재고(Own Stocks)로 변경을 할 때는 부채(Liabilities)가 발생하는데 이러한 부채(Liabilities)는 정산(Settlement)에 의해서 처리된다. 기존의 다른 구매오더의 경우 공급업체(Vendor)가 송장(Invoice)을 발행해서 우리에게 통보를 하는 방식인데 반해서, 위탁 프로세스(Consignment process)는 자사의 시스템에서 출고를 하거나, 자사의 재고(Own stocks)로 변경한 자료를 취합하여 공급업체(Vendor)에게 통보를 하면 공급업체(Vendor)는 그 자료를 바탕으로 송장(Invoice)을 발행하는 형태를 가지게 된다.

정산(Settlement)은 그림에서와 같이 위탁재고 정산(Consignment settlement) 기간을 주어서 기간별로 각각 단가가 다르게 관리되었다면, 정산(Settlement)을 할 때에 기간별 단가에 의해서 부채(Liabilities)가 결정된다. 즉 총 기간을 주고 정산(Settlement)을 하게 되면 위탁 가격 정보 레코드(Consignment price info record)를 참조해서 부채를 결정하고 계산서가 처리되는 프로세스로 되어있다.

SAP 화면보기 ▽

▼ 위탁재고 정산 (Settlement of Consignment Liabilities)

- 메뉴 경로

물류(Logistics) ⇨ 자재관리(Material Management) ⇨ 재고 관리 (Inventory management) ⇨ 자재 이동 (Goods Movement) ⇨ 입고 (Goods Receipt) ⇨ GI-Goods(MIGO)

- T-code : MIGO

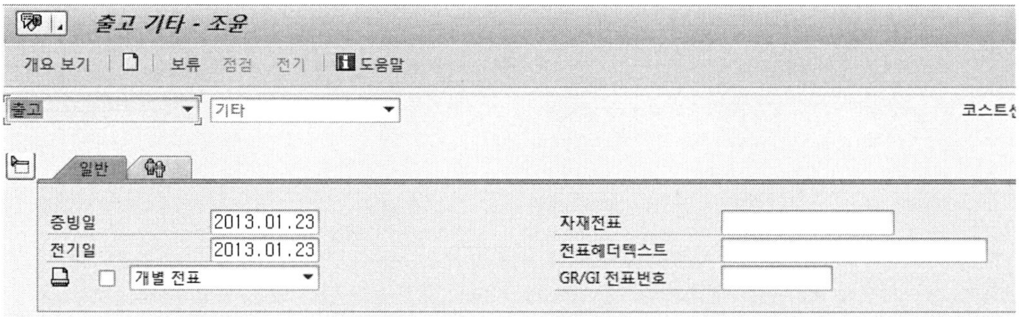

화면의 드롭다운 리스트박스를 설정한다.

화면의 하단에 품목세부의 항목에서 다음과 같이 입력을 한다.

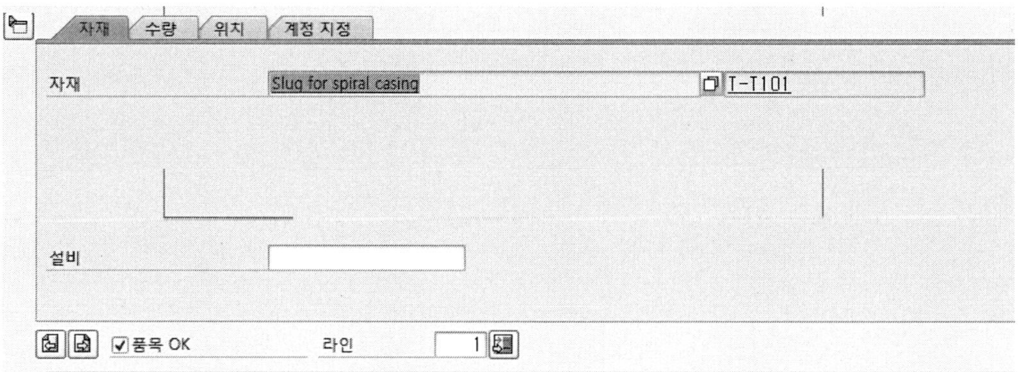

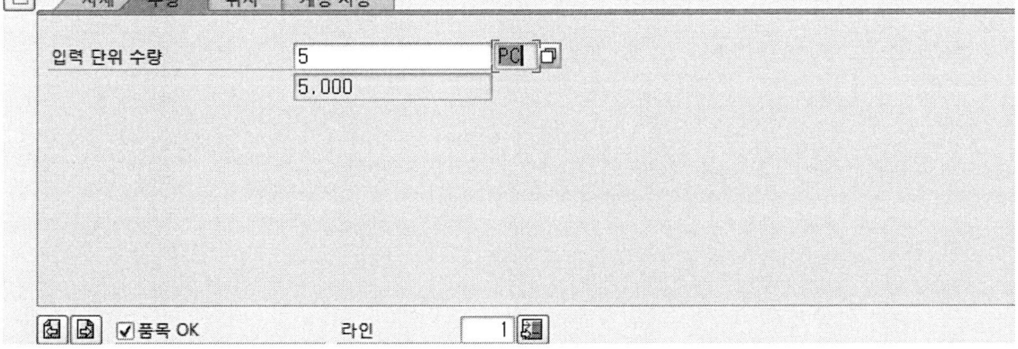
자재
수량
위치
계정 지정
입력 단위 수량
5
PC
5.000
품목 OK
라인
1

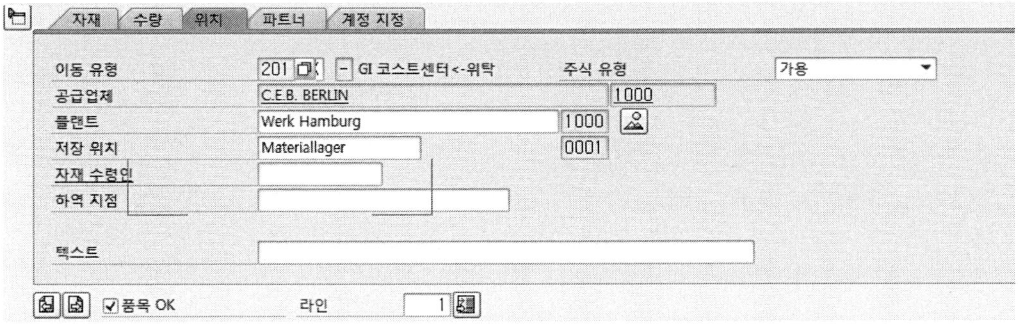
자재
수량
위치
파트너
계정 지정
이동 유형
201
GI 코스트센터<-위탁
주식 유형
가용
공급업체
C.E.B. BERLIN
1000
플랜트
Werk Hamburg
1000
저장 위치
Materiallager
0001
자재 수령인
하역 지점
텍스트
품목 OK
라인
1

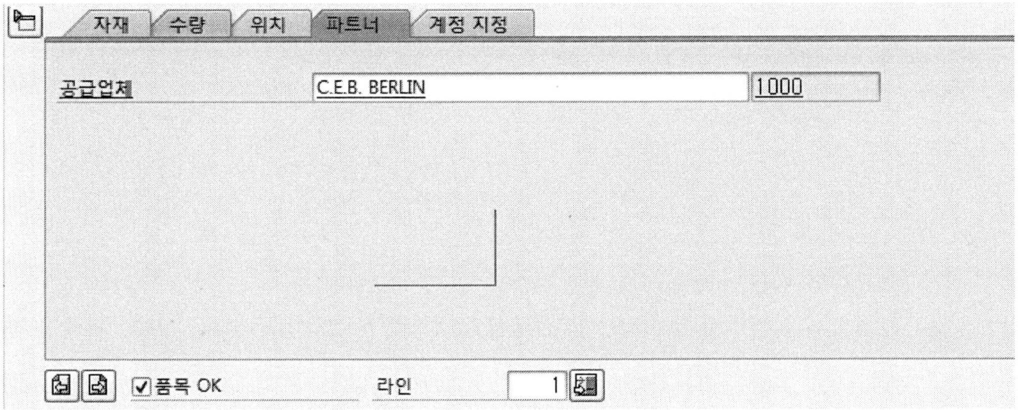
자재
수량
위치
파트너
계정 지정
공급업체
C.E.B. BERLIN
1000
품목 OK
라인
1

자재
수량
위치
파트너
계정 지정
G/L 계정
사업 영역
코스트 센터
1000
품목 OK
라인
1

자재, 수량, 위치, 파트너(공급업체), 계정지정의 탭을 차례로 클릭하여 입력한다. 이 때 이동 유형은 201번으로 자동으로 입력되며, 특별재고(Special Stock)에는 반드시 K를 입력한다.

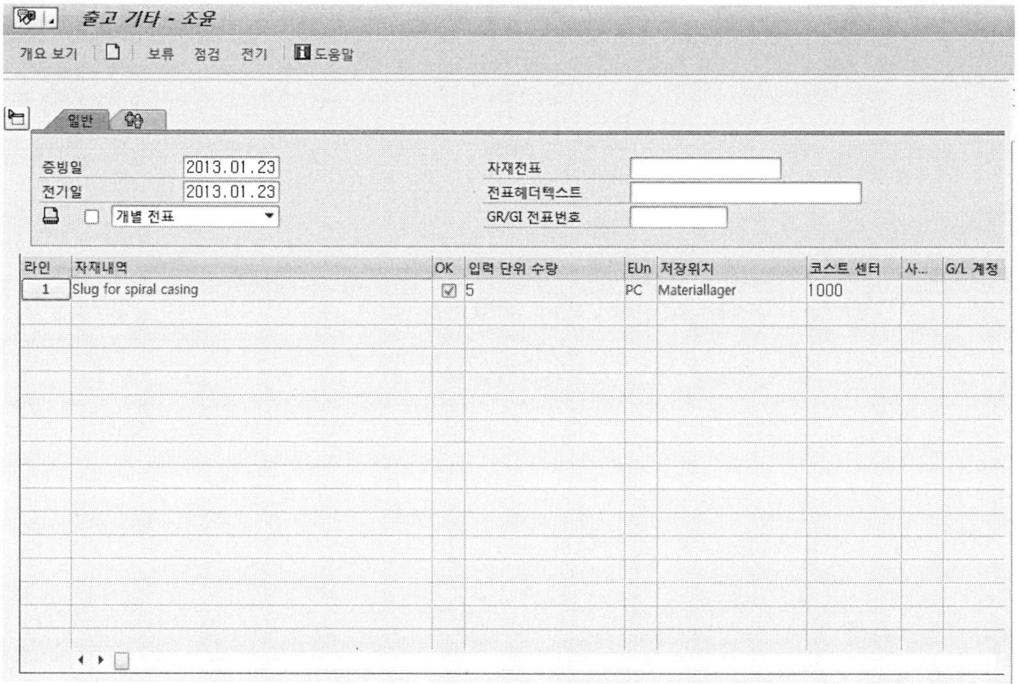

화면 상단의 품목에 다음과 같이 입력이 되고, 화면 하단의 품목 OK 지시자를 체크하고 저장 버튼을 눌러서 출고를 완료한다.

출고 자재문서를 전기하였다는 메시지를 받을 수 있다.

다시 트랜잭션 MIGO에서 화면과 같이 드롭다운 박스를 설정하고 앞서 전기되었던 자재전표의 번호를 입력하고 엔터를 누른다.

문서정보 탭을 누르면 FI문서 버튼을 볼 수 있다. FI문서 버튼을 누른다.

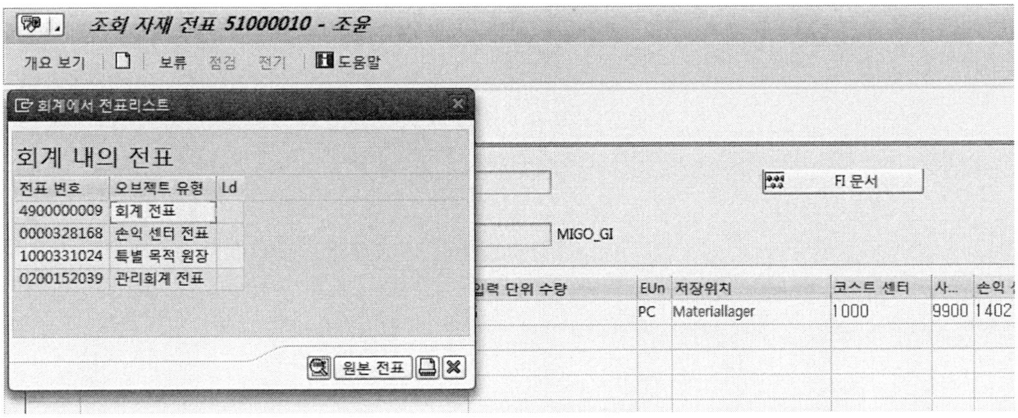

출고를 했기 때문에 위탁재고 부채(Consignment Liabilities)가 발생하였을 것이다. 팝업 화면에서 회계전표를 더블클릭하면 저리된 회계전표를 조회할 수 있다.

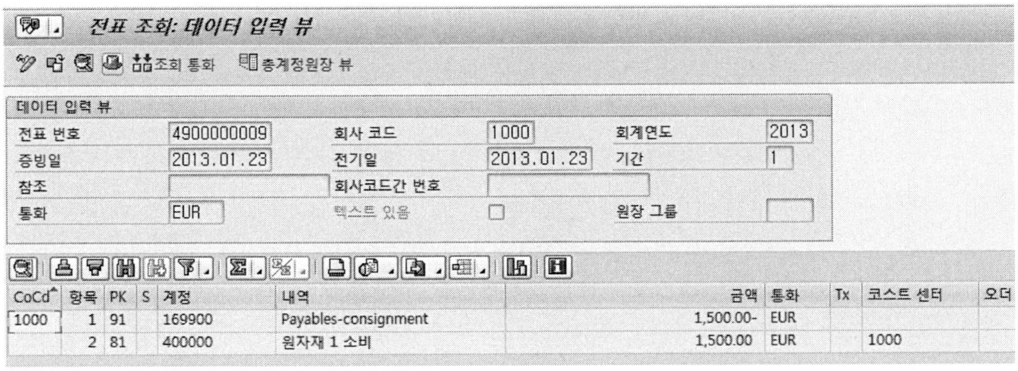

A/P(Accounts Payable)로 1,500 EUR의 위탁재고 부채(Consignment Liabilities)가 전기되고 비용계정으로 1,500이 처리된 것을 확인할 수 있다.

▼ 위탁재고(Consignment)에서 자재의 재고(Own stock)로 전기(Transfer)하는 실습해보자.

먼저 재고현황을 알아보기 위해 MMBE 트랜잭션을 실행시킨다. 커맨드창에 화면과 같이 입력하고 엔터키를 누른다.

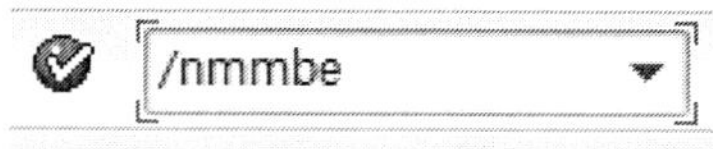

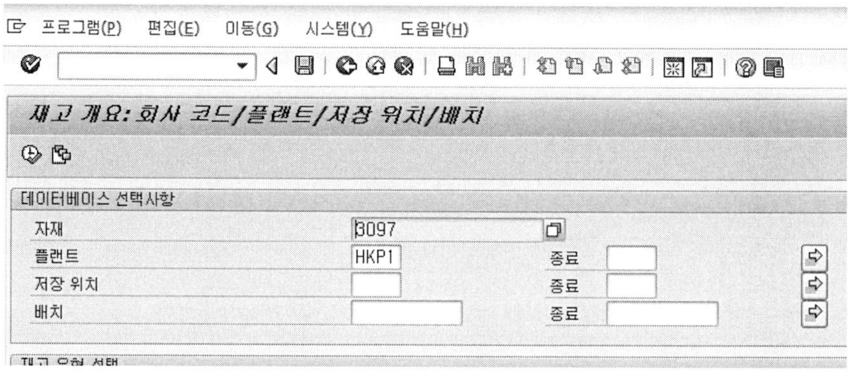

30097이라는 자재(Material)에 대해서 재고현황을 알아보자. 자재에 3097을 입력하고 실행버튼을 누른다.

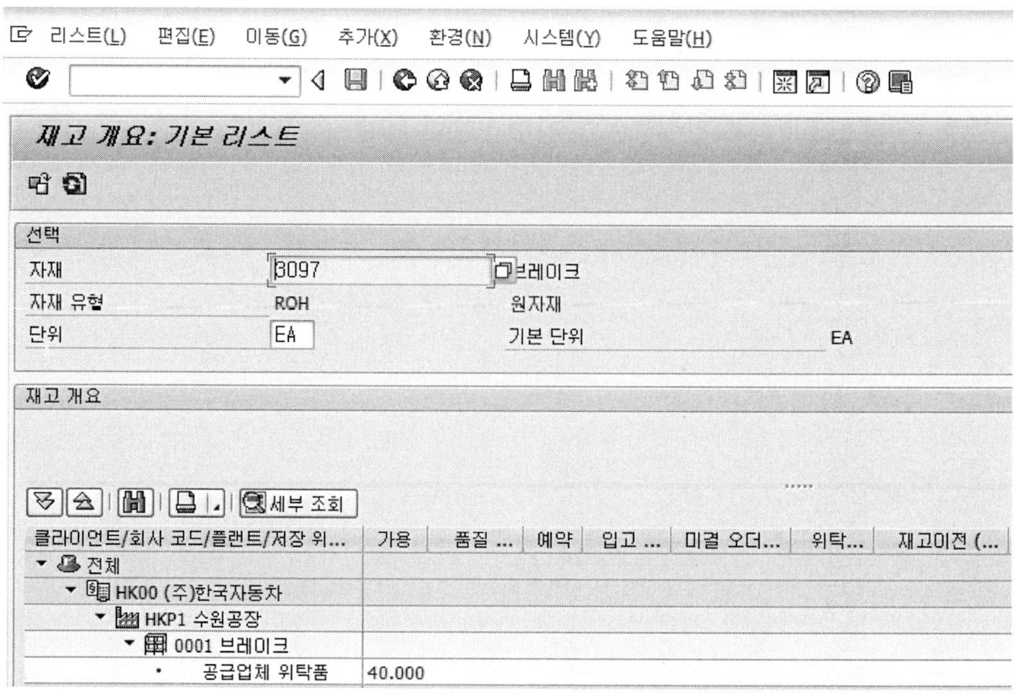

▼ 공급업체 위탁품(Vendor consignment)의 형태로 가용재고가 40개가 있는데 이것을 자사의 재고(Own stock)로 전환한다.

- 메뉴 경로

물류(Logistics) ⇨ 자재관리(Material Management) ⇨ 재고 관리 (Inventory management) ⇨ 자재 이동 (Goods Movement) ⇨ 이전 전기 (Transfer Posting)

- T-code : MB1B

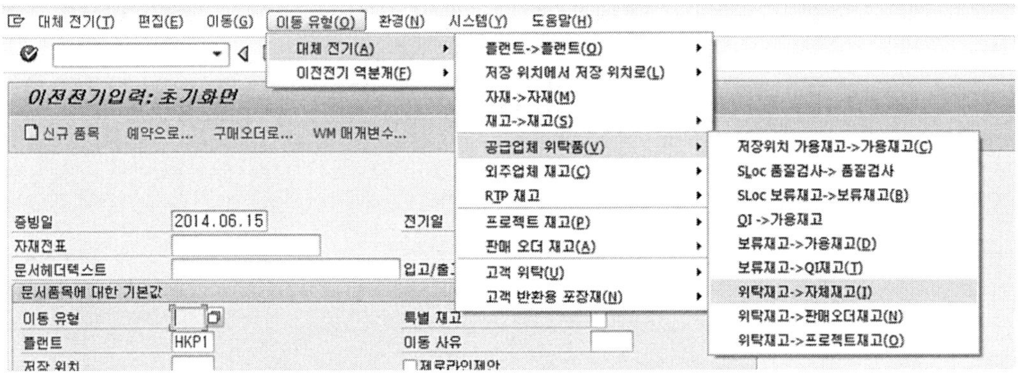

화면과 같이 메뉴를 선택한다.

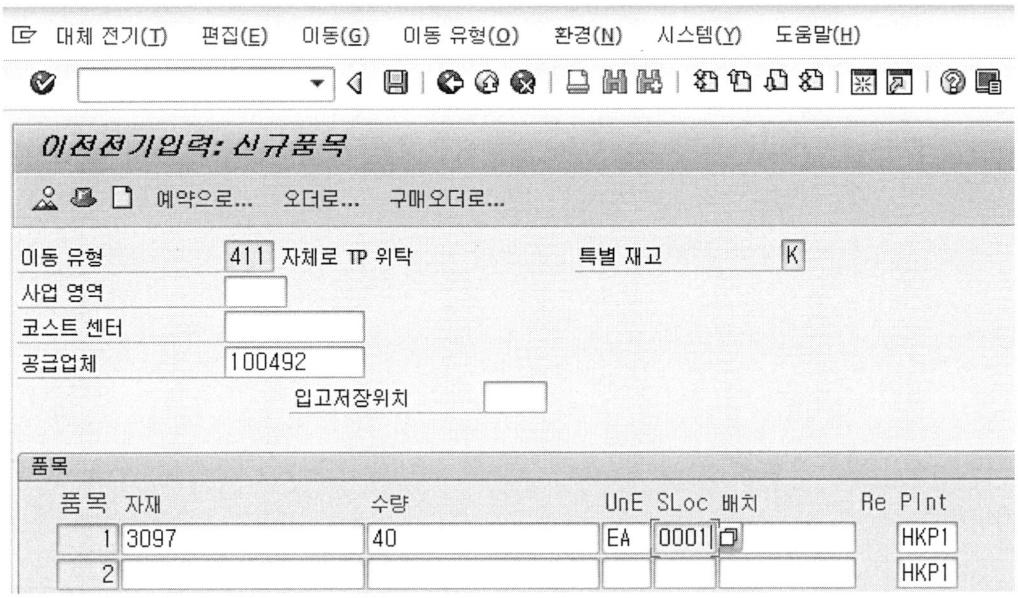

이동유형은 자동으로 411번으로, 그리고 특별재고는 K가 디폴트로 설정된다. 참고로 이동유형마다 각각의 목적을 갖고 있고 특별재고는 재고의 구분을 담당하고 있다.

공급업체, 자재, 수량, 출하 저장위치, 입고저장위치를 입력하고 엔터를 누르면 시스템에서 유효성검사를 실행한다.

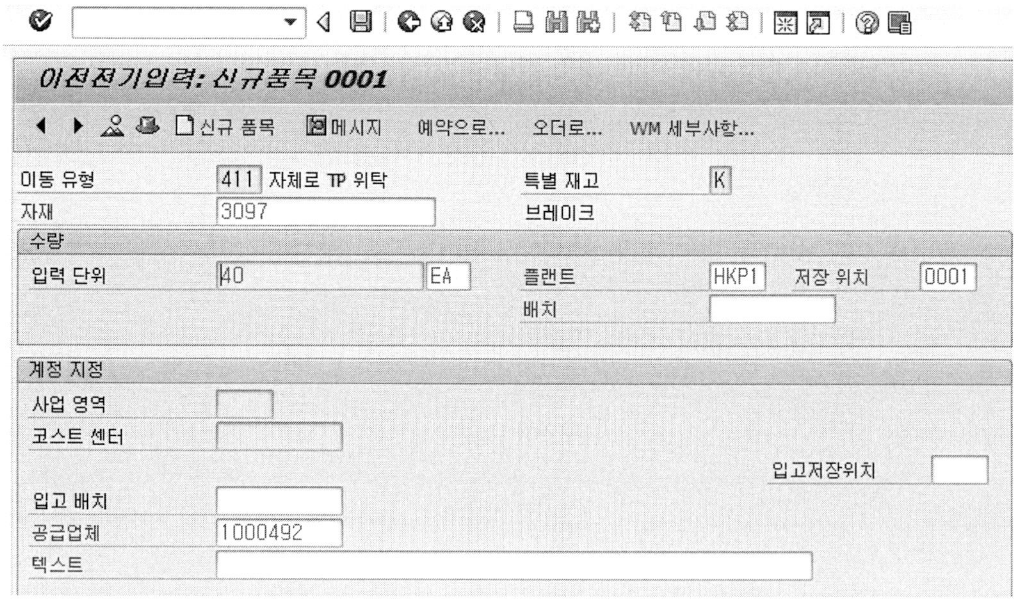

저장버튼을 누르면 작업이 완료되고 전기된 자재문서의 메시지를 볼 수 있다.

다시 트랜잭션 MMBE를 실행하여 확인을 하면 공급업체 위탁재고의 항목이 사라진 것을 확인 할 수 있다.

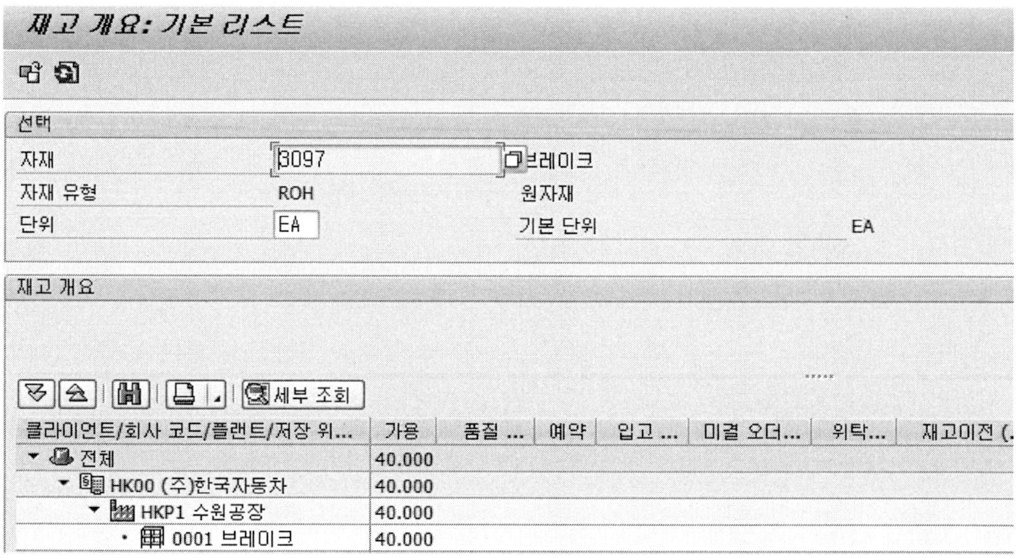

제5장 ▷ 재고실사(Physical Inventory)

- 학습목표
  - ▷ 재고 실사(Physical Inventory) 프로세스 설명하기
  - ▷ 재고 실사(Physical Inventory)의 다양한 실행방법 이해하기
  - ▷ 재고 실사(Physical Inventory) 문서 생성하기
  - ▷ 다양한 지시자와 세팅사항 정의하기
  - ▷ 재고 실사(Physical Inventory) 넘버링의 목적 이해하기
  - ▷ 주기 실사(Cycle counting) 절차 설명하기
  - ▷ 마스터 데이터 레코드에서 주기 실사(Cycle counting)지시자 할당 방법 이해하기
  - ▷ 주기 실사(Cycle counting) 과정을 통해 Physical Inventory 실행하기

1. 재고 실사 (Physical Inventory)

- 재고 실사(Physical Inventory) 과정

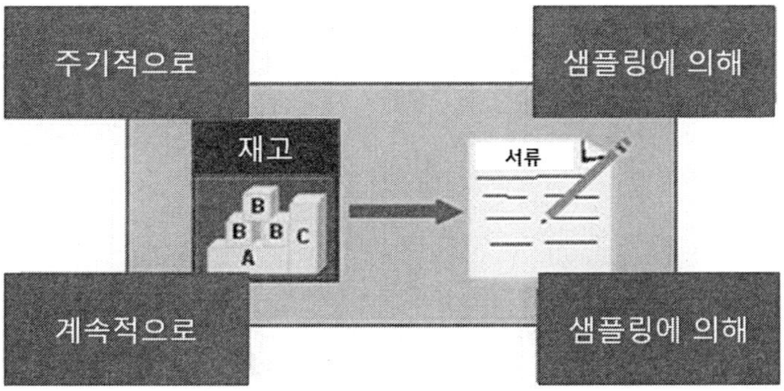

〔그림5-1〕 재고 실사(Physical Inventory) 과정

주기적으로, 계속적으로, 샘플링에 의해, 또는 주기 실사(Cycle counting)이라는 기능을 이용하여 재고실사를 진행하는 등 여러 가지 방법이 있다. 그 외 하청재고(Subcontract stock)나 위탁재고(Consignment stock) 등 특수재고에 대해서도 재고실사를 할 수 있게 SAP 시스템이 기능을 제공해준다.

- **재고유형 (Stock types)**

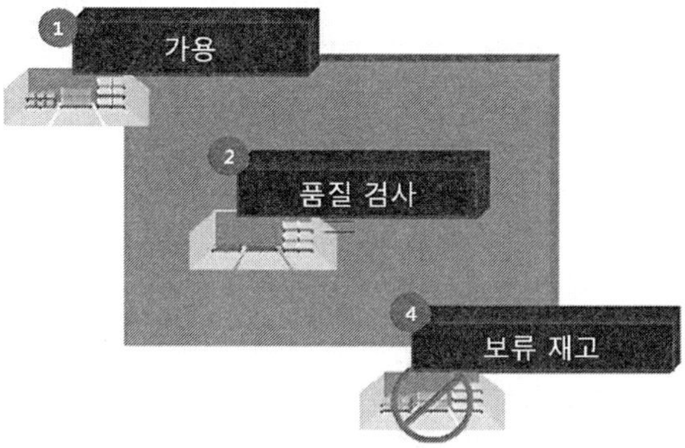

〔그림5-2〕 재고유형(Stock types)

SAP는 기본적으로 세 가지 유형 즉 가용(Unrestricted-use), 품질검사(Quality inspection), 보류(Blocked)타입에 대해서 지원을 한다. 계속적(Continuous)이나 기간적(Periodic)을 이용할 때에는 세 가지 타입을 전부 지원하지만 주기 실사(Cycle Counting)는 가용(Unrestricted-use) 상태만 지원한다.

- **재고 실사(Physical Inventory) 프로세스**

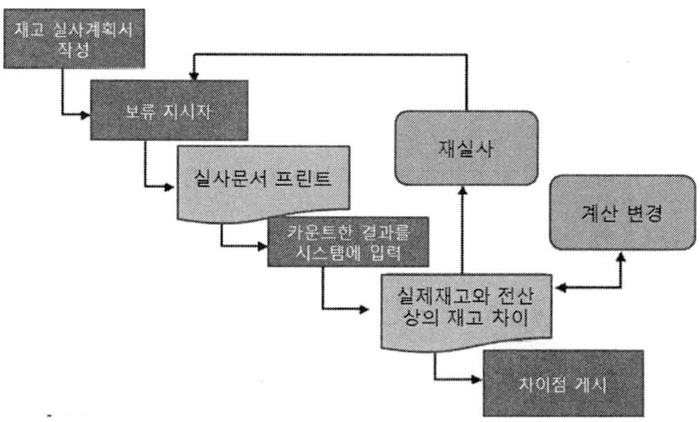

〔그림5-3〕 재고 실사(Physical inventory) 프로세스

재고 실사(Physical inventory process)에는 재고 실사계획서 작성, 실사할 때 입출고를 막는 보류 지시자(Blocking indicator)를 체크, 실사 문서를 프린트, 카운트한 결과를 시스템에 입력, 재고 수량의 차이를 확인 등 절차가 있다. 실제재고와 전산상의 재고가 차이가 많을 때 재실사 하도록 초기화한다. 마지막 실사결과를 회계에 반영하여 처리하는 과정을 거친다.

- **재고 실사 번호(Physical Inventory Number)**

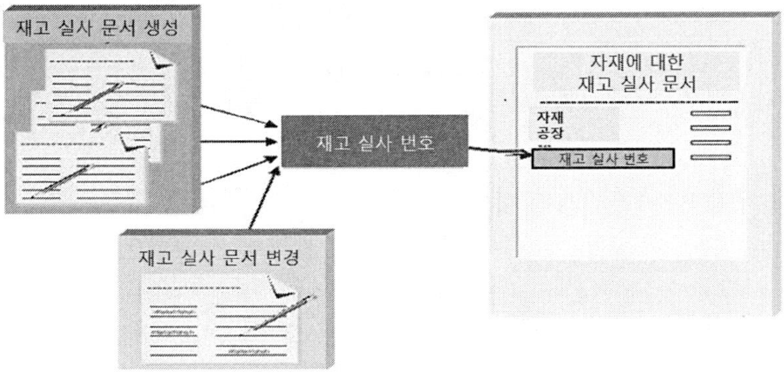

〔그림5-4〕 재고 실사 번호(Physical inventory number)

재고 실사 번호(Physical inventory number)는 재고문서를 생성할 때 관리하는 번호이다. 재고문서는 저장위치(Storage Location)별로 생성이 되는데 여러 개의 재고 실사(Physical inventory) 문서를 하나로 묶어 그룹화 하여 관리하기 위해 재고 실사 번호(Physical inventory number)를 사용한다.

SAP 화면보기 ▽

▼ 자재 재고 실사 문서 생성(Create Physical Inventory Documents for Material)

- 메뉴 경로

물류(Logistics) ⇨ 자재관리(Materials Management) ⇨ 재고실사(Physical Inventory) ⇨ 재고 실사 전표(Physical Inventory Document) ⇨ MI01-생성(Create)

- T-code : MI01

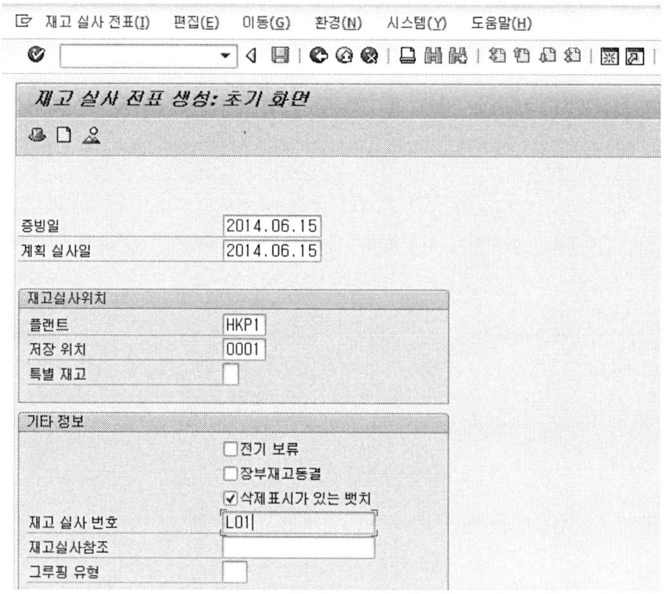

플랜트, 저장위치, 재고 실사 번호 L01 입력 후 엔터를 누른다.

*** 실물재고는 저장위치 단계에서 진행하기에 저장위치를 반드시 입력해야 한다.

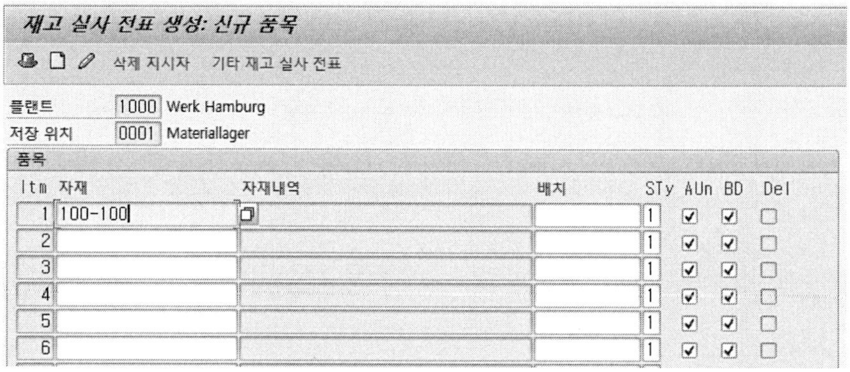

그 다음 다시 들어가서 이번에는 자재를 입력하고 다시 저장하면 새로운 문서가 생성된다.

SAP 화면보기 ▽

▼ 자재 재고 실사 문서 조회(Display Physical Inventory Documents for Material)

- 메뉴 경로

물류(Logistics) ⇨ 자재관리(Materials Management) ⇨ 재고실사(Physical Inventory) ⇨ 환경(Environment) ⇨ MI22-자재의 재고 실사 전표(Phys. Inventory Doc. for Material)

- T-code : MI22

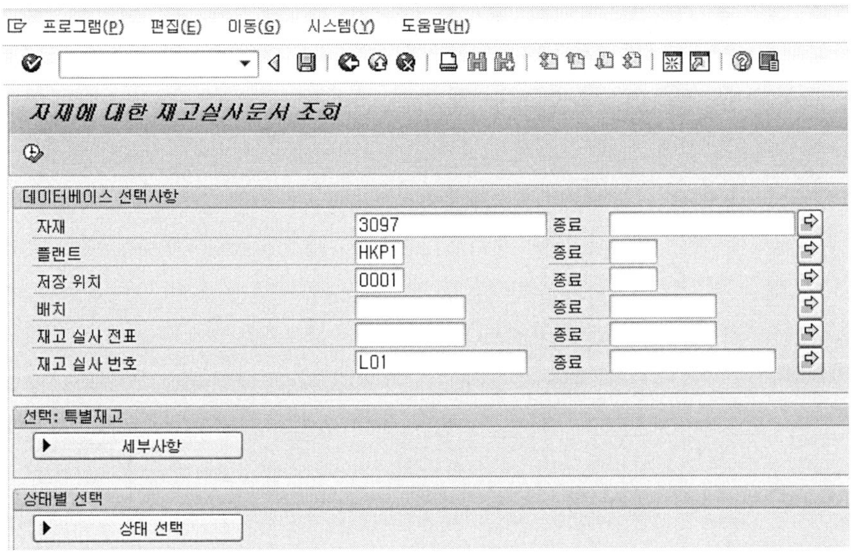

재고실사번호에 L01을 입력하고 실행버튼을 누른다.

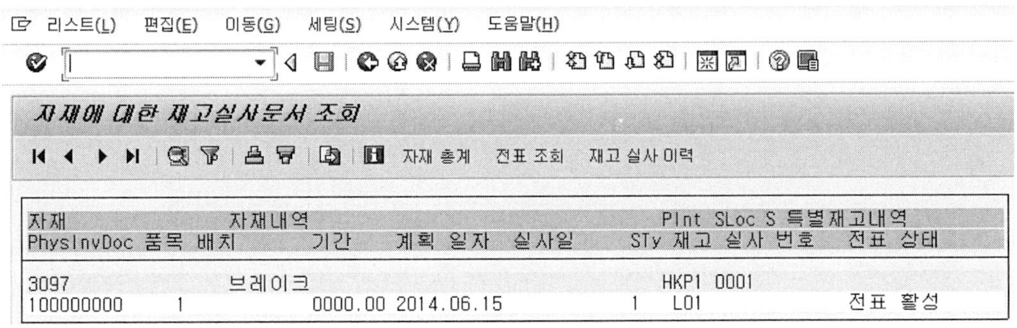

앞서 생성하였던 재고실사 문서들을 그룹화 하여 보여준다.

- **재고 실사 입력(Entering the Physical Inventory Count)**

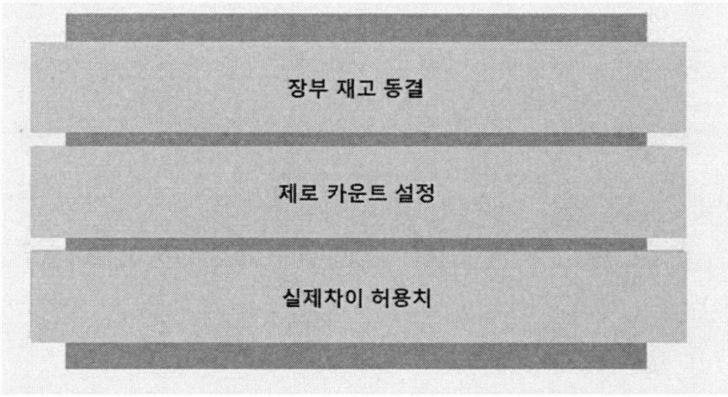

〔그림5-5〕 재고 실사 입력(Entering the Physical Inventory Count)

장부재고 동결(Freeze book inventory balance)은 수량을 조사했는데 결과를 바로 입력 못하거나 나중에 입력을 했을 때 장부재고가 입출이 일어나면서 변경되는 것을 막아주는 것이다. 장부재고 동결(Freeze book inventory balance)을 선택하게 되면 선택시점의 장부재고가 실사문서에 기록이 되어있어서 그 이후에 발생되는 입출은 장부재고(Inventory balance)에 영향을 주지 못한다는 것이다.

제로 카운트 설정(Set zero count automatically)은 예를 들어 시스템이 전산에서는 zero와 space를 구별할 수 없다. space는 아직 실사결과를 입력하지 않았다는 것이다. 따라서 zero와 아직 실사결과를 입력하지 않은 space를 구별하기 위해 제로 카운트 설정기능(Set zero count automatically)을 사용하는 것이다.

실제차이 허용치(Tolerance for posting inventory differences)는 예를 들어 실사결과를 입력할 때 허용하는 오차범위가 일정표준을 초과하면 사용자에게 경고의 메시지를 주기 위해 사용한다.

SAP 화면보기 ▽

▼ 전기보류(Posting Block) 체크하기

- 메뉴 경로

물류(Logistics) ⇨ 자재관리(Materials Management) ⇨ 재고실사(Physical Inventory) ⇨ 재고 실사 전표(Physical Inventory Document) ⇨ MI02-변경(Change)

- T-code : MI02

앞서 생성하였던 재고 실사 전표 번호와 회계연도를 입력하고 헤더(모자) 아이콘을 클릭한다.

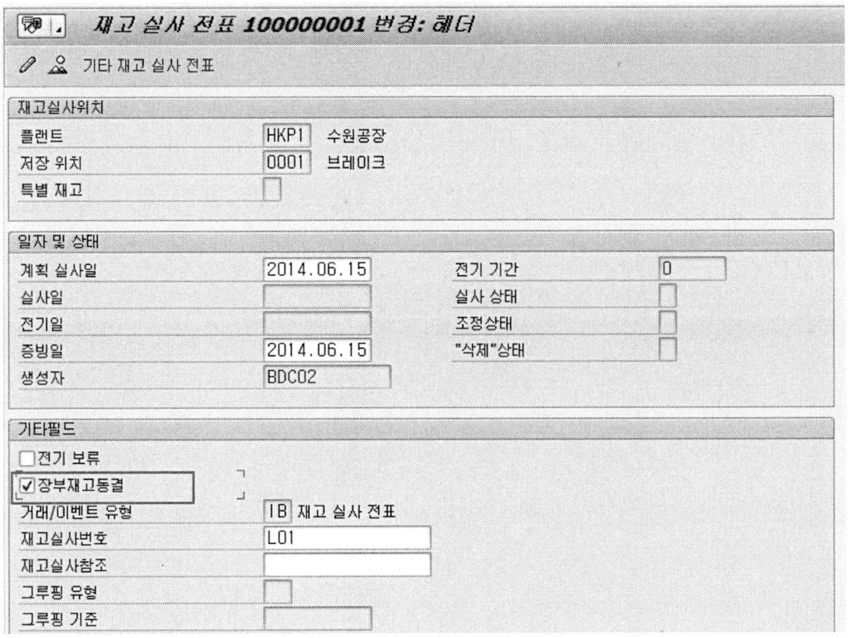

장부재고 동결 지시자에 체크 한다.

SAP 화면보기 ▽

▼ 제로 카운트 설정(Set zero count automatically) 확인하기

- 메뉴 경로

물류(Logistics) ⇨ 자재관리(Materials Management) ⇨ 재고실사(Physical Inventory) ⇨ 재고 실사 (Inventory Count) ⇨ MI04-입력(Enter)

- T-code : MI04

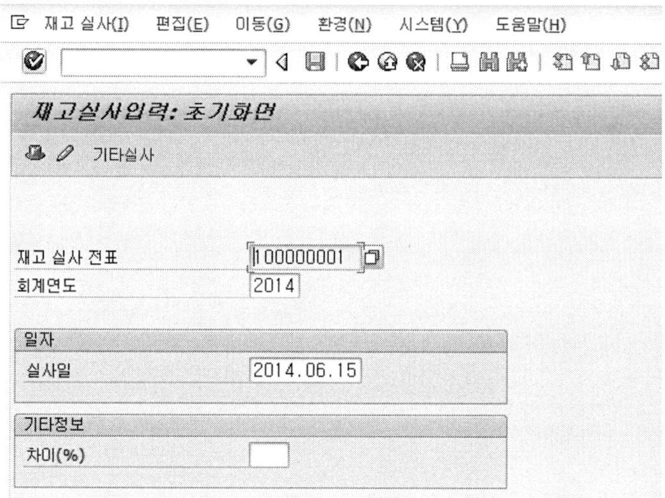

화면의 입력 값들을 입력하고 엔터키를 누른다.

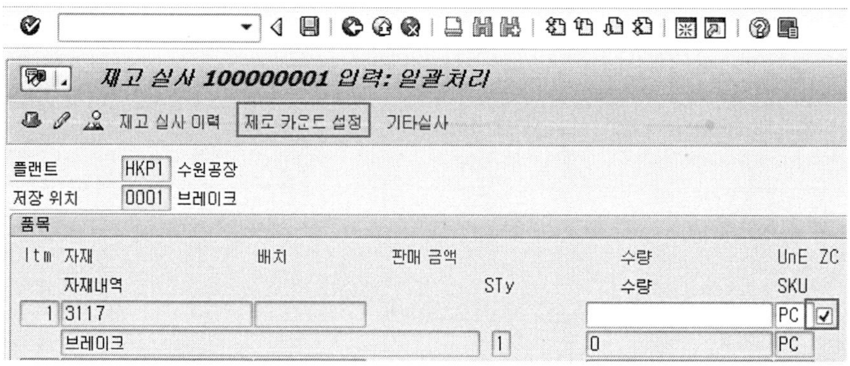

*** 메뉴의 제로카운트 설정 버튼을 누르면 시스템이 자동적으로 빈 공간에 체크를 입력한다.

SAP 화면보기 ▽

▼ 실제차이 허용치(Tolerance for posting inventory differences) 체크하기

- 메뉴 경로

물류(Logistics) ⇨ 자재관리(Materials Management) ⇨ 재고실사(Physical Inventory) ⇨ 재고 실사 (Inventory Count) ⇨ MI04-입력(Enter)

- T-code : MI04

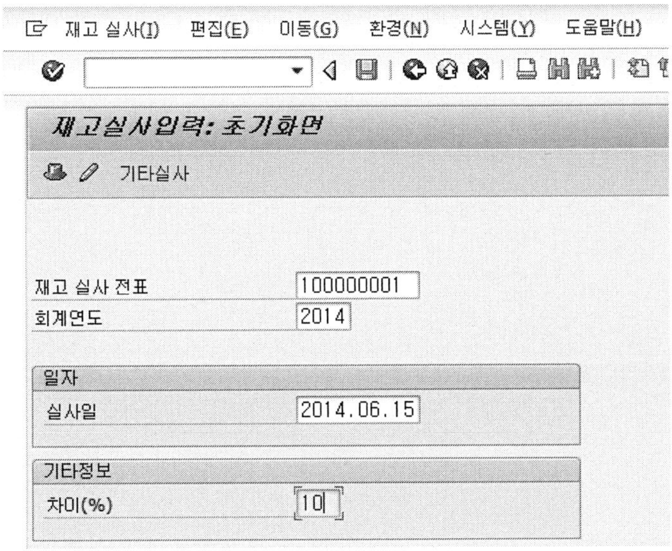

기타정보에 있는 차이(%)에 입력 후 저장한다.

- **재고 실사 결과 입력의 효과(Effects of Entering the Counts Results)**

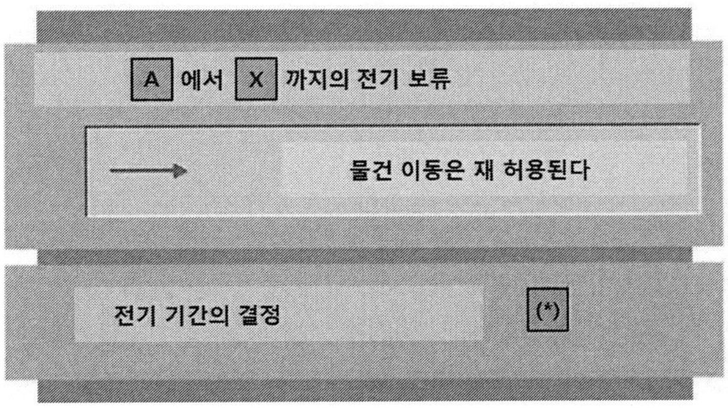

〔그림5-6〕 재고 실사 결과 입력의 효과(Effects of Entering the Counts Results)

재고실사 문서를 만들 때 전기 보류(posting block)를 체크하면 재고실사 시 입출고를 막는 기능을 한다. 그 뒤 실사결과를 입력하면 입출이 일어날 수 있도록 다시 변경해 준다. 전기 기간(Posting period)은 예를 들어, 실사결과를 9월에 입력을 하면 실제차이 전기(Difference posting)도 시스템이 9월에 하도록 결정해 주는 작용을 한다.

SAP 화면보기 ▽

▼ 장부재고 동결(Freeze book inventory balance) 체크하기

- 메뉴 경로

물류(Logistics) ⇨ 자재관리(Materials Management) ⇨ 재고실사(Physical Inventory) ⇨ 재고 실사 전표(Physical Inventory Document) ⇨ MI01-생성(Create)

- T-code : MI01

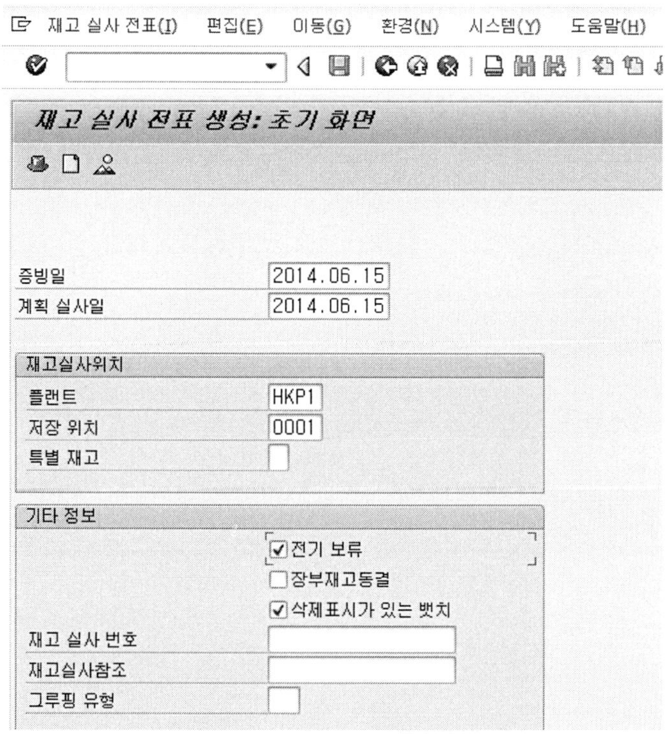

전기 보류 체크 후 엔터키를 누른다.

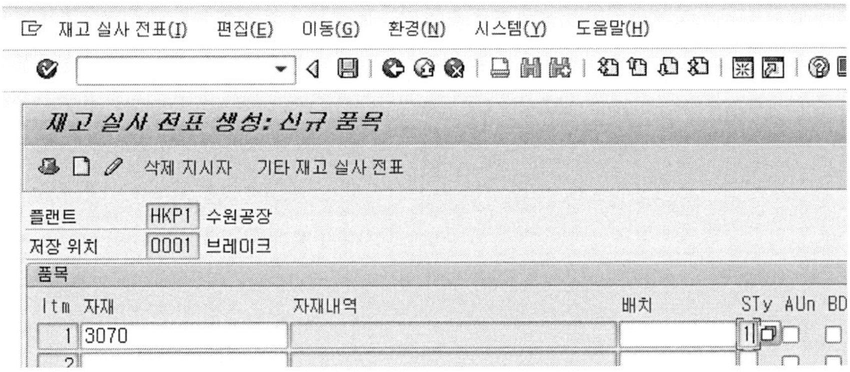

자재번호를 입력 후 저장한다.

계속해서 자재 마스터를 실행하여(커맨트창에 "/nmm03" 입력 후 엔터) 저장 위치 재고 뷰를 선택하여 보면 재고 실사보류 파라미터가 X로 입력되어 있다.

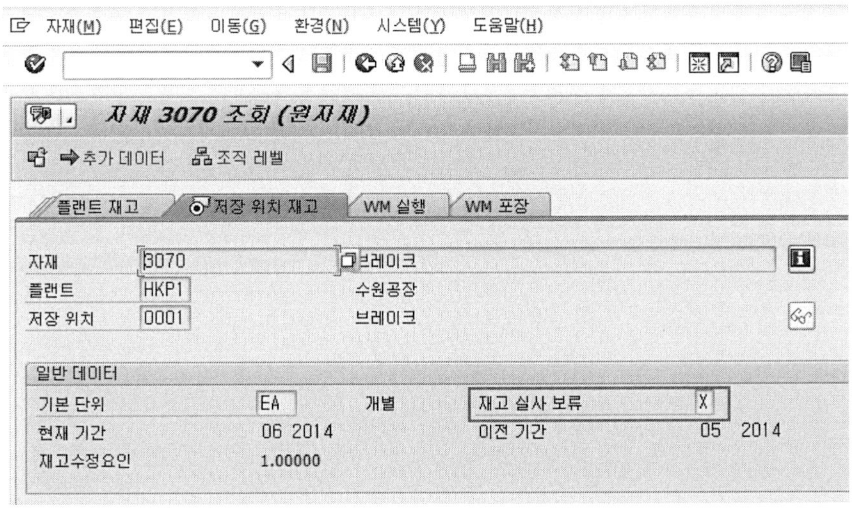

▼ 재고실사(Physical Inventory) 입력

- 메뉴 경로

물류(Logistics) ⇨ 자재관리(Materials Management) ⇨ 재고실사(Physical Inventory) ⇨ 재고실사(Inventory Count) ⇨ MI04-입력(Enter)

- T-code : MI04

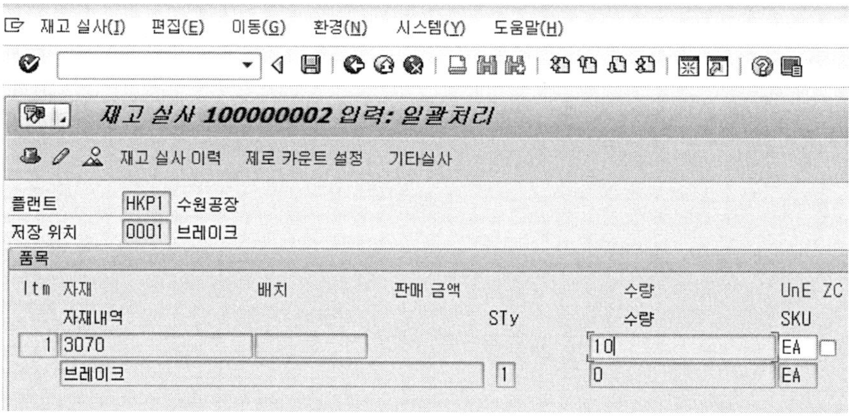

그 다음 수치를 임의로 넣은 다음 저장한다. 다시 자재 마스터를 실행하여 저장 위치 재고 뷰를 선택하면 "재고 실사 보류"항목이 A로 바뀌어져 있다.

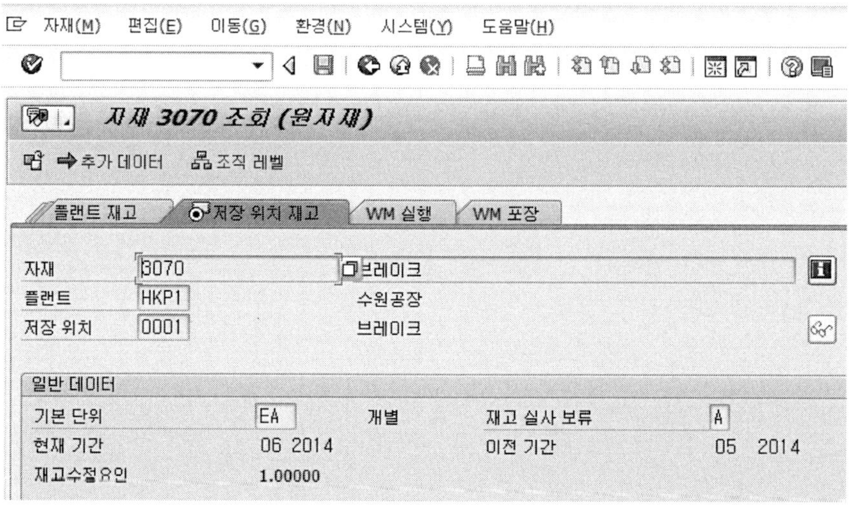

SAP 화면보기 ▽

▼ 재고차이리스트(List of Inventory Differences)

- 메뉴 경로

물류(Logistics) ⇨ 자재관리(Materials Management) ⇨ 재고실사(Physical Inventory) ⇨ 차이(Difference) ⇨ MI20-차이 리스트(Difference List)

- T-code : MI20

자재(Material), 플랜트(Plant), 저장 위치(Storage Location), 앞의 문서번호 입력 후 실행

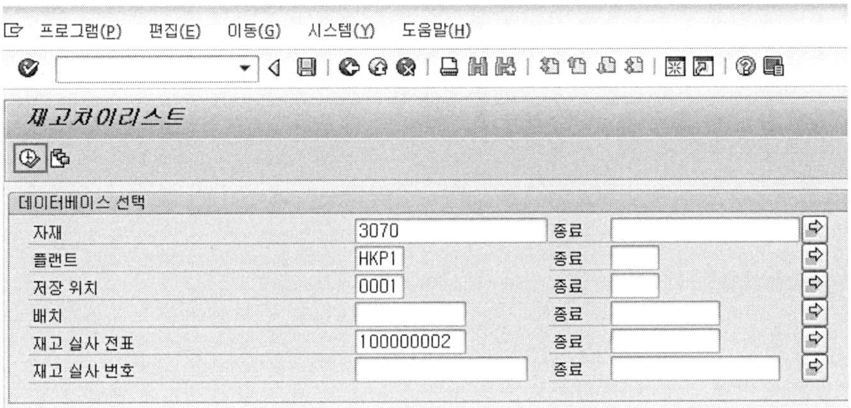

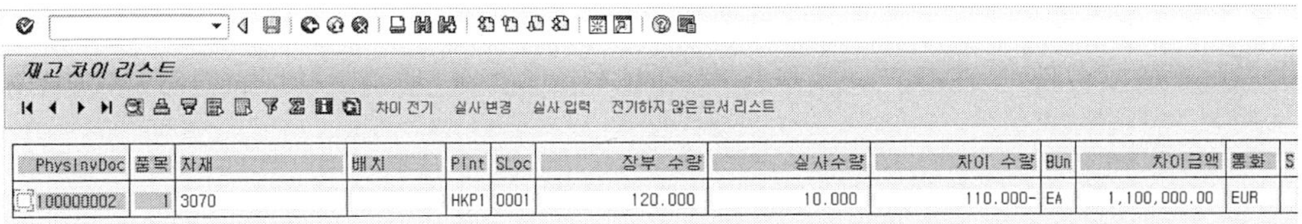

위 화면에서 "실사 변경" 버튼으로 수치를 수정할 수도 있고, "차이 전기"버튼으로 직접 전기 할 수도 있다.

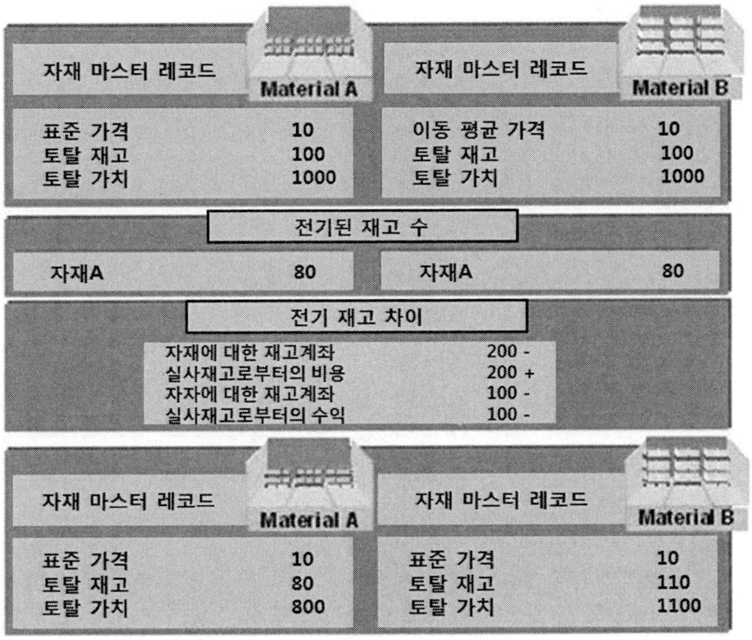

〔그림5-7〕 실제차이 전기(Inventory Difference Posting)

위 그림은 실제차이(Inventory difference)의 처리를 설명한 예제이다. 위를 보면 전산상의 재고가 100개가 있다. 실사를 한 수량이 80개라고 했을 때 그 차이를 전기를 하게 되면 재고를 80개로 고치고 회계에서는 수량이 20개가 줄었기에 단가가 10이므로 총 가격은 200이 줄어들게 된다. 실제차이(Inventory posting)는 실물재고에 맞게 전산재고를 수정하는 것이다.

재고실사를 다시 하려고 하는 경우에는 다음과 같이 다시 할 수 있다.

SAP 화면보기 ▽

▼ 재실사(Recount)

- 메뉴 경로

물류(Logistics) ⇨ 자재관리(Materials Management) ⇨ 재고실사(Physical Inventory) ⇨ 재고 실사 전표(Physical Inventory Document) ⇨ MI11-재실사(Recount)

- T-code : MI11

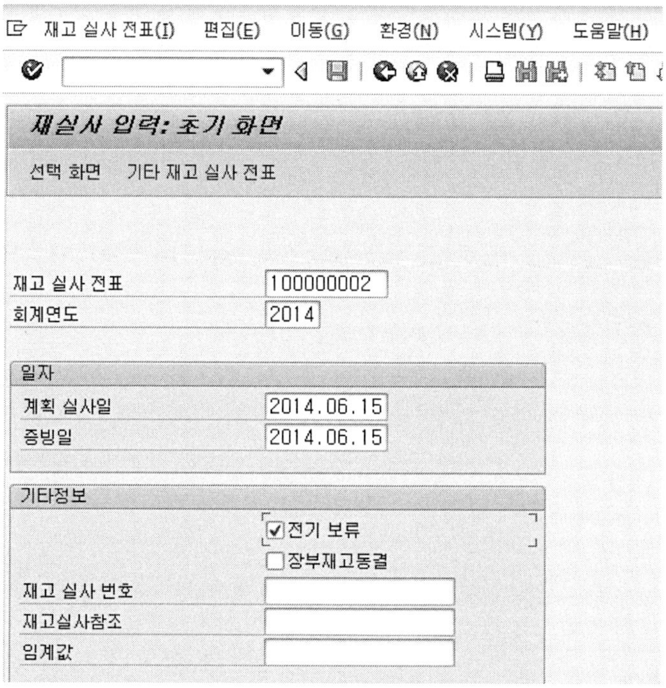

전기보류 선택 후 엔터키를 누르고, 그 다음은 프로세스는 앞서 설명한 프로세스들과 같다.

위에서 했던 것과 마찬가지로 입력과정을 반복하여 재고수량을 다시 입력할 수 있다.

SAP 화면보기 ▽

▼ 실제차이 전기(Inventory Difference Posting)

- 메뉴 경로

물류(Logistics) ⇨ 자재관리(Materials Management) ⇨ 재고실사(Physical Inventory) ⇨ 차이(Difference) ⇨ MI07-전기(Post)

- T-code : MI07

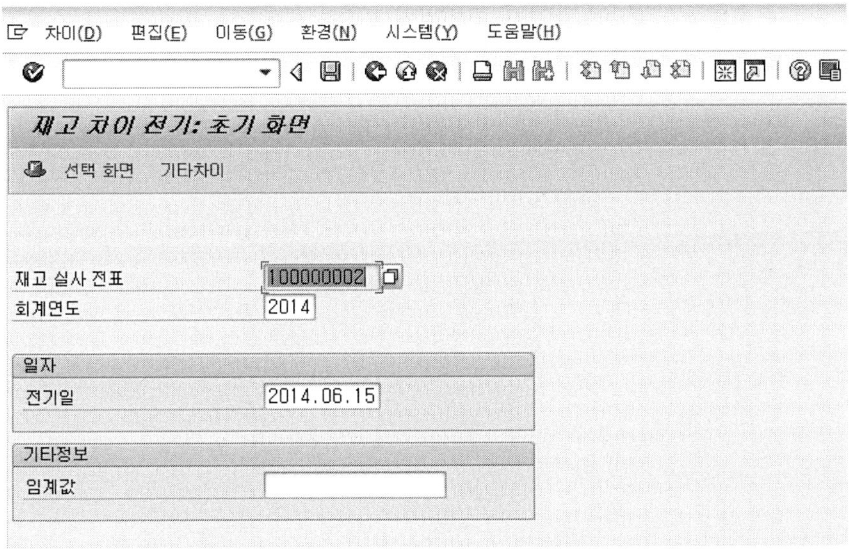

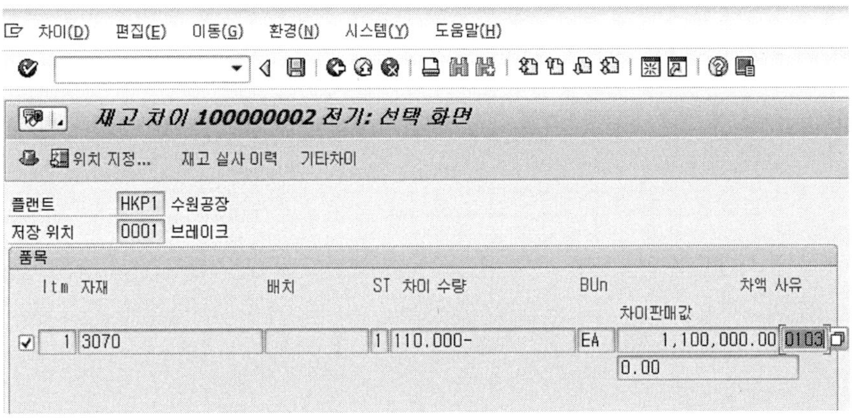

앞서 생성하였던 문서번호 입력 후 엔터, 그 다음 화면에서 저장버튼을 누르면 실사에 근거한 수량으로 재고를 수정하게 된다.

SAP 화면보기 ▽

▼ 재고 실사(Physical Inventory)에 관한 문서보기

- 메뉴 경로

물류(Logistics) ⇨ 자재관리(Materials Management) ⇨ 재고실사(Physical Inventory) ⇨ 환경(Environment) ⇨ MI22-자재의 재고 실사 전표(Phys. Inventory Doc. for Material)

- T-code : MI22

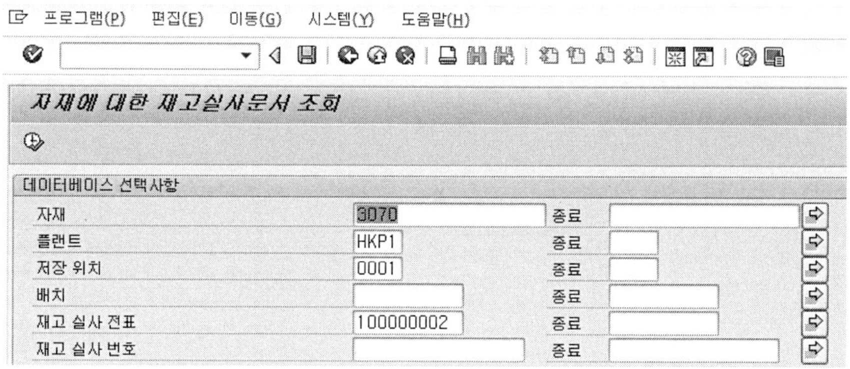

이 트랜잭션에서는 재고실사문서를 일괄적으로 조회할 수 있다.

메뉴의 “전표 조회”와 “재고 실사 이력”버튼을 통해 자세한 내용을 조회할 수 있다.

SAP 화면보기 ▽

▼ 자재의 재고 실사 데이터(Phys. Inventory Data for Material)

- 메뉴 경로

물류(Logistics) ⇨ 자재관리(Materials Management) ⇨ 재고실사(Physical Inventory) ⇨ 환경(Environment) ⇨ MI23-자재의 재고 실사 데이터(Phys. Inventory Data for Material)

- T-code : MI23]

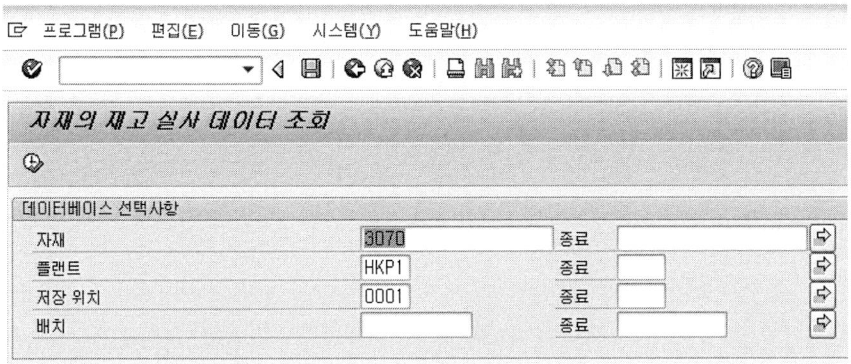

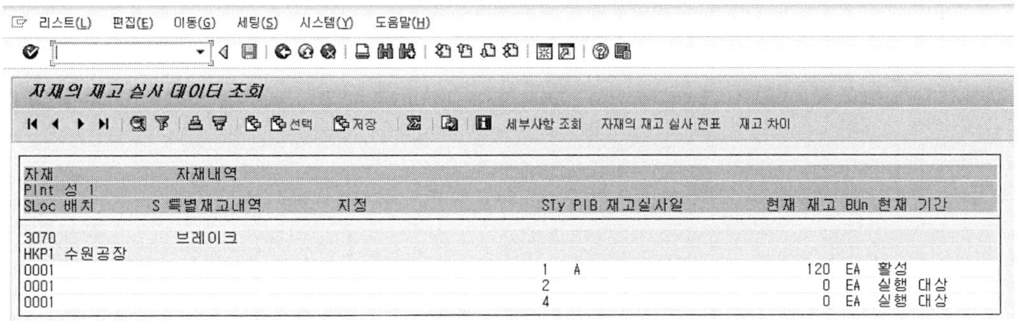

화면과 같은 형식으로 입력 값을 입력하고 실행버튼을 누른다.

트랜잭션 코드 MI09를 이용하면 직접 실사하면서 문서를 생성할 수 있고, 트랜잭션 코드MI10을 이용하면 차이 전기(Difference posting)를 하면서 문서생성과 실사를 동시에 수행한다. 회사의 상황에 근거하여 부동한 방법을 선택한다.

• **재고 실사 프로세스(Physical Inventory Process)**

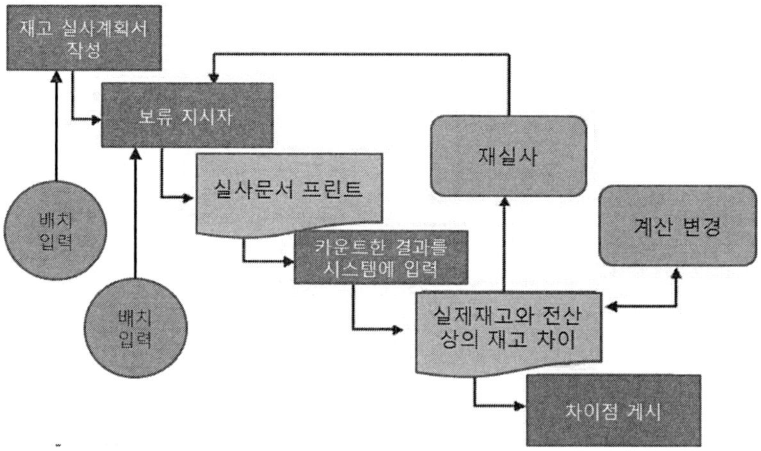

〔그림5-8〕 재고 실사 프로세스(Physical Inventory Process)

SAP는 재고실사(Physical inventory) 문서를 쉽게 만들 수 있도록 배치입력(Batch input)을 지원한다. 또한 보류 지시자(Blocking indicator)도 배치입력(Batch input)을 지원해서 하나하나 하는 것이 아니라 한꺼번에 많은 자재를 설정하도록 해준다.

SAP 화면보기 ▽

▼ 배치입력 프로세스(Batch Input Process)

- 메뉴 경로

물류(Logistics) ⇨ 자재관리(Materials Management) ⇨ 재고실사(Physical Inventory) ⇨ 세션(Sessions) ⇨ 재고 실사 전표 생성(Create Physical Inventory Documents) ⇨ MI31-특별 재고 제외(Without Special Stock)

- T-code : MI31

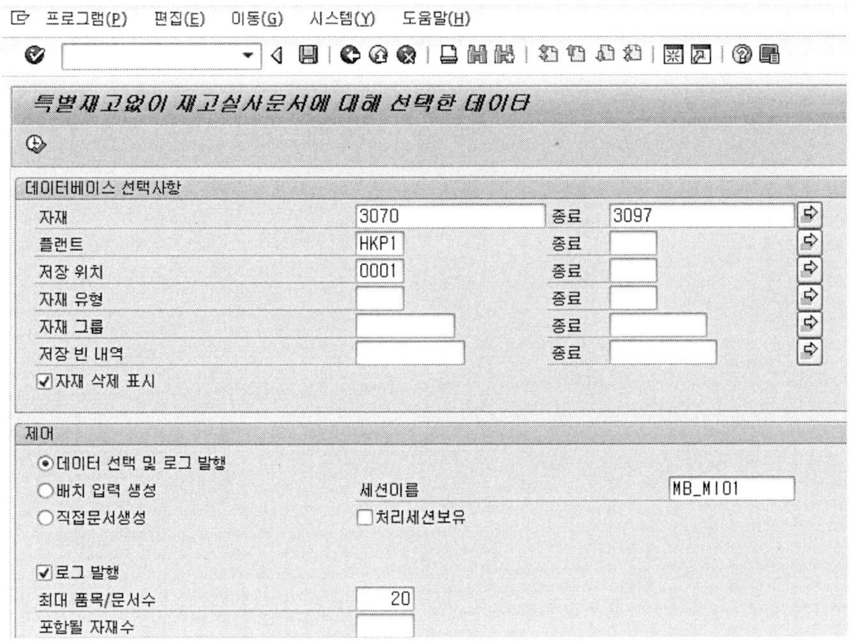

필요한 범위 및 조건을 지정하여 실행

"제어 화면" 서브스크린 설명

- 데이터 선택 및 로그 발췌 - 조건에 맞는 것들을 보여주고 유저가 선택할 수 있음
- 배치 입력 생성 - 백그라운드로 배치 작업을 수행하도록 함
- 직접문서생성 - 온라인에서 문서를 직접 생성함

실행버튼을 눌러서 실행한다.

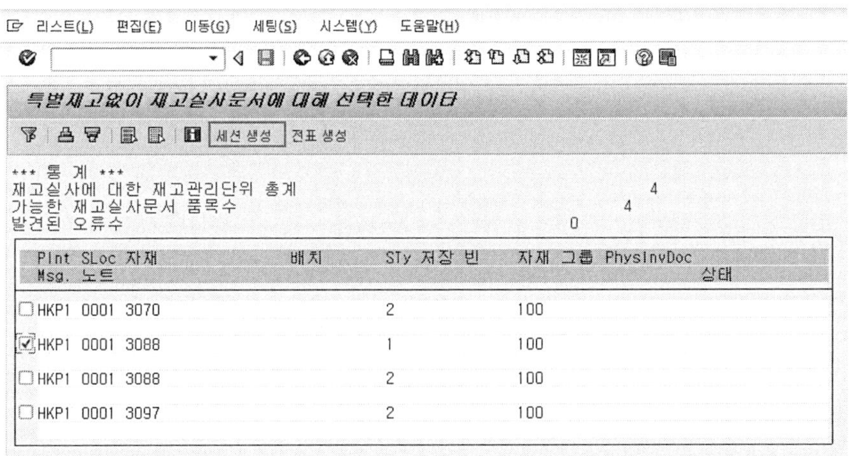

가용재고(숫자 1)만 선택하고 "세션 생성" 버튼 클릭한다.

아래와 같이 batch 작업이 생성되면 "세션 처리" 버튼 클릭한다.

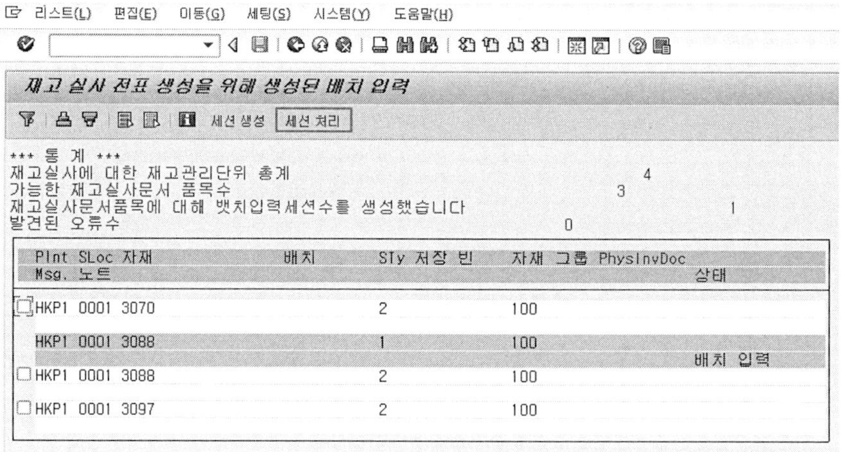

금방 생성된 항목을 선택하고 화면 상단의 "프로세스" 버튼을 누르면 팝업창이 뜨는데 이 때 "백그라운드"를 선택한 후 엔터를 누른다. 그 다음 "분석" 버튼을 클릭한다.

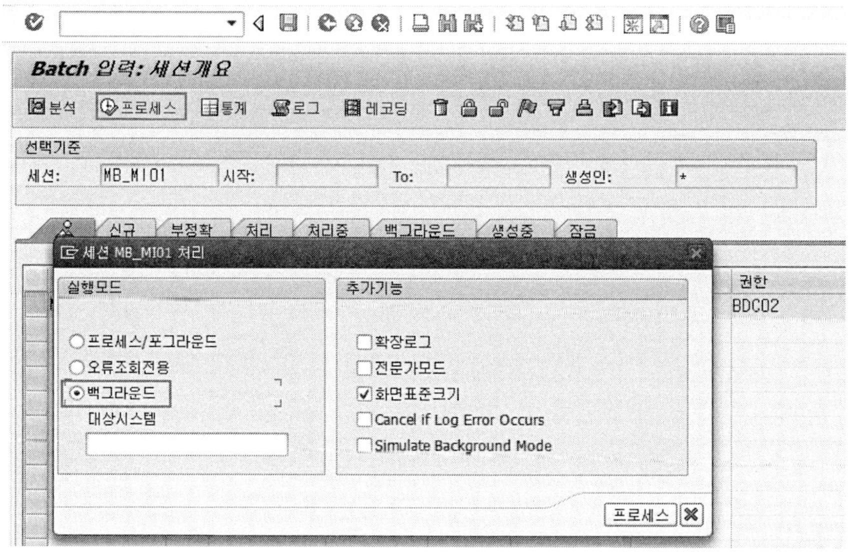

이때 오류가 발생하면 위에서 선택한 자재 중 이미 문서가 생성된 자재가 있다는 것을 의미한다. 이러한 경우에는 트랜잭션 코드 MI22를 실행하여 어떤 문서가 이미 존재하는지 확인하고, 트랜잭션 코드 MI02를 실행하여 삭제한다.

배치 입력이 제대로 실행되었으면 트랜잭션 코드 MI22를 실행하여 문서를 확인한다.

2. 주기 실사 (Cycle Counting)

- **주기 실사(Cycle Counting)**

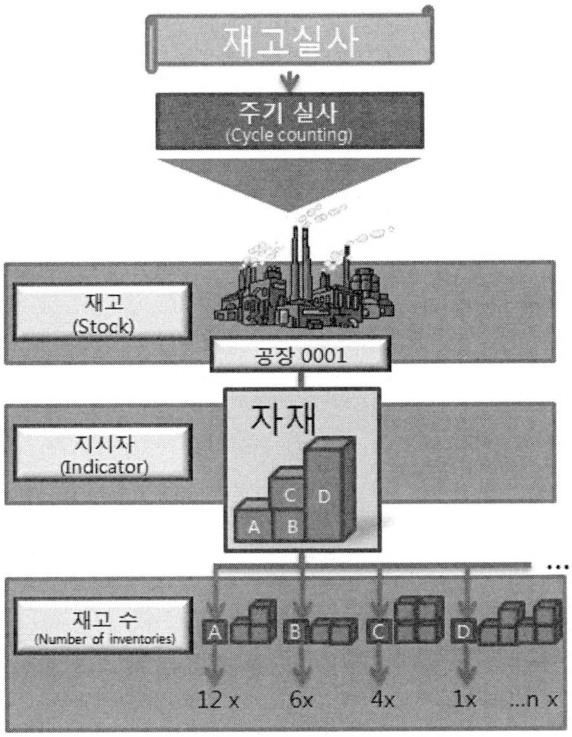

〔그림5-9〕 주기 실사(Cycle counting)

주기 실사(Cycle counting)는 재고실사를 할 때 재고의 중요도에 따라 재고실사 주기를 다르게 하겠다는 목적이다. 즉 중요재고인 A그룹의 자재는 자주 조사를 하고 그렇지 않은 D그룹은 적게 조사를 하겠다는 것이다. 즉 동일한 금액으로 합리적인 실사를 할 수 있다.

• **지시자 설정(Setting the indicator)**

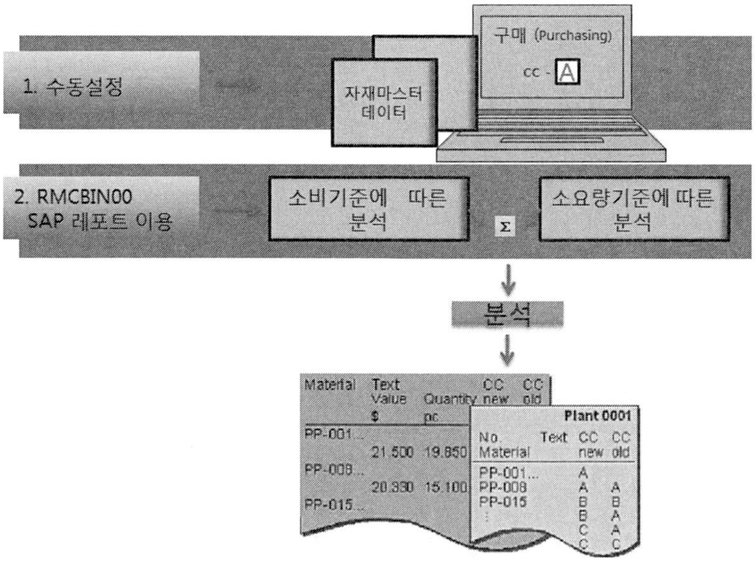

〔그림5-10〕 **지시자 설정(Setting the indicator)**

먼저 자재마스터(Material master)를 보면 "CC 재고 실사 지시자"라는 파라미터가 있다. 이 파라미터로 수작업으로 설정을 할 수 도 있고 SAP에서 제공하는 RMCBIN00라는 레포트 프로그램을 실행하면 자동으로 지시자에 입력이 되게 실행할 수 도 있다.

SAP 화면보기 ▽

▼ **자재 마스터(Material Master) 뷰 보기**

- 메뉴 경로

물류(Logistics) ⇨ 자재관리(Material Management) ⇨ 자재 마스터(Material Master) ⇨ 자재(Material)⇨ 조회(Display) ⇨ MM03-현재 조회(Display Current)

- T-code : MM03

트랜잭션 코드 MM03을 실행하여 자재 번호을 입력 후 플랜트 데이터/저장 1뷰를 선택한다.

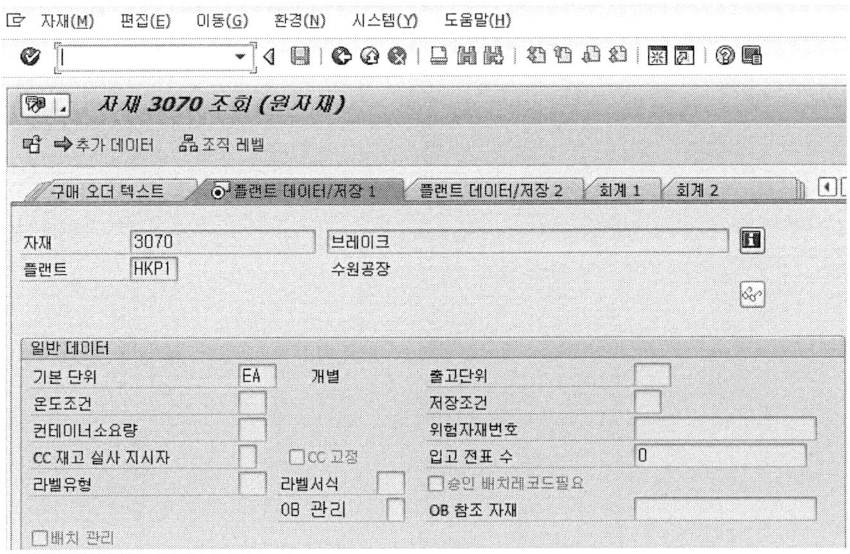

SAP 화면보기 ▽

▼ 주기실사 지시자 설정(Set Cycle-Counting Indicator)

- 메뉴 경로

물류(Logistics) ⇨ 자재관리(Materials Management) ⇨ 재고실사(Physical Inventory) ⇨ 특별절차(Special Procedures) ⇨ 주기실사(Cycle Counting) ⇨ MIBC-주기실사지시자 설정(Set Cycle-Counting Indicator)

- T-code : MIBC

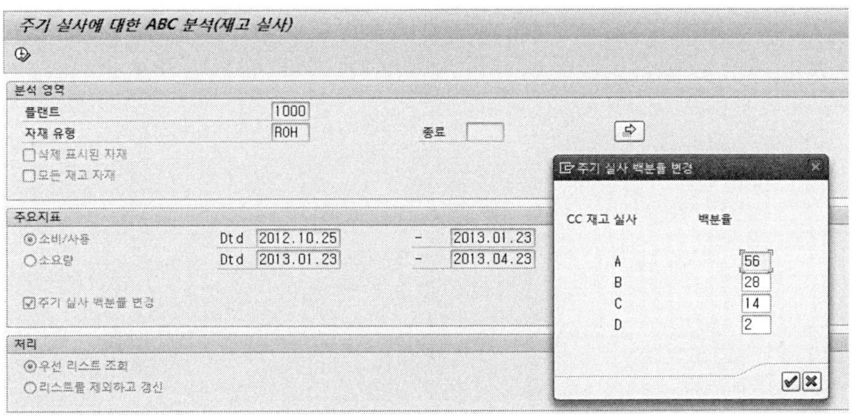

위의 화면과 같이 설정하여 실행버튼을 누르면 백분율 변경 팝업창이 나타난다. 화면과 같이 입력하고 엔터키를 누른다.

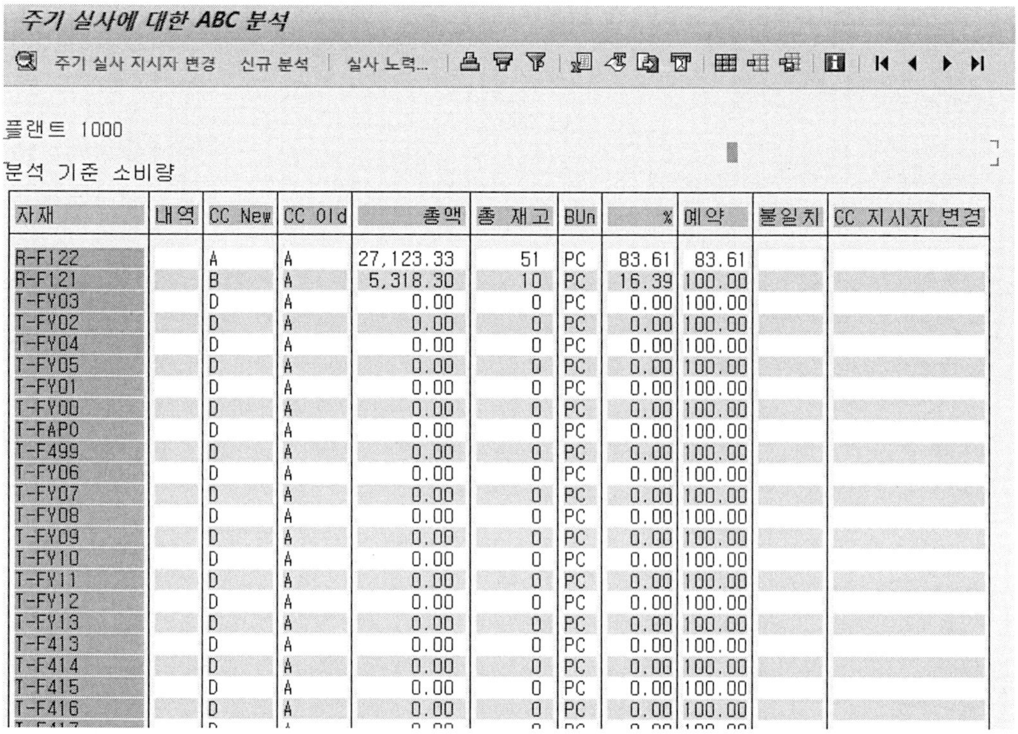

주기 실사에 대한 ABC 분석

주기 실사 지시자 변경 신규 분석 | 실사 노력...

플랜트 1000

분석 기준 소비량

자재	내역	CC New	CC Old	총액	총 재고	BUn	%	예약	불일치	CC 지시자 변경
R-F122		A	A	27,123.33	51	PC	83.61	83.61		
R-F121		B	A	5,318.30	10	PC	16.39	100.00		
T-FY03		D	A	0.00	0	PC	0.00	100.00		
T-FY02		D	A	0.00	0	PC	0.00	100.00		
T-FY04		D	A	0.00	0	PC	0.00	100.00		
T-FY05		D	A	0.00	0	PC	0.00	100.00		
T-FY01		D	A	0.00	0	PC	0.00	100.00		
T-FY00		D	A	0.00	0	PC	0.00	100.00		
T-FAP0		D	A	0.00	0	PC	0.00	100.00		
T-F499		D	A	0.00	0	PC	0.00	100.00		
T-FY06		D	A	0.00	0	PC	0.00	100.00		
T-FY07		D	A	0.00	0	PC	0.00	100.00		
T-FY08		D	A	0.00	0	PC	0.00	100.00		
T-FY09		D	A	0.00	0	PC	0.00	100.00		
T-FY10		D	A	0.00	0	PC	0.00	100.00		
T-FY11		D	A	0.00	0	PC	0.00	100.00		
T-FY12		D	A	0.00	0	PC	0.00	100.00		
T-FY13		D	A	0.00	0	PC	0.00	100.00		
T-F413		D	A	0.00	0	PC	0.00	100.00		
T-F414		D	A	0.00	0	PC	0.00	100.00		
T-F415		D	A	0.00	0	PC	0.00	100.00		
T-F416		D	A	0.00	0	PC	0.00	100.00		

퍼센트를 선택한 후 실행하면 과거 소비(Consumption) 기준에 따라 지시자를 지정한다.

SAP 화면보기 ▽

▼ 주기실사(Cycle Counting) 주기 설정

- 메뉴 경로

툴(Tools) ⇨ 커스터마이징(Custimizing) ⇨ 커스터마이징(IMG) ⇨ SPRO-프로젝트실행(Execute Project) ⇨ SAP 참조(Reference) IMG ⇨ 자재관리(Materials Management) ⇨ 재고관리 및 재고실사(Inventory Management and Physical Inventory) ⇨ 재고실사(Physical Inventory) ⇨ 주기실사(Cycle Counting)

주식회사 한국자동차는 12회를 년에 실사를 실시하는데 근무일(Working day) 기준으로 실사 후 20일 이후에 다시 실사를 시작한다. 버퍼(Buffer)는 재고실사 문서를 자동으로 생성할 때 예정된 날짜에 재고실사 문서를 실행했을 때 앞뒤로 며칠 내의 재고실사 문서를 포함할 것인지 지정해 준다. 만약 5이면 앞뒤로 5일의 재고실사 문서를 포함하겠다는 것이다. 이러한 형태를 커스터마이징을 통해 플랜트별로 설정을 해서 효과적인 재고실사를 관리할 수 있다.

"주기 실사에 대한 세팅" 뷰 변경: 개요

신규 엔트리

Plnt	CC 재고 실사 지시자	재고실사횟수	간격	플로트타임	백분율
0001	A	12	20	5	56
0001	B	6	41	10	28
0001	C	3	82	20	14
0001	D	1	247		2
0005	A	12	20	5	56
0005	B	6	41	10	28
0005	C	3	83	20	14
0005	D	1	249		2
0006	A	12	20	5	56
0006	B	6	41	10	28
0006	C	3	83	20	14
0006	D	1	250		2
0007	A	12	20	5	56
0007	B	6	41	10	28
0007	C	3	83	20	14
0007	D	1	249		2
0008	A	12	20	5	56

플랜트별로 재고의 중요 등급에 따라 재고실사 횟수, 간격, 플로트 타임(버퍼), 백분율을 유지보수 할 수 있다.

SAP 화면보기 ▽

▼ Database에서 CC 지시자(Indicator) 실행하기

- 메뉴 경로

물류(Logistics) ⇨ 자재관리(Materials Management) ⇨ 재고실사(Physical Inventory) ⇨ 특별절차(Special Procedures) ⇨ 주기실사(Cycle Counting) ⇨ MIBC-주기실사지시자 설정(Set Cycle-Counting Indicator)

- T-code : MIBC

다음과 같이 선택하여 실행한 후 다음 화면에서 저장버튼을 눌러 저장한다.

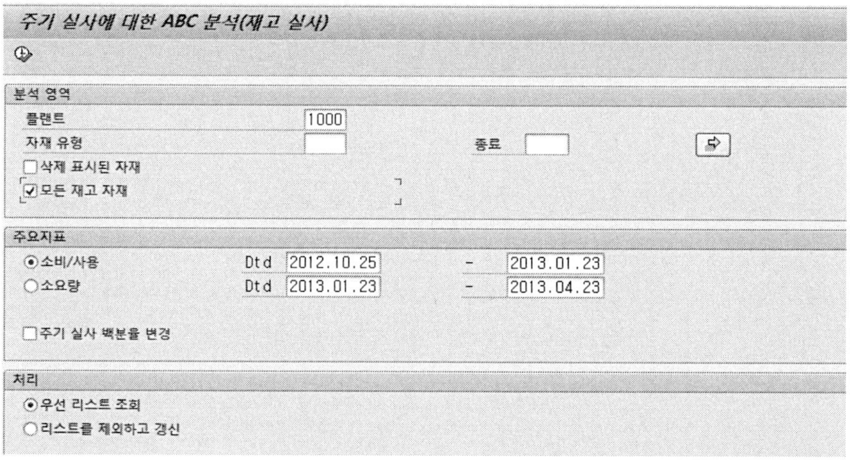

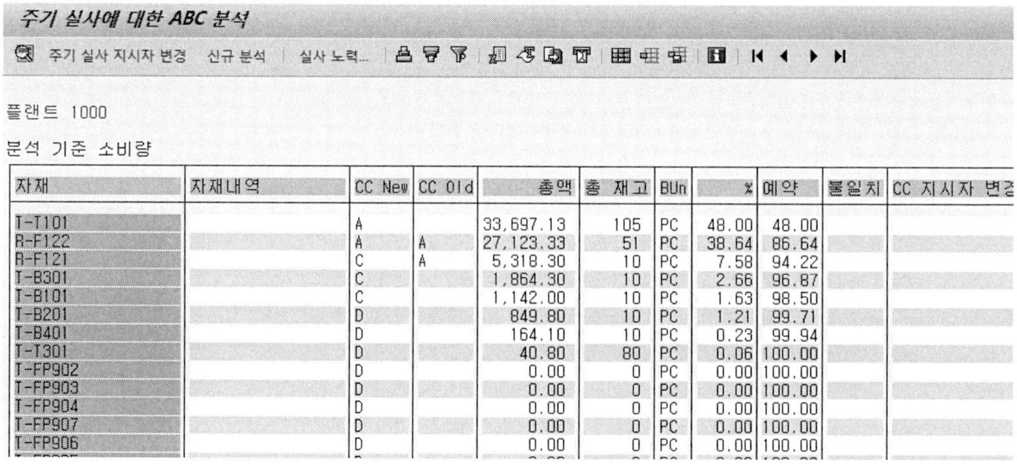

자재	자재내역	CC New	CC Old	총액	총 재고	BUn	%	예약	불일치	CC 지시자 변경
T-T101		A		33,697.13	105	PC	48.00	48.00		
R-F122		A	A	27,123.33	51	PC	38.64	86.64		
R-F121		C	A	5,318.30	10	PC	7.58	94.22		
T-B301		C		1,864.30	10	PC	2.66	96.87		
T-B101		C		1,142.00	10	PC	1.63	98.50		
T-B201		D		849.80	10	PC	1.21	99.71		
T-B401		D		164.10	10	PC	0.23	99.94		
T-T301		D		40.80	80	PC	0.06	100.00		
T-FP902		D		0.00	0	PC	0.00	100.00		
T-FP903		D		0.00	0	PC	0.00	100.00		
T-FP904		D		0.00	0	PC	0.00	100.00		
T-FP907		D		0.00	0	PC	0.00	100.00		
T-FP906		D		0.00	0	PC	0.00	100.00		

커맨트 창에 "/nmm03"을 입력하여 자재마스터 조회를 실행 후 100-100을 선택 후 플랜트 데이터/저장 1 뷰를 하면 CC 재고 실사 지시자 파라미터가 D로 변경된 것을 볼 수 있다.

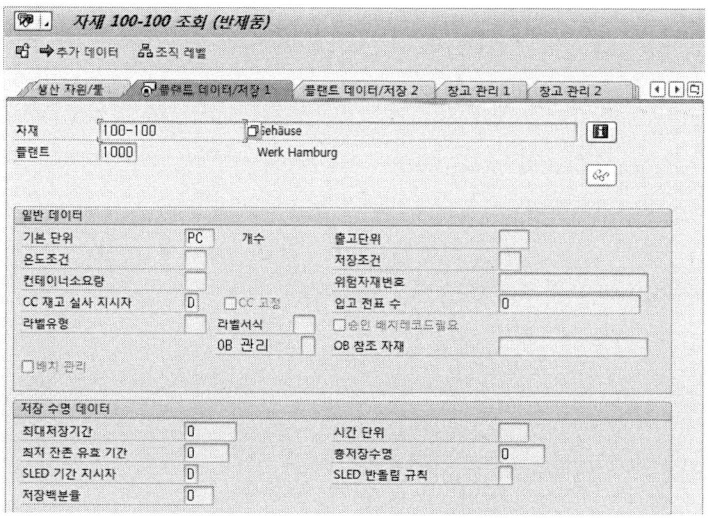

제6장 ▷ 재고관리 커스터마이징

- 학습목표 ▷ MM의 조직구조의 주요 기능 이해하기
  ▷ MM 조직구조와 조직간의 관계 이해하기
  ▷ 물류 조직구조 IMG 세팅하기

1. MM의 조직구조

• 회사코드 (Company Code)

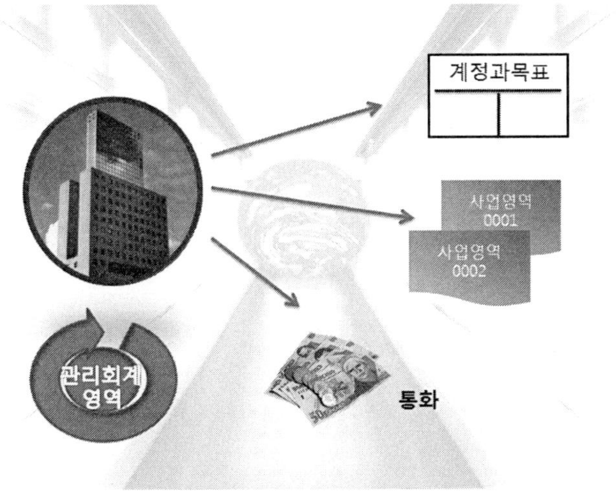

〔그림6-1〕 회사코드(Company Code)

회사코드는 법적인 요구(Requirement)를 지원을 해주는 하나의 독립된 법인이다. 보통 말하는 회사를 회사코드라고 보면 이해하기 쉽다. 세팅에는 일반적인 데이터 즉, 회사 주소, 계정의 사용, 사용하는 외화의 종류, 사업영역(Business area)의 관리 등이 포함된다. 사업영역(Business area)은 사업부라고 보면 된다. 예를 들면 삼성전자는 회사코드이고 이에 속한 사업부들은 사업영역(Business area)에 속한다. 관리회계영역(Controlling area)은 관리회계모듈에서 사용하는 가장 기본적인 단위이다. 비용과 원가를 정확하기 분석하기 위해서 관리회계영역이라는 별도의 조직을 관리한다. 회사코드는 반드시 하나 이상의 관리회계영역(Controlling area)에 맵핑되어야 하며 관리회계영역(Controlling area)에 할당(Assign) 하는 형태이다. 이러한 형태들은 IMG에서 회사코드에 전체적으로 어떠한 세팅사항들이 있는지 회사코드를 어떻게 관리회계영역(Controlling area)에 할당하는지 알아본다.

SAP 화면보기 ▽

▼ Code를 관리회계영역(Controlling Area)에 할당(Assign)하기

- 메뉴 경로

툴(Tools) ⇨ 커스터마이징(Custimizing) ⇨ 커스터마이징(IMG) ⇨ SPRO-프로젝트실행(Execute Project ⇨ SAP 참조(Reference) IMG ⇨ 기업구조(Enterprise Structure) ⇨ 지정(Assignment) ⇨ 관리회계(Controlling) ⇨ 관리회계영역에 회사코드 지정(Assign company code to controlling area)

- T-code : SPRO

*** 정의(Definition)는 여러 가지를 정의할 때 필요하며, 지정(Assignment)은 서로간의 관계를 정립할 때 필요하다.

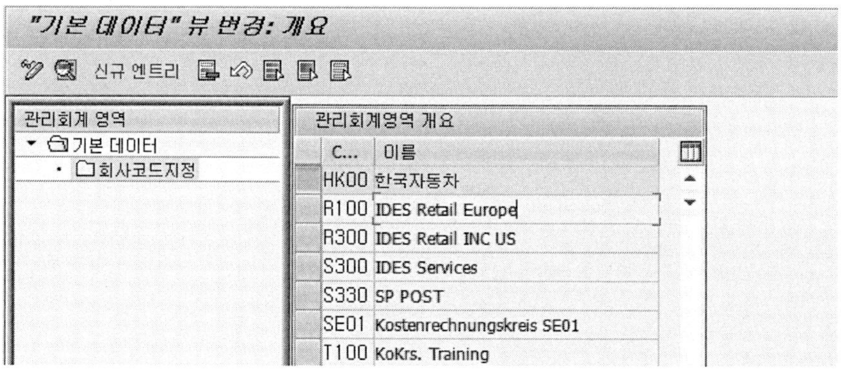

자신의 관리회계영역을 선택 후 좌측의 회사코드지정을 더블클릭한다.

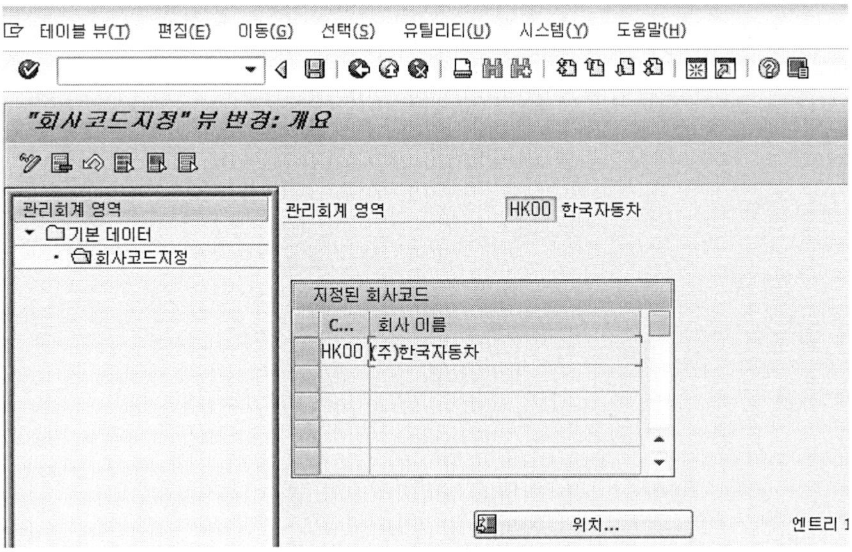

하나의 회사코드는 반드시 하나의 관리회계영역에 할당되어 있다. 반대로 하나의 관리회계영역은 복수의 회사코드를 가질 수 있다.

SAP 화면보기 ▽

▼ 회사코드 광역 파라미터(Company Code Global Parameters) 세팅하기

- 메뉴 경로

툴(Tools) ⇨ 커스터마이징(Custimizing) ⇨ 커스터마이징(IMG) ⇨ SPRO-프로젝트실행(Execute Project ⇨ SAP 참조(Reference) IMG ⇨ 재무회계(Financial Accounting) ⇨ 재무회계 광역세팅(Financial Accounting Global Settings) ⇨ 회사코드(Company Code) ⇨ 광역매개변수 입력(Enter Global Parameters)

- T-code : SPRO

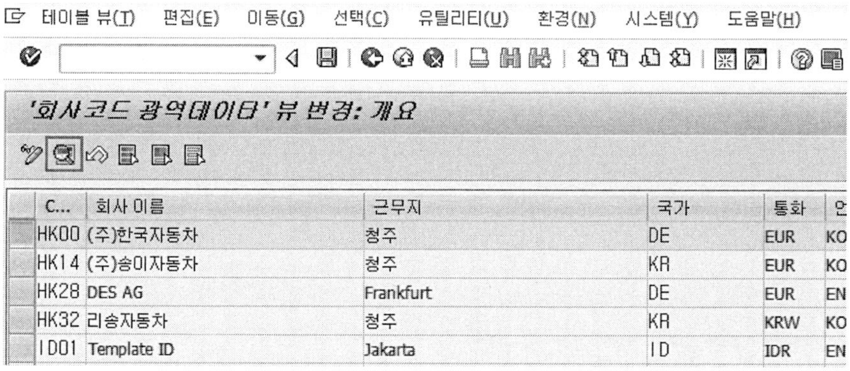

회사 코드 선택 후 상세보기 아이콘 버튼을 누른다.

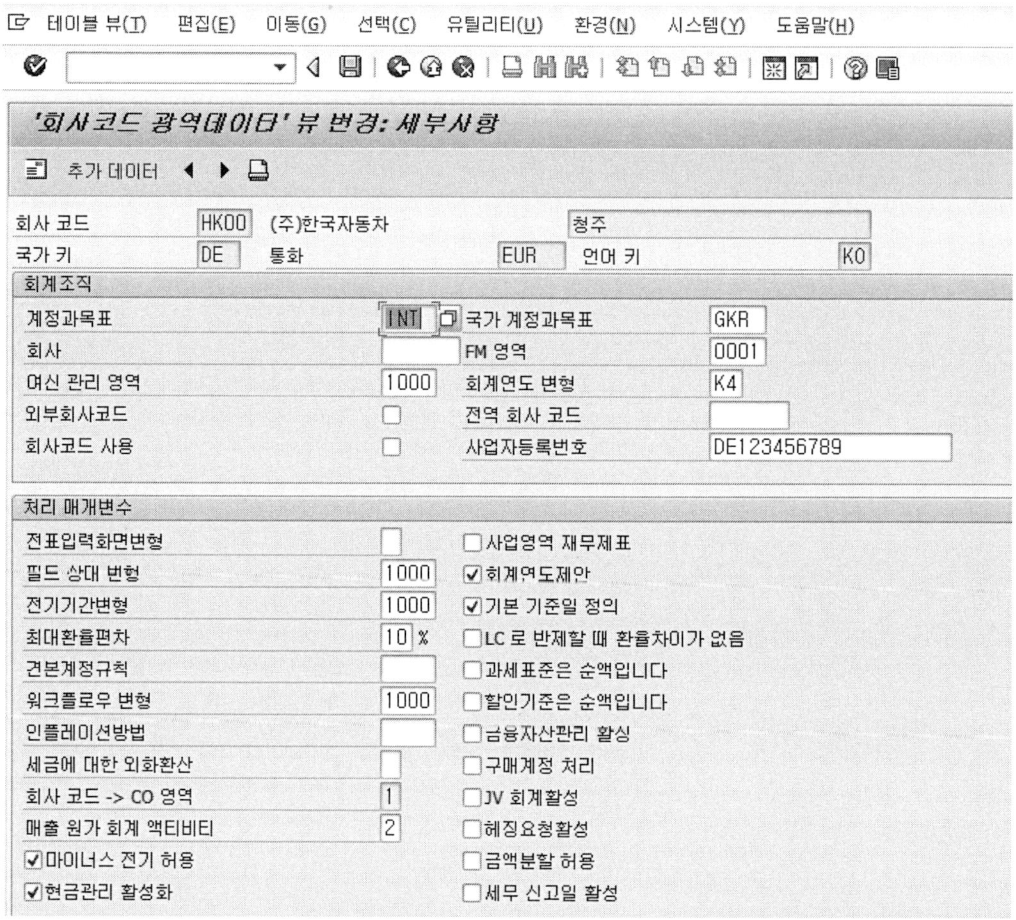

계정과목표(Chart of Accts), 회계연도 변형(Fiscal Year Variant), 사업영역 재무제표(Business area fin. statements) 등 항목을 세팅할 수 있다.

SAP 화면보기 ▽

▼ 사업영역(Busubess Area) 정의하기

- 메뉴 경로

툴(Tools) ⇨ 커스터마이징(Custimizing) ⇨ 커스터마이징(IMG) ⇨ SPRO-프로젝트실행(Execute Project ⇨ SAP 참조(Reference) IMG ⇨ 기업구조(Enterprise Structure) ⇨ 정의(Definition) ⇨ 재무회계(Financial Accounting) ⇨ 사업영역 정의(Define Business Area)

- T-code : SPRO

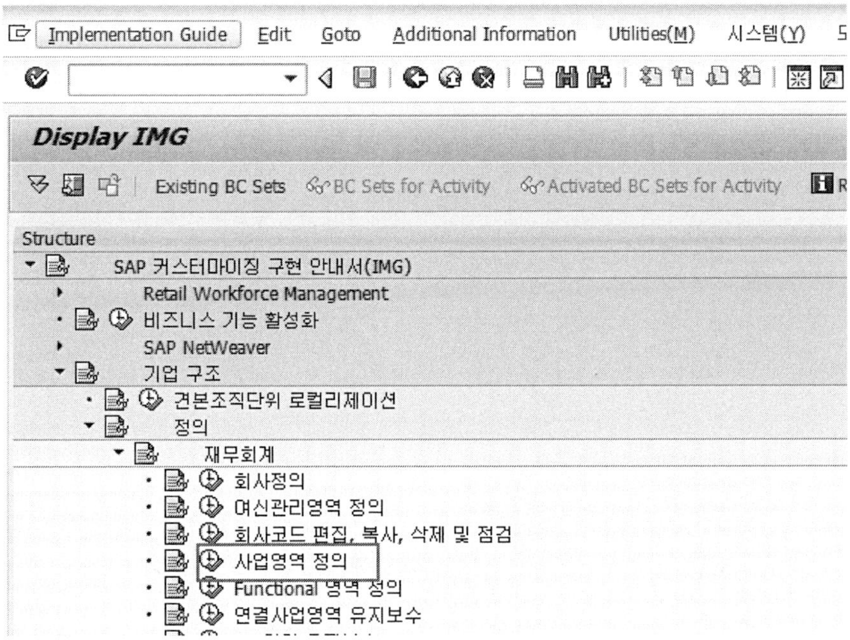

여기에서도 정의할 수 있지만 아래의 트랜잭션에서도 사업영역에 관해 세팅할 수 있다.

- 메뉴 경로

툴(Tools) ⇨ 커스터마이징(Custimizing) ⇨ 커스터마이징(IMG) ⇨ SPRO-프로젝트실행(Execute Project ⇨ SAP 참조(Reference) IMG ⇨ 기업구조(Enterprise Structure) ⇨ 지정(Assignment) ⇨ 물류-일반(Logistics - General) ⇨ 플랜트/평가 영역 및 제품군에 대한 사업영역 지정(Assign Business Area to Plant/Valuation Area and Division)

- T-code : SPRO

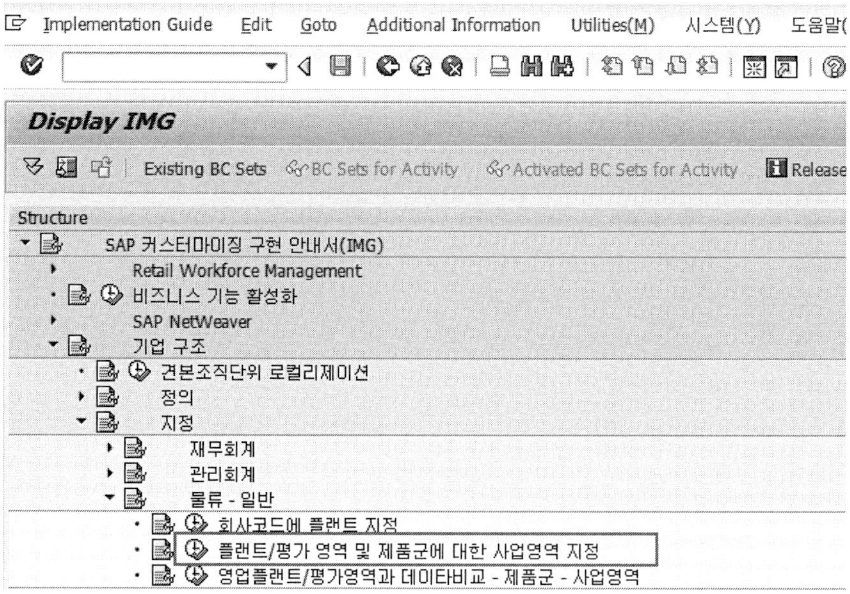
Implementation Guide
Edit
Goto
Additional Information
Utilities(M)
시스템(Y)
Display IMG
Existing BC Sets
BC Sets for Activity
Activated BC Sets for Activity
Release
Structure
SAP 커스터마이징 구현 안내서(IMG)
Retail Workforce Management
비즈니스 기능 활성화
SAP NetWeaver
기업 구조
견본조직단위 로컬리제이션
정의
지정
재무회계
관리회계
물류 - 일반
회사코드에 플랜트 지정
플랜트/평가 영역 및 제품군에 대한 사업영역 지정
영업플랜트/평가영역과 데이터비교 - 제품군 - 사업영역

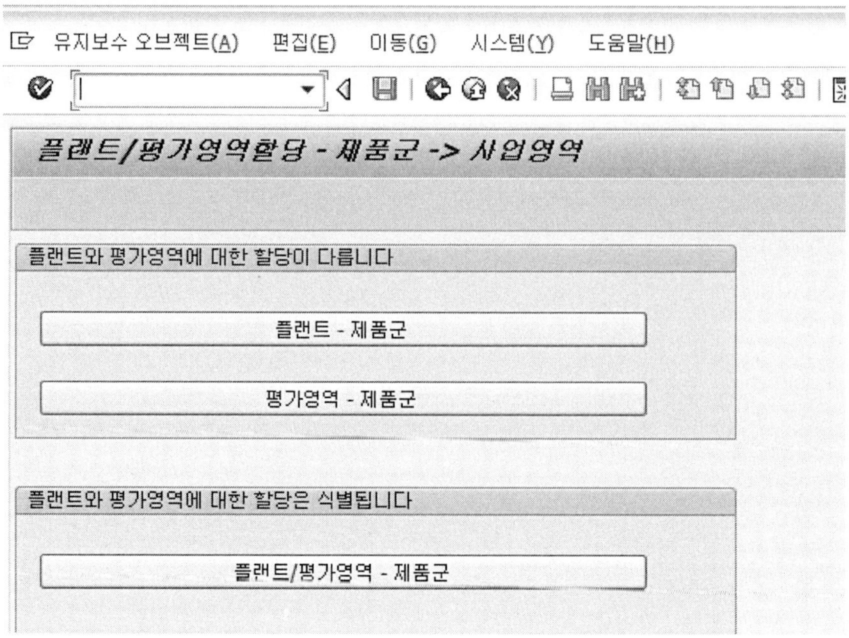
유지보수 오브젝트(A)
편집(E)
이동(G)
시스템(Y)
도움말(H)
플랜트/평가영역할당 - 제품군 -> 사업영역
플랜트와 평가영역에 대한 할당이 다릅니다
플랜트 - 제품군
평가영역 - 제품군
플랜트와 평가영역에 대한 할당은 식별됩니다
플랜트/평가영역 - 제품군

- **구매조직(Purchasing Organization)**

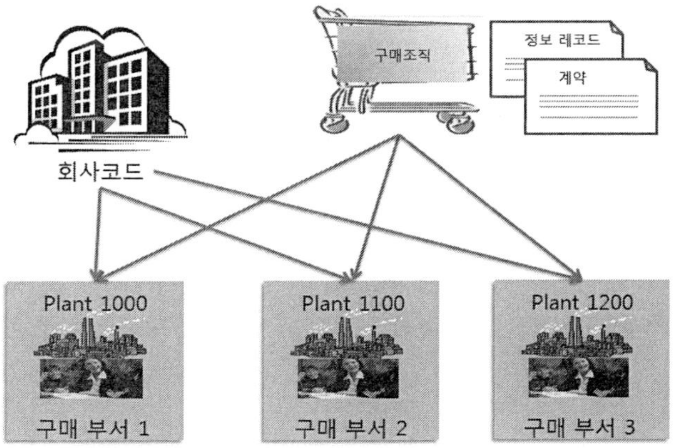

〔그림6-2〕 구매조직 (Purchasing Organization)

구매조직(Purchasing Organization)은 모든 트랜잭션에서 구매 관련 트랜잭션에서 반드시 입력되는 조직데이터이다. 결국은 구매가격의 단가를 결정하는 하나의 조직이다. 구매조직(Purchasing Organization)은 여러 가지로 연결시킬 수 있어 플랜트 1000, 플랜트 1100, 플랜트 1200과도 연결되어 있다. 회사코드와 구매조직(Purchasing Organization)과도 연결이 되어 결국 모두 연결이 되는 삼단구조를 가진다.

SAP 화면보기 ▽

▼ 구매조직(Purchasing Organization) 정의 및 할당하기(1)

- 메뉴 경로

툴(Tools) ⇨ 커스터마이징(Custimizing) ⇨ 커스터마이징(IMG) ⇨ SPRO-프로젝트실행(Execute Project ⇨ SAP 참조(Reference) IMG ⇨ 기업구조(Enterprise Structure) ⇨ 정의(Definition) ⇨ 자재관리(Materials Management) ⇨ 구매조직 유지보수(Maintain Purchasing Organization)

- T-code : SPRO

실행하여 보면 구매조직에 대한 정의를 볼 수 있다.

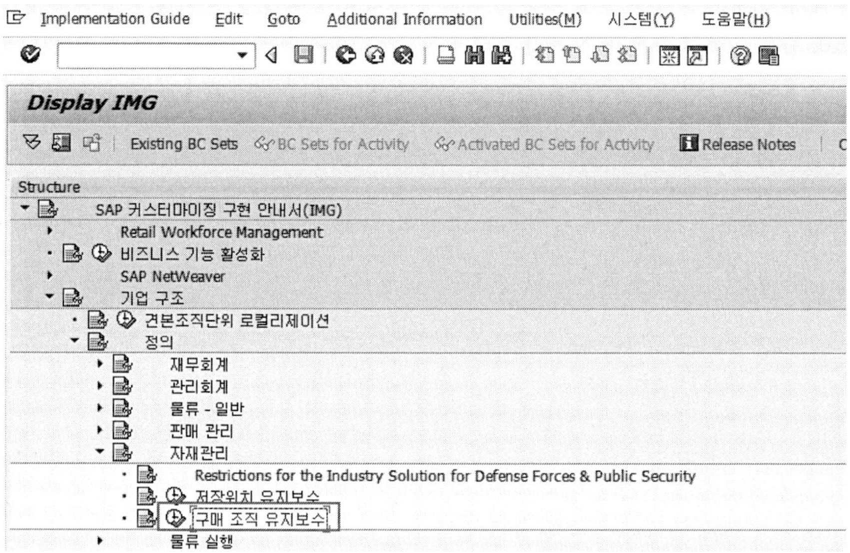

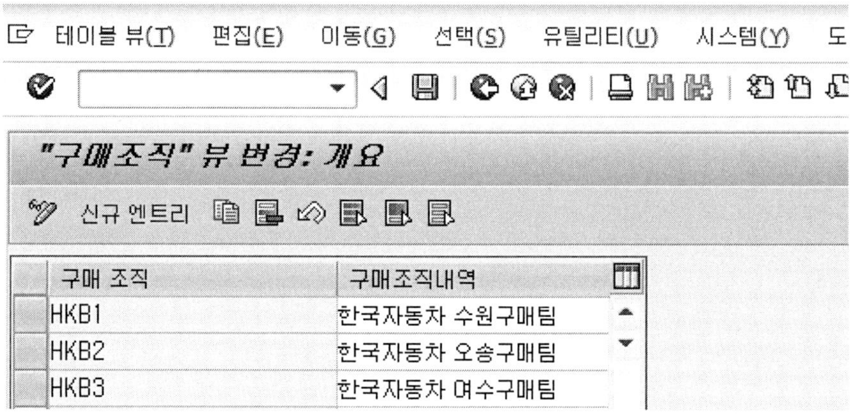

▼ 구매조직(Purchasing Organization) 정의 및 할당하기(2)

- 메뉴 경로

툴(Tools) ⇨ 커스터마이징(Custimizing) ⇨ 커스터마이징(IMG) ⇨ SPRO-프로젝트실행(Execute Project ⇨ SAP 참조(Reference) IMG ⇨ 기업구조(Enterprise Structure) ⇨ 지정(Assignment) ⇨ 자재관리(Material Management) ⇨ 회사코드에 구매조직 지정(Assign Purchasing Organization to Company Code,)

- T-code : SPRO

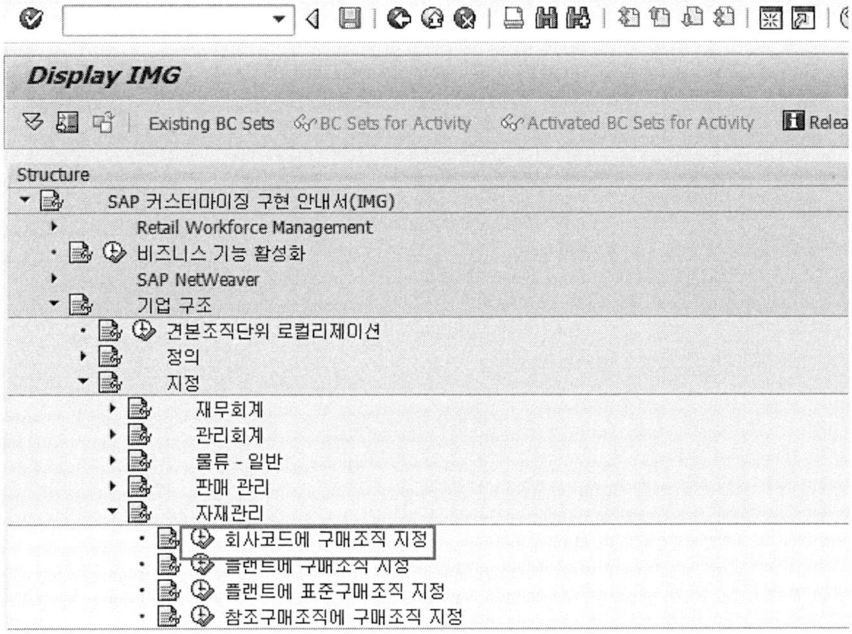

실행하여 그 안에서 지정 혹은 삭제버튼을 사용하여 서로 연결하거나 혹은 관계를 끊을 수 있다.

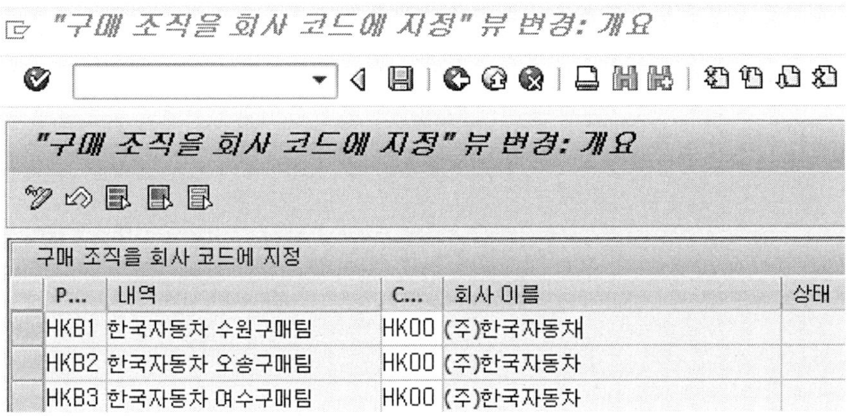

- **평가영역(Valuation Area)**

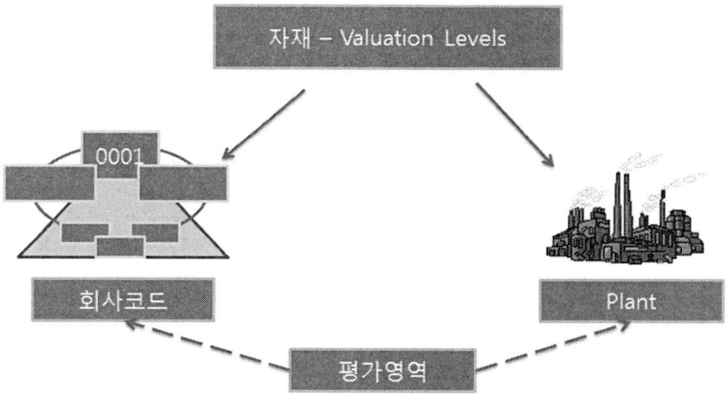

〔그림6-3〕 Valuation Area

평가영역(Valuation Area)는 SAP에서 자재를 어떻게 관리하는가에 관한 재고자산을 평가하는 레벨이다. SAP에서 평가영역(Valuation Area)은 회사(Company)와 동일하게 볼 수도 있고 플랜트(Plant)와 동일하게 시스템에 세팅할 수 있다. 이런 세팅은 IMG에서 하는 것이 아니라 초기에 SAP시스템을 인스톨할 때 설정해준다. 평가영역(Valuation Area)을 회사코드에 둘 것인가 혹은 플랜트에 둘 것인가를 결정한 다음에는 평가영역 맵핑을 변경할 수 없다. 그래서 상당히 중요하게 결정해야할 사항이지만 일반적으로 플랜트 레벨로 하는 것이 거의 100%다. 물론 시스템적으로는 회사코드 레벨로 설정할 수 있으며 이러한 경우에는 평가영역(Valuation Area)이 회사코드가 된다. 이런 경우는 간혹 물류 조직이 없는 회계 쪽에 사용할 수 있는데 물류조직을 가지고 있으면 반드시 평가영역(Valuation Area)를 플랜트와 묶어야 한다. 물류가 있음에도 불구하고 평가영역(Valuation Area)을 회사코드와 묶을 경우에는 많은 제약사항들이 있다. 그렇기 때문에 반드시 평가영역(Valuation Ares)을 플랜트로 맵핑을 해주어야 한다. 평가영역(Valuation Area)은 플랜트라고 이해하면 된다.

- **플랜트(Plant)**

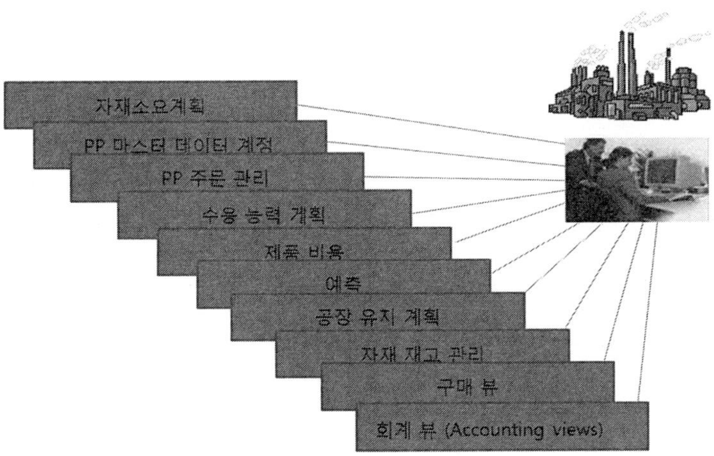

〔그림6-4〕 플랜트(Plant)

플랜트는 자재(Material)를 생성하거나 재고를 보관하는 하나의 조직이다. 위 그림의 자재소요계획(Material requirements planning)에서부터 회계뷰(Accounting views)까지 모두 플랜트 레벨에서 진행할 수 있다. 따라서 위의 기능들이 플랜트를 결정하는 여러 가지 복합적인 기능들이다.

- **저장위치(Storage Location)**
  - 저장위치(Storage Location)는 실제 실물재고가 보관되어지는 장소이다.
  - 실물재고는 플랜트에서 할 수 없는 건 아니지만 저장위치(Storage Location) 레벨로 만들기에 최하 저장위치(Storage Location) 레벨이 되어 야지만 별도의 재고실사(Physical inventory) 문서를 만들 수 있다.
  - 저장위치(Storage Location)는 수량만 관리하고 금액은 관리하지 않는 플랜트 레벨이다. 수량만 관리하는 창고라면 플랜트로 두는 것보다 저장위치(Storage Location) 로 두는 것이 시스템 관리에 있어 훨씬 더 편하다.
  - 저장위치(Storage Location)는 반드시 플랜트 밑에 있어야한다. 즉 반대로 말하면 플랜트에 연결이 되어있는 저장위치(Storage Location) 레벨만이 의미가 있다.

• **MM의 조직구조**

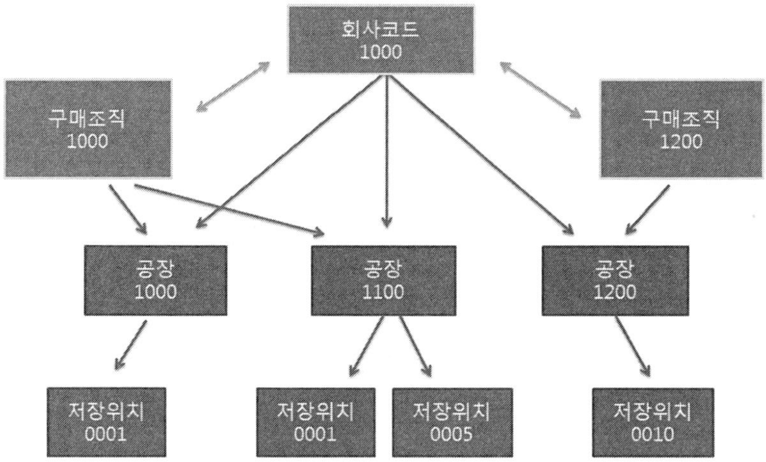

〔그림6-5〕 MM의 조직구조

회사코드가 가장 상위 레벨이고 회사코드 밑에는 반드시 플랜트가 하나이상 있어야한다. 물론 하나의 플랜트가 여러개의 복수의 회사코드에 연결되는 것은 불가하다. 하나의 회사코드에 여러개의 플랜트는 되지만 하나의 플랜트에는 하나의 회사코드만 있어야한다.

플랜트 밑에는 반드시 한 개이상의 저장위치가 존재해야한다.

물론 구매조직(Purchasing Organization)은 회사코드에 지정 혹은 플랜트에 지정 할 것인가에 따라 조직이 틀려진다. 보통 회사코드와 플랜트 사이에 구매조직(Purchasing organization)이 위치하고 있다고 보면 된다.

• **물류조직구조**

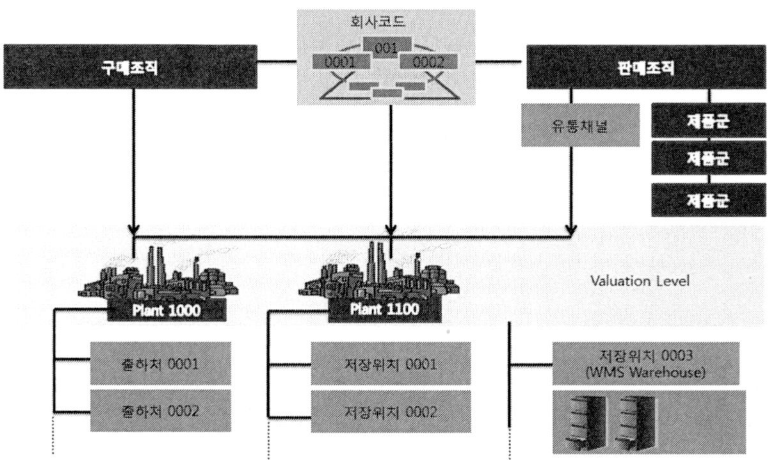

〔그림 6-6〕 물류조직구조

판매조직(Sales organization)는 유통경로(Distribution channel)와 제품군(Division)으로 나누어진다. SAP에서는 SD 모듈은 판매조직(Sales organization), 유통경로(Distribution channel), 제품군(Division)을 하나로 묶어서 이를 판매영역(Sales Area)이라고 설명하고 있다.

하나의 플랜트 밑에는 출하처(Shipping point)라고 해서 여러 개의 출하처(Shipping point)가 존재할 수 있다. 또한 창고관리 모듈을 쓰게 되면 저장위치(Storage location) 밑에 창고번호(Warehouse number)가 별도로 생성되게 된다.

- **SAP R3 조직구조: MM / FI**

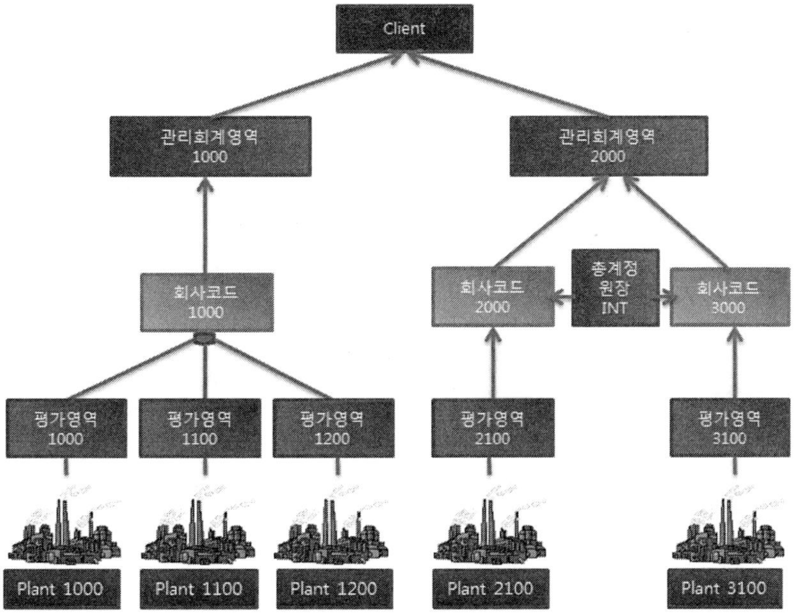

〔그림 6-7〕 SAP R3의 조직구조

관리회계영역(Controlling area)밑에는 회사코드가 있고 그 밑엔 평가영역(Valuation area)과 플랜트가 있다. 회사코드들은 총계정원장(Chart of accounts)을 쓴다. 총계정원장 하나를 여러개의 회사코드가 같이 공용해서 쓸 수가 있다. 결국 플랜트 및 그 아래 레벨은 MM이 관리하는 레벨이고 플랜트 위의 레벨들은 FI모듈에서 사용하는 레벨이다.

SAP 화면보기 ▽

▼ 새로운 플랜트를 복사버튼 이용하여 생성하기

- 메뉴 경로

툴(Tools) ⇨ 커스터마이징(Custimizing) ⇨ 커스터마이징(IMG) ⇨ SPRO-프로젝트실행(Execute Project ⇨ SAP 참조(Reference) IMG ⇨ 기업구조(Enterprise Structure) ⇨ 정의(Definition) ⇨ 물류-일반(Logistics – General) ⇨ 플랜트 정의, 복사, 삭제, 점검(Define, copy, delete, check division)

- T-code : SPRO

- **새로운 플랜트 생성하기**

SAP에서는 플랜트와 연관되어있는 각종 파라미터와 할당이 많다. 예들 들어 많은 테이블과 연결되어 있고 수십 개의 조직들에 할당 되어있기 때문에 매뉴얼 플랜트를 만들 경우 모든 사항들은 매뉴얼로 체크하고 매뉴얼로 생성한다. 기본데이터(General data), 할당 등을 모두 수동으로 셋팅 해주어야 하며, 또한 Application area에 관련된 테이블과 연관된 파라미터들도 전부 수동으로 생성해 주어야 한다. 테이블 관련된 테이블들은 수동으로 생성한다는 것은 절대 금기시 되어있다. 만약 자신이 있다면 관련된 모든 테이블을 모든 수동으로 할 수 있으면 "플랜트 생선"버튼으로 새로 생성하는 것은 상관이 없지만 그렇지 않다면 반드시 기존에 만들어져 있는 플랜트를 카피를 해서 생성을 해야 한다. SAP에서는 일반적으로 처음시스템을 인수하더라도 0001이라는 플랜트를 시스템에 미리 만들어 놨다. 그래서 0001를 카피를 떠서 사용하면 아무런 문제없이 좀 더 쉽게 조직을 생성하고 관리할 수 있다.

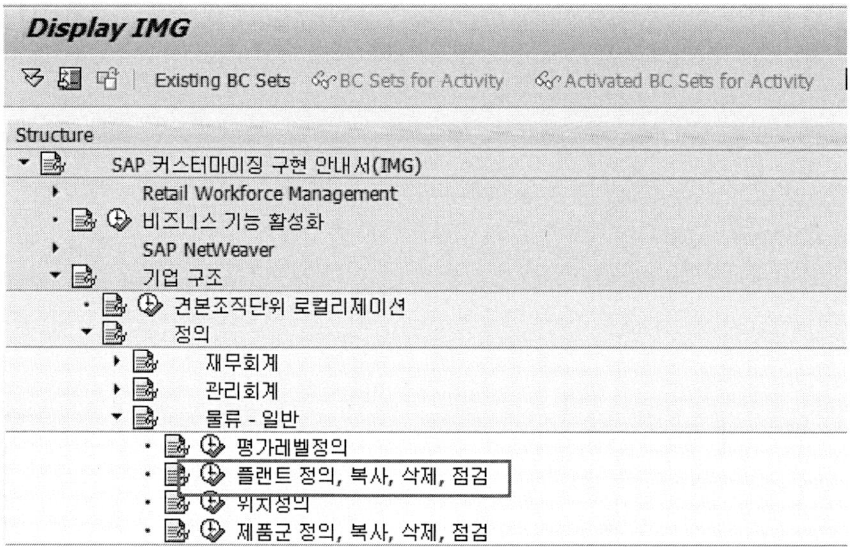

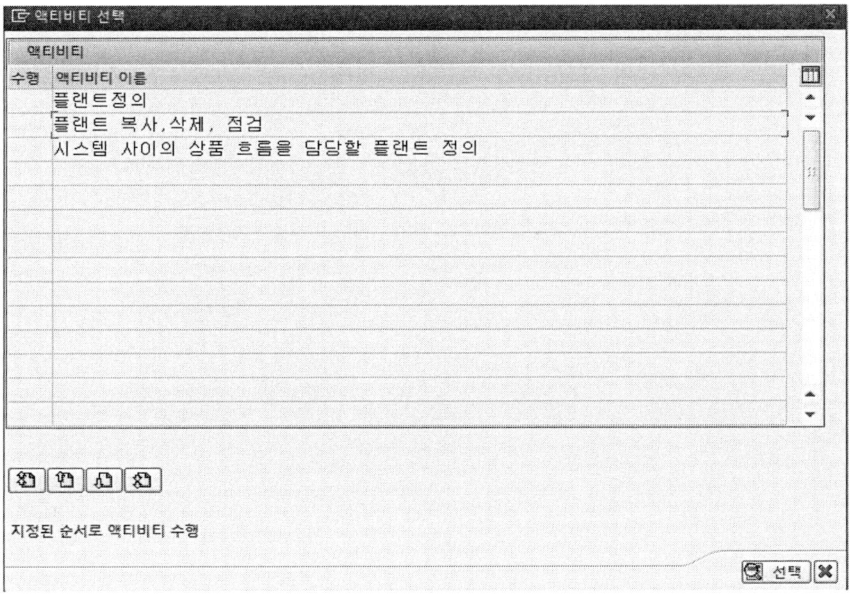

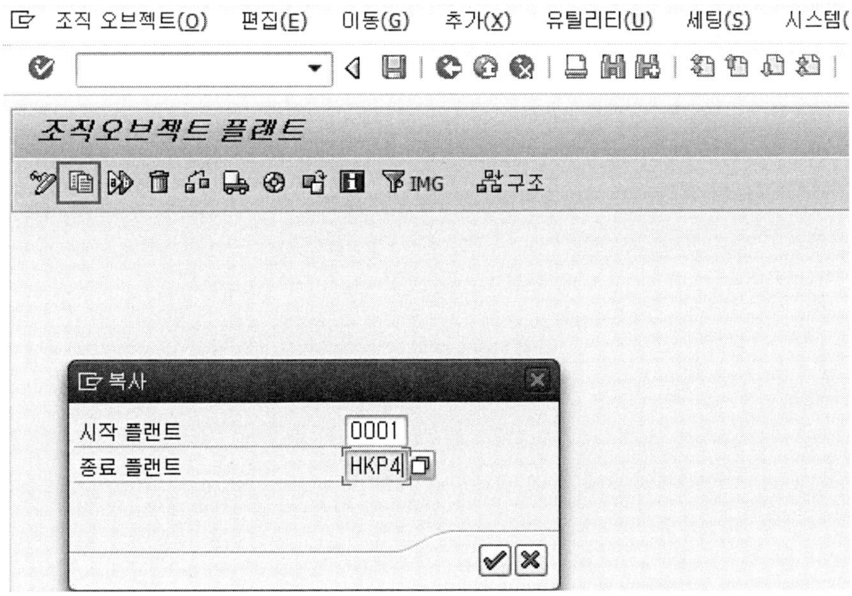

조직 오브젝트 복사 버튼을 누른 후 팝업 창이 나타나면 시작 플랜트에 기본적으로 제공되는 플랜트 0001을 입력하고 종료 플랜트에 새로 생성할 플랜트의 코드를 입력하고 엔터를 누르면 프로세스가 수행 된다.

- **플랜트 체크하기 (Checking a Plant)**

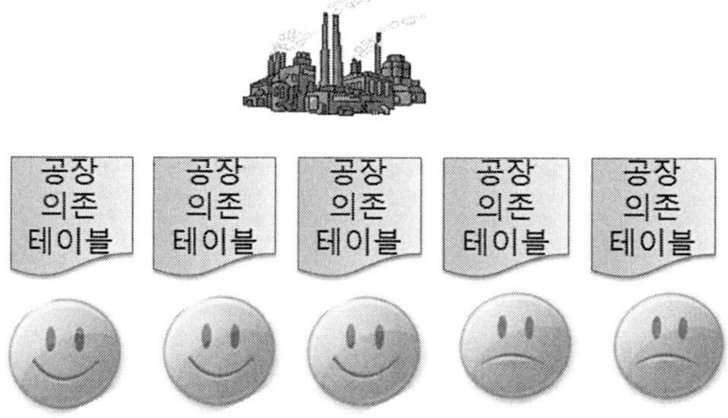

〔그림 6-8〕 플랜트 체크하기

플랜트를 생성을 하거나 조직을 플랜트로 만들었을 때 정상적으로 만들어져있는지 비정상적인지를 체크하는 기능이 있다. 정상이면 스마일 표정이고 비정상적이면 울상으로 표시한다.

SAP 화면보기 ▽

▼ 플랜트 체크하기

- 메뉴 경로

툴(Tools) ⇨ 커스터마이징(Custimizing) ⇨ 커스터마이징(IMG) ⇨ SPRO-프로젝트실행(Execute Project ⇨ SAP 참조(Reference) IMG ⇨ 기업구조(Enterprise Structure) ⇨ 정의(Definition) ⇨ 물류-일반(Logistics - General) ⇨ 플랜트 정의, 복사, 삭제, 점검(Define, copy, delete, check division)

- T-code : SPRO

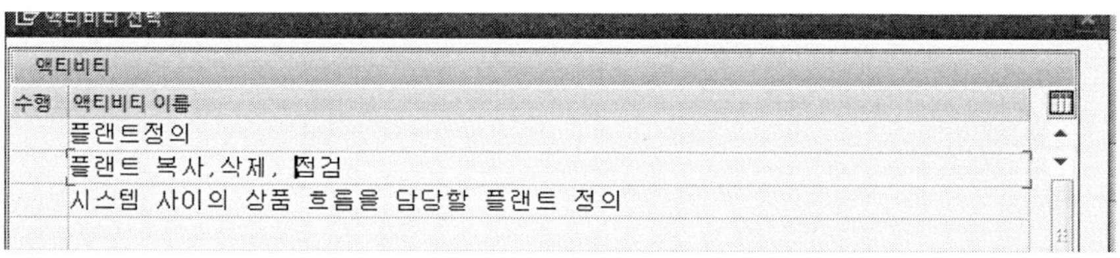

플랜트 복사, 삭제, 점검을 더블클릭

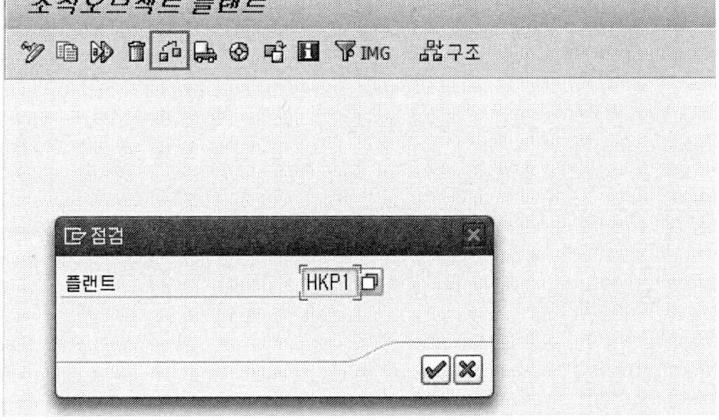

조직오브젝트점검 아이콘 버튼을 누른 후 플랜트를 입력하고 엔터를 누르면 플랜트에 대하여 내역을 볼 수 있다.

에러가 발생하면 그것들을 볼 수 있고, 해당 에러가 발생한 테이블 등으로 직접 이동할 수도 있다.

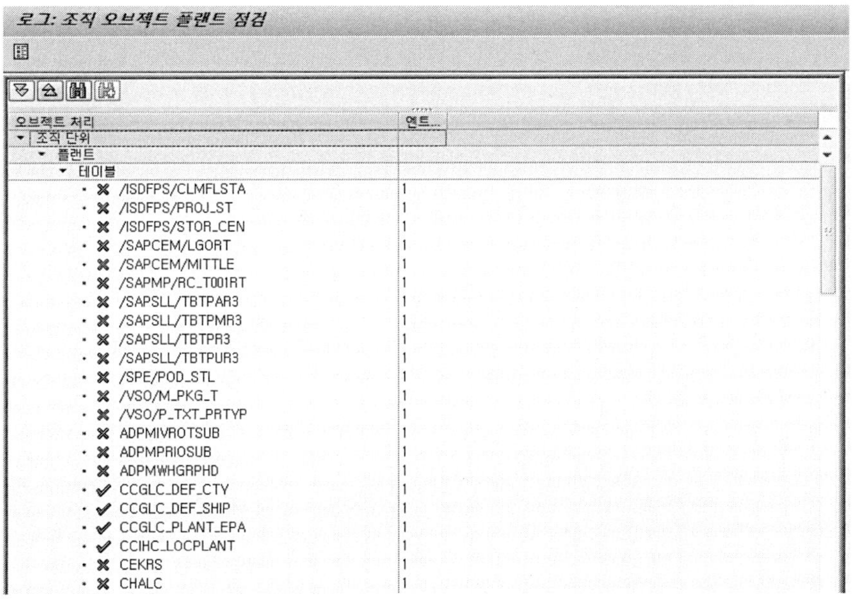

2. 재고관리

- 학습목표 ▷ **자재문서에 대한 문서번호의 범위 지정하기**
▷ **자재이동에 대한 스크린 레이아웃과 필드 선택 수정하기**
▷ **이동유형의 중요한 특징 알기**
▷ **이동유형을 새로 정의하고 회계계정 결정을 구성하기**

- **자재이동에 대한 번호부여**

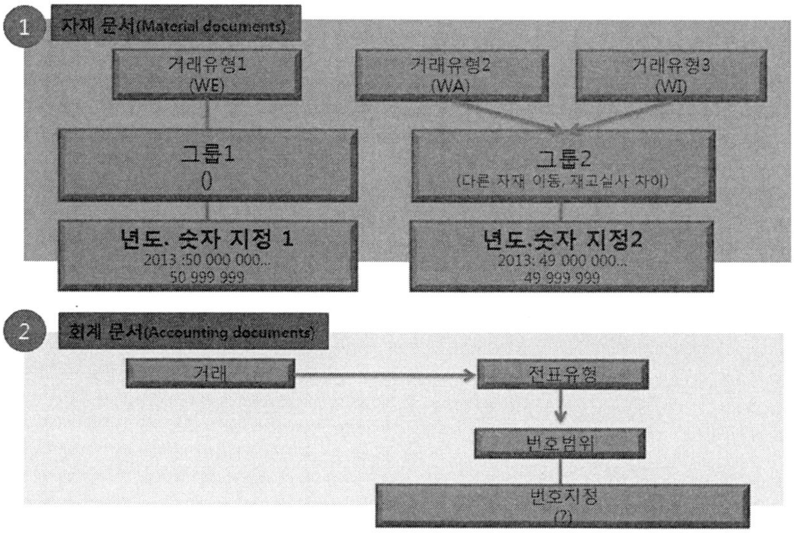

〔그림 6-9〕 자재이동

- **자재 문서(Material documents_**

재고관리 쪽에서는 넘버를 결정하는 키 값이 트랜잭션 타입이다. 여러 트랜잭션 타입이 있고, 이러한 트랜잭션 타입을 넘버레인지 그룹에 연결한다. 트랜잭션 타입별로 어떤 넘버를 가지는지 결정된다. 트랜잭션 타입은 T-code와 연결이 된다.

- **회계 문서(Accounting documents_**

각각의 트랜잭션에 문서타입이 연결되어있고 이는 넘버레인지와 물려 있으며, 그 넘버레인지도 어떤 인터벌을 쓰겠다고 결정되어 있다. 어카운팅 다큐먼트가 생길 때 넘버를 자동으로 해줄 수 있는 이유는 이러한 세팅사항들이 세팅이 되어있기 때문에 시스템에서 자동으로 넘버를 부여 해준다.

SAP 화면보기 ▽

▼ 회계문서의 번호 범위(Number Assignment) 확인하기

- 메뉴 경로

툴(Tools) ⇨ 커스터마이징(Custimizing) ⇨ 커스터마이징(IMG) ⇨ SPRO-프로젝트실행(Execute Project ⇨ SAP 참조(Reference) IMG ⇨ 자재관리(Materials Management) ⇨ 재고관리 및 재고실사(Inventory Management and Physical Inventory) ⇨ 번호지정(Number Assignment) ⇨ 회계문서에 대한 번호지정정의(Define Number Assignment for Accounting Documents)

- T-code : SPRO

확인다음과 같은 순서로 진행하여 살펴본다.

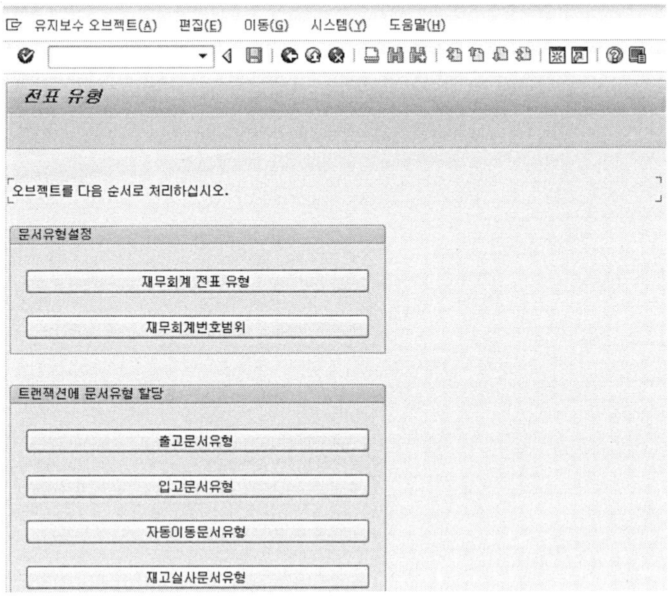

출고문서유형의 화면

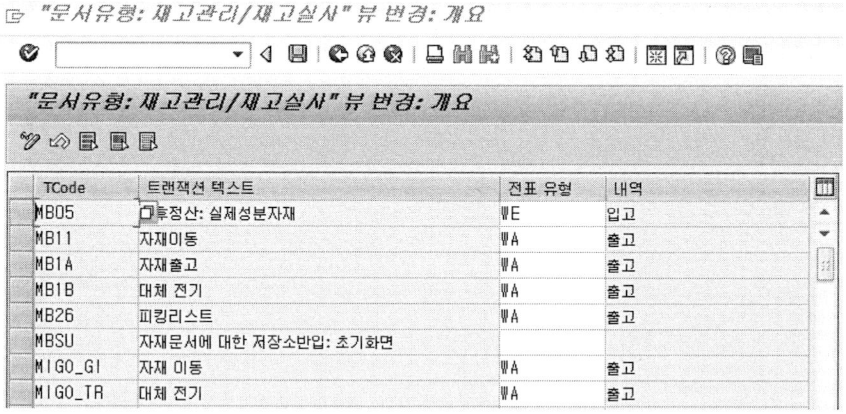

입고문서유형의 화면

자동이동문서유형의 화면

테이블 뷰(T) 편집(E) 이동(G) 선택(S) 유틸리티(U) 시스템(Y) 도움말(H)

"문서유형: 재고관리/재고실사" 뷰 변경: 개요

TCode	트랜잭션 텍스트	전표 유형	내역
		WA	출고
BMBC	배치 정보 조종석	WA	출고
CAT5	CATS -> PS로 데이타전송	WA	출고
CAT9	CATS -> PM/CS로 데이타전송	WA	출고
CIP2	CC2: PDC 메시지갱신	WA	출고
CIP3	CC3: PDC 메시지갱신	WA	출고
CIP4	CC4: PDC 메시지갱신	WA	출고
CIP5	CC5: PDC 메시지갱신	WA	출고
CIPV	PDC 레코드전기	WA	출고
CKMDUVMAT	재고 차이 배분	WA	출고
CN25	네트워크에서 완료확정	WA	출고
CN27	일괄확정	WA	출고
CN29	네트워크 확인 취소	WA	출고
CNMM	프로젝트 지향 조달	WA	출고
CO11	타임티켓입력	WA	출고
CO11N	확정사항에 대한 단일화면엔트리	WA	출고

재고실사문서유형의 화면

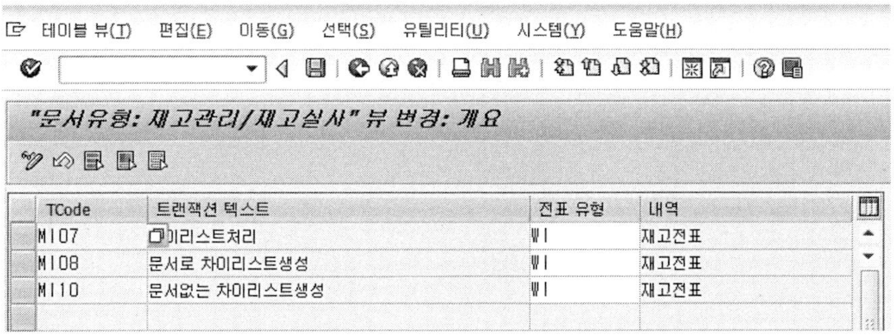

테이블 뷰(T) 편집(E) 이동(G) 선택(S) 유틸리티(U) 시스템(Y) 도움말(H)

"문서유형: 재고관리/재고실사" 뷰 변경: 개요

TCode	트랜잭션 텍스트	전표 유형	내역
MI07	차이리스트처리	WI	재고전표
MI08	문서로 차이리스트생성	WI	재고전표
MI10	문서없는 차이리스트생성	WI	재고전표

재무회계 전표 유형 버튼을 누른다.

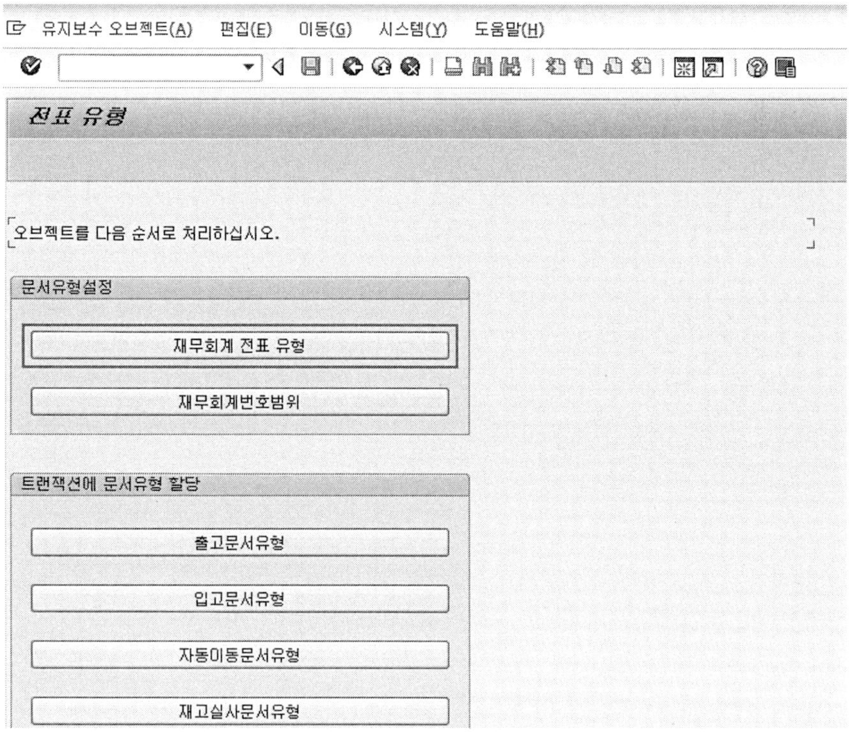

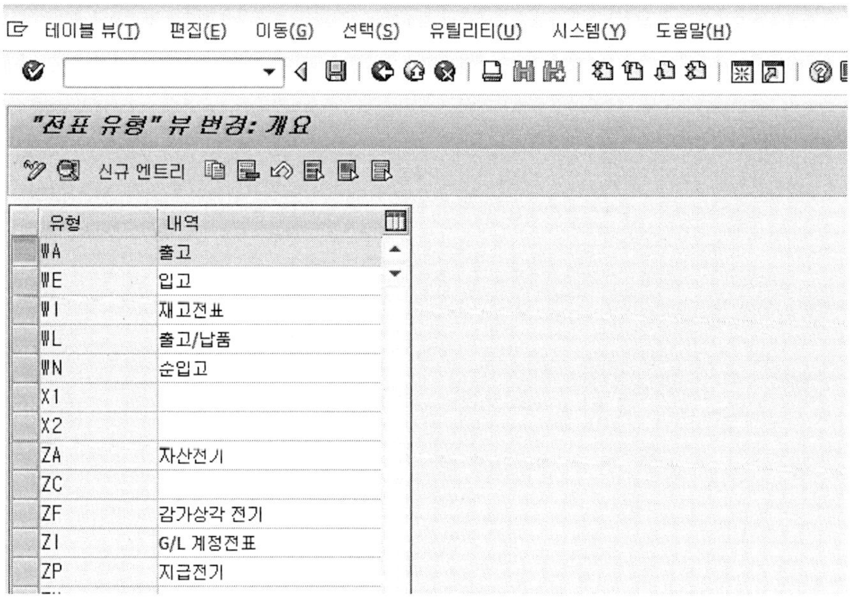

전표유형을 선택하고 더블클릭하면 전표유형의 자세한 내용을 볼 수 있다.

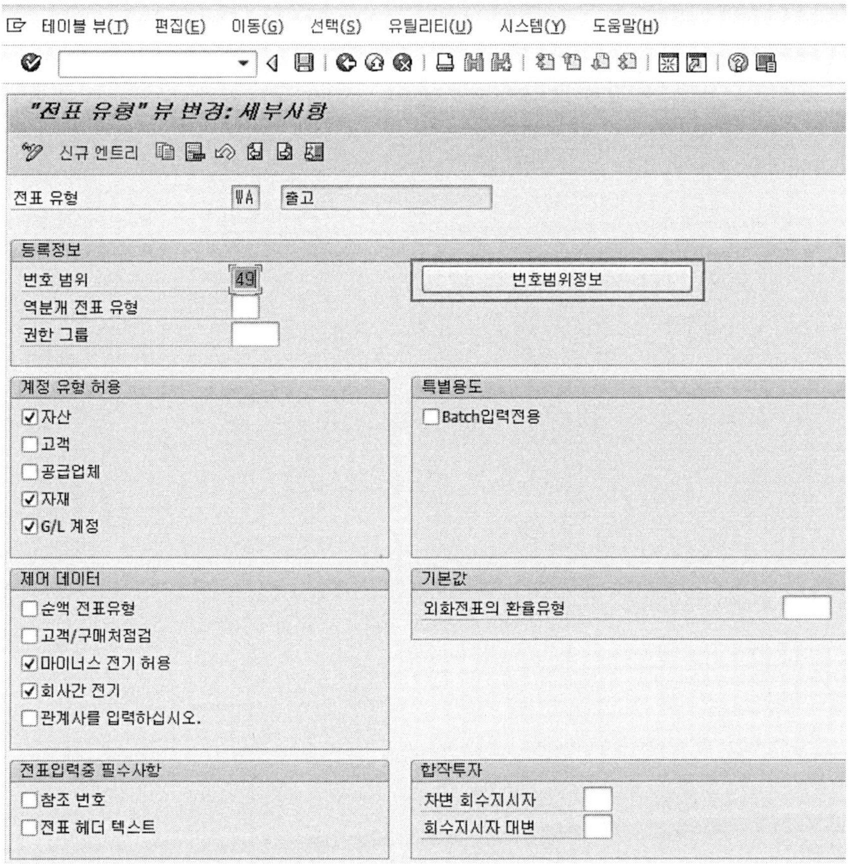

번호범위는 49로 할당이 되어 있다. 번호범위 정보 버튼을 누르면 자세한 내용을 볼 수 있다.

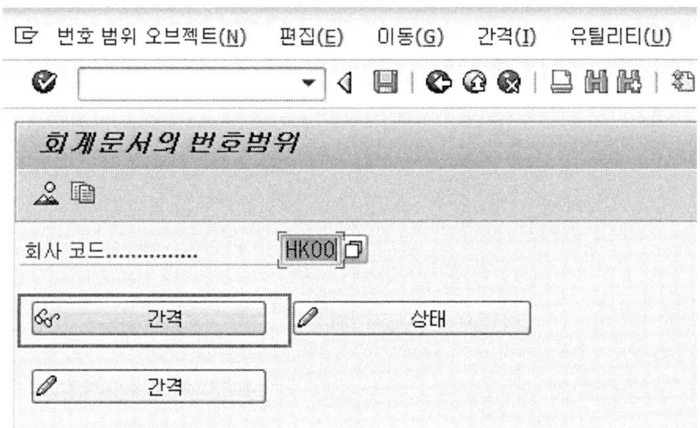

연도별로 지정되는 번호가 다르게 지정된다.

SAP 화면보기 ▽

▼ 물류 문서의 번호 범위(Number Assignment) 확인하기

- 메뉴 경로

툴(Tools) ⇨ 커스터마이징(Custimizing) ⇨ 커스터마이징(IMG) ⇨ SPRO-프로젝트실행(Execute Project ⇨ SAP 참조(Reference) IMG ⇨ 자재관리(Materials Management) ⇨ 재고관리 및 재고실사(Inventory Management and Physical Inventory) ⇨ 번호지정(Number Assignment) ⇨ 자재 및 재고실사문서에 대한 번호지정정의(Define Number Assignment for Material and Phys. Inv. Docs)

- T-code : SPRO

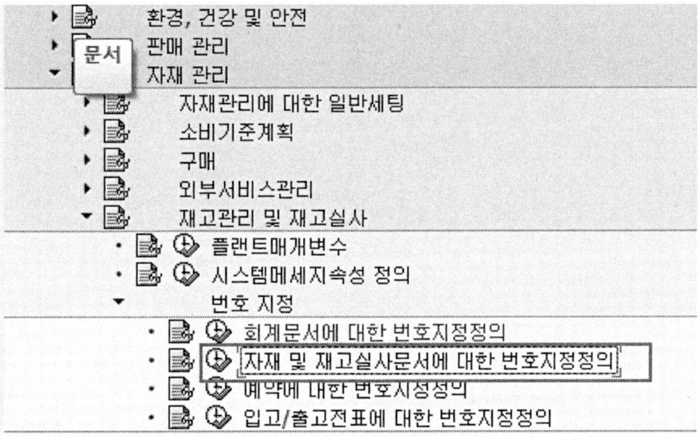

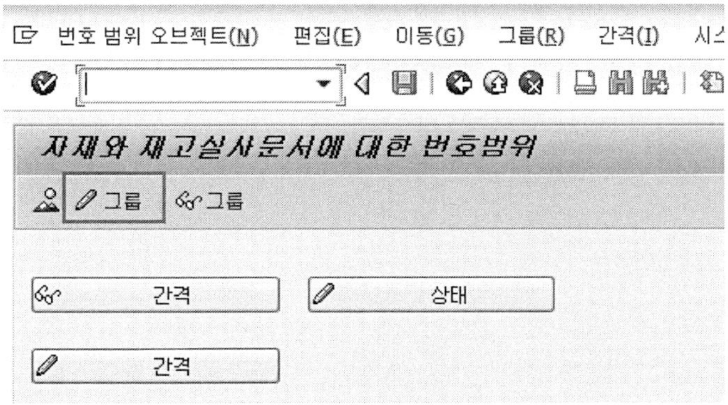

그룹 수정 버튼을 누른다.

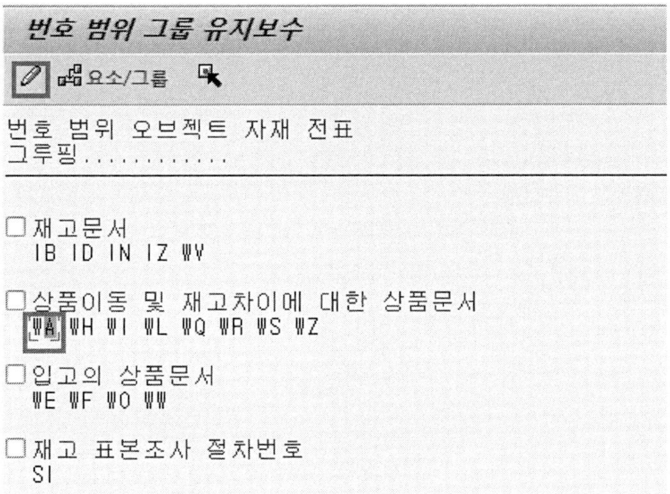

원하는 문서유형에 커서를 두고 연필 아이콘을 클릭한다.

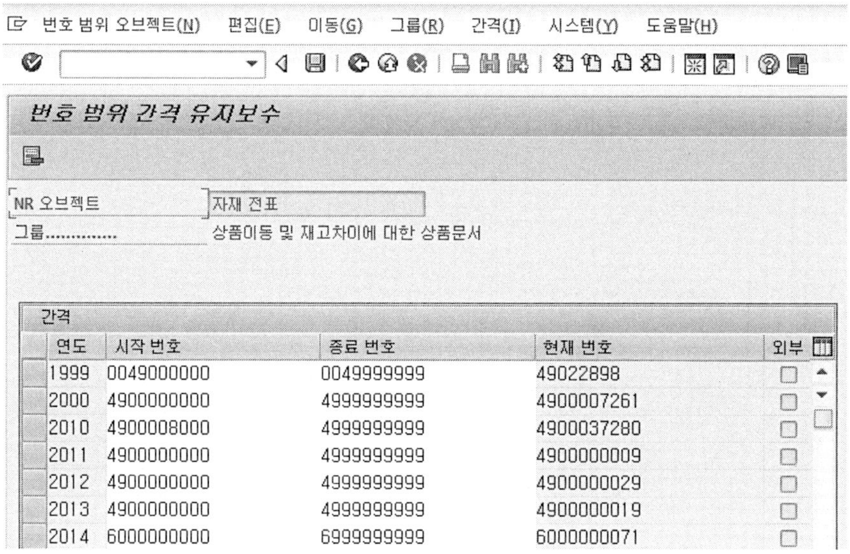

연도별 번호범위를 유지보수 할 수 있다.

- **이동유형의 스크린 레이아웃**

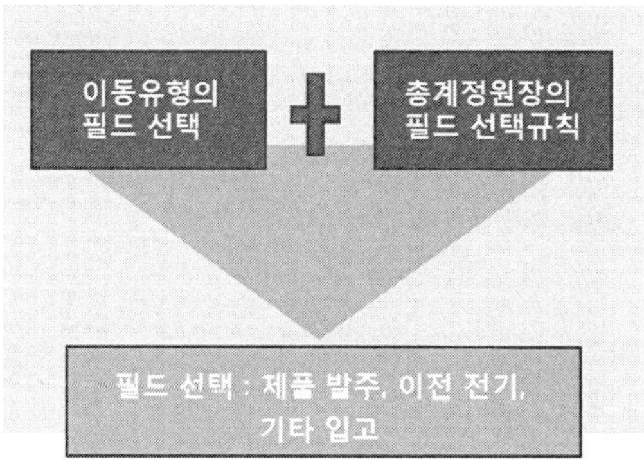

〔그림 6-10〕이동유형의 스크린 레이아웃

입출고를 할 때 많은 필드들을 이동유형에 따라 관리할 수 있다. 관리한다는 것은 그 필드를 보이게 할 것인지, 필수로 넣게 할 것인지, 옵션으로 풀어 놓을 것인지, 디스플레이만 되게 할 것인지 등을 관리할 수 있다. 이동유형 별로 이런 필드들을 관리한다.

한 가지 더 추가하면 FI 모듈에서도 동일한 필드를 사용한다. FI에서도 역시 동일한 필드를 총계정원장(G/L) Account에 대해서 선택규칙(Selection rule)을 별도로 가져간다. 그래서 물류와 회계 두 쪽이 정확하게 조화를 이루어야 한다. 둘이 불일치하면 시스템은 입고나 출고를 일으키는 대신 에러 메시지가 뜬다.

SAP 화면보기 ▽

▼ 이동 및 회계에서의 필드 비교하기

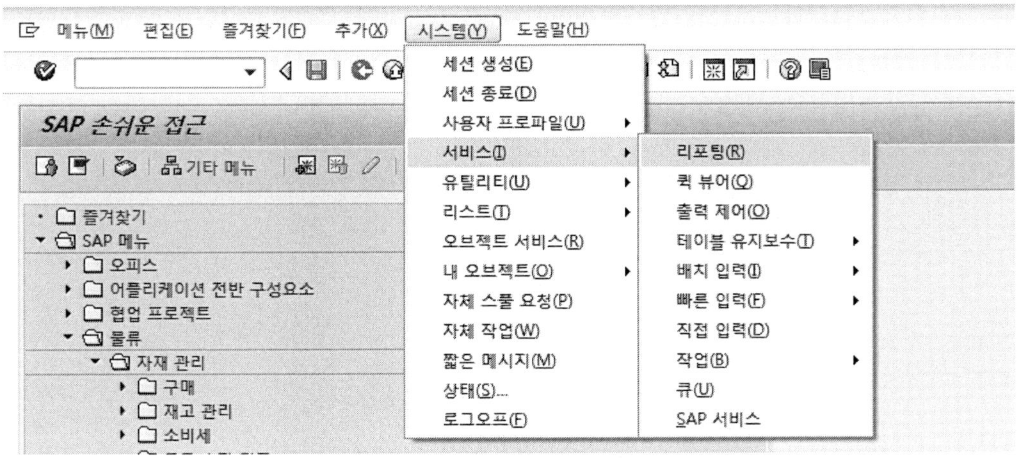

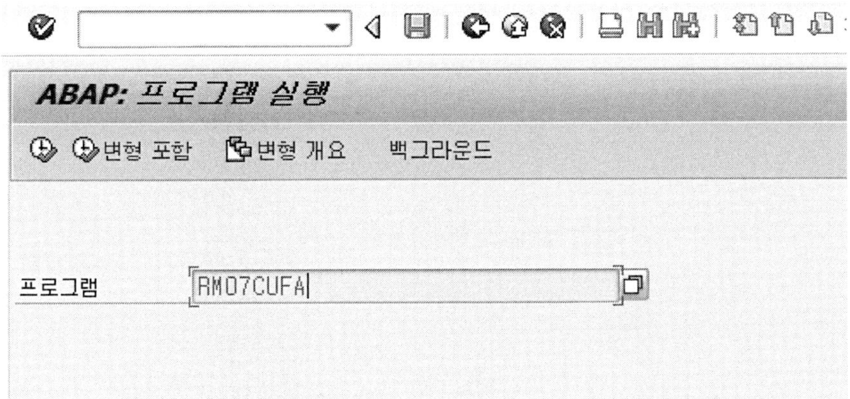

프로그램 명에 RM07CUFA을 입력한다.

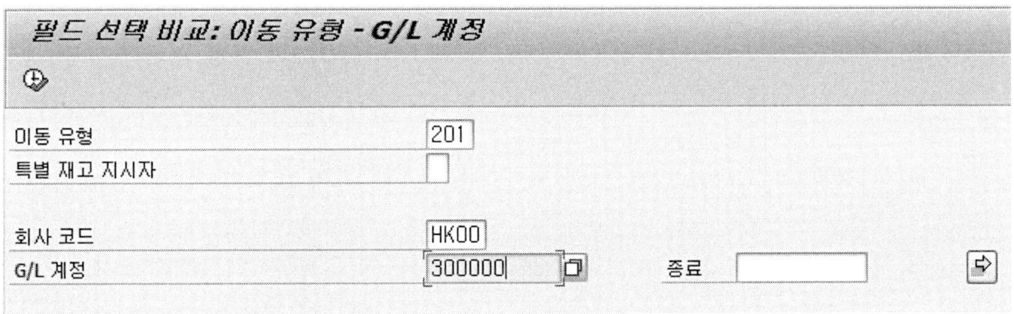

이동유형은 201, 회사코드, G/L 계정은 300000으로 넣고 실행한다.

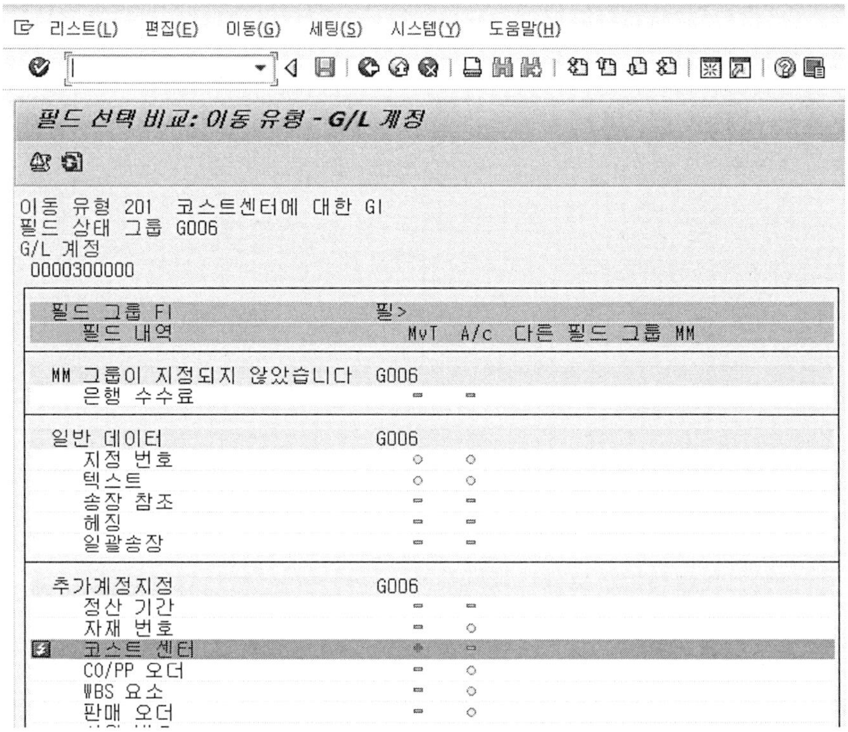

코스트 센터에서 문제가 발생하는 것을 알 수 있다. 즉 이동과 회계의 요구사항이 틀리다.

- **자재이동을 위한 필드 선택(Field Selection)**

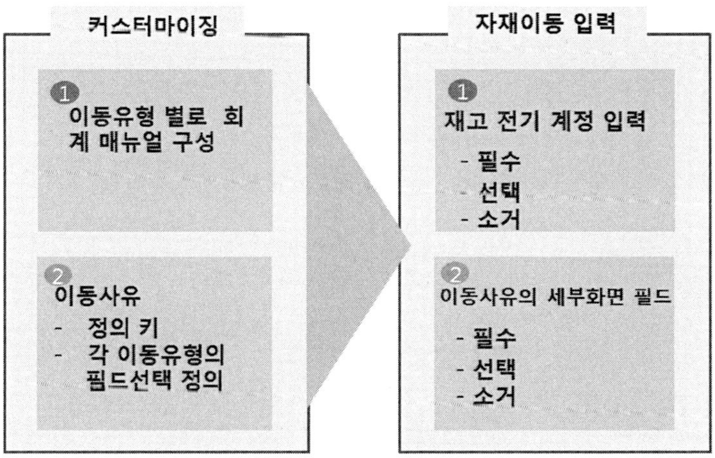

[그림 6-11] 필드선택(Field Selection) (1)

1.이동유형별로 총계정원장(G/L)계정을 반드시 넣을 것인지를 시스템에서 관리할 수 있다.

2.동일한 이동 유형이지만 하나의 이동유형을 쓰면서 사유코드를 나눌 수 있다. 이동사유(Reason for movement)를 이용해서 선택된 이동유형은 이동이유를 반드시 쓰겠다는 정의하고, 또한 필수(Mandatory), 선택(Optional), 소거(Suppressed)중 선택할 수 있게 하여 이동유형을 가지고 다른 관련사항들을 운영할 수 있도록 시스템이 지원을 한다.

SAP 화면보기 ▽

▼ 자재이동에서 필드 옵션 변경하기

- 메뉴 경로

툴(Tools) ⇨ 커스터마이징(Custimizing) ⇨ 커스터마이징(IMG) ⇨ SPRO-프로젝트실행(Execute Project ⇨ SAP 참조(Reference) IMG ⇨ 자재관리(Materials Management) ⇨ 재고관리 및 재고실사(Inventory Management and Physical Inventory) ⇨ 이동유형(Movement Types) ⇨ 이동유형 복사, 변경(Copy, Change Movement Types)

- T-code : SPRO

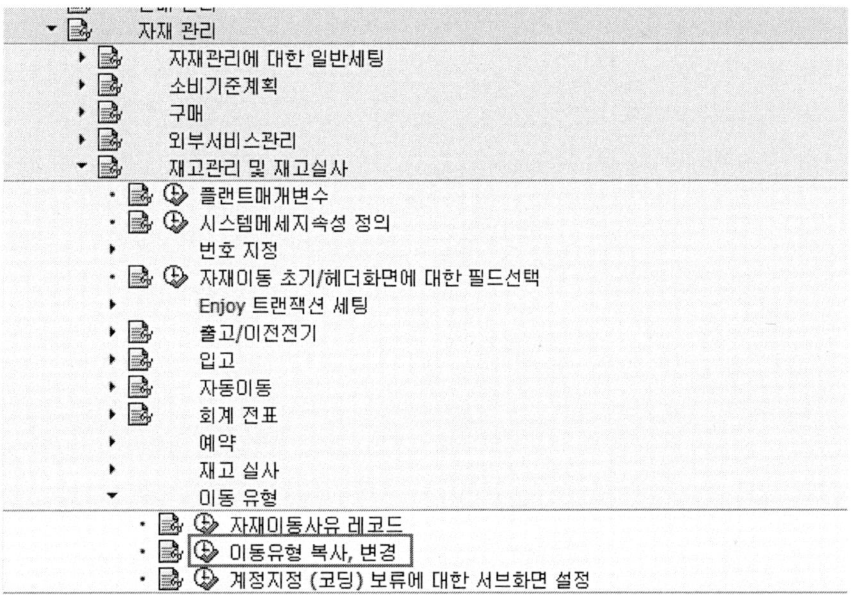

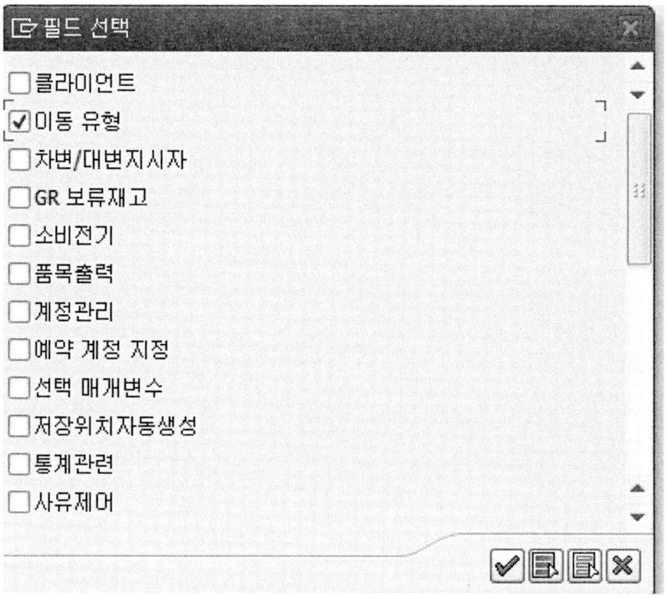

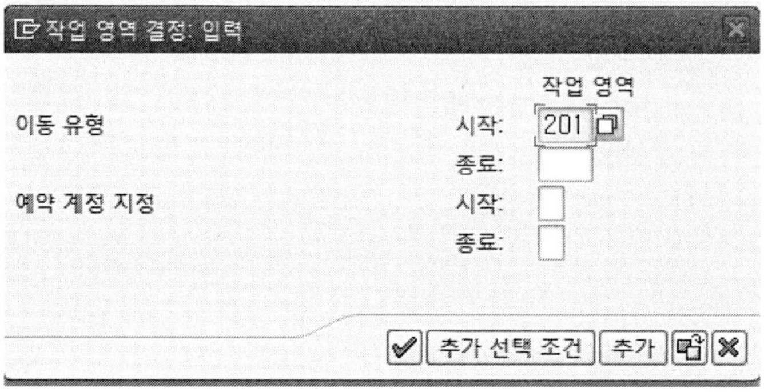

실행 - 팝업창에서 이동유형 선택 - 이동유형 201 선택한다. 여기에서 여러 항목을 선택하여 관리할 수 있다.

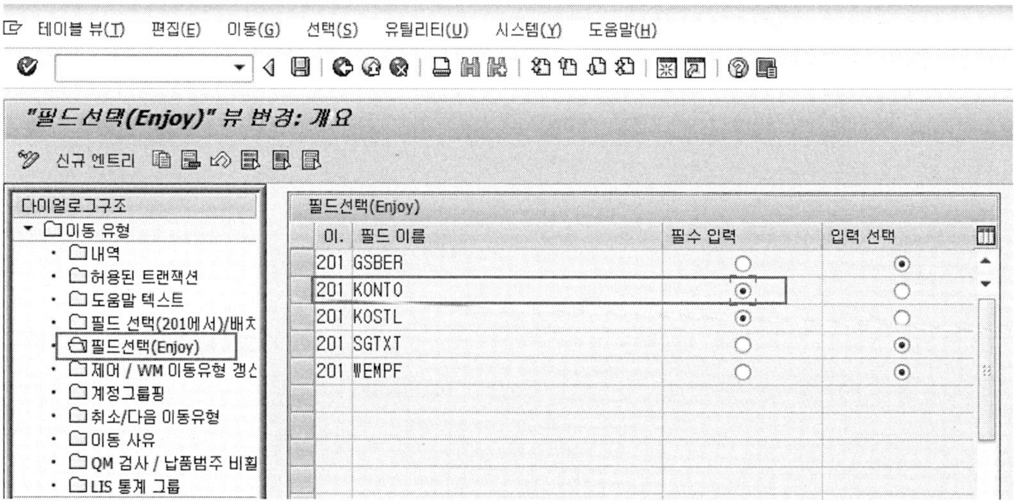

좌측의 필드선택 라인을 더블클릭하면 우측의 화면이 생성된다. KONTO(G/L계정)을 필수입력으로 수정하여 선택하고 저장한다.

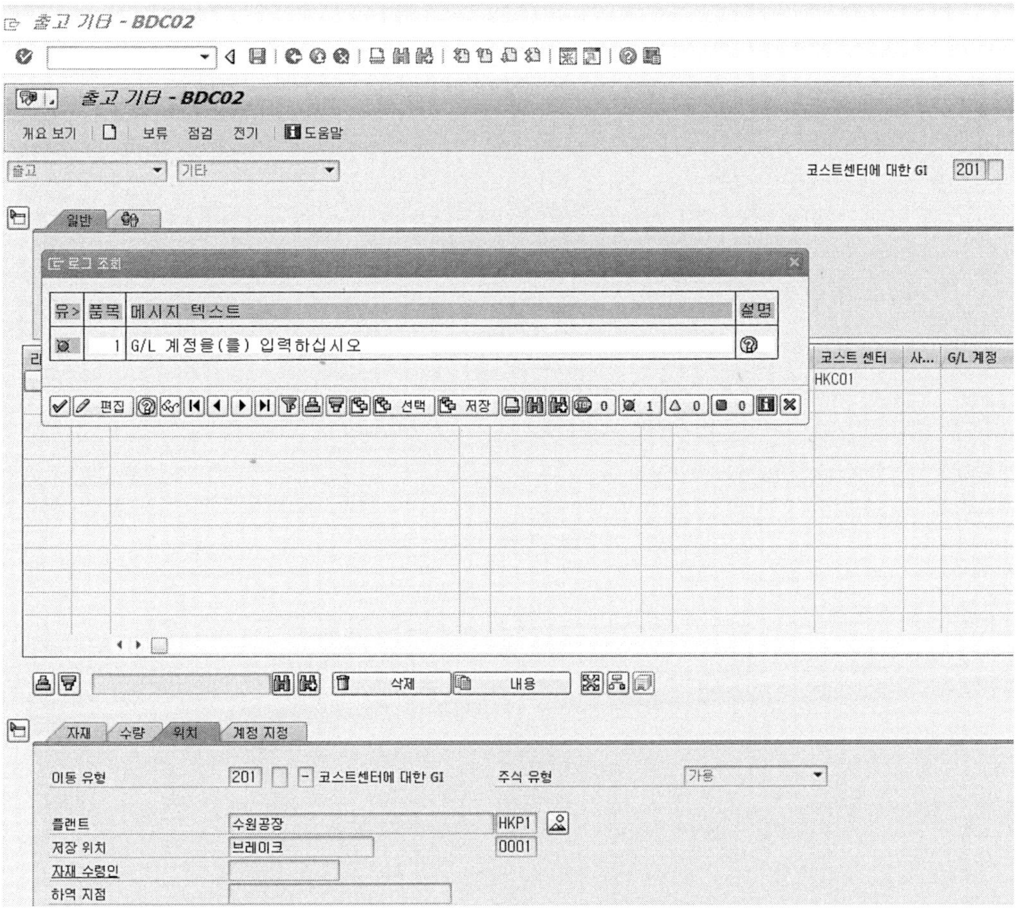

트랜잭션 코드 MIGO를 실행하여 이동유형 201으로 출고하고자 할 때 계정지정 탭에 G/L 계정을 입력하지 않으면 화면과 같이 오류메시지가 발생하는 것을 확인할 수 있다.

SAP 화면보기 ▽

▼ 물류이동에서 이동 사유(Reason for Movement)설정 하기

- 메뉴 경로

툴(Tools) ⇨ 커스터마이징(Custimizing) ⇨ 커스터마이징(IMG) ⇨ SPRO-프로젝트실행(Execute Project ⇨ SAP 참조(Reference) IMG ⇨ 자재관리(Materials Management) ⇨ 재고관리 및 재고실사(Inventory Management and Physical Inventory) ⇨ 이동유형(Movement Types) ⇨ 자재이동사유 레코드(Record Reason for Goods Movements)

- T-code : SPRO

총계정원장(G/L) 계정이 동일하면서 물류 측면에서 이동유형을 서로 다르게 관리하고 싶을 때 같은 이동유형을 쓰면서 이동 사유(Reason for movement)를 설정하여 각각 관리할 수 있다.

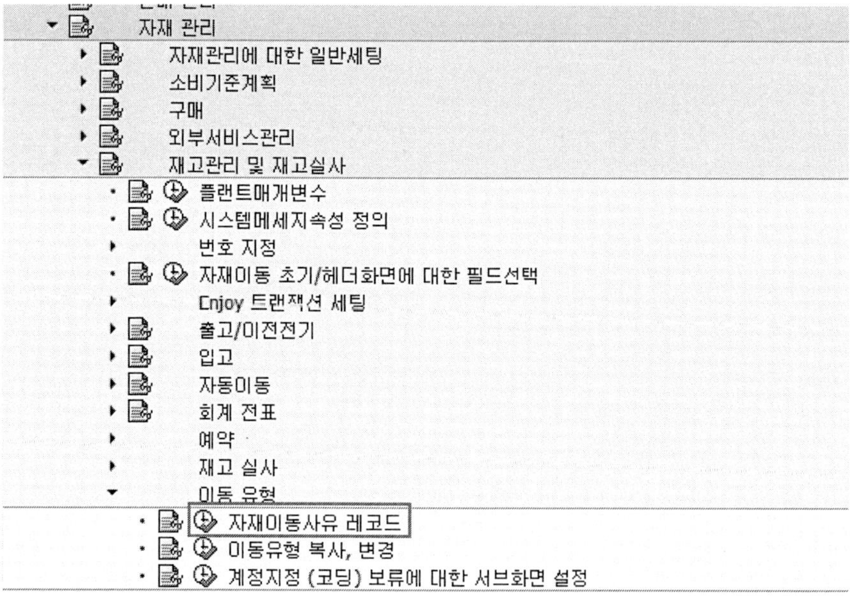

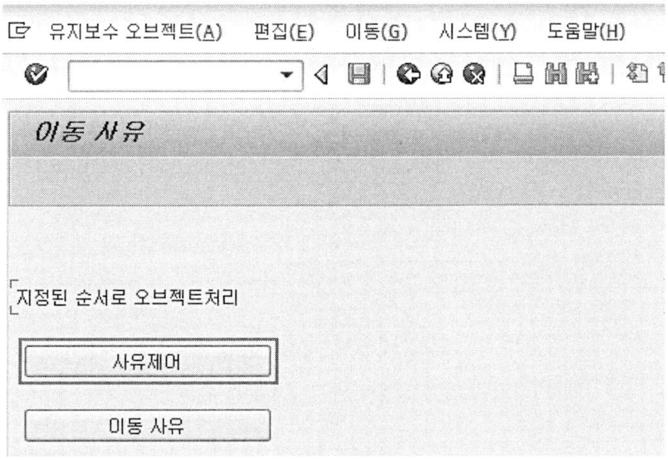

사유제어 선택

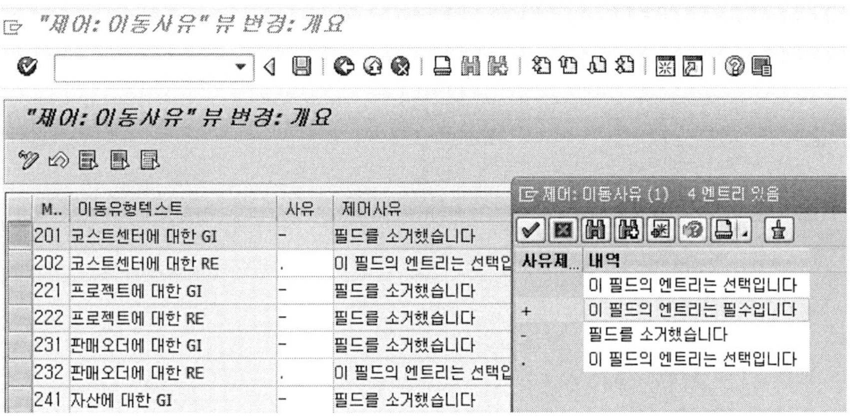

화면과 같이 이동유형 201을 선택 후 사유 항목에 "+"값을 입력하고 저장한다.

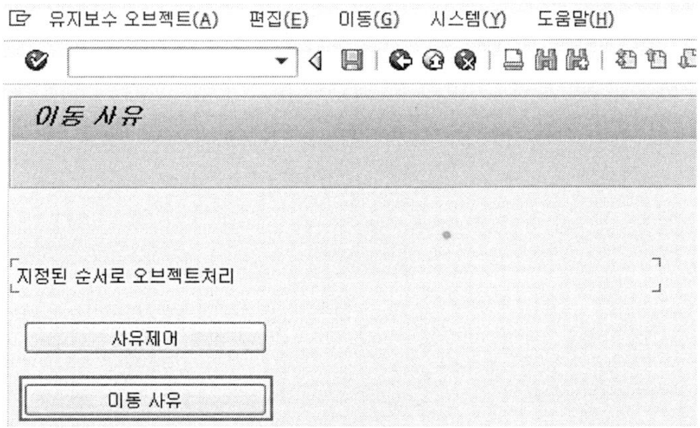

처음 화면으로 돌아와서 이동 사유 버튼을 누른다.

메뉴에서 신규 엔트리 버튼을 누른다.

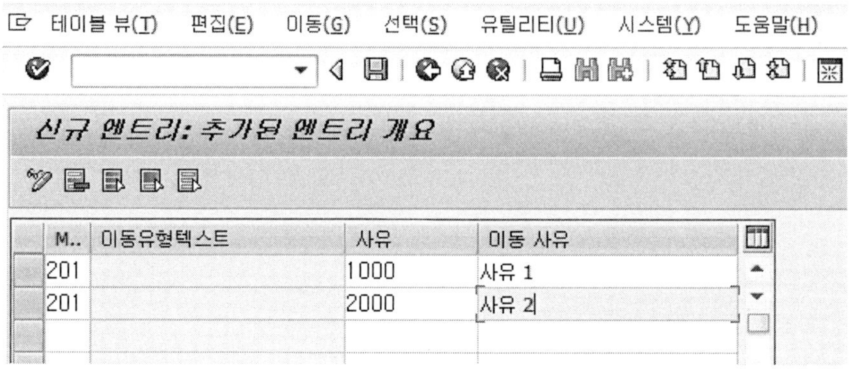

화면과 같이 입력하고 저장버튼을 눌러 저장한다.

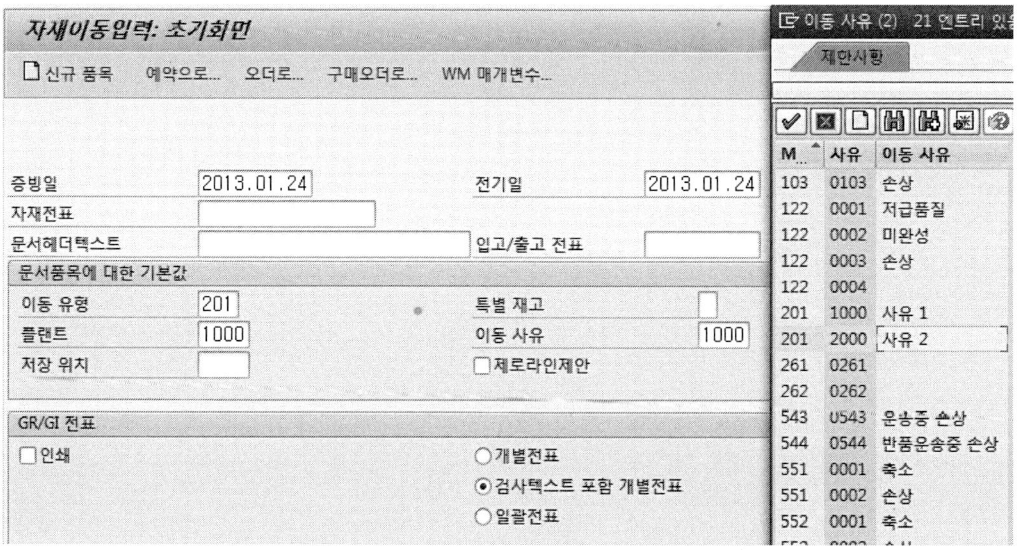

트랜잭션 코드 MB11을 실행하여 이동사유의 필드 도움말에서 201 이동유형으로 사유코드가 추가된 것을 볼 수 있다.

- **필드 선택 : 초기화면/헤더/헤더 화면 (Field Selection : Initial Screen/Header/Header Screen)**

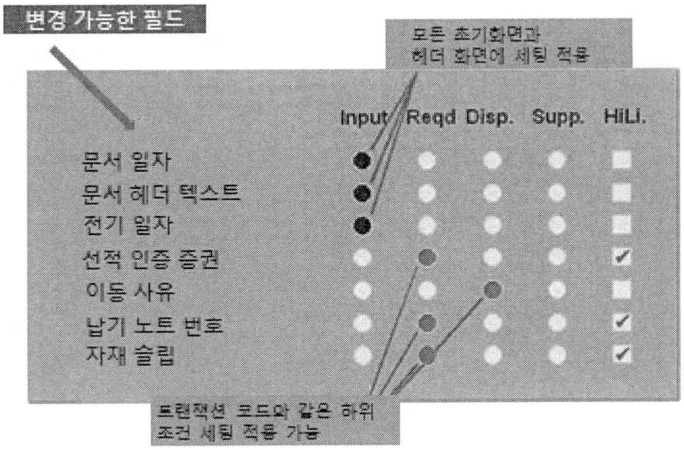

〔그림 6-12〕 필드 선택(Field Selection)(2)

이전 전기(Transfer posting)를 하기 위한 초기화면에서 필드들을 어떻게 할 것인지 관리하는 것이다.

SAP 화면보기 ▽

▼ 필드 선택 (Field Selection)

- 메뉴 경로

툴(Tools) ⇨ 커스터마이징(Custimizing) ⇨ 커스터마이징(IMG) ⇨ SPRO-프로젝트실행(Execute Project ⇨ SAP 참조(Reference) IMG ⇨ 자재관리(Materials Management) ⇨ 재고관리 및 재고실사(Inventory Management and Physical Inventory) ⇨ 자재이동 초기/헤더화면에 대한 필드선택(Field Selection for Goods Movements Initial/Header Screens)

- T-code : SPRO

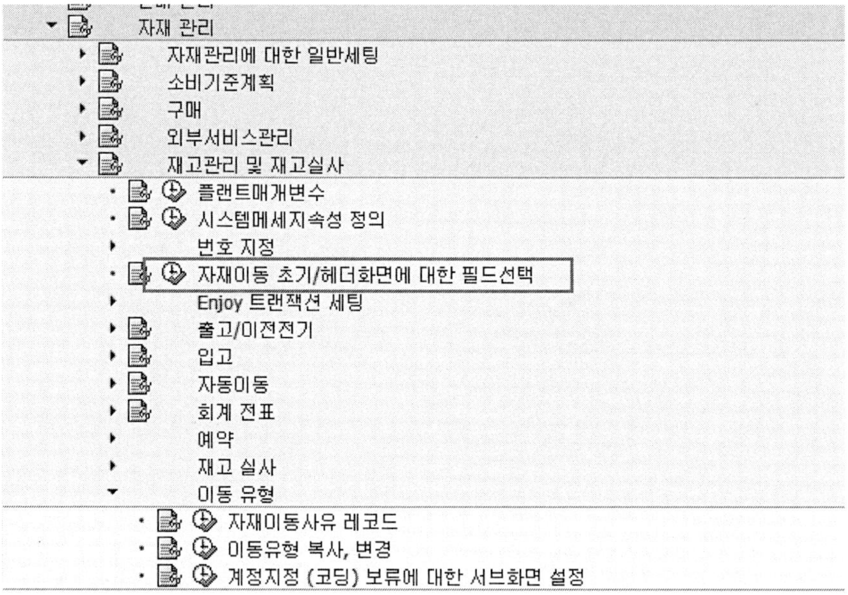

필드 선택: 수정 가능 필드

수정 작용 화면 그룹 영향

화면그룹 자재이동: 초기/헤더 화면

수정가능 필드

수정가능 필드	필드 이름	입력	필수	조회	Hide	강조
EAN/UPC	RM07M-EAN11	⦿	○	○	○	☐
JIT 호출번호	RM07M-PABNUM	⦿	○	○	○	☐
개별전표	RM07M-WVERS1	⦿	○	○	○	☐
검사텍스트 포함 개별전표	RM07M-WVERS2	⦿	○	○	○	☐
공급업체 자재 번호	RM07M-IDNLF	⦿	○	○	○	☐
납품	RM07M-VLIEF	⦿	○	○	○	☐
납품	RM07M-GWELF	⦿	○	○	○	☐
납품	RM07M-VBELN	⦿	○	○	○	☐
납품생성	RM07M-XDELIV	⦿	○	○	○	☐
납품서	RM07M-LFSNR	⦿	○	○	○	☐
납품서 번호	RM07M-GWELS	⦿	○	○	○	☐
선적번호	RM07M-TKNUM	⦿	○	○	○	☐
선하 증권	MKPF-FRBNR	⦿	○	○	○	☐
운송 수단 ID	RM07M-TRAID	⦿	○	○	○	☐
운송 수단 유형	RM07M-TRATY	⦿	○	○	○	☐
이동 사유	RM07M-GRUND	⦿	○	○	○	☐
인쇄 활성	RM07M-XNAPR	⦿	○	○	○	☐
일괄전표	RM07M-WVERS3	⦿	○	○	○	☐
입고/출고 전표	RM07M-XABLN	⦿	○	○	○	☐
자재전표	RM07M-MTSNR	⦿	○	○	○	☐
전기일	MKPF-BUDAT	⦿	○	○	○	☐
전표 헤더 텍스트	MKPF-BKTXT	○	⦿	○	○	☐
제로라인제안	RM07M-XNUVR	⦿	○	○	○	☐
제로라인제안	RM07M-XNUVO	⦿	○	○	○	☐

화면에서 전표헤더 텍스트를 필수로 변경하고 저장한다.

트랜잭션코드 MB1B를 실행하여 이전전기입력 초기화면으로 이동한다.

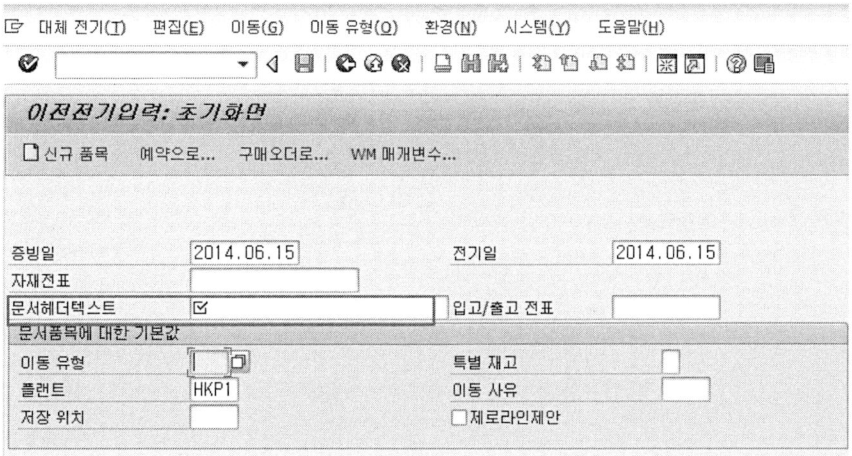

화면에서 문서헤더텍스트 필드가 필수입력으로 표시된 것을 볼 수 있다.

- **필드 선택(Field Selection) : 트랜잭션 MIGO**

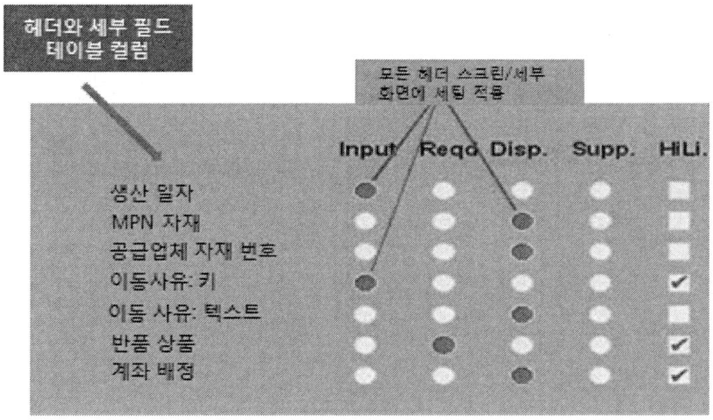

〔그림 6-13〕 필드 선택(Field Selection) (3)

트랜잭션 MIGO의 화면에서도 필드 선택을 별도로 관리 할 수 있다. 즉 이동유형하고 상관없이 별도로 트랜잭션 MIGO의 필드 선택을 다르게 설정 할 수 있다.

SAP 화면보기 ▽

▼ 필드 선택 (Field Selection)

- 메뉴 경로

툴(Tools) ⇨ 커스터마이징(Custimizing) ⇨ 커스터마이징(IMG) ⇨ SPRO-프로젝트실행(Execute Project ⇨ SAP 참조(Reference) IMG ⇨ 자재관리(Materials Management) ⇨ 재고관리 및 재고실사(Inventory Management and Physical Inventory) ⇨ Enjoy 트랜잭션 세팅(Setting for Enjoy Transactions) ⇨ 자동이동세팅(MIGO)(Settings for Goods Movements) ⇨ MIGO 필드선택(Field Selection for MIGO)

- T-code : SPRO

수정가능 필드	필드 이름	입력	필수	조회	Hide	강조
'납품 완료' 지시자	GOITEM-MIGO_ELIKZ	◉	○	○	○	☐
삭제	OK_NOT_OK	◉	○	○	○	☐
	OK_NOT_ORDERED	◉	○	○	○	☐
내용	OK_TAKE_VALUE	◉	○	○	○	☐
	OK_CONTAINER	◉	○	○	○	☐
	OK_DETERMINE_ALL	◉	○	○	○	☐
	OK_DETERMINE	◉	○	○	○	☐
	OK_EXPAND_BOM	◉	○	○	○	☐
	OK_LINKED_DOCUMENTS	◉	○	○	○	☐
	OK_SPLIT_QUANTITY	◉	○	○	○	☐
EAN 점검	GOITEM-EAN11_KON	◉	○	○	○	☐
EAN(오더 단위)	GOITEM-EAN11_BME	◉	○	○	○	☐
EAN/UPC	GOSEARCH_PO-EAN11	◉	○	○	○	☐
MPN 자재	GOITEM-EMATN	◉	○	○	○	☐
PO 품목의 납품 완료 지시자	GOITEM-ELIKZ_PO	◉	○	○	○	☐

이 화면에서도 앞서 실습했던 것과 마찬가지로 필드를 수정하고 관리할 수 있다.

• **동적 가용성 점검(Dynamic Availability Check)**

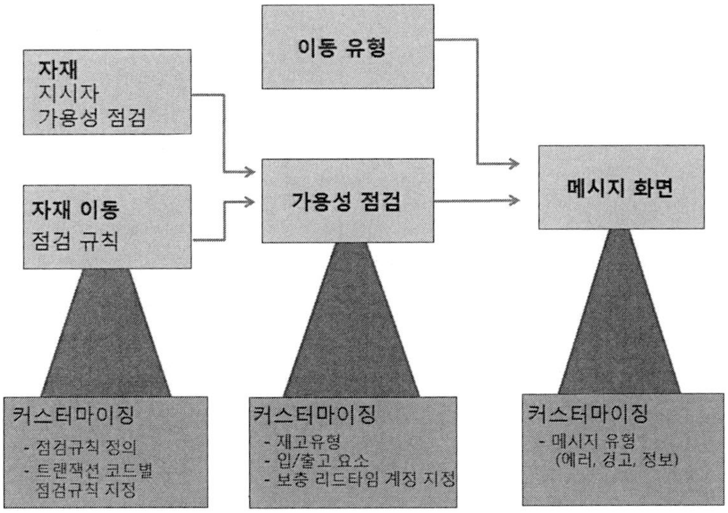

〔그림 6-14〕 동적 가용성 점검(Dynamic Availability Check)

동적 가용성 점검(Dynamic availability check)을 하기 위해서는 제일 먼저 자재에 가용성 점검 그룹(Availability check group)이 연결이 되어 있어야한다. 또한 점검규칙(Checking rule)이 정의되어 있어야 한다. 그래서 커스터마이징(Customizing) 세팅에서 점검 규칙(checking rule)이 정의되어 있고 각 트랜잭션 코드별로 특정 점검규칙(checking rule)을 지정이 되어야 한다.

그 다음 가용성 점검(Availability checking) 상황에서 재고 유형(Stock type), 입출고 등을 결정할 수 있다. 그리고 이동유형별로 동적 가용성 점검(Dynamic availability check)에 의해서 문제가 생기면 이동유형에서 경고를 혹은 에러를 발생 여부를 설정한다.

SAP 화면보기 ▽

▼ 동적 가용성 점검 (Dynamic Availability Check) 설정하기

- 메뉴 경로

툴(Tools) ⇨ 커스터마이징(Custimizing) ⇨ 커스터마이징(IMG) ⇨ SPRO-프로젝트실행(Execute Project ⇨ SAP 참조(Reference) IMG ⇨ 자재관리(Materials Management) ⇨ 재고관리 및 재고실사(Inventory Management and Physical Inventory) ⇨ 입고(Goods Receipt) ⇨ 동적가용성점검 설정(Set Dynamic Availability Check)

- T-code : SPRO

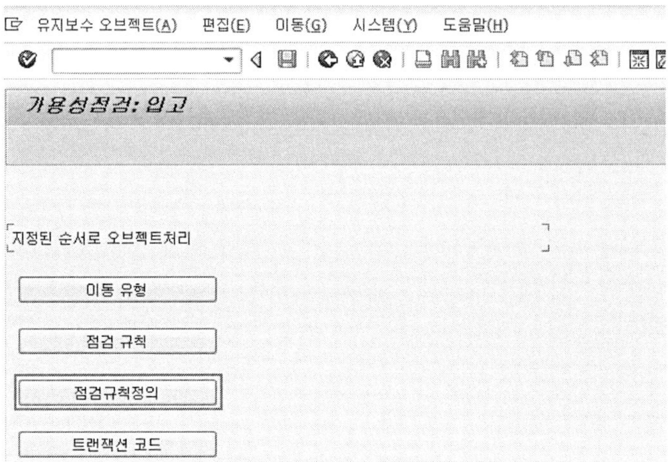

점검규칙정의를 선택한다.

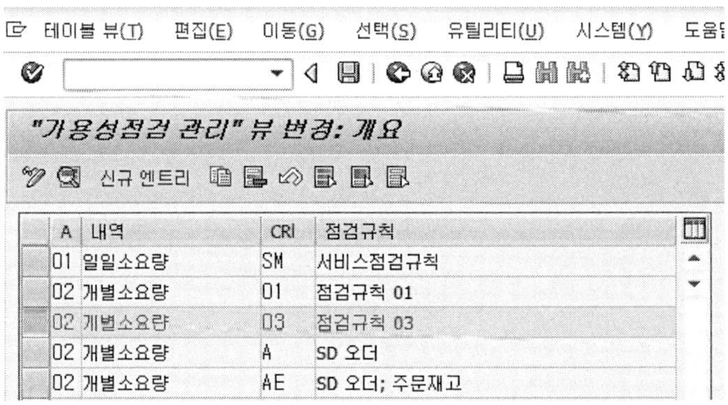

점검규칙03은 트랜잭션코드에 의해 결정되고, 가용성점검그룹 02는 자재에 의해 결정된다. 해당 라인을 더블클릭하면 상세 제어 내용을 볼 수 있다.

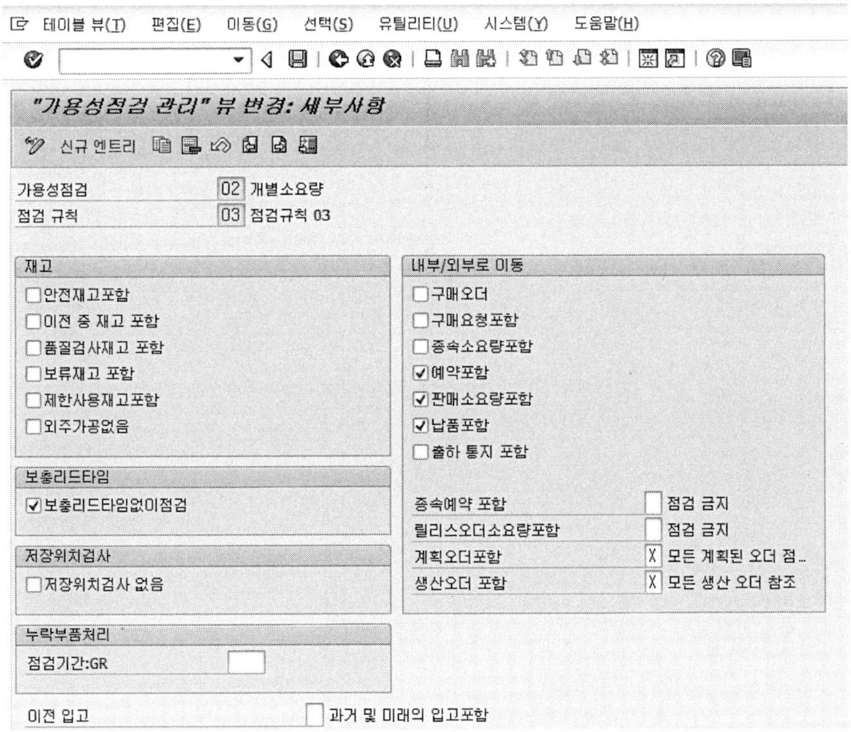

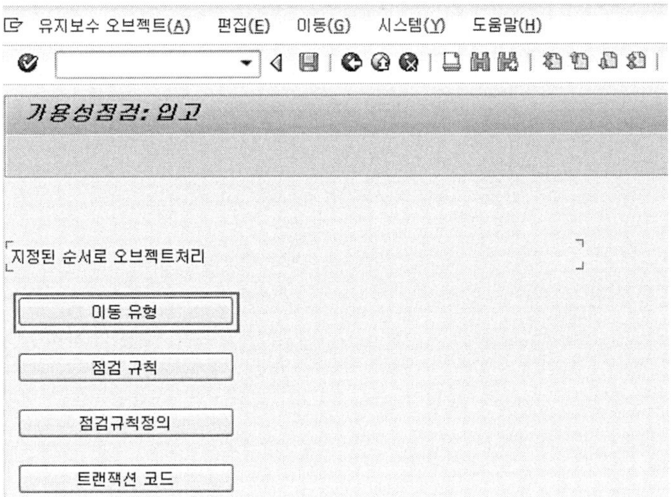

다시 첫 화면으로 돌아가서 이동유형 버튼을 클릭한다.

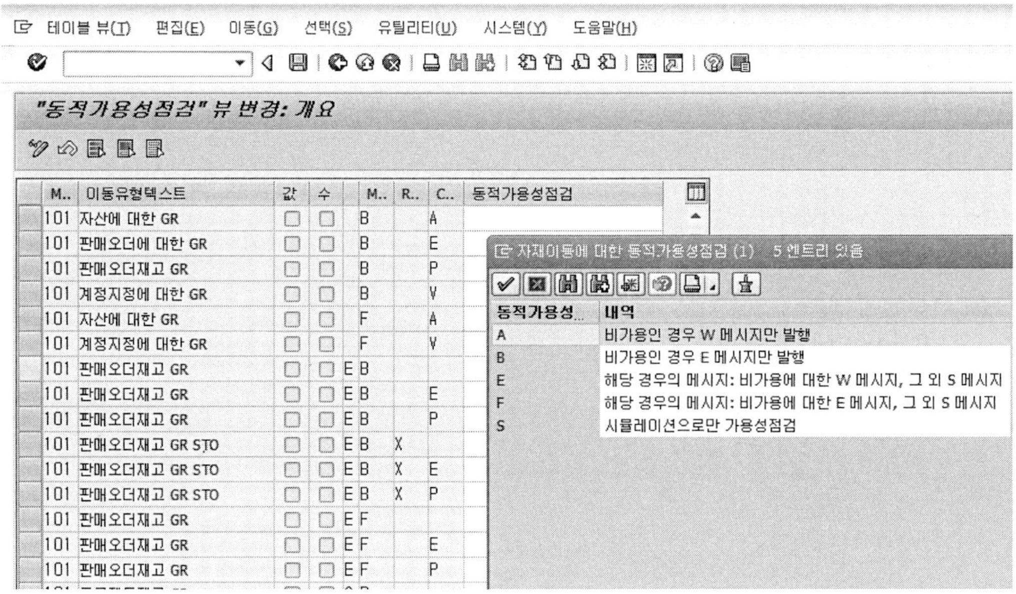

각각의 이동유형별로 경고 메시지 혹은 에러 메시지를 설정할 수 있다.

- **이동유형 (Movement Types)**

Level	Dependent on	Settings for
이동유형	이동 유형	입력제어 (인쇄지시자, 배치지시자, 유효일자 확인) 업데이트 제어 (자동 LORT, 소비, 통계, 실제 재고량)
짧은 텍스트	이동유형 특별 재고 지시자 이동 지시자 입고 이동 지시자 소비 지시자	이동유형 텍스트 (이동 상세설명)
허용된 R/3 트랜잭션	이동 유형	언제 이동 유형을 사용 할 수 있는가? (지시자의 다른 이동 유형에 불구하고 이동 유형을 제안하는가?)
도움말	이동유형 특별 재고 지시자 트랜잭션	확장 텍스트 (개별 이동에 대한 설명)
필드선택 배치검색	이동 유형 특별 재고 지시자	필드 선택 제어, 배치 검색 절차 (배치 정의 스키마)

〔그림 6-15〕 이동유형(1)

- 이동유형은 이전에 배웠던 몇 가지 체크사항들을 관리한다. 예를 들어 유효기간, 회계제어(Account control) 등 기본적인 세팅사항을 관리한다.
- 이동유형의 내역(Description)을 별도로 관리할 수 있다.
- 이동유형 별로 허용된 트랜잭션 코드를 관리한다.

- Help text를 관리한다. 트랜잭션 코드 별로 틀리게 관리할 수 있다.
- 필드 선택(Field selection)을 관리할 수 있다. 이동유형에 따라 필드들을 컨트롤 한다.

Level	Dependent on	Settings for
이동유형	이동 유형	입력제어 (인쇄지시자, 배치지시자, 유효일자 확인) 업데이트 제어 (자동 로트, 소비, 통계, 실제 재고량)
짧은 텍스트	이동유형 특별 재고 지시자 이동 지시자 입고 이동 지시자 소비 지시자	이동유형 텍스트 (이동 상세설명)
허용된 R/3 트랜잭션	이동 유형	언제 이동 유형을 사용 할 수 있는가? (지시자의 다른 이동 유형에 불구하고 이동 유형을 제안하는가?)
도움말	이동유형 특별 재고 지시자 트랜잭션	확장 텍스트 (개별 이동에 대한 설명)
필드선택 배치검색	이동 유형 특별 재고 지시자	필드 선택 제어, 배치 검색 절차 (배치 정의 스키마)

〔그림 6-16〕 이동유형 (2)

- 이동유형에 따라서 업데이트 제어(Update control)를 한다. 물류정보시스템(LIS)에 어떤 형태로 입출고에 관련된 데이터를 넘길지를 관리한다.
- 회계 그룹핑(Account grouping)을 사용하여 이동유형별로 자동으로 계정들이 연결이 된다.
- 취소 이동유형을 관리 할 수 있다.
- 이동 사유 - 입출고 혹은 이전 전기시 이동사유 코드를 관리하여 관리할 수 있다.
- 품질관리(QM)에 관해서 비활성화(Deactive) 할 수 있는 기능이 있다.
- 물류정보시스템 통계(LIS Statistics)에 관해 업데이트하는 룰을 가질수 있다.

SAP 화면보기 ▽

▼ 이동 유형 (Movement Types)

- 메뉴 경로

툴(Tools) ⇨ 커스터마이징(Custimizing) ⇨ 커스터마이징(IMG) ⇨ SPRO-프로젝트실행(Execute Project ⇨ SAP 참조(Reference) IMG ⇨ 자재관리(Materials Management) ⇨ 재고관리 및 재고실사(Inventory Management and Physical Inventory) ⇨ 이동유형(Movement Types) ⇨ 이동유형 복사, 변경(Copy, Change Movement Types)

- T-code : SPRO

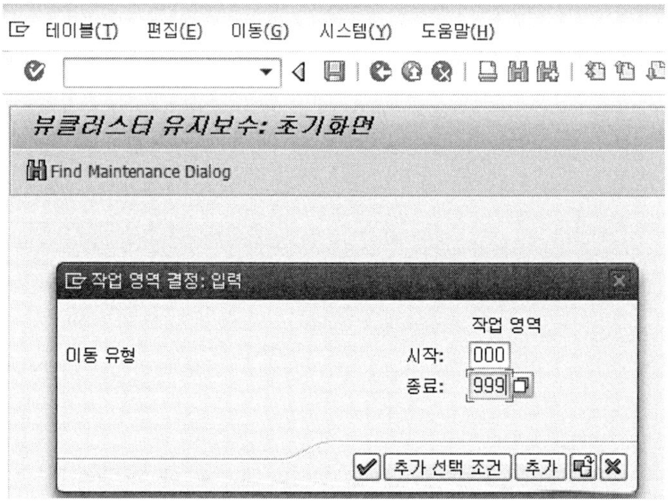

이동유형(Movement type) 선택하고 엔터를 누르고 000부터 999까지 입력하고 엔터를 누른다.

우측 화면에서 해당 이동유형을 더블클릭한다. 세부내용을 관리할 수 있다.

• **시스템 메시지(System message)**

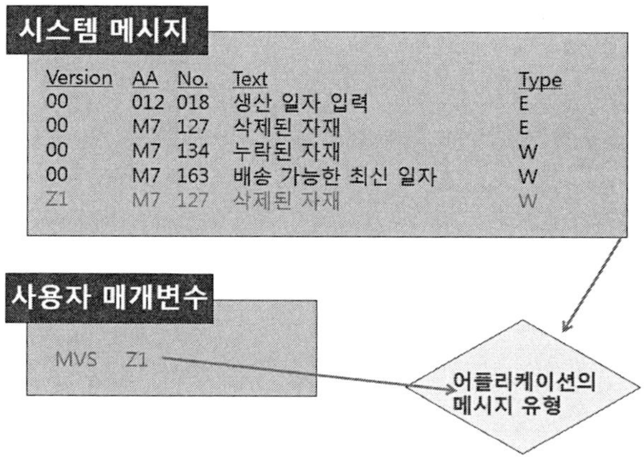

〔그림 6-17〕 시스템 메시지

시스템 메시지를 관련하는데 입고나 출고를 일으킬 때 에러 메서지나 경고 메시지가 발생되는데 Application 별로 메시지 번호가 있고 이러한 메시지들을 에러 혹은 경고의 유형으로 발생시키는 여부를 IMG 설정을 통해서 관리를 한다.

SAP 화면보기 ▽

▼ 시스템 메시지 (System Messages)

- 메뉴 경로

툴(Tools) ⇨ 커스터마이징(Custimizing) ⇨ 커스터마이징(IMG) ⇨ SPRO-프로젝트실행(Execute Project ⇨ SAP 참조(Reference) IMG ⇨ 자재관리(Materials Management) ⇨ 재고관리 및 재고실사(Inventory Management and Physical Inventory) ⇨ 시스템메세지속성 정의(Define Attributes of System Messages)

- T-code : SPRO

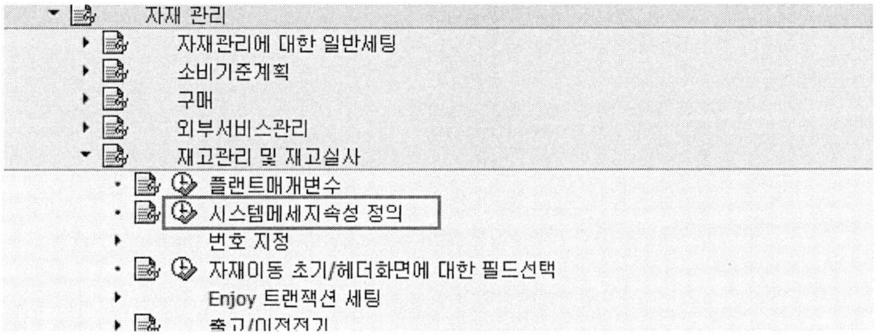

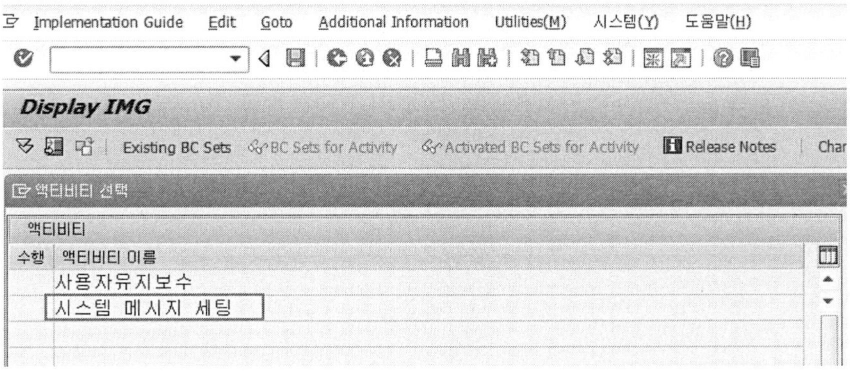

실행 - 팝업창에서 시스템메시지 선택

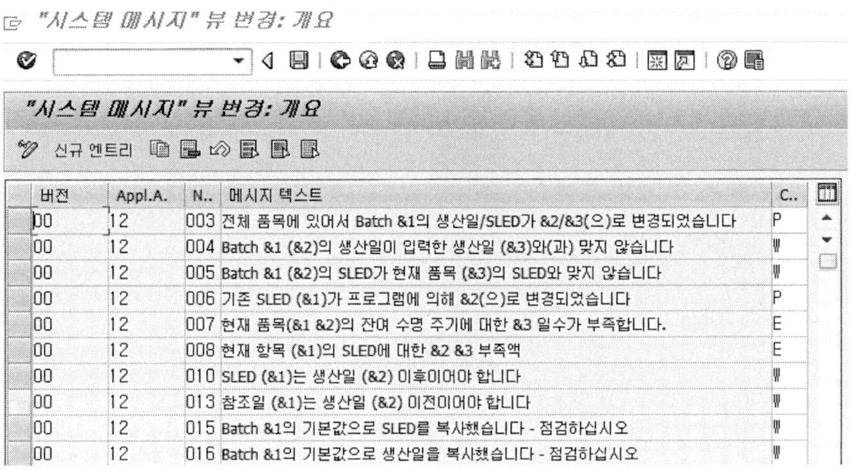

버전	Appl.A.	N..	메시지 텍스트	C..
00	12	003	전체 품목에 있어서 Batch &1의 생산일/SLED가 &2/&3(으)로 변경되었습니다	P
00	12	004	Batch &1 (&2)의 생산일이 입력한 생산일 (&3)와(과) 맞지 않습니다	W
00	12	005	Batch &1 (&2)의 SLED가 현재 품목 (&3)의 SLED와 맞지 않습니다	W
00	12	006	기존 SLED (&1)가 프로그램에 의해 &2(으)로 변경되었습니다	P
00	12	007	현재 품목(&1 &2)의 잔여 수명 주기에 대한 &3 일수가 부족합니다.	E
00	12	008	현재 항목 (&1)의 SLED에 대한 &2 &3 부족액	E
00	12	010	SLED (&1)는 생산일 (&2) 이후이어야 합니다	W
00	12	013	참조일 (&1)는 생산일 (&2) 이전이어야 합니다	W
00	12	015	Batch &1의 기본값으로 SLED를 복사했습니다 - 점검하십시오	W
00	12	016	Batch &1의 기본값으로 생산일을 복사했습니다 - 점검하십시오	W

Application 별로 에러 또는 경고 혹은 오류 메시지를 보내는 것을 볼 수 있다.

또한 버전을 설정하여 각 유저에 할당함으로써 유저마다 다른 메시지를 보내는 기능도 가능하다.

- **플랜트 파라미터 (Plant Parameters)**

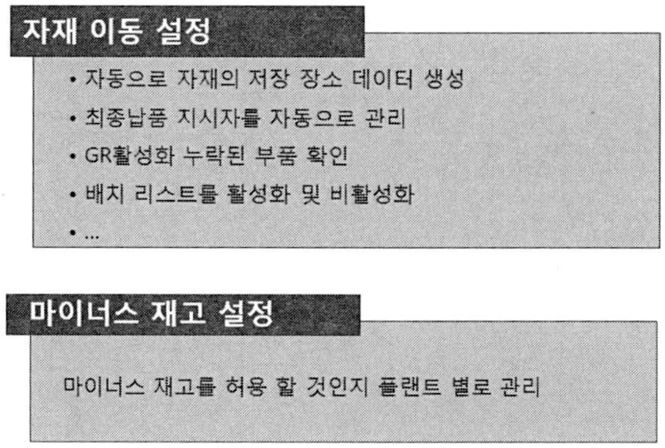

[그림 6-18] 플랜트 파라미터(1)

플랜트 파라미터(Plant parameter)는 재고관리를 할 때함에 있어서 플랜트에 세팅해야 하는 값에 대해 총괄적으로 관리할 수 있게 한다.

- 자재 이동 설정(Settings for Goods Movements) 에서는 첫 번째로 자재마스터(Material Master)에 저장위치(Storage location) 뷰가 생성이 안 되어있는 경우에 입고를 하면 저장위치(Storage location)을 자동으로 생성하는 기능이다.
- 납품 허용치(Delivery tolerance)를 관리할 때 그 허용치 안에 속하는 경우 최종납품 지시자(Final delivery indicator)를 자동으로 찍을 것인지를 플랜트 별로 관리한다.
- 결함이 있는 자재가 입고가 되면 입고가 될 때 MRP관리자(MRP controller)에게 메일을 보내고 액션을 취할 것인지를 관리한다.
- 유효기간을 입고 시 체크할 것인지를 관리한다.
- 마이너스 재고(Negative stock)와 관련해서 마이너스 재고를 허용할 것인지도 플랜트에서 관리한다.

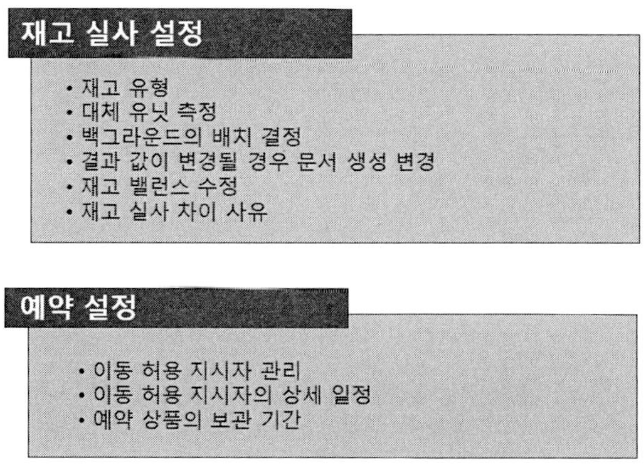

[그림 6-19] 플랜트 파라미터(2)

재고유형(Stock type), 대체 유닛(Alternative units), 재고 밸런스(Inventory balance), 예예약(Reservations) 등에 대해 관리한다.

SAP 화면보기 ▽

▼ 플랜트매개변수 (Plant Parameters)

- 메뉴 경로

툴(Tools) ⇨ 커스터마이징(Custimizing) ⇨ 커스터마이징(IMG) ⇨ SPRO-프로젝트실행(Execute Project ⇨ SAP 참조(Reference) IMG ⇨ 자재관리(Materials Management) ⇨ 재고관리 및 재고실사(Inventory Management and Physical Inventory) ⇨ 플랜트매개변수(Plant Parameters)

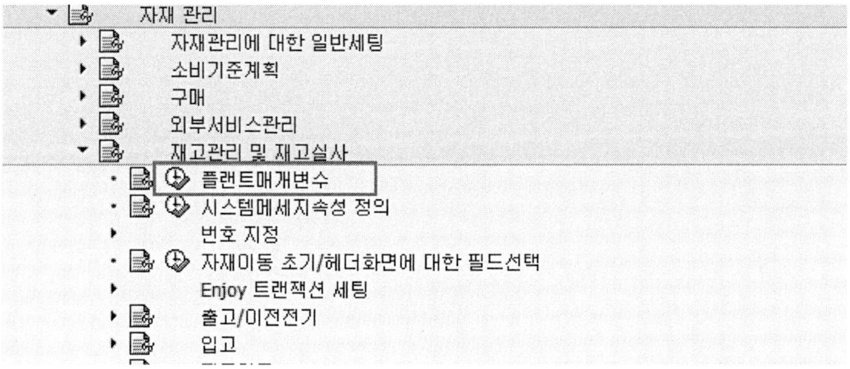

특정 플랜트를 선택하고 더블 클릭한다. 이 화면에서 여러 가지 필드 값을 설정하고 관리할 수 있다.

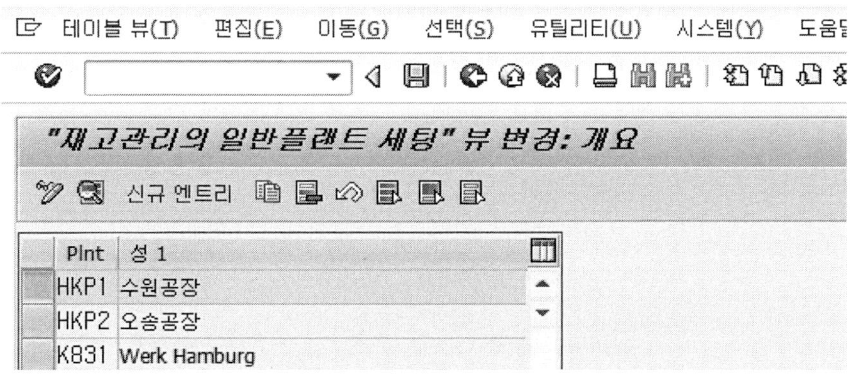

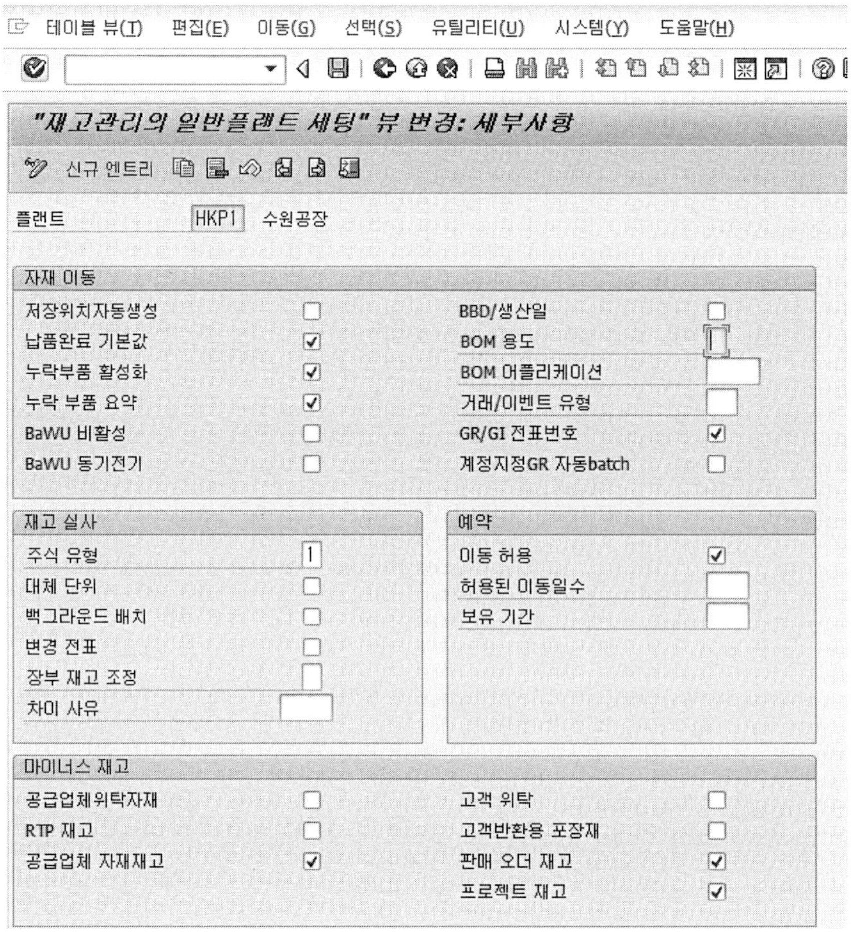
테이블 뷰(T) 편집(E) 이동(G) 선택(S) 유틸리티(U) 시스템(Y) 도움말(H)
"재고관리의 일반플랜트 세팅" 뷰 변경: 세부사항
신규 엔트리
플랜트 HKP1 수원공장
자재 이동
저장위치자동생성
납품완료 기본값
누락부품 활성화
누락 부품 요약
BaWU 비활성
BaWU 동기전기
BBD/생산일
BOM 용도
BOM 어플리케이션
거래/이벤트 유형
GR/GI 전표번호
계정지정GR 자동batch
재고 실사
주식 유형 1
대체 단위
백그라운드 배치
변경 전표
장부 재고 조정
차이 사유
예약
이동 허용
허용된 이동일수
보유 기간
마이너스 재고
공급업체위탁자재
RTP 재고
공급업체 자재재고
고객 위탁
고객반환용 포장재
판매 오더 재고
프로젝트 재고

3. 자재관리의 마스터 데이터

– 학습목표
- ▷ 자재유형 (Material Type)에 대해서 구성하기
- ▷ 자재마스터 Number Range 할당하기
- ▷ Field Selection Control의 형태를 알고 사용할줄 알기
- ▷ 벤더 마스터의 필드가 컨트롤 되고 Account Group이 어떤 것인지 알기

- **자재유형 관리 –자재마스터**

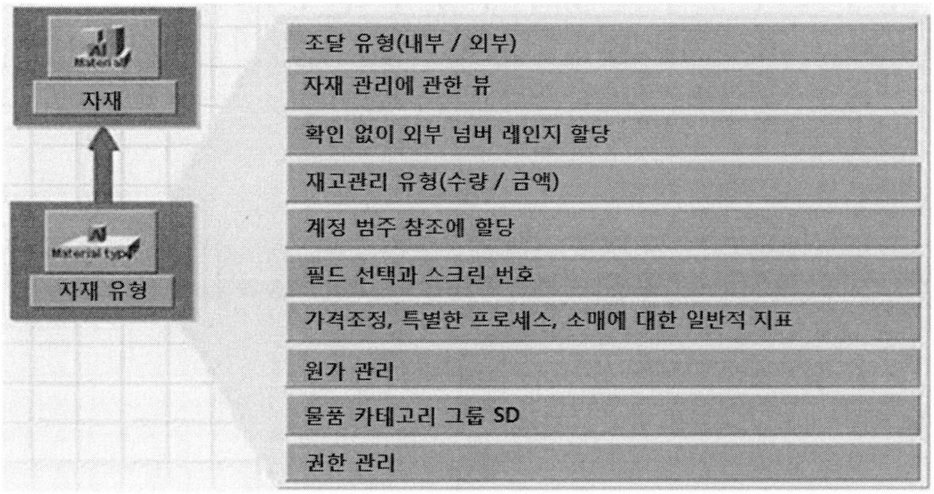

〔그림 6-20〕 자재유형 관리

구매를 할 것인지 생산을 할 것인지, 자재(Material)에 관하여 어떤 뷰를 관리 할 것인지, 넘버 레인지를 어떻게 관리 할 것인지, 재고관리를 금액베이스로 할 것인지 아니면 수량베이스로 할 것인지, 평가클래스를 어떻게 관리할 것인지, 각 필드에 대해 어떻게 따로 관리 할 것인지, 권한관리를 어떻게 할 것인지 등이 자재 유형(Material type)에 의해 결정된다.

• **자재 마스터 레코드 유지보수 뷰**

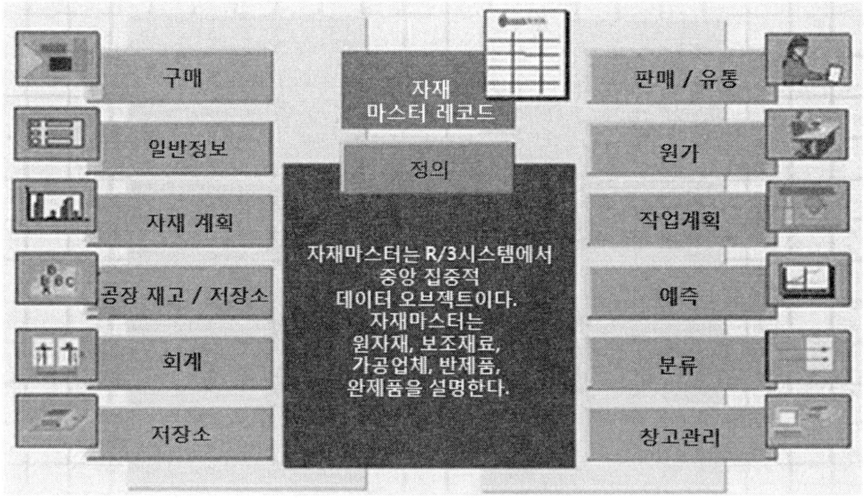

〔그림 6-21〕 자재 마스터 레코드 뷰

자재마스터는 뷰(View)로 되어 있고, 각 뷰는 조직을 갖고 있다.

구매(Purchasing), 기본 데이터(Basic data), MRP(Materials Resource Planning), 등 여러 뷰가 합쳐져 하나의 자재 마스터를 이루고 있다.

• **자재번호 할당**

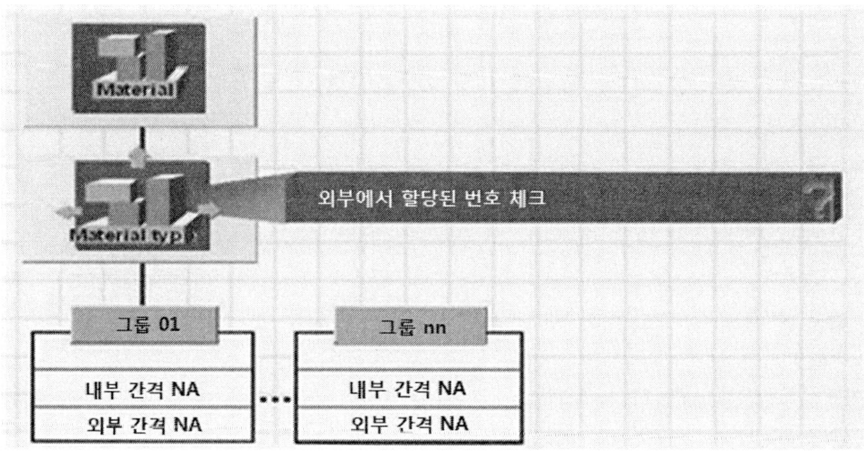

〔그림 6-22〕 자재번호 할당

자재마스터(Material master)에는 자재유형(Material type) 별로 번호를 다르게 가져갈 수 있다. 자재 유형(Material type)은 번호를 결정하고 또한 외부조달(External procurement)로 할 것인지 내부조달(Internal procurement)로 할 것인지 결정한다. 자재마스터(Material master)의 총 자재 번호(Material number)의 자릿수는 18자리이다.

SAP 화면보기 ▽

▼ 번호 범위(Number Range) 확인하기

- 메뉴 경로

툴(Tools) ⇨ 커스터마이징(Custimizing) ⇨ 커스터마이징(IMG) ⇨ SPRO-프로젝트실행(Execute Project ⇨ SAP 참조(Reference) IMG ⇨ 물류-일반(Logistics-General) ⇨ 자재마스터(Material Master) ⇨ 기본 세팅(Basic Settings) ⇨ 자재유형(Material Types) ⇨ 각각의 자재유형에 대한 번호범위정의(Define Number Ranges for Each Material Type)

- T-code : SPRO

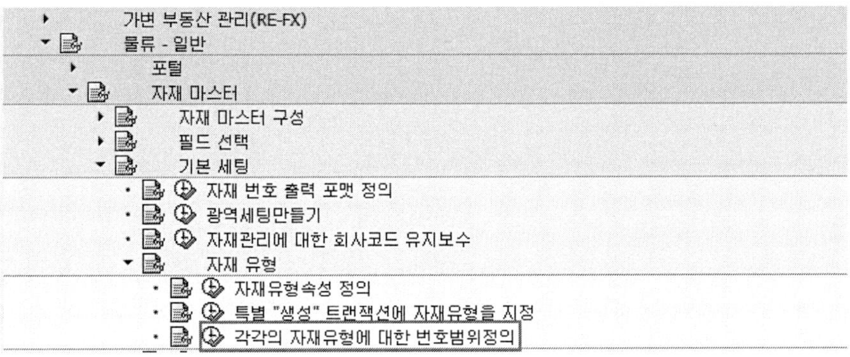

메뉴바에서 그룹(연필모양) 버튼 선택 - 그룹 1을 선택하고 메뉴바에서 첫 번째 아이콘(연필모양)을 선택한다.

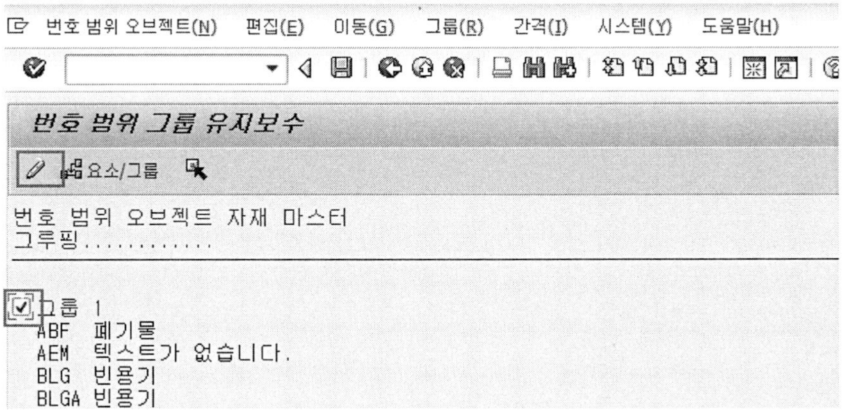

아래의 화면과 같이 내부조달은 숫자로, 외부조달은 문자로 범위가 정해져 있다.

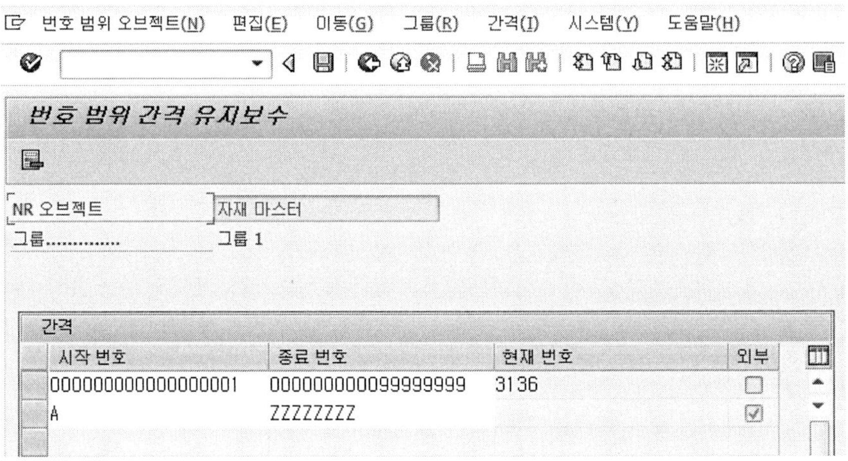

또한 자재 유형을 원하는 자재그룹으로 이동할 수 있다. 그러면 이 자재 유형은 새로운 그룹의 규칙에 따라 움직이게 된다.

SAP 화면보기 ▽

▼ 자재 번호 출력 포맷 정의(Define Output Format of Material Numbers)

- 메뉴 경로

툴(Tools) ⇨ 커스터마이징(Custimizing) ⇨ 커스터마이징(IMG) ⇨ SPRO-프로젝트실행(Execute Project ⇨ SAP 참조(Reference) IMG ⇨ 물류-일반(Logistics-General) ⇨ 자재마스터(Material Master) ⇨ 기본 세팅(Basic Settings) ⇨ 자재 번호 출력 포맷 정의(Define Output Format of Material Numbers)

- T-code : SPRO〕

이 트랜잭션에서도 필드 별로 관리할 수 있다.

• **자재마스터(Material Master)**

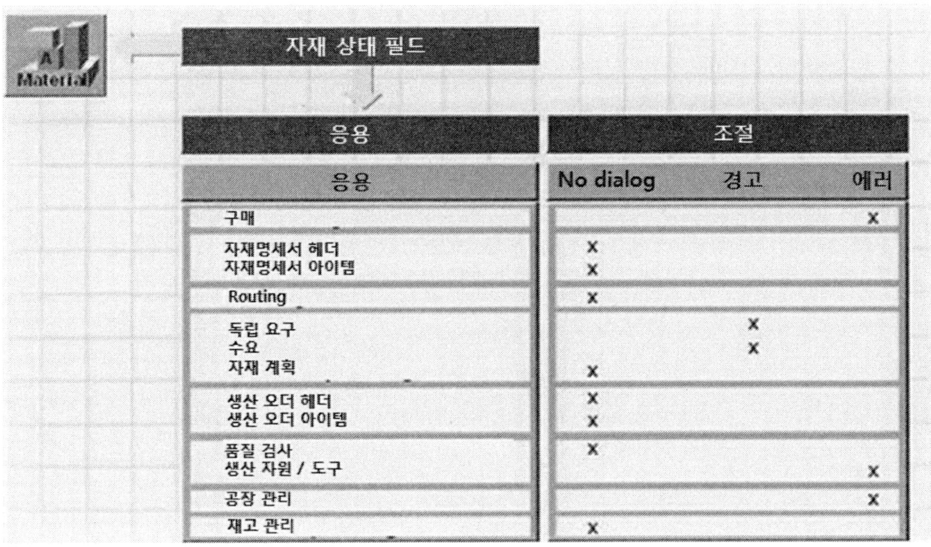

〔그림 6-23〕 자재마스터

특정 자재(Material)을 생성하고 나서 특정 플랜트에 대해서는 어떤 기능을 못 쓰게 하거나 그 자재를 생성하고 나서 단종 혹은 더 이상 안 쓰게 될 경우 그 자재를 그대로 나두면 누군가가 PO를 내거나 하면 뭔가 오류를 범하기 쉽다. 이러한 경우를 막기 위해서는 자재 상태(Material status) 필드를 이용해서 좀 더 쉽게 관리할 수 있다.

SAP 화면보기 ▽

▼ 자재상태정의(Define Material Statuses)

- 메뉴 경로

툴(Tools) ⇨ 커스터마이징(Custimizing) ⇨ 커스터마이징(IMG) ⇨ SPRO-프로젝트실행(Execute Project ⇨ SAP 참조(Reference) IMG ⇨ 물류-일반(Logistics-General) ⇨ 자재마스터(Material Master) ⇨ 키 필드 세팅(Settings for Key Fields) ⇨ 자재상태정의(Define Material Statuses)

- T-code : SPRO

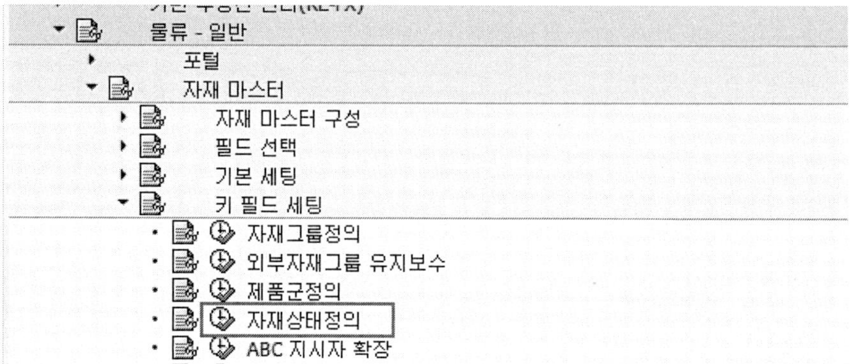

자재상태 01 선택 후 메뉴바에서 세부사항 아이콘 클릭한다.

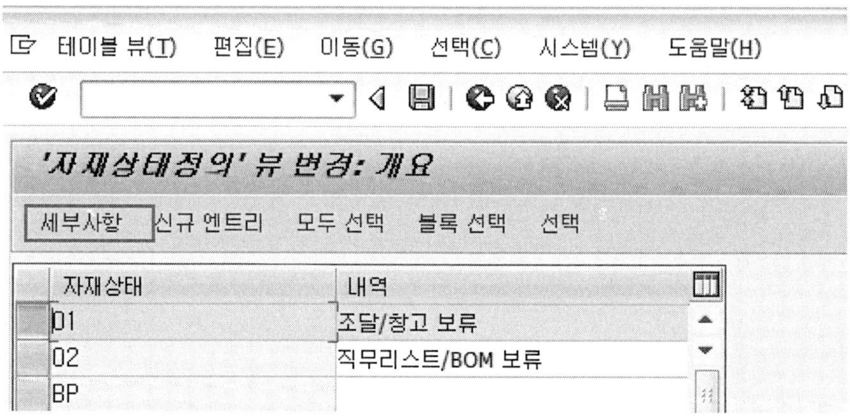

아래와 같이 각 영역별로 관리가 되어 있는 것을 볼 수 있다.

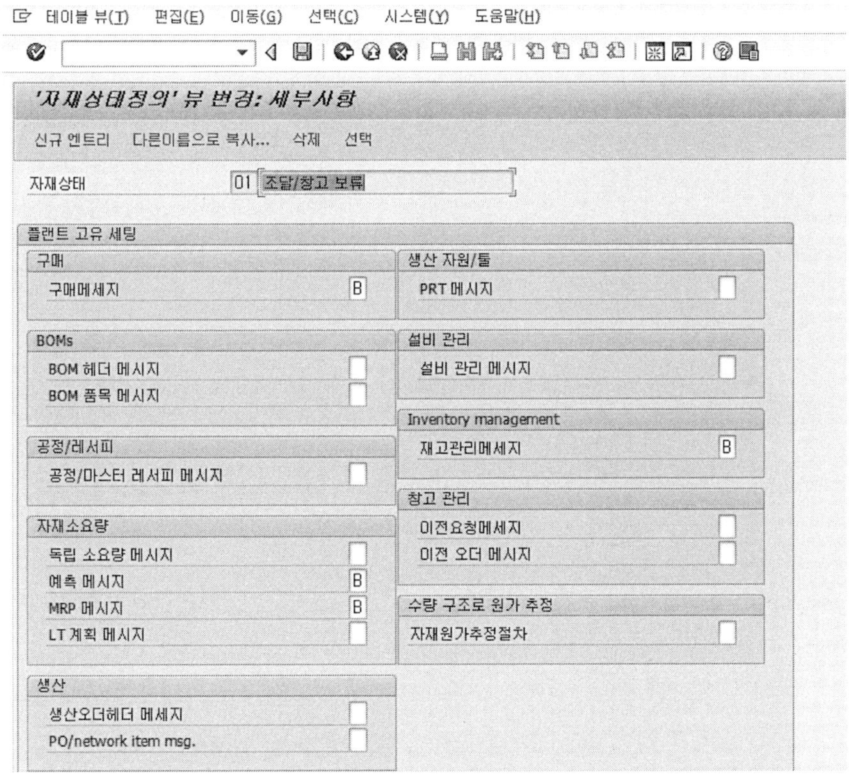

- **자재마스터 필드설정 (Material Master Field Selection)**

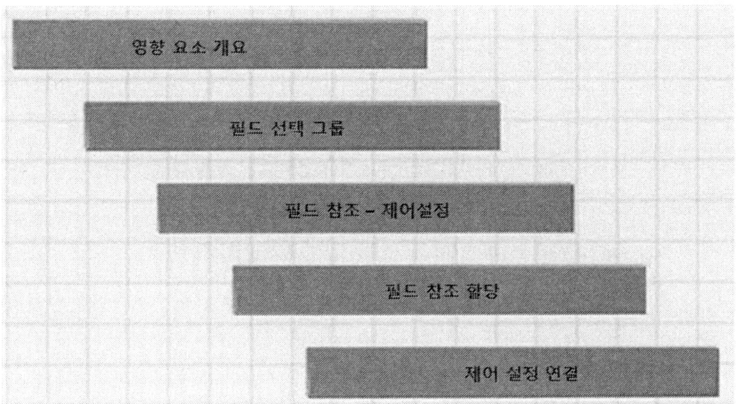

〔그림 6-24〕 자재마스터 필드설정(1)

필드 선택(Field selection)에 관한 전반적인 흐름을 볼 수 있다. 자재의 필드선택에 관련해서 대부분의 어떠한 영향들을 미치는 지 검토하고 필드선택 그룹을 정의한다. 필드 참조를 정의해서 이것에 셋팅 사항을 연결시킨다. 즉 필수, 선택입력 등 사항을 결정한다. 다음 필드참조(Field reference)에 관련된 객체에 할당한다. 결과적으로 이러한 셋팅 값을 연결하여 전체적으로 자재마스터 필드를 어떻게 관리 할지를 결정한다.

- **자재 필드 선택: 영향을 주는 요소(Material Field Selection: Influencing Factors)**

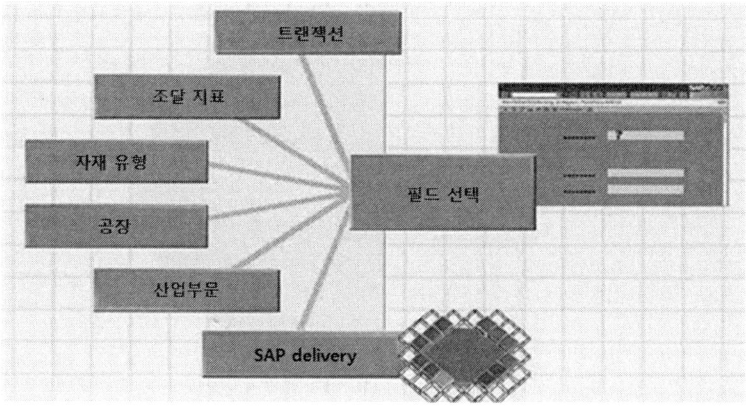

〔그림 6-25〕 자재마스터 필드설정(2)

자재마스터 필드 선택(Material Field selection)이 어떤 요소의 영향을 받는지 보여주는 그림이다.

자재마스터 필드 선택은 먼저 트랜잭션의 영향을 받는다. 생성과 변경은 엄연히 필드 제어(Field control)이 다르다. 구매를 하느냐 생산을 하느냐에 따라 다르고 자재 유형(Material type)에 따라 달라진다. 플랜트 별로 산업 부문(Industry sector) 별로 필드를 따로 관리할 수 있다. 실제로 SAP에서 프로젝트를 하면 자재 유형(Material type)만 가지고 필드 제어(Field control)를 하고 나머지 상황에서는 실제적인 필드 제어(Field control)을 하지 않도록 설정을 해서 쓰기 때문에 그렇게 어렵지는 않다.

- **자재 필드 선택: 필드 참조(Material Field Selection: Field Reference)**

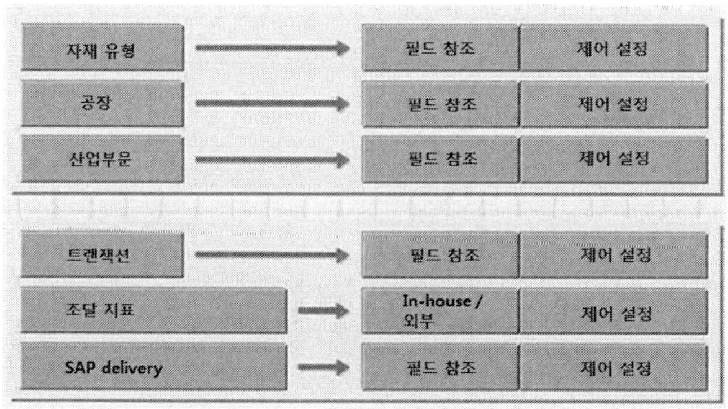

〔그림 6-26〕 자재마스터 필드설정(3)

자재 필드 선택(Material field selection)0에서 필드 참조(Field reference)를 생성한다. 자재 유형(Material type), 플랜트, 산업부문(Industry sector) 등에 대해 각각 필드 참조(Field reference)가 생성된다. 또한 각각의 필드 참조에 대해서 제어 설정(Control string)들이 제각각 할당이 된다. 제어 설정은 필드를 필수, 소거, 조회, 선택, 숨김 등으로 설정하는 값이다.

SAP 화면보기 ▽

▼ 필드선택 그룹에 지정

- 메뉴 경로

툴(Tools) ⇨ 커스터마이징(Custimizing) ⇨ 커스터마이징(IMG) ⇨ SPRO-프로젝트실행(Execute Project ⇨ SAP 참조(Reference) IMG ⇨ 물류-일반(Logistics-General) ⇨ 자재마스터(Material Master) ⇨ 필드선택(Field Selection) ⇨ 필드를 필드선택그룹에 지정(Assign Fields to Field Selection Groups)

- T-code : SPRO

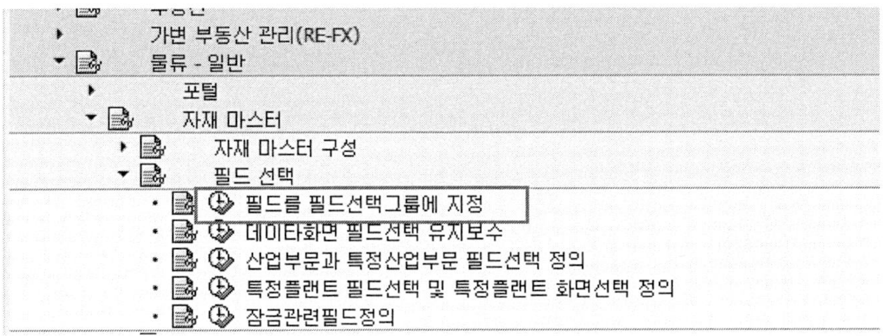

이 트랜잭션에서는 동 종류의 비슷한 필드들을 그룹으로 묶어서 관리하기 편하게 되어 있는 것들을 볼 수 있다.

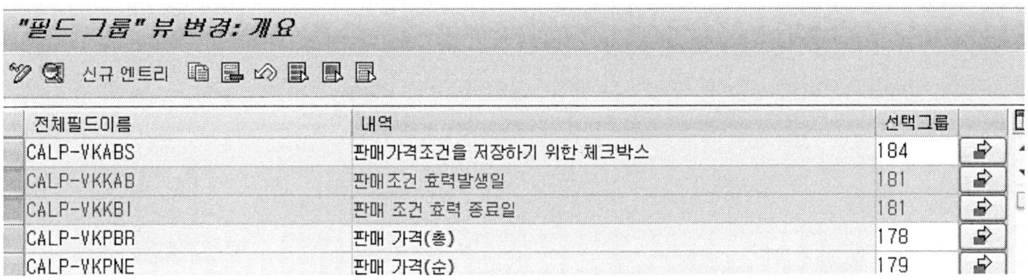

다시 IMG 메뉴 화면으로 돌아와서 "데이터화면 필드선택 유지보수" 트랜잭션을 실행한다. 이 트랜잭션에서는 필드 참조와 필드 선택그룹사이의 관계에 대해 정의할 수 있다.

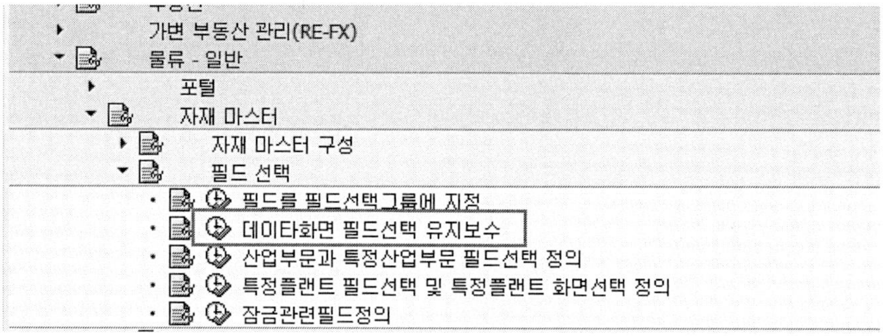

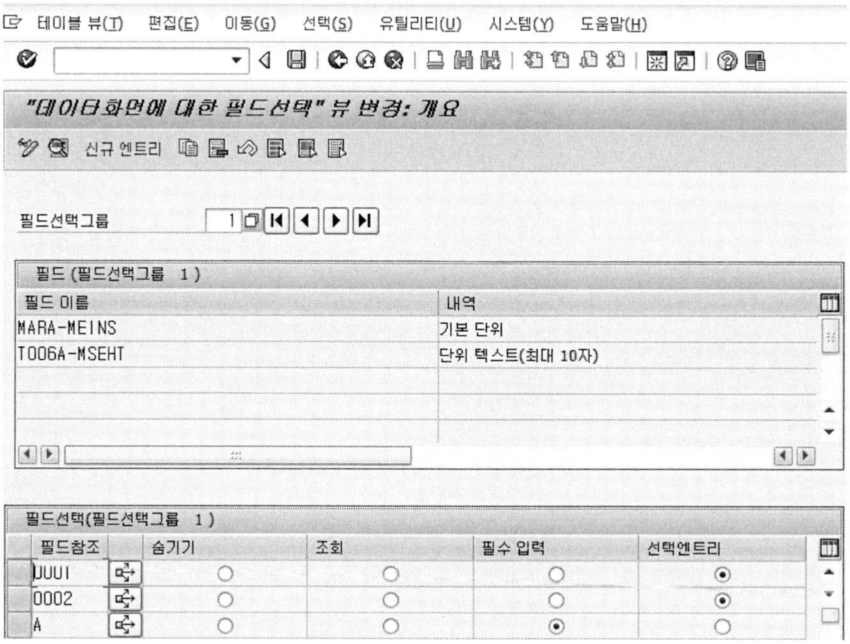

• **자재 필드 선택: 프로시저(Material Field Selection: Procedure)**

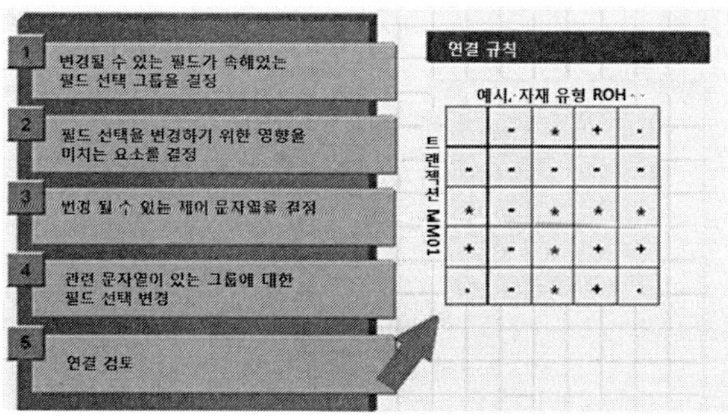

〔그림 6-27〕 자재마스터 필드설정(4)

필드 참조(Field reference)의 각각 제어 설정(Control string)에 우선순위(Priority)가 있다. 오른쪽에 보이는 테이블이 우선순위 테이블(Priority table)이다. 마이너스(-)는 소거, 곱하기(*)는 조회, 플러스(+)는 필수를 나타내고 점(.)은 선택의 속성이다. 가장 우선순위가 높은 것은 소거이고 그다음이 차례대로 조회, 필수, 선택으로 구성되어 있다. 여러 가지 필드 참조가 동시에 제어설정에 의하여 제어될 때에는 이 도표에 의해서 어떤 것이 우선순위가 되는지 체크한다. 실제로 프로젝트를 할 때는 대부분을 가장 낮은 선택의 속성으로 해준다. 때문에 자재 유형을 제외하고 모든 필드는 선택의 속성으로 선택을 하고 그다음에 자재 유형만을 가지고 컨트롤한다. 그렇지 않으면 너무 복잡하고 헷갈리기 쉽다.

- **계정그룹 제어: 공급업체 마스터(Account Group Control: Vendor Master)**

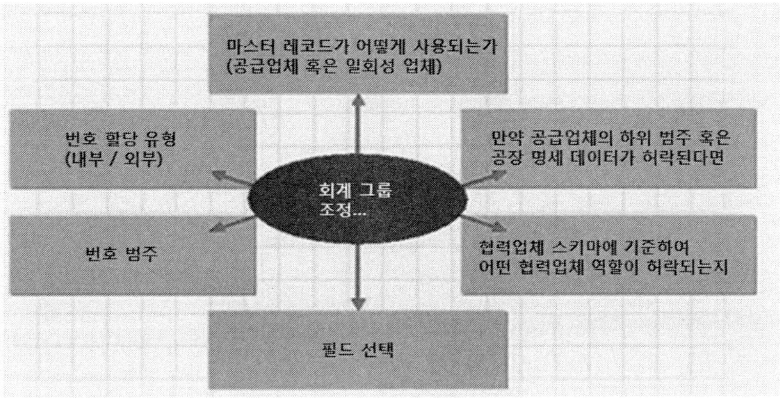

〔그림 6-28〕 벤더 마스터(1)

공급업체 마스터(Vendor master)의 기준 값은 계정그룹(Account group)이다. 계정그룹(Account group)은 번호 범주(Number range), 필드 선택(Field selection)을 결정한다. 또한 파트너 역할(Partner role)등의 가능성 여부를 결정한다. 공급업체 마스터(Vendor master)의 중요한 기준 값은 반드시 알아야 계정그룹(Account group)을 결정할 때 논리적으로 결정할 수 있다.

SAP 화면보기 ▽

▼ 공급업체 계정 정의

- 메뉴 경로

툴(Tools) ⇨ 커스터마이징(Custimizing) ⇨ 커스터마이징(IMG) ⇨ SPRO-프로젝트실행(Execute Project ⇨ SAP 참조(Reference) IMG ⇨ 물류-일반(Logistics-General) ⇨ 비즈니스 파트너 ⇨ 공급업체(Vendors) ⇨ 제어(Control) ⇨ 계정그룹 및 필드선택(공급업체) 정의(Define account groups and field selection(Vendor))

- T-code : SPRO

공급업체 0001을 입력하여 엔터를 누르고 더블클릭한다. 여기에서 계정그룹에 관한 여러 가지 세팅들을 볼 수 있다.

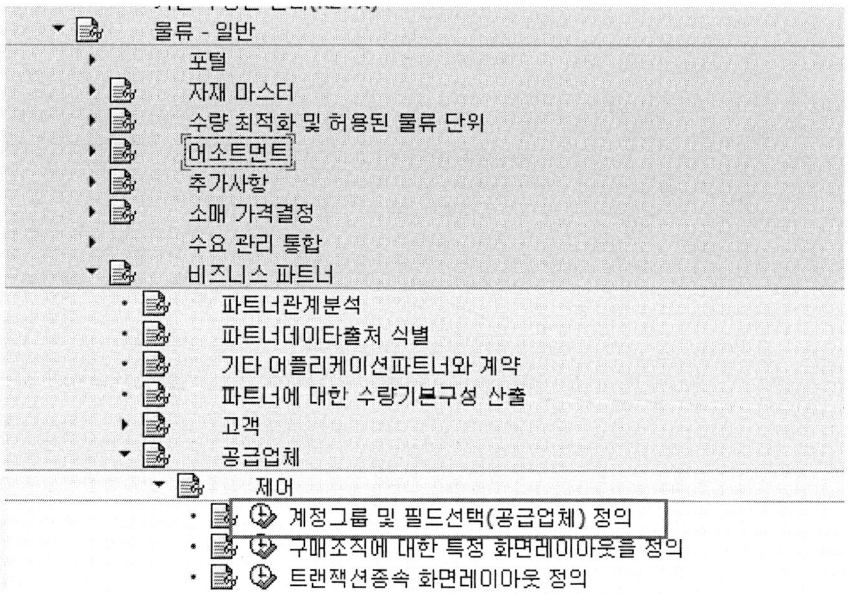

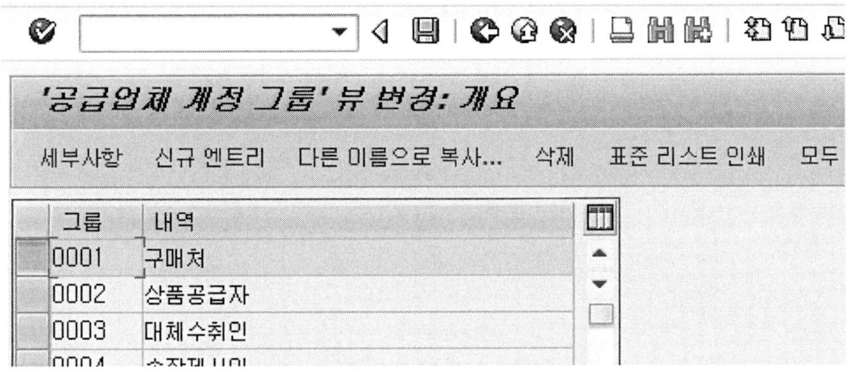

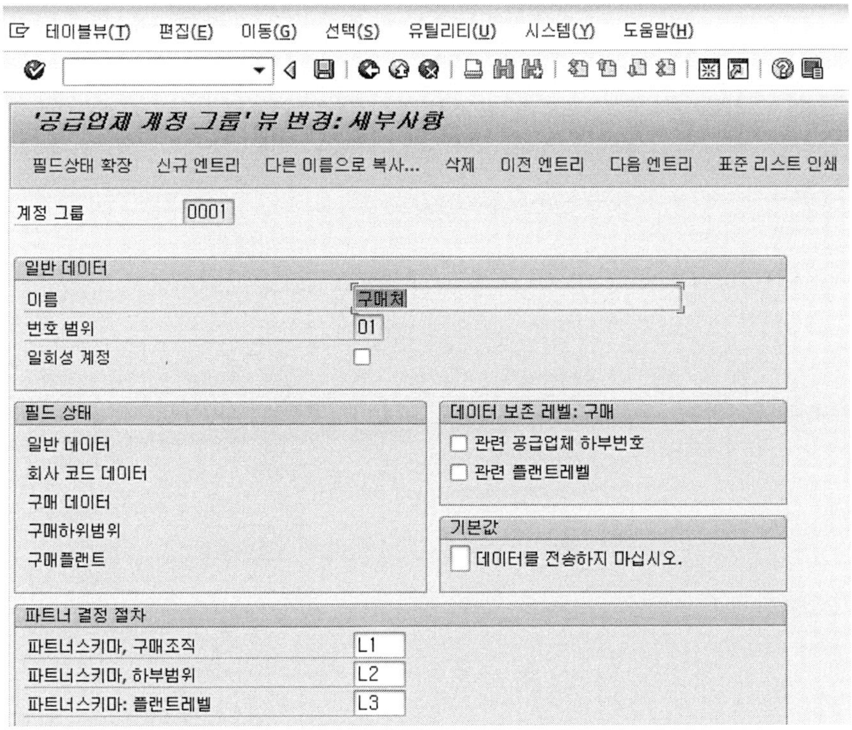

트랜잭션 코드 XK01(공급업체 마스터 생성)에서 계정그룹(Account group)을 선택할 수 있는 필드가 있는 것을 확인할 수 있다.

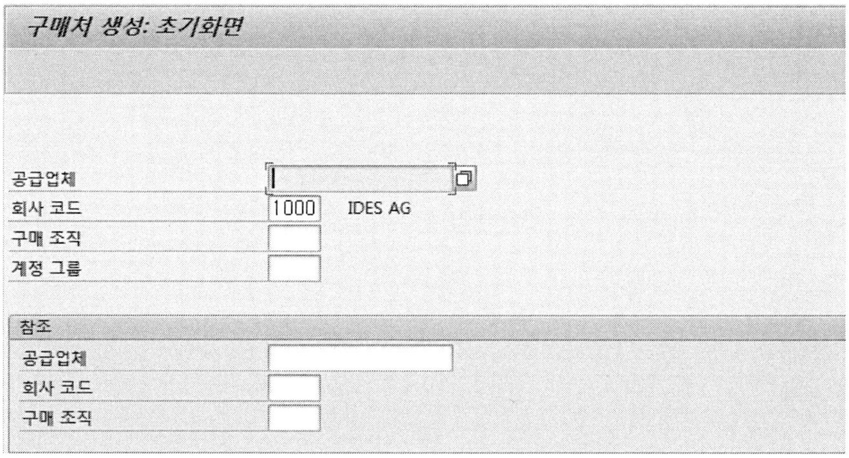

- **공급업체 필드 선택 (Vendor Field Selection)**

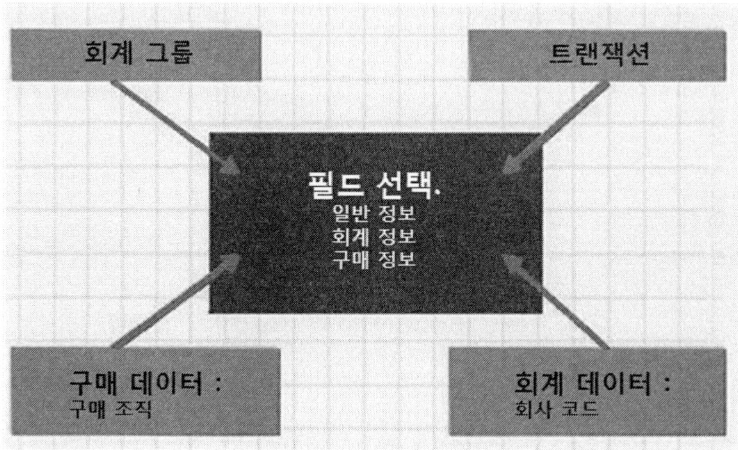

〔그림 6-29〕 벤더 마스터(2)

계정그룹(Accounting group)만 필드를 컨트롤 하는 것이 아니고, 트랜잭션 코드 구매 데이터, 회계 데이터 등을 통하여 필드선택(Field selection)을 하여 컨트롤 할 수 있다.

부록

핵심용어(MM)

- **대체 측정 단위 (Alternative unit of measure)**

  SAP R/3 시스템 내에 측정 기본 단위 외에 부가적으로 정의된 측정 단위. 대체 측정 단위의 예는 아래와 같다 :

  - 주문 단위 (구매)
  - 판매 단위
  - 불출 단위

- **기본 측정 단위 (Base unit of measure)**

  자재 재고가 보관되는 측정 단위. SAP R/3 시스템은 다른 단위로 입력된 모든 수량을 기본 측정 단위로 전환한다.

- **위탁 (Consignment)**

  협력업체가 고객(구매자)의 창고에 자재 재고를 두고 관리하는 업무 형태. 협력업체는 위탁 창고로부터 자재가 반출될 때까지 소유권을 갖는다. 위탁 재고에 대한 대금지불은 자재가 반출될 때 요구된다. 협력업체는 일정한 기간마다 위탁 재고의 반출 수량을 통보 받는다

- **위탁 자재 (Consignment material)**

  하나 혹은 여러 협력업체로부터 고객사의 창고에 보관되는 자재 혹은 고객사의 창고에 두고 위탁의 형태로 판매하는 제품. 위탁 자재는 반출될 때까지 고객사의 자재로 계상되지 않는다. 반출 시, 협력업체에 대한 채무가 발생한다. 이러한 채무는 특정한 간격을 두고 청산된다.

- **위탁 재고 (Consignment stock)**

  구매자와의 합의하에 구매자 측에 보관되는 협력업체 자재로 반출 또는 구매자의 재고로 계상되기 전에는 협력업체의 자산으로 인정되는 재고.

- **소모성 자재 (Consumable material)**

  원가 요소 계정 또는 자산 계정을 통해 지불할 비용이 청산되는 구매 품 또는 용역. 소모성 자재는 아래와 같다.

  - 자재 마스터에 등록되지 않은 소모성 자재
  - 재고 관리 없이 자재 마스터에 등록된 소모성 자재
  - 자재 마스터에 등록되고 재고관리가 이루어지나 수량만 관리하는 소모성 자재

- **외부조달 (External procurement)**

  회사 내의 조직단위를 위하여 원재료, 소모품(Operating supplies, MRO items), 상품이나 용역 등을 외부공급자로부터 구입하는 것.

- **재화 이동 (Goods movement)**

  재고자산에 변화를 가져오는 거래(예를 들면, 재화의 입고, 출고, 재고자산이체 또는 대체기표 (Transfer posting)등 각 자재이동에 대한 증빙을 제공하기 위해서 시스템에서는 자재전표(Material document)가 생성된다. 만일 재화 이동이 G/L 계정의 수정과 관계되는 것이라면, 자재전표와 함께 하나 이상의 회계전표(Accounting document) 가 생성된다. 재화 이동에 의해 영향을 받는 G/L 계정들은 자동계정결정과정(Automatic account determination process)을 통해 금액이 수정된다.

- **입고 (Goods receipt)**

  한 회사로부터 제품이 인도됨을 일컫는 재고관리 용어. 관련된 구매 주문서의 참조여부를 선택할 수 있다.

- **입고보류 자재 (Goods receipt blocked stock)**

  조건부로 입고를 결정하되 최종적인 저장의 상태로는 인정되지 않는, 협력업체로부터 납입/공급된 자재의 수량. 입고보류자재는 아직 주문사의 재고로 인정되지는 않으나, 구매 주문 이력 데이터 내에는 고려된다.

- **총액 가격 (Gross price)**

  할인 또는 부대 비용이 포함되지 않은 가격.

- **재고 관리 (Inventory management)**

  아래 업무를 포함하는 물류의 범위

  - 수량 및 가치를 토대로 자재 재고 관리(기록 및 추적)
  - 입고, 불출, 재고 이동, 재고 이동
  - 전기를 포함한 모든 재고 관련 계획
  - 수립, 입력 및 문서화.
  - 물리적 재고(재고 실사)

- **송장 확인 (Invoice verification)**

  협력업체 송장의 입력 및 검토 과정. 협력업체 송장은 구매 주문서 및 입고 현황과 비교된다. 다음 3가지 항목이 검토된다.

  - 내용
  - 가격
  - 수량

- **품목 카테고리 (Item category)**

서로 다른 유형의 BOM 품목을 정의하기 위해 사용된다. BOM 품목 카테고리의 예는 다음과 같다.

- 저장 품목
- 비저장 품목
- 가변 크기 품목

이 품목 카테고리는 아래와 같은 항목에 영향을 미친다.

- 화면 순서
- 필드 선택
- 기본값
- 자재 입력
- 자재 소요 계획 수립
- 하위 품목

- **자재 (Material)**

자재 관리에서 처리되는 모든 대상에 대한 용어. 자재 마스터 레코드는 SAP R/3시스템 내 각각의 자재를 위해 생성되며 각각의 자재에는 자재번호를 부여한다.

- **자재 그룹 (Material group)**

같은 특성으로 몇몇의 자재를 함께 그룹화한 것.

- **자재 마스터 (Material master)**

회사 내에서 사용되는 모든 자재 및 그 데이터는 자재 마스터 내에 보존된다.

- **자재 유형 (Material type)**

여러 가지의 그룹으로 나누는데, 이것을 자재유형이라고 부른다.

- 원재료 (Raw materials)
- 재공품 (반제품, Semi-finished products)
- 제품 (Finished goods)
- 소모품 (Operating supplies)

재고자산유형은 재고자산의 구입형식을 결정하여 주고 또한 다음과 같은 것들을 통제한다.

- 화면표시순서
- 필드선택
- 재고자산 마스터 레코드를 유지하는 번호지정형식
- 재고자산관리형식

- 자동계정결정

• **다중 계정 지정 (Multiple account assignment)**

하나의 주문 품목을 여러 계정으로 지정함. 비용 배분은 퍼센트, 수량 또는 금액을 기준으로 하여 수행된다.

• **순 가격 (Net price)**

모든 협력 업체의 부대 비용 및 할인이 고려된 가격.

• **일회성 공급업체 (One-time vendor)**

고정적 공급업체가 아닌 기타 공급선과의 거래를 처리하기 위해 사용되는 공급업체 마스터 기록 용어. 만약 RFQ 또는 PO가 일회성 공급업체로 보내어 질 경우, 일회성 공급 업체의 주소를 수동적으로 입력해야만 한다.

• **주문 가격 단위 (Order price unit)**

구매부서에서 주문 시 사용할 수 있는 대체 측정 단위. 주문 가격 단위는 주문 단위와 다른 단위로 주문 가격을 표현하기 위해 사용될 수 있다.

• **조직 레벨 (Organizational level)**

자재 마스터 기록 내의 어떤 데이터가 입력되는 계층 구조 레벨. 조직 레벨의 예는 회사 코드, 공장 및 재고 저장 장소 레벨 등이다.

• **가격 관리 (Price control)**

자재 평가 절차를 결정하는 표시.

표준 SAP R/3시스템 내에 두 가지 절차가 있다 :

- 표준 가격 평가
- 이동 평균 가격 평가

• **가격 단위 (Price unit)**

자재 마스터 기록 내에서 평가 가격 시 참조하는 단위.

• **가격 결정 조건 (Pricing conditions)**

부대 비용 또는 할인과 같은 것에 대해 협력업체와 협상된 대금지불을 위한 조건. 가격 결정 조건은 예를 들어 어떻게 시스템이 순 가격을 계산하는가를 결정하는 것이다.

- **Procurement lead time (조달 리드 타임)**

  구매 발주 이후 주문된 자재가 재고로 사용 가능하게 되기까지 걸리는 시간.

- **재고자산 조달형식 (Procurement type)**

  하나의 재고자산을 회사내부에서 생산할 것인가.

  외부에서 구입할 것인가 또는 내부에서 생산할 수도 있고 외부에서 구입할 수도 있는가를 구분하는 것이다.

- **구매 오더(Purchase order)**

  공급업체에 특정 자재를 공급해 줄 것 또는 특정 서비스를 제공할 것을 주문하는 것. 구매 주문은 아래의 것을 포함한 일반 데이터를 담고 있다.

  - 납품 기간
  - 대금지불 등의 기간
  - 다음과 같은 자재 세부사항
  - 주문양
  - 납품 일자
  - 가격

- **구매요청서 (Purchase requisition)**

  자재 또는 서비스의 특정 수량을 특정일까지 조달하기 위한 구매 부서에서의 요청 또는 지시

- **구매 문서 (Purchasing document)**

  자재 또는 서비스를 조달하기 위해 구매 부서에 의해 사용되는 문서. 표준 SAP R/3 시스템은 아래의 구매 문서를 포함하고 있다:

  - 구매 요청서
  - 견적 요청서
  - 견적서
  - 구매 주문서
  - 계약서
  - 일정계획에 의한 공급계약.

- **구매 문서 분류(Purchasing document category)**

  구매 문서의 분류를 위한 표시자. 구매 문서 분류는 아래와 같다.

  - 견적 요청서(RFQs)
  - 구매 요청서
  - 구매 주문서

- 계약서
- 일정계획에 의한 공급계약서

구매 문서 분류는 구매 문서 유형으로 세분화 될 수 있다.

- **구매 문서 유형 (Purchasing document type)**

다양한 문서 분류 형식간의 구분을 가능케 하는 표시자. 예를 들어 관리를 위한 문서 번호 범위 및 항목을 결정한다.

- **구매 그룹 (Purchasing group)**

특정 구매 활동에 책임이 있는 구매자 또는 구매자 그룹에 대한 Key. 구매 그룹은 :

사내적으로 자재 또는 동일 분류 자재의 조달에 책임이 있다.

협력업체 관계의 창구역할을 한다.

- **구매 기준 정보 (Purchasing info record)**

구매 부서를 위한 특정 자재/협력업체 관계에 대한 기준 정보. 구매 기준 정보는 다음의 데이터를 포함한다.

- 일반 데이터
- 견적서 데이터
- 주문 데이터

구매부서는 구매 기준 정보로부터 다음과 같은 사항을 얻을 수 있다 :

어떤 자재에 대하여 어떤 업체가 견적서를 제출하였으며 현재까지 그 자재를 공급하는 업체는 어느 것인가?

어떤 협력업체가 어떤 자재에 대한 견적가격에 제출했거나 공급하고 있는가?

- **구매 조직 (Purchasing organization)**

몇몇 공장을 위한 구매의 일반적 조건을 협상하는 조직적 단위.

- **구매 가치 키 (Purchasing value key)**

구매 부서를 위해 자재(자재 마스터 기록 내)에 적용 가능한 유효 독촉장 일자 및 허용 오차 한계를 정의하는 키. 구매 가치 키는 거래 입력을 쉽게 하는 역할을 한다.

- **쿼터 지정 (Quota arrangement)**

한 자재에 대한 총 소요량을 쿼터에 의해 여러 개의 공급처로 배분하는 방법. 쿼터는 어느 정도의 비율로 어떤 공급처로부터 조달할 것인가를 지정한다. SAP R/3시스템은 구매 요청서 및 구매 주문서에 적정한 공급처를 제안하는데 쿼터를 이용할 수 있게 한다.

- **구매 추적 번호 (Requirement tracking number)**

  요청된 자재 또는 서비스의 조달과정을 추적할 수 있게 하는 번호. 이 번호는 시스템 내에서 생성되지 않은 요청서 문서(요청서 또는 소요량 표) 등과 연계시켜 사용할 수 있다.

- **일정계획에 의한 공급 계약 (Scheduling Agreement)**

  계약의 한 형태. 일정계획에 의한 공급계약은 계약서에 지정한 자재의 납입 일정을 작성하고 지속적으로 갱신하도록 하는 고객과 협력업체간의 장기적 계약형태이다.

- **공급원 리스트 (Source list)**

  한 공장 내 자재의 조달을 위해 인가된 (인가되지 않은 경우도 포함가능) 공급원 목록. 각 공급처에 대한 유효기간도 지정한다. 공급원 리스트는 공급원 리스트 레코드로 구성되어 있는데, 각각의 레코드는 한 자재에 대해 가용한 공급원을 나타낸다.

- **조달 공급원 (Source of supply)**

  한 자재의 조달에 가능한 공급원. 조달 공급원은 외부 공급원 (협력업체) 일수도 있고 내부 공급원 (예를 들어 그 회사가 보유한 공장)일 수도 있다. 어떤 시점에서 선호되는 공급원은 한 자재에 대하여 쿼터 지정, 공급원 리스트 레코드, 계약 및 구매 기준 정보 등을 이용하여 시스템이 결정하도록 할 수 있다.

- **재고자산 (Stock)**

  회사의 유동자산의 일부를 이루는 재고자산 관리 (Material management)상의 용어.
  회사의 보관시설/창고에 보관이 되어 있는 원재료, 소모품, 반제품 (재공품, 제품, 상품) 등의 수량을 말한다.

- **재고 자재 (Stock material)**

  재고로서 항상 유지 관리되는 자재(예, 원자재). 재고 자재는 자재 마스터 기록을 가지고 있으며 자재 재고 계정에 가치 기준으로 관리된다.

- **저장위치 (Storage location)**

  공장 내에서 자재 재고의 구별을 할 수 있도록 하는 조직 단위.

- **임가공 (Subcontracting)**

  자재의 가공/제조 과정의 일부 혹은 전부가 외부의 업체에 의해 이루어지는 방식으로 자재 혹은 제품의 생산 또는 주문된 용역의 제공이 외부업체에 의해 이루어진다.

- **측정 단위 (Unit of measure)**

  자재의 크기 및 수량을 결정할 수 있게 하는 단위. SAP R/3시스템은 다음과 같은 여러 가지 측정 단위의 사용을 가능케 한다.

  - 기본 측정 단위
  - 입력 단위
  - 불출 단위
  - 주문 단위
  - 판매 단위

저자소개

김영렬

김영렬 교수는 서울대학교와 미국 캔사스 주립대학교(Kansas State Univ.)에서 경영학사와 경영학석사(MBA), 미국 네브라스카 주립대학교(Univ. Of Nebraska-Lincoln)에서 경영정보학(MIS)을 전공하고 경영학박사(Ph.D.)를 취득하였다.

국립 충북대학교 기업정보화지원센터 소장, 청주 상공회의소 전자상거래 지원센터(ECRC) 운영위원, (사)한국산업정보학회 회장 등을 역임하였다.

주요 저서로는『ERP 전략과 실천(대영사)』,『ERP & CRM(대경출판사)』,『ERP & SCM(대경출판사)』,『ERP 중심 경영프로세스 통합(대경출판사)』,『ERP 이해와 활용(한올출판사)』등 다수가 있으며, 국내외 학술지에 수십편의 연구논문을 발표하였다.

현재 (사)한국산업정보학회 고문, 중국 운남재경대학교 명예교수, 국립 충북대학교 경영대학 경영정보학과 교수로 재직하고 있다.

ERP재고관리시스템

저　자 : 김 영 렬
발행처 : 충북대학교 출판부
발행인 : 고 창 섭
주　소 : 28644 충북 청주시 서원구 충대로 1
전　화 : (043) 261-2952, 3014
팩　스 : (043) 274-1256
이메일 : presscbu@chungbuk.ac.kr
등　록 : 제1983-2001-7호
초판1쇄 : 2014. 9. 19.
초판3쇄 : 2024. 2. 29.
인쇄처 : 다해(02-2266-9247)

ISBN 978-89-7295-215-2 93320

* 이 저서는 2013학년도 충북대학교 학술도서지원사업에 의하여 발행되었음
(This work was supported by the academic books of the Chungbuk National University in 2013)

값 20,000원